해운항만
물류정보시스템

안승범 유성진 문지영

傳 英 社

본서는 한국해양대학교 항만물류전문인력양성사업단에서
국토해양부의 지원사업으로 출간되었다.

머 리 말

정부와 민간에서 물류에 대한 중요성을 인식하면서 최근 물류 관련 학과, 대학원 및 특성화 고교가 신설되거나 늘어나고 있다. 정보기술의 발달은 우리 생활과 기업환경에 많은 변화를 주면서 물류정보에 대한 관심도 늘고 있다. 과거 항만물류분야 중 물류정보와 관련해서는 내용이 전문적이고 수요가 제한적이다 보니 교재를 개발하는 데 다소 소극적이었다. 인터넷의 발달로 많은 정보에 쉽게 접근하다 보니 기술 변화가 빠른 정보 관련 책을 집필하는 데 주저하는 경우가 많다. 특히 발간 후 1～2년 내로 내용이 오래되거나 바뀌는 경우가 많아 발간 후 사장되기가 쉬운 편이다. 이러한 측면에서 전통적인 개념이나 방법론을 다루는 책에 비해 선뜻 쓰게 되기 어려운 측면이 있는데, 국토해양부의 지원 하에 한국해양대학교 항만물류전문인력양성사업단이 주관이 되어 본 교재를 집필하게 된 데 큰 의의가 있다고 본다.

이 책은 항만 및 해운의 물류정보를 주된 내용으로 제 1 부와 제 2 부, 총 8개장으로 구성되어 있다. 먼저 항만물류정보에 앞서 전자상거래, 공급사슬관리, 고객관계관리 등 기본적인 개념을 소개하는 데 할애하였고, 이어서 물류정보시스템기술을 소개하였다. 제 2 부에서는 해운항만의 기본프로세스와 국내외 정보시스템 구축 사례를 다루었다. 또한 지능형 교통시스템, 항공물류도 첨가하여 복합운송 영역까지 다룰 수 있도록 하였으며 향후 전망과 표준화도 소개하였다.

이 책은 전자물류 혹은 물류정보 등의 교과목 교재로 사용 가능하도록 구성하였다. 학부의 경우 제 1 부를 위주로 하여 제 2 부의 일부 장을 취사, 선택하여 강의하도록 하고 대학원의 경우 제 1 부와 제 2 부를 전체적으로 다루되, 국내외 학회 논문과 연구계획서 작성, 간단한 프로젝트를 병행하여 전개하는 것이 가능할 것이다. 전자상거래와 공급사슬관리를 수강한 경우 제 1 부 4장부터 시작할 수 있다.

이 책을 집필하는 데 여러분으로부터 도움을 받았다. 먼저 국토해양부 관계자와 한국해양대학교 항만물류전문인력양성사업단 여러분께 감사를 드린다. 또한 이 책의 교정 및 편집을 위해 수고해 주신 인천대학교 김형준 조교와 박영사 관계자분들께 감사를 드린다.

마지막으로 이 책에서 각 장별로 참고할 문헌과 질문 등을 포함하지 못한 것이 아쉬운 점이다. 향후 강의교재로 선택하는 교수님들께 강의와 관련하여 추가로 자료를 제공할 수 있도록 노력하고자 한다.

2009년 2월

저자를 대표하여

인천 송도 연구실에서

안 승 범 씀

차 례

제 1 부 해운항만 정보화 관련 개념과 정보기술

제 1 장 전자상거래

제 2 장 공급사슬관리(Supply Chain Management)

제 3 장 고객관계관리(Customer Relationship Management)

제 4 장 물류정보시스템 기술

제 2 부 해운항만 물류정보시스템 사례와 전망

제 5 장 해운항만에서의 물류정보화와 국외사례

제 6 장 물류정보시스템 구축 사례

표 차 례

그림 차례

제 1 부

해운항만 정보화 관련 개념과 정보기술

지난 1990년대 이후 국가 간 교역의 증가와 정보통신기술의 발달로 통관 및 해운항만 분야에서의 정보화가 급격히 진행되어 왔다. 무선통신기술, 개인용컴퓨터(PC), 인터넷의 발달은 기업, 공공 분야에서 업무 프로세스 개선과 정보연계를 통한 효율화를 실현하였다. 또한 정보기술과 통신기술의 발달에 따라 이전에 경험하지 못한 기술과 서비스를 통해 급격한 변화를 겪고 있다. 해운항만분야에서의 물류정보시스템 기술과 서비스, 동향에 앞서 이러한 변화를 주도하고 있는 개념에 대해 살펴보고 이를 가능하게 하는 정보기술에 대해 소개하고자 한다. 1장에서는 전자문서교환(EDI)과 인터넷 등에 따른 전자상거래(e-Business)를 다루고 2장에서는 공급사슬(supply chain)에서의 기업 간의 정보교환에 따른 외연적 통합(external integration)을 추구하는 공급사슬관리(SCM)를 다루었다. 3장에서는 고객과 기업 간의 업무개선을 대상으로 하는 고객관계관리(CRM)를, 4장에서는 바코드, RFID 등 자동인식기술과 통신기술 등을 대상으로 물류정보시스템 기술을 기술하였다.

제 I 장

전자상거래

제 1 절 전자상거래의 정의

1. 전자상거래의 등장 배경

전자상거래의 기원은 미국의 Lawrence Livermore National Laboratory가 미국방부의 프로젝트를 수행하면서 처음으로 사용한 용어인데, 거래의 시작부터 완료까지 서류가 사용되지 않는 기업 환경을 정보기술을 사용하여 달성하려는 데 그 목적이 있었다.

그러나 네트워킹과 컴퓨팅 기술의 급속한 성장과 표준화된 멀티미디어 문서의 개발 기술은 최근 인터넷의 폭발적인 성장과 보급을 가져왔다. 즉, 인터넷을 기반으로 하는 사이버 공간이 활발하게 보급됨에 따라 사이버 시장이 형성되었다.

전자상거래가 등장하게 된 사회적·기술적 배경은 크게 세 가지로 나눌 수 있다.

(1) 개인용 컴퓨터의 보급

20여 년 전만 하더라도 컴퓨터는 주로 메인프레임이나 미니컴퓨터를 별도로 훈련받은 전문가들이 전문적인 목적을 위해 사용하는 도구로 인식되었으나 정보기술의 급격한 발전으로 처리장치와 메모리 등의 성능향상으로 개인용 컴퓨터의 이용률이 급격히 증가하였고, 기업에서는 필수적인 사무용 도구가 되었다.

(2) 통신망의 발달

과거에는 주로 기업 내부의 업무 목적으로 사용되었기 때문에 폐쇄된 형태의 데이터 통신을 통해 주로 이루어졌다. 1969년 미국이 구소련의 핵미사일 공격으로부터 컴퓨터를 안전하게 운영하기 위한 군사목적에서 인터넷의 전신인 ARPANET이 구축되었고, 그 후 인터넷이 군사목적보다 국내외의 연구와 교육 및 학술교류 등의 목적으로 사용되기 시작하였는데, 이러한 목적의 특성상 개방된 구조를 가지게 되었다. 이러한 개방성으로 인해 인터넷의 사용자는 급속히 증가하였고 인터넷에서 제공되는 서비스도 전자우편, 텔넷, IRC, 고퍼 등으로 다양화 되었다. 그리고 WWW(World Wide Web)의 등장으로 인해 인터넷의 이용이 간단해지고 기업들이 인터넷을 상업적으로 이용할 수 있다는 것을 인식하게 됨에 따라 인터넷의 사용자를 한층 더 급격히 넓히는 계기가 되었다.

(3) 인터넷 관련 기술의 발전

다양한 종류의 하드웨어와 소프트웨어들이 보급되면서 서로 다른 환경에서도 쉽게 연결하고 통신할 필요성이 제기되었는데 이러한 요구에 부응하기 위해 개발된 것이 TCP/IP 프로토콜이다. 또한 WWW 상에서의 HTTP, 웹 브라우저 등의 기술이 발전되어 대부분의 국가 혹은 사회가 정보화 사회로 급격하게 변화하게 된 것이다.

2. 전자상거래의 정의

전자상거래는 [표 1-1]과 같이 여러 가지 관점에서 다양하게 정의된다. 그러나 전자상거래의 활용 영역이 금융, 교육, 언론 등 다양한 분야로 확산되고 있는 점을 고려할 때 광의의 정의가 필요하다. 여기서는 전자상거래의 정의를 사이버 공간 상에서 수행되는 모든 상거래 행위와 이를 지원하는 모든 활동으로 정의한다.[1)]

---

1) 이재규 외, 전자상거래 원론(제3판), 법영사, 2002.

[표 1-1] 전자상거래의 정의

구 분	정 의
OECD (1997)	텍스트, 음성, 화상을 포함한 디지털 자료의 처리 및 전송에 기초한 조직과 개인을 포함하는 상업적 활동과 관련된 모든 형태의 거래
European Commission (1997)	텍스트, 음성, 화상을 포함한 데이터의 전자적 처리와 전송에 기초하여 전자적으로 다양한 사업을 수행하는 것
일본 통산성 (1997)	각 경제단체간의 모든 경제활동을 여러 컴퓨터 네트워크를 이용하여 실행하는 시스템으로 EDI와 CALS도 포함하는 광범위한 정보시스템
미국통산산업부 (1997)	전자적 의사소통을 이용하는 활동을 포함하여 정보의 조사 및 정정 등 기업과 소비자의 의사결정을 지원함으로써 비용의 감소 및 효율성을 제고하는 활동
한국전산원 (1996)	기업, 정부기관과 독립된 조직간 혹은 조직과 개인 간에 다양한 전자적 매체를 이용하여 상품이나 서비스를 교환하는 방식
Kalakota & Whinston (1997)	네트워크를 통해 상품을 구매 및 판매하는 행위

이러한 전자상거래의 정의에 따르면 전자상거래는 EDI(Electronic Data Interchange)에서 시작되었다고 할 수 있다. EDI는 1960년대에 국제운송회사들이 운송서류를 신속히 전달할 목적으로 전자문서를 표준화하여 시작한 것이 시초이다. EDI는 기업 간 또는 기업 내의 거래문서를 표준화된 전자형식으로 컴퓨터와 컴퓨터 간에 상호 정보를 교환하는 시스템이다. EDI는 원래 기업거래에 있어서 종이서류의 사용으로 인해 발생되는 오류를 감소시키고, 처리비용을 절감시키기 위해 탄생된 것으로 신속성과 비용절감효과가 EDI의 장점이다. 그러나 EDI만을 이용한 전자상거래는 한계를 가진다. EDI는 기업 간 컴퓨터와 컴퓨터 간의 통신을 목적으로 단일한 기술을 사용하도록 고안된 것이지만, 전자상거래는 기업 대 기업 뿐만 아니라 기업 대 개인, 개인 대 개인 간의 거래에도 이용되는 것이며, 전자상거래의 기술적 구성요소도 전자적으로 사람들 사이의 의사소통이 가능해야 하는 것이다. 이러한 점에서 전자상거래는 EDI보다 더 포괄적인 개념이라 할 수 있다.

한편, 미국 국방성에서 도입한 CALS도 전자상거래의 발달에 큰 영향을 주었다. CALS는 1985년 미국 국방성에서 무기 매뉴얼의 디지털화에 중점을 두고 Computer Aided Logistics Support의 개념에서 출발하였다. 그 후 1988년 Computer aided Acquisition and Logistic Support(무기 및 물자의 조달) 개념에서 1993년 Continuous Acquisition and Life-cycle Support(제조업 분야에서 지속적 조달 및 지원) 개념으로 발전되었고, 1994년 Commerce At Light Speed(초고속 상거래)로 정의되어 CALS/EC로 혼용하여 사용되기도 하였으나 요즘은 전자상거래로 통일하여 사용된다.

3. 전자상거래의 특징 및 장점

전통적인 상거래 방식과 비교할 때 전자상거래의 특징은 [표 1-2]와 같다. 전자상거래는 인터넷을 통해 기업과 소비자가 직접 연결됨으로써 거래비용의 절감, 거래시간 및 공간적 제약의 극복, 쌍방향 통신을 통한 고객 만족의 극대화 등 여러 가지 장점을 지니고 있다.

이와 같은 전자상거래의 특징을 바탕으로 전자상거래는 [표 1-3]과 같은 장단점을 가진다.

[표 1-2] 전통적 상거래와 전자상거래의 비교

내 용	전통적 상거래	전자상거래
유통경로	기업 → 도매상 → 소매상 → 소비자	기업 → 인터넷 → 소비자
시·공간적 제약	일부지역 판매에 한정 제약된 영업시간	전세계가 판매 대상 24시간 영업
판매거점·방법	Market Place 전시에 의한 판매	Cyber Market Space 정보에 의한 판매
고객정보 획득	시장조사 및 영업사원이 획득 정보 재입력이 필요	온라인으로 수시 획득 재입력이 필요없는 디지털데이터
마케팅 활동	구매자의 의사에 상관없는 일방적인 마케팅	쌍방향 통신을 통한 일대일 상호작용적 마케팅
고객대응	고객불만에의 대응 지연 고객 욕구 포착이 느림	고객 불만에 즉시 대응 고객 욕구를 신속히 포착
소요자본	토지, 건물 등의 구입에 거액의 자금 필요	인터넷서버 구입, 홈페이지 구축 등 상대적으로 적은 비용 소모

자료: 최동수(2002), 정보화사회의 이해[제 3 판], 법문사.

[표 1-3] 전자상거래의 장점과 단점

장 점	단 점
시간적·공간적 제약의 해결 다양한 상품정보 비용의 절감 고객의 구매행태 분석 용이 저렴한 비용의 마케팅과 상품광고 낮은 진입장벽	쇼핑몰 관리자의 경영마인드 부족 원하는 상품정보 탐색이 어려움 상품 정보 등에 대한 비표준화 안전한 대금결제방식 필요 효율적인 물류 및 배달체계의 구축이 필요

자료: 이재규 외(2002), 전자상거래 원론[제 3 판], 법영사.

4. 전자상거래 사업 모델의 유형

기업이 수익을 낼 수 있는 방법은 많으므로 전자상거래 사업모델의 구조 또한 다양하다. 이러한 사업 모델은 산업들마다 다르며, 같은 산업 내에서도 기업마다 매우 다양하게 나타난다. Timmers(1998)는 이러한 유형을 중개형(Brokerage), 광고형(Advertising), 정보중개형(Informediary), 상인형(Merchant), 제조업자형(Manufacturer), 제휴형(Affiliate), 가입형(Subscription), 사용료형(Utility) 등으로 규정하였다.[2)]

(1) 중 개 형

기업이 판매자와 구매자를 모집하여 시장을 형성하고, 발생된 거래에 따라 수수료를 받는다. 기업과 기업 간(B2B), 기업과 소비자 간(B2C), 소비자와 소비자 간(C2C) 등의 중개업자가 될 수 있다. 옥션(www.auction.co.kr)과 이베이(www.ebay.com)이 대표적인 기업이고, 여행사·온라인 증권회사 등도 이러한 모형의 일종이다.

2) Timmers, "Business Models for Electronic Markets," Electronic Markets, Vol. 8, No. 2, 1998, pp. 3-8.

[그림 1-1] 중개형 사업모델의 예

자료: AUCTION.(www.auction.co.kr)

(2) 광 고 형

광고형 모형에서 기업은 방문자들의 접속을 유도하는 컨텐츠와 서비스를 제공하고 자신들의 사이트에 배너를 넣는 이들에게 요금을 부과한다. 광고 모형의 가장 유명한 기업으로는 Yahoo, Google 등이 있다.

[그림 1-2] 광고형 사업모델의 예

(3) 정보중개형

정보중개형 모형에서 기업은 고객과 고객의 구매 습관에 대한 유용한 정보를 수집하고, 이러한 정보를 타기업에 판매한다. 정보중개형 기업은 일반적으로 소비자들에게 그에 대한 보상으로 무료 컨텐츠, 현금 등을 제공한다.

(4) 상 인 형

상인형 모형에서 기업은 인터넷상에서 상품과 서비스를 판매한다. 상품은 표시 가격 또는 경매를 통해 판매될 수 있다. 이 모형의 기업은 가상 기업(가상공간에만 존재하는 기업), 카탈로그 기업(통신판매업자가 인터넷으로 사업하는 경우), surf-and-turf(오프라인 매장이 있는 기업이 가상 상점을 운영하는 경우), bit vendor (가상공간에서 유통될 수 있는 디지털 상품 및 서비스만을 취급하는 기업) 등으로 나눌 수 있다.

(5) 제 조 형

제조형 모형에서 기업은 유통업자를 거치지 않고 인터넷을 통해 제조한 상품을 직접 소비자에게 판매한다. 델(Dell)이 대표적인 기업이다.

(6) 제 휴 형

제휴형 모형에서 기업은 자신의 웹 사이트로 링크되는 다른 웹 사이트와 제휴하여 고객들에게 다른 웹 사이트를 참조하도록 하는 데 대한 수수료를 받는다.

(7) 가 입 형

가입형 모형에서 기업은 사이트 방문자들에게 양질의 컨텐츠를 제공하는 대신 가입비 또는 회비를 받는다. America Online이 대표적인 기업이다.

(8) 사용료형

사용료형 모형에서 기업은 방문자가 사이트의 서비스를 사용하는 만큼 요금을 징수한다. 사용자는 소비하는 서비스의 양에 따라 요금을 지불한다. 최근 온라인 게임을 서비스하는 기업들이 대표적인 예이다.

5. 전자상거래 분류

전자상거래의 일반적인 분류는 거래의 특징이나 참여자들 사이의 관계에 의해 이루어진다. 일반적으로 다음과 같은 유형의 전자상거래 형태가 있다. 여기서는 각 유형의 전자상거래에 대해 간략하게 살펴보고, 이 중에서 특히 중요한 B2B EC에 대해서는 다음 절에서 자세하게 알아본다.

(1) Business-to-Business(B2B) EC

B2B 전자상거래란 기업들 간에 상품 또는 서비스를 서로 판매하고 구매하는 것을 말한다. 전자상거래 초창기에는 B2C 전자상거래의 규모가 더 컸으나, 오늘날에는 B2B 전자상거래의 규모가 훨씬 크다.

(2) Business-to-Consumer(B2C) EC

B2C 전자상거래란 기업이 소비자에게 상품 또는 서비스를 판매하는 것을 말한다. 대표적인 예로는 Amazon.com이나 인터파크 등이 있다.

(3) Business-to-Government(B2G) EC

B2G 전자상거래란 기업과 정부 간의 전자상거래를 말한다. 조달청에 의한 조달 업무의 전자화가 여기에 속한다. 우리나라에서는 B2G 전자상거래를 위해 조달청에서 나라장터라는 웹 사이트를 운영하고 있다.

(4) Consumer-to-Consumer(C2C) EC

C2C 전자상거래란 소비자가 다른 소비자에게 상품 등을 판매하는 것을 말한다. 이베이나 옥션과 같은 경매회사가 C2C 전자상거래를 위해 소비자를 모집하여 전자시장을 조성하는 역할을 한다.

(5) Consumer-to-Business(C2B) EC

소비자가 원하는 서비스 및 상품에 대해 자신의 가격을 제시하고 기업은 그 가격의 수용 여부를 결정하는 역경매 방식의 전자상거래이다. 이러한 서비스를 제공하는 대표적인 기업은 Priceline.com으로 소비자가 특정 비행편 혹은 호

[그림 1-3] B2G EC 예—나라장터

텔에 대한 가격을 제시하고 항공회사나 호텔이 수용 여부를 결정하도록 한다. Priceline.com은 성사된 거래에 대해 기업으로부터 일정 수수료를 받는다.

(6) Business-to-Employee(B2E) EC

B2E 전자상거래는 기업이 자신의 사원들에게 상품 혹은 서비스를 제공하기 위해 기업 내부의 네트워크를 사용하는 것을 말한다. 일반적으로 기업은 B2E 네트워크를 통해 사원들과 관련된 기업들의 프로세스를 자동화한다.

6. 전자상거래의 구조

[그림 1-4]에서 보듯이 전자상거래의 구성요소는 크게 인프라 부문, 사회적 부문, 제도적 부문, 기반 시스템 부문 등 네 부분으로 구성된다.[3] 전자상거래의

3) 이재규 외, 전자상거래 원론(제3판), 법영사, 2002.

인프라 부문은 네트워크, 멀티미디어 기술 등과 관련된 기술이다. 사회적·제도적 부문은 정보유출이나 기술적 표준 등에 관한 내용을 포함하는 것으로 전자상거래의 활성화를 위해 지원되어야 할 사회적 장치나 법률 등을 의미한다. 기반 시스템 부문이란 전자상거래의 가장 핵심적인 구성요소로 기존의 기업 경영방식과는 차별화된 형태로 나타난다.

[그림 1-4] 전자상거래 구성요소와 주요 응용 영역

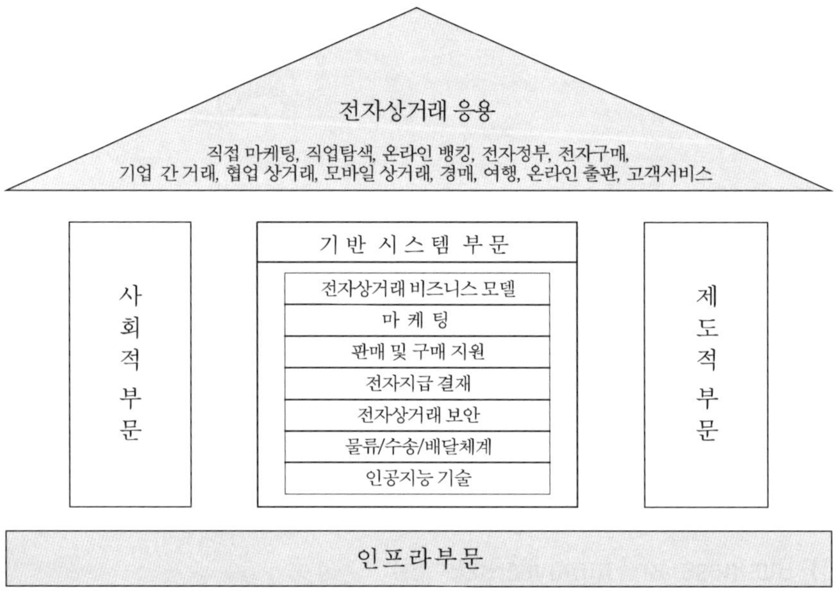

제 2 절 전자시장(e-Marketplace)과 B2B 전자상거래

전자상거래는 크게 B2B 전자상거래와 B2C 전자상거래로 나눌 수 있다. 전자상거래의 시작은 인터넷과 WWW(World Wide Web)의 등장을 기반으로 인터넷 쇼핑몰 위주의 B2C 전자상거래부터 시작하였지만 차츰 B2B 전자상거래의 중요성이 부각되고 있다.

가트너 그룹이 발표한 보고서에 따르면 2000년 B2B 전자상거래의 규모는

4,330억 달러로, 1999년 1,450 달러에 비해 198%의 폭발적인 증가율을 보이고 있다. 1996년 전세계 전자상거래 규모에서 B2C 전자상거래가 55%, B2B 전자상거래가 45%를 차지하였으나, 2001년에는 각각 26%, 74%로 조사되었다.

본 절에서는 B2B 전자상거래의 개념과 함께 B2B 전자상거래 활동이 펼쳐지는 전자시장에 대해 살펴본다.

1. B2B 전자상거래

B2B 전자상거래는 기업과 기업 간의 거래로 일반소비자가 아닌 기업을 대상으로 물건을 판매하는 형태를 말한다. 국내의 대표적인 B2B 전자상거래모델은 제품생산에 필요한 특화된 물품을 거래하는 Vertical Marketplace와 기업 내 업무지원에 필요한 소모성 자재를 공급하는 MRO(Maintenance, Repair and Operating)가 대표적이다. 예를 들면 하나의 제품을 생산과 포장 그리고 판매를 위해 매장까지 운반을 할 때 이 모든 과정을 하나의 회사가 전담해서 하는 것이 아니라 전문적인 특정부분에서의 상호간의 거래를 말한다.

기업 간 전자상거래는 인터넷이 등장하기 전 인 1968년 EDI를 기업 간 거래에서, 특히 무역 부분(주문, 공급자 관리)에 이용한 것을 시초로 하여 1985년 미국방성 CALS(Computer Aided Logistic Support)의 등장으로 본격적으로 발전되었으며, 1990년대 후반부에는 인터넷 기술에 힘입어 현재 B2B라는 개념으로 확대 발전되었다.

모건 스탠리의 자료에 의하면 B2B 전자상거래의 초기 형태는 EDI를 들고 있다. EDI는 유연성 부족, 높은 유지비용, 제한된 거래 상대 등의 단점을 가지고 있지만, 많은 기업들이 EDI를 채용함으로써 시간, 비용, 오류를 최소화하여 전자문서를 서로 교환할 수 있었다. 이러한 EDI를 통한 거래를 바탕으로 ERP시스템을 기업 내부에 구축하게 된 것이다.

두 번째 단계로는 시스코, 델과 같이 판매자와 구매자가 웹의 전자카탈로그(e-catalog)를 통한 구매를 하는 방식으로 특정 거대기업을 중심으로 거래가 되는 형태의 상거래 방식이다. 세 번째 단계로 기업들이 상거래 공동체를 형성하여 전자시장(e-marketplace)을 구성하여 거래를 하는 방식이고, 마지막으로 상거래와 관련된 모든 비즈니스 프로세스에 대한 협업이 가능할 뿐만 아니라 여러 형태의 전자시장이 통합되어 단순한 상품 및 서비스 이상의 모든 것이 거래될 수 있는 협업상거래 형태가 될 것으로 전망하고 있다.

기업이 B2B 전자상거래를 함으로써 얻는 효과는 다음과 같다.

(1) 거래비용 절감

B2B 전자상거래에 참여함으로써 크게 세 가지의 비용이 감소된다. 첫째 구매자로서 전통적인 공급사슬 상에서 공급자, 상품, 가격과 관련된 정보를 얻기 위해 다양한 중개자를 통할 필요가 없으므로 검색비용이 절감된다. 인터넷이 정보 검색에 더욱 효과적인 채널이므로 시간과 비용이 절감된다. B2B 시장에 구매자와 판매자는 하나의 온라인 거래 공동체로 모이게 되면 검색 비용은 더욱 줄어들게 된다.

둘째는 B2B 전자상거래를 통해 상거래 프로세스가 자동화할 수 있게 되어 전화, 팩스 등과 같은 전통적인 방법으로 거래하는 것에 비해 훨씬 더 짧은 시간에 거래가 가능하게 되므로 거래와 연관된 비용이 절감된다. 마지막으로 온라인 거래가 가능해짐에 따라 재고와 물류 관련 비용을 절감할 수 있다.

(2) 탈중개화

B2B 시장을 통해 공급자는 구매자와 직접적으로 상호작용과 거래를 할 수 있게 되므로 중개자나 도매업자와 같은 중간단계를 생략할 수 있다. 하지만 B2B 시장을 운영하는 사업자와 같은 새로운 형태의 중개자가 나타나기도 한다.

(3) 가격의 투명성

전자시장의 가장 중요한 효과 중의 하나는 가격 투명성을 증대시키는 것이다. 하나의 전자시장에 다수의 구매자와 판매자가 모임에 따라 시장참여자에게 시장가격 정보와 거래 프로세스가 밝혀지게 된다. 전자시장은 한번의 구매 혹은 거래에 대한 정보도 공개를 용인함으로써 시장의 모든 구성원들에게 그러한 정보를 쉽게 접근하게 한다. 가격 투명성이 증대됨에 따라 시장에서 가격 차별화를 감소시키는 효과를 얻게 된다. 즉, 구매자는 가격을 비교하고 올바른 구매 결정을 하는 데 더 많은 시간을 투자할 수 있게 된다. 전자시장의 영역이 더욱 확대됨에 따라 다수의 구매자와 판매자가 함께 모여 가격 책정과 양방향 경매에 참여할 수 있게 되어 동적인 가격 결정이 이루어진다. 이러한 환경에서는 시장이 입찰가격과 제안가격에 대해 자동적으로 매칭을 하여 시장가격이 결정될 수 있다. 전자시장에서 구매자와 판매자의 요구사항을 통합하여 개별 기업의 거래보다 더 낮은 경쟁력 있는 가격에 도달할 수 있게 한다.

(4) 규모의 경제와 네트워크 효과

B2B 시장의 급속한 성장은 전통적인 판매자의 입장에서는 규모의 경제를 실현시킬 수 있게 한다. 다수의 구매자와 판매자가 함께 존재함에 따라서 수요자의 입장에서도 규모의 경제와 네트워크 효과를 얻을 수 있게 한다. 전자시장의 참여자가 많을수록 이는 새로운 기업들이 참여할 수 있는 동인이 될 수 있고, 또한 전자시장의 주요 핵심 성공요인이 되기도 한다.

2. 전자시장(e-marketplace)

시장은 정보, 상품, 서비스의 거래를 용이하게 하는 중심적인 역할을 한다. 시장은 세 가지 주요 기능을 한다. 첫째로 구매자와 판매자를 연결한다. 둘째, 정보, 상품, 서비스의 거래와 이와 연관된 지불을 용이하게 한다. 마지막으로 효율적인 시장기능이 가능하도록 하는 제도적 기반 구조를 제공한다.[4)]

최근에는 시장에서 정보기술과 전자상거래의 사용이 급격하게 증가하고 있고, 전자상거래는 시장기능을 개선함으로써 시장의 효율성을 더욱 높이고, 이와 관련된 비용을 상당히 감소시킨다.

전자시장은 구매자와 판매자가 가상의 공간에서 상품이나 서비스를 거래하는 시장으로 일반적으로 B2B 전자상거래에서의 시장을 의미한다. 즉, 전자시장은 SCM, ERP, CRM 프로세스와 기업 간 전자상거래 솔루션 개발업체, 기업 간 전자상거래 서비스 사업자를 중심으로 온라인 혹은 오프라인 상에서 다수의 공급자와 수요자들이 대면하고 거래를 이룰 수 있는 시장지원기능을 가진 전자거래 공동체라 할 수 있다. 이러한 전자시장의 구축으로 얻는 효과로는 구매자 측면에서는 효율적인 상품 조달이 가능해지고, 판매자 측면에서는 새로운 판로의

4) Bakos, Y., "The Emerging Role of Electronic Marketplaces on the Internet." Communications of the ACM, August, 1998, p. 35.

개척이 가능해진다. 또한 기업들의 구매, 조달, 생산, 판매, 유통, 고객관리, 인력관리 등의 비즈니스 프로세스 전반을 인터넷을 통하여 수행할 수 있는 기회를 제공함으로써 비용절감과 함께 새로운 사업기회 창출을 제공하는 등 다양한 효과를 제공한다. [그림 1-5]는 전자 시장의 주요 지원 기능을 도식화한 것이다.

하지만 이러한 전자시장을 구축 혹은 유지하기 위해서는 고려해야 할 사항이 많다. 전자시장이 시장 기능을 제대로 수행하기 위해 시장 참여자인 기업들에 대한 지원, 거래에 대한 지원, 전자시장 자체의 인프라 구축 등에 대해 아래와 같은 사항을 고려해야 한다.

- 기업 내부시스템의 일치/통합 지원
- 제품 및 서비스 관리(Product management)
- 물류관리 및 공급사슬 지원(Logistics and supply chain support)
- 기업의 자원활용 계획(Enterprise resource planning)
- 시장참여자들(원자재 공급자, 도소매 판매자) 사이 거래 지원
- 구매절차 관리(Purchase process management)
- 주문사항의 이행(Order fulfillment)
- 물품관리체계의 조정(Logistics coordination)
- 재고물품 목록의 갱신
- 글로벌 전자시장의 인프라 구축

[그림 1-5] 전자시장의 주요 지원 기능

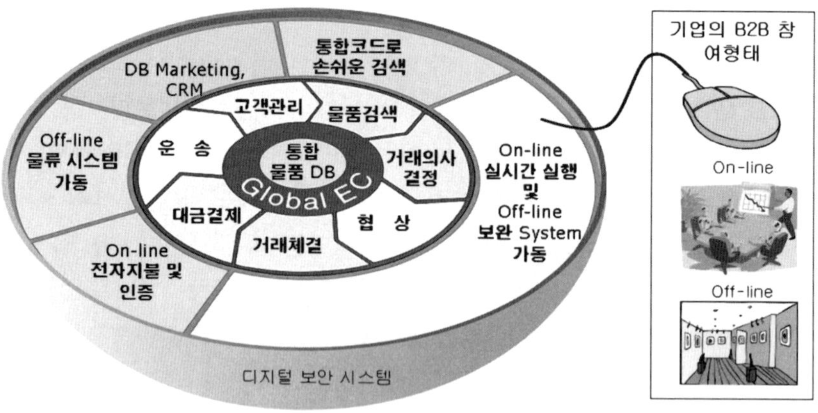

■ 보안(Security)
■ 전자결재(Digital payment)
■ 전자금융업(Electronic banking)
■ 적법성(Legal issue)

전자시장의 유형은 중개자의 존재 여부, 시장형태, 시장창출 방식 등 여러 관점에 따라 분류할 수 있다.

[표 1-4] 전자시장의 유형

중개자 개입관점	시장형태	시장창출 방식
중개자가 존재하는 경우 (교환시장) 중개자가 존재하지 않는 경우 (판매자 중심, 구매자 중심)	수직적(Vertical) 전자시장 수평적(Horizontal) 전자시장	카탈로그형 경매형 역경매형 익스체인지형

카탈로그형 전자시장은 판매자가 그들 상품의 가격, 특징 등의 정보를 인터넷 상에 올려놓고 이를 구매자가 구매하는 방식으로 가격이 사전에 협상되어 있기 때문에 매우 고정적인 형태를 띤다. 초기에는 특정 산업 내의 한 기업을 중심으로 구축되어 자사의 제품을 판매하는 것이 대부분이었으나 최근에는 수직적 산업 내의 다수의 공급자의 상품을 모아 판매하는 형태의 시장이 주축을 이룬다. 카탈로그형 전자시장은 상품의 종류가 다양하거나 판매자와 구매자가 상당히 많아서 카탈로그 상 목적한 상품을 발견하기 힘든 경우나 소규모 거래로 인해 각각의 거래를 협상하기에는 많은 비용이 발생하며 제품가격이 비교적 안정적인 경우에 적합한 형태의 시장이다. 예로 www.esteeldb.com, www.paperexchange.com.au 등이 있다.

경매형 전자시장은 경매라는 매커니즘을 이용한 최적의 매칭을 통해 상거래를 이루는 시장으로 기업이 판매하고자 하는 물품을 공고하면 다수의 구매자가 가격을 입찰하고, 최적 가격을 제시한 구매자에게 이를 판매하는 방식으로 기업이 보유하고 있는 잉여재고의 처리, 중고품, 희소품, 부패하거나 없어지기 쉬운 제품 및 서비스를 다루는 경우에 적합한 형태의 시장이다.

역경매형 전자시장은 구매자가 자신이 사고자 하는 물품에 대한 스펙과 거래조건 등을 명시한 후 다수의 공급자 중 최적의 가격과 거래조건을 제시한 공급자로부터 이를 구매하는 방식으로 강력한 구매력을 가진 소수의 구매자와 복수의 공급자가 존재하는 시장에서 구매자가 저렴한 가격에 대량으로 구매할 경우에 적합한 형태의 시장이다.

익스체인지형 전자시장은 전통적인 주식시장의 거래방식과 같은 양방향 경매방식의 시장으로 제 3자의 중개자에 의해 매우 중립적인 시장이다. 상품의 수급관계와 가격이 매우 유동적인 시장에서 상품의 스펙이 정해진 원부자재나, 범용성이 높고 표준화된 상품의 거래에 적합한 형태의 시장이다. 구매자는 필요한 부품, 상품 등을 신속히 조달할 수 있고, 판매자는 최적의 시장자격으로 상품을 판매할 수 있는 이점을 가져 과거에는 카탈로그형이나 경매형 전자시장이 많았으나, 최근에는 익스체인지형이 급속도로 증가하고 있다.

3. 판매자 중심의 전자시장

판매자 중심의 전자시장은 판매자의 서버에 구매자들이 접속하여 구매활동을 하는 것으로 판매자가 거대기업인 경우 적합한 시장 형태이다. 이러한 B2B 전자상거래의 아키텍처는 B2C 전자상거래와 유사하다. 시스코, 델은 중개자없이 기업이 직접판매자 중심의 전자시장을 구축한 대표적인 사례이다.

[그림 1-6] 판매자 위주 전자시장의 개념도

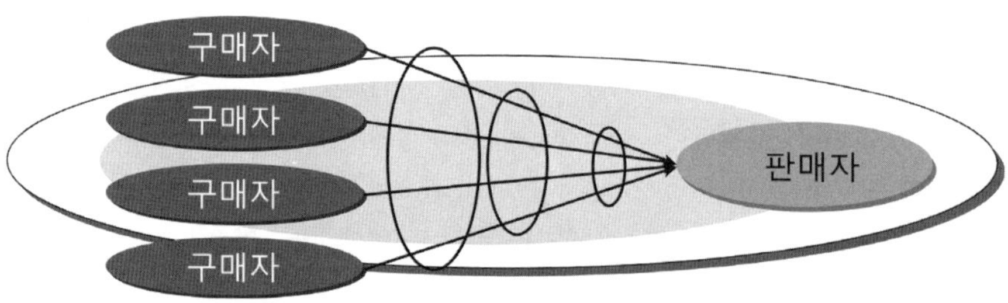

시스코의 직접 판매 모델 사례

시스코는 라우터, 스위치, 네트워크 접속서비스에서 세계적인 제조업체로서 모든 제품을 주문생산 방식(Make-to-order)으로 제조하여 재고품을 획기적으로 절감하였다. 1991년 부가가치통신망(Value-Added Network, VAN)을 이용하여 소프트웨어 다운로드, 결점추적 및 기술상담 등에 대해 전자적인 서비스를 제공하였다. 1994년 웹 기반 시스템으로 대체하면서 이를 Cisco Connection Online(CCO)라 명명하였다. CCO 이전에는 제품을 주문하는 데 팩스나 일반우편으로 처리되었기 때문에 시간이 오래 걸릴 뿐만 아니라 오류가 자주 발생하였다. 시스코는 1996년에 CCO에 웹 기반 상거래 도구를 배치하여 고객에게 온라인 가격견적 및 제품구성 도구를 제공하여 거의 모든 주문을 CCO를 통해 이루어지게 함으로써 시스코나 고객 모두에게 이익이 되게 하였다.

시스코는 매월 15만 건 이상의 주문상태에 대한 문의를 받고 있는데, 이를 해결하기 위해 고객들에게 스스로 질문에 대한 해답을 찾을 수 있는 추적시스템과 FAQ도구를 CCO에 제공하고 있다. 또한 고객의 주요 국내 및 국제 화물주선업자들이 각 주문의 출하상태에 대해 시스코의 데이터베이스를 갱신할 수 있도록 하여 CCO는 각 제품의 배송일자, 배송방법 및 현재 위치 등에 대한 최신의 정보를 제공한다. 이렇게 CCO를 통해 고객에 대한 다양한 혜택을 제공함으로써 온라인 판매실적은 1998년 40억 달러, 2002년 80억 달러 이상으로 성장하였다.

한편, 시스코는 CCO를 통해 다음과 같은 이익을 얻었다.

- 주문접수 비용 감소
- 기술지원 및 고객서비스 증대
- 기술지원 인력 절감
- 소프트웨어 배포비용 절감
- 납기일 단축

4. 구매자 중심의 전자시장

구매자 중심의 전자시장은 구매자의 서버에 판매자들이 접속하여 판매활동을 하는 전자시장으로 구매자가 거대기업인 경우 적합한 형태이다. 즉, 구매자가 자체 서버에 개설하는 전자시장으로 구매자가 필요로 하는 품목에 대해 잠재적인 납품업자들이 입찰에 하는 모델로 주로 조달의 효율성을 증대시키기 위한 목적으로 전자시장이 구축된다. GE, 포스코가 대표적인 사례이다.

[그림 1-7] 구매자 중심의 전자시장 개념도

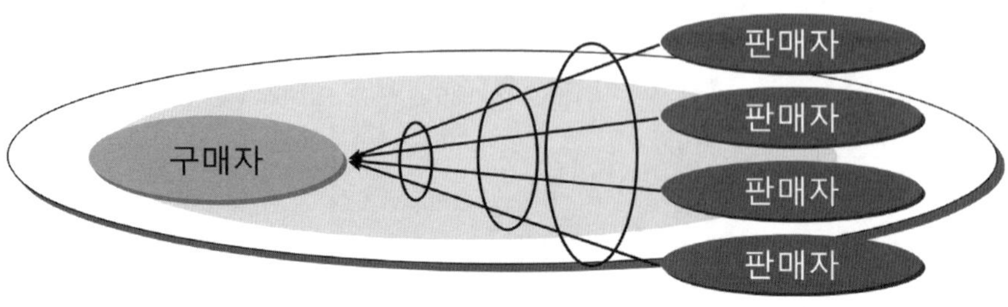

[그림 1-8] 기업의 전통적인 구매 프로세스

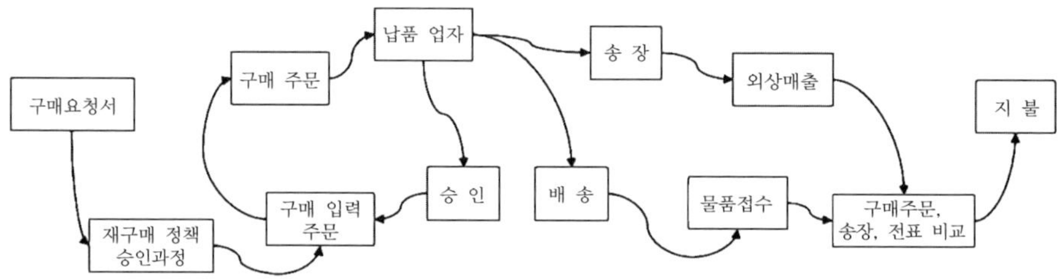

조달이란 기업의 목적을 달성하기 위해 필요한 상품이나 서비스를 구매하는 활동과 관련된 모들 활동을 의미한다. 기업의 전통적인 구매 프로세스는 [그림 1-8]인데, 이러한 프로세스에는 많은 잠재적인 비효율성이 내재해 있다. 전자조달(e-procurement)은 기업이 상품이나 서비스를 전자적으로 구매하는 것으로 이러한 전자조달시스템이 구매자 중심의 전자시장의 형태를 가지는 경우가 많다. 이러한 전자상거래를 활용한 전자조달을 통해 기업은 다음과 같은 이익을 얻을 수 있다.

- 구매부서의 생산성 증가
- 제품 표준화와 구매통합(Consolidation)을 통한 가격 인하
- 정보의 흐름과 관리개선
- 지불 프로세스 개선
- 조달 프로세스를 단순하고 신속하게 일관화
- 주문당 처리비용 절감

- 쉬운 납품업자 탐색
- 조달 프로세스와 예산통제를 효과적으로 통합

GE의 전자조달 사례

GE의 조달 사례를 통해 구매자 중심의 전자시장에 대해 더 자세히 살펴보자. GE의 자재조달 비용은 1982년부터 1992년 사이에 16%가 증가하였으나, 그 기간동안 GE의 제품가격은 변동이 거의 없거나 일부는 떨어졌다. GE는 조달 프로세스를 분석하여 구매가 너무 비효율적이며, 너무 많은 프로세스를 거치고, 최적의 가격으로 구매하기 위해 수량을 충분히 활용하지 못한다는 사실과 연간 125만 개의 송장 중 4분의 1 이상이 구매주문서와 영수증이 맞지 않아 재작업을 한다는 사실을 발견하였다. GE는 불합리한 조달 프로세스를 개선하기 위해 1996년 조명사업부에서 TPN(Trading Process Network)라는 온라인 조달시스템을 시범적으로 시작하였다. TPN을 통해 조달본부는 각 부서로부터 전자적으로 입찰요구서를 받고 전 세계에 존재하는 납품업자들에게 입찰 패키지를 보낸다. 입찰준비기간은 7일이 주어지고 전자적으로 GE 조명사업부에 전자적으로 회신하게 된다. 입찰 서류들이 내부 인트라넷을 통해 해당 심사자에게 전달되고 당일에 낙찰이 이루어진다.

GE는 TPN을 활용함으로써 다음과 같은 효과를 얻었다.

- 조달과정에 참여하는 인력의 감소와 함께 연관된 스탭조직의 인력감소
- 자재의 구매비용 절감
- 조달주기 감소
- 조달 프로세스 상의 오류 감소
- 최적의 납품업자에 대한 정보 공유

TPN은 2001년 GE의 자회사인 Global Exchange Services(gxs.com)와 합병하여 다른 회사의 견적요청서까지 처리해 주는 공설 전자시장으로 전환되었다. 이를 통해 GE는 자체적인 조달 비용을 절감하였을 뿐만 아니라 공설시장에 참여하는 기업으로부터 받는 수수료도 받을 수 있게 되어 새로운 수입의 증대도 가지게 되었다.

5. 교환시장

교환시장은 다수의 판매자와 다수의 구매자가 거래를 하는 전자시장으로 e-marketplaces, e-markets, trading exchanges, 거래 공동체, 교환시장 허브, B2B 포털 등의 용어로 불리고 있다. 조사기관인 AMR Research에 따르면 2004년에 교환시장은 모든 B2B 전자상거래 시장 중에서 50% 이상을 차지하고 거래액이 30억 달러 이상이라 한다. 교환 시장의 형태는 다양하게 나타나지만, 모든 교환시장은 다수의 판매자와 구매자들을 위한 전자거래 공동체형의 형태를 가지는 특성이 있다. 교환시장의 형태는 크게 수직적 전자시장과 수평적 전자시장의 형태로 나타나는 경우가 일반적이다.

수직적 전자시장은 화학, 플라스틱, 철강, 자동차 등 특정 산업과 그 연관산업을 취급하는 시장이다. 성공적인 전자시장의 구축을 위해서는 특정 산업 분야에 대한 전문적인 지식과 풍부한 컨텐츠를 제공할 수 있는 능력을 갖추고 기존 공급체인의 비효율성을 제거할 수 있어야 하며 다양한 공급자의 확보 및 긴밀한 유대관계를 이루어야 함과 동시에 구매자를 시장 설립과 동시에 조기에 확보하는 것이 중요하다.

[그림 1-9] 기업 관점의 교환시장 개념적 모델

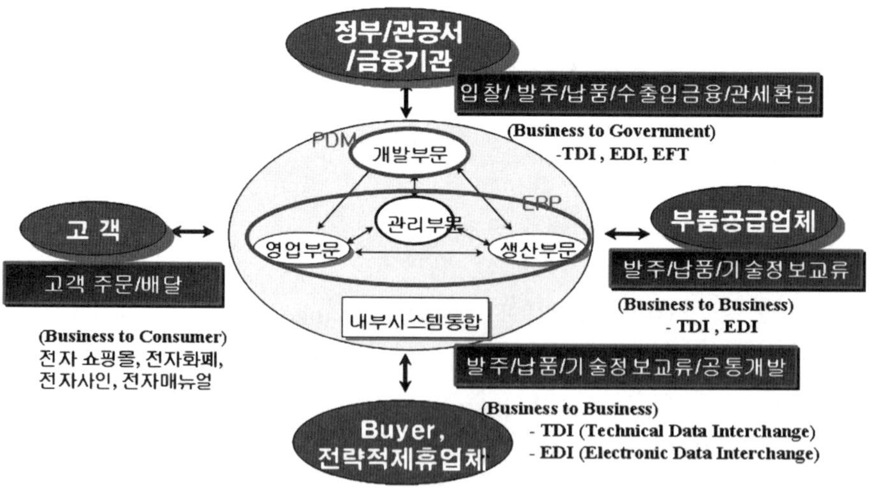

수평적 전자시장은 다양한 산업에 걸쳐 동일한 기능이나 비즈니스 프로세스를 제공하는 형태의 시장이다. 수평적 전자시장은 여러 산업에 대한 다양한 서비스 제공을 통한 다양한 수익창출의 기회 확보 및 집중화에 따른 위험을 회피할 수 있는 장점은 있지만, 다양한 고객을 만족시킬 수 있는 전문성이 결여되는 단점도 존재한다. GE와 포드의 자동차 시장, 시어즈와 까르푸의 소매전문 시장, 보잉, 록히드마틴, 영국항공, 레이테온 등의 항공 및 방위산업분야 시장, 삼성물산, LG상사, 현대상사의 화학시장 등 많은 업종별로 전자시장이 시장 선점을 위한 경쟁이 이루어지고 있다.

보잉의 중개자 전자시장 사례

보잉은 상업용 및 군사용 세계 최대 항공기 제조업체이다. 또한 PART(Part Analysis and Requirement Tracking) 시스템을 구축하여 보잉의 주요 고객인 항공사에 대해 대체 및 보수부품들을 공급하는 중개업자 역할을 하여 수익을 창출하고 있기도 하지만 시스템의 주요 목표는 고객서비스 차원에서 고객의 유지보수를 지원하는 것이다. PART 시스템은 유지보수 부품을 필요로 하는 항공사와 보잉이 제작한 항공기의 부품을 제조하는 납품업자를 연결하는 것으로 항공기 구매자인 항공회사와 유지보수 및 납품업자가 필요로 하는 부품 데이터에 접근하는 온라인 단일 통로를 제공한다. 이를 위해 300개의 핵심부품 납품업자로부터 데이터를 수집하여 온라인 유지보수 정보 및 주문능력을 위한 원스톱 쇼핑을 제공한다.

1996년 보잉은 PART 시스템을 웹 기반 시스템으로 도입하여 전세계 고객들이 온라인으로 부품 가용성과 가격을 확인하고 주문을 내고 주문상태를 추적할 수 있는 기능을 지원했다. 보잉의 고객들이 가격견적, 가용성 및 주문상태 추적 등을 온라인으로 처리함으로써 보잉의 고객서비스 상담원들에게 걸려 온 매월 600만 통화 정도가 감소되었다. PART의 성공으로 보잉은 기술지원을 제공하는 BOLD라 부르는 전자상거래 전략으로 발전시켰다.

대부분의 항공기 유지보수 작업은 전 세계 도처에 산재하는 공항의 게이트나 유지보수센터에서 이루어진다. 과거 유지보수 기술자들은 서류나 마이크로필름 참조자료를 참고하기 위해 운영센터로 매번 이동해야만 했고, 하나의 매뉴얼이 3만 페이지에 달하는 것도 있다. 이러한 불편함을 해소하기 위해 1996년 Boeing On-Line Data(BOLD) 시스템을 구축하여 설계도면 뿐만 아니라 매뉴얼, 카탈로그, 기타 기술 정보를 통합하여 온라인 상에서 제공하였다. 또한 Portable Maintenance Aid(PMA)가 어느 곳에서든지 BOLD에 무선으로 접근할 수 있도록 개발되었다. BOLD와 PMA를 통해 유지보수 인력은 필요한 시점에 어디서든지 유지보수에 관련된 모든 정보에 접근할 수 있다.

이를 통해 BOLD와 PMA의 사용자들은 정보탐색 시간을 단축함으로써 유지보수 작업의 생산성을 향상시킬 수 있게 되었다. 그리고 보다 빠른 유지보수 점검으로 항공사 수입을 증대시킬 수 있게 되었다. 항공회사들은 BOLD와 PMA를 통해 각 항공기당 연간 유휴 일수를 줄임으로써 수입증대를 꾀할 수 있게 되었다.

한편, 조사기관인 Forrester Research의 조사에 따르면 2001년 전 세계에 2,500개의 교환시장이 존재한다고 하였으나, 그 이후에 50% 이상이 고객과 운영자금의 부족으로 사라졌다. 전자시장이 생존을 위해서는 다음과 같은 사항을 고려해야 한다.[5][6]

- 수익모델 개발
- 조기 유동성 확보
- 적합한 목표산업 선정
- 중립성 고수
- 투명성과 정직성 확보
- 가상 커뮤니티 구축을 통한 부가가치 획득
- 전략적 파트너십 구축
- 가상 기업화

이러한 성공요인을 충족하면서 시장참여자를 위한 다양한 서비스를 갖추게 될 때 전자시장은 살아남을 확률이 높아질 것이다. Delphi 그룹(2001)은 다음 그림과 같은 지원서비스로 나눌 수 있다고 제안하였다.

5) Sculley, A. B. and W. W. Woods, B2B Exchanges, ISI Publications, 1999.

6) Ramsdell, Glen, "The Real Business of B2B," The McKinsey Quarterly, 2000, Vol. 3, 2000, pp. 174-184.

[그림 1-10] 전자시장 사업자의 지원서비스 종류

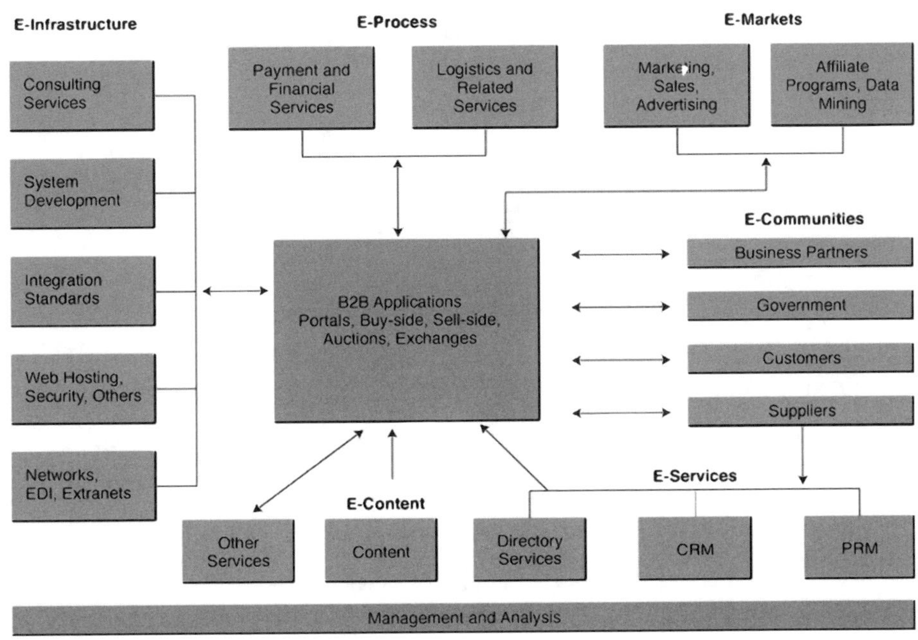

6. 협업상거래

앞에서는 판매 및 구매와 관련된 기업 간 전자상거래 활동을 위한 전자시장에 대해서 살펴보았다. 전자시장의 중요한 역할 중의 하나는 구매를 위한 검색비용 절감과 가격경쟁력 있는 구매이다. 그러나 기업이 경영 활동을 함에 있어 전략적인 파트너십을 더욱 중요한 경쟁요소로 간주하는 경우에는 전자시장의 효용성이 그다지 크지 않을 수 있다. 이러한 경우에는 제 3 장의 공급사슬관리에서 자세히 설명하겠지만, 공급사슬 상의 기업들 사이에 협업체계를 구축함으로써 재고부담과 불확실성을 제거하는 것이 기업 경영에서의 핵심적인 측면이 된다. 이를 위해 전자상거래를 응용한 것이 협업상거래(Collaborative commerce)인데, 이는 공급사슬 상의 기업들 간에 협력적으로 제품, 서비스 및 혁신적인 전자상거래 응용 시스템을 계획하고, 설계하고, 개발하고, 관리하고, 연구하기 위해 웹기반 시스템을 활용하는 것이다.

협업상거래는 공동설계 노력부터 공동수요 예측에 이르기까지 다양한 형태가 있다. 일반적으로 나타나는 협업상거래의 형태는 공급사슬관리, JIT 배송(Just-In-Time Delivery), 데이터 웨어하우스(Data Warehouse) 공유 등 다양한 경영기법과 전자상거래 방식의 혼합을 통해 나타난다.

제 3 절 새로운 전자상거래 비즈니스 모델

오늘날 전자상거래 활동은 온라인상에서 거래에 초점을 두는 것이 대부분이고, 대부분의 기업 혹은 연구자들도 이러한 전자시장이 B2B 시장을 지배할 것이라고 인식하고 있다. 하지만 이러한 현실은 다양한 산업에서 상거래에만 중심으로 전자상거래에 대한 연구 혹은 투자가 이루어지게 되어 특수한 업종 혹은 제품에 대한 전자상거래 발전은 더딘 현상을 보이고 있다. 특히 해운·항만업종에서도 전자상거래에 대한 참여는 일부분의 영역에서만 이루어지고 있다. 전자상거래에 대한 인식 혹은 이해의 폭을 더 넓히기 위해 하버드 대학의 Richard Wise와 David Morrison의 차세대 B2B 전자상거래 모델에 대해 살펴보고자 한다.[7]

이들은 현재의 B2B 모델은 세 가지 단점이 존재한다고 주장한다.

1. 공급자들 사이의 경쟁적인 입찰로 구매자에게 최저 가격으로 상품을 제공하는 형태의 대부분의 거래로 얻는 이익은 최근의 구매자와 판매자 간의 관계관리와 관련된 경영 이론에 배치된다.

– 많은 기업은 최저가격으로 제품을 공급하는 공급자를 선택하는 것이 경제적으로 최적인 것이 아니라는 것을 깨닫고 있다. 품질, 납기 시점, 커스터마이제이션 등과 같은 다른 요소들 또한 공급자들이 제공하는 모든 가치를 결정하는 데 있어서 가격 이상으로 중요하다. 많은 기업들이 공급자와 전략적인 파트너십을 이루면서 협력적으로 제품 디자인, 프로세스 통합, 장기적인 서비스 계약 등을 맺는다.

---

7) Richard Wise and David Morrison, "Beyond the Exchange: The Future of B2B," Harvard Business Review, November-December, 2000, pp. 86-96.

2. 전자상거래는 판매자에 대한 혜택이 그다지 크지 않다. 물론 공급자가 쉽게 더 많은 구매자와 접촉할 수 있고, 마케팅 비용에 대한 절감 효과를 누릴 수 있지만, 판매가격 하락이 이러한 효과보다 큰 경우도 많다.

– 즉, 지금의 B2B 시장은 구매자 위주의 상거래가 되어 전자시장의 생존을 위한 다수의 시장 참여자와 거래를 충족시키는 데 어려움을 겪고 있다. 장기적인 관점에서 전자시장이 성공하기 위해서는 구매자와 판매자에게 동시에 큰 인센티브를 제공하는 것이 필요하다.

3. 대부분의 B2B 거래 모델은 아직 완성되지 않은 상황이다.

– 대부분의 전자시장 운영기업들이 시장을 구축하는데 급급하여 고객의 니즈 및 고려사항에 대해 파악이나, 차별적인 제공의 생성이나 수익에 대한 비즈니스 모델의 발전 방향 등을 연구할 시간이 거의 없었다. 최근에는 전자시장 구축 소프트웨어의 가용성이 높아졌고, 비용 또한 상대적으로 저렴하게 되어 진입 장벽이 낮아져 수많은 전자시장이 생겨나고 있다. 그러므로 전자상거래 시장이 성숙해짐에 따라 기존의 전자시장은 이러한 문제점을 해결하는 방향으로 진화해 갈 것이다. 새로운 형태의 전자시장은 기존의 전자상거래의 효율성은 유지하면서 판매자와 구매자 사이에 견고한 관계를 형성할 수 있도록 한다.

[그림 1-11]에서 보듯이, 오늘날 대부분의 B2B 모델은 Mega-exchange에 해당한다. 효과적인 상거래를 위해서는 규모와 유동성이 필수적인 요소이므로 오늘날의 분산되고 비유동적인 전자시장은 그림의 중심에 위치하는 소수의 Mega-exchange로 통합될 것이다.

Specialist Originator는 복잡한 형태의 거래에 대한 주문을 받아서 이러한 주문을 더 큰 주문 형태로 통합하여 Mega-exchange로 보내어 거래를 성사시킨다. 자동차 및 항공 부품, 산업 장비 조립, 보험 같은 복잡한 서비스와 같은 일상품이 아니거나 완전히 맞춤화되지는 않은 상대적으로 고가의 제품과 관련된 시장에서 이것의 역할이 큰 가치를 제공한다. 이러한 모델로 성공하기 위해서 Specialist Originator는 초기에 복잡한 제품을 거래하고 고객에게 온라인으로 실시간 지원을 제공할 수 있는 표준을 만드는 데 중점을 두어야 한다. 복잡한 제품에 대한 이해와 고객의 구매의사결정에 큰 영향을 미치는 사항에 대해 깊은

[그림 1-11] 새로운 다섯 가지 B2B 비즈니스 모델

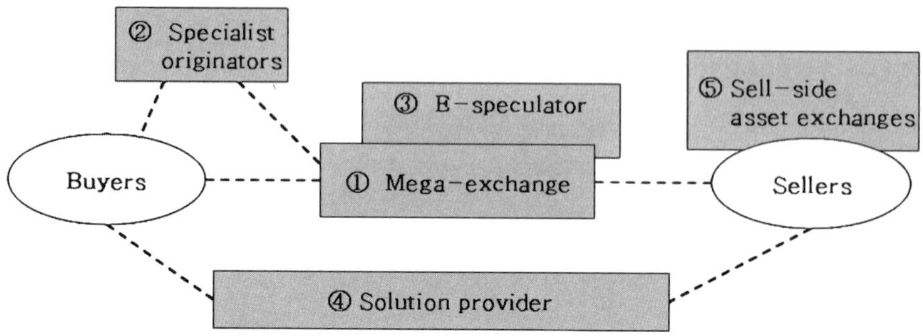

① Mega-exchange는 대부분의 거래 성사와 구매자-판매자 의사소통을 위한 중심 허브 역할을 수행.
② Specialist originator는 복잡한 제품에 대해 구매자의 의사결정 프로세스를 표준화하고 자동화하여 거래를 성사시킴.
③ E-speculator는 직접적이거나 파생적인 시장 지위를 취하기 위해 실시간 정보를 수집함으로써 거래에 참여하거나 거래를 성사시킴.
④ Solution provider는 개방된 거래소와 독립적으로 운영되면서 제품에 독창적이고 가치있는 서비스를 수반하여 판매.
⑤ Sell-side asset exchange는 한정된 공급자들 간에 주문을 교환하거나 재판매함으로써 이익을 취함.

지식을 가지는 것이 경쟁 우위 요소이다.

E-speculator는 풍부한 시장의 정보를 축적한 후 이를 자산화하여 다수의 구매자들에게 상대적으로 표준화된 상품을 쉽게 전달하는 데 집중하는 모델이다. 단, 이러한 표준화된 상품의 가격 변동이 상대적으로 극심하여 가격에 대한 편차로부터 수익을 얻는다. E-speculator에 적절한 시장은 특수 화학품, 종이, 기본적인 자동차 부품 등이다. 이러한 모델이 성공하기 위해서는 고도의 재무적인 능력과 리스크 관리 기술을 가져야 한다. E-speculator의 경쟁력은 경쟁자보다 더 빠르게 더 나은 시장정보를 획득하는 것으로부터 나온다. 이러한 정보를 획득하기 위해서는 최소한 하나 이상의 Mega-exchange와 밀접하게 파트너십을 맺어야 한다. E-speculator는 상품의 거래를 뿐만 아니라 다양한 헤징 도구를 판매하여 수익을 얻을 수 있다.

많은 시장에서 확고한 브랜드 파워를 가진 소수의 독립적인 Solution provider 모델의 기업은 Mega-exchange 모델의 기업과 나란히 생존할 것이다. 플라스틱 가공기술과 금속 절단 기술을 판매하는 미국의 Milacron과 같은 기업은 고객에게 필수적인 확고한 전문적인 기술을 바탕으로 구매의사결정에 있어서 가격의 중요성을 낮추었다. 이 기업은 높은 마진의 부품과 소비재의 판매가 기업 전체

이익의 상당 부분을 차지한다. Solution provider 모델은 특수 화학품, 플라스틱 가공, 절단 도구와 같이 제품 자체는 고객의 전체 제조비용 중 작은 부분을 차지하지만 전체 제조비용에 큰 영향을 미치는 시장에서 가장 일반적인 형태로 나타날 것이다. 예를 들면, 특수 화학혼합물은 콘크리트 제조비용 중에서 극히 일부분을 차지하지만, 시멘트는 재처리가 어려우므로 잘못된 혼합물을 사용할 경우 아주 큰 비용 문제를 발생시킨다.

공급자들 간의 거래가 이루어지는 Sell-side asset exchange 모델은 상당부분의 B2B 거래를 차지하게 될 것이다. 지리적 혹은 정보적인 이유로 수요와 공급의 불일치가 자주 발생하는 시장이나 공급자가 비싼 고정 자산을 활용도가 높을수록 큰 이익을 얻을 수 있는 시장과 같이 구매자와 판매자 모두에게 시장이 매우 세분화된 경우에 자산의 교환은 매우 가치가 있을 것이다. 이러한 특성의 산업은 운송업, 금속 가공업, 플라스틱 몰딩업, 농업, 건설업 등이 있다. Sell-side asset exchange 모델을 추구하는 기업은 공급자들 간의 거래량이 성공의 여부를 결정하므로 공급자 공동체와 밀접한 관계를 유지하는 것이 필요하다. 또한 공급자들의 문제를 해결하는 상품과 서비스의 판매가 수익의 중대한 원천이므로 공급자들의 문제에 대해 정통하고 해결할 수 있는 컨설팅 능력을 가져야 한다.

기업의 조직을 재구성하는 컨설팅을 수행함으로써 수익을 얻는 다수의 컨설팅 기업은 전통적인 은행이나 투자은행은 아니다. 이러한 기업들은 시장의 추세를 파악하고 새로운 사업기회를 잡기 위해 많은 비용과 리스크를 감수하면서 그들 자신의 비즈니스 모델을 재구성한 기업들이다. 찰스스왑이 가장 대표적인 예이다. 찰스스왑은 자체적인 혁신을 한 번이 아니라 세 번이나 하였다. 증권거래 모델로 시작한 후, 재무 설계자에게 자산관리와 후방업무서비스를 제공하는 모델로 변모하였고, 다시 개방된 뮤추얼 펀드 시장을 개발하여 웹 기반 거래와 개인 재무 컨설팅을 통합한 clicks-and-mortar(온라인과 오프라인을 같이 경영하는 형태) Solution provider 기업이 되었다. 각각의 혁신에는 엄청난 투자가 소요되었지만 결국 찰스스왑의 고객, 수익, 시장의 평판이 급격하게 향상되었다.

[표 1-5] 새로운 다섯 가지 B2B 비즈니스 모델 요약

	특 성	적용산업(시장)	요구되는 능력	핵심경쟁 요소	수익 모델
Mega-exchange	유동성 극대화 표준화된 거래 방법	대부분의 수직 산업 대부분의 수평적 구매 카테고리	다량의 거래 처리 거래 중립성	규모와 유동성 표준화	거래 수수료 미미로 수익도 미미함
Specialist originator	복잡한 상품 상대적으로 고가의 상품	전자 혹은 기계 부품 자동차 및 항공 부품 보 험	고도의 판매 자문 능력 상품에 대한 깊은 이해 고도의 고객관계 관리	제품에 대한 깊은 지식 의사결정지원 도구의 효과적인 사용 검증된 공급자 확보 거래를 묶을 수 있는 능력	거래 수수료 벤더 혹은 거래로부터 수수료
E-speculator	고차원의 제품 표준화 혹은 대체 가능성 극심한 가격 변화 상품	발전설비 화학제품 자동차 교체 부품	재무 공학 및 헤징 능력 시장 및 시장 환경에 대한 깊은 지식	시장정보의 적시 제공 거래 규모 확보 주요 구매자 혹은 판매자와 조정능력	playing the spread 참여자에게 헤징 기법 판매
Solution provider	전체 비용에서 제조비용이 적은 경우 제품 관련 사항이 다른 비용보다 중요한 경우	특수 화학제품 가공 플라스틱 절단 도구	고도의 전문적 기술 문제해결을 위한 사고방식	브랜드 인지도 확보 다양한 제안 능력 고객 확보 능력	높은 제품 마진 가치 있는 주변기기 혹은 리필 제품 판매
Sell-side asset exchange	높은 고정비 상대적으로 분리된 공급자와 고객	운송업종 금속 가공업 건설업	고도의 공급자 관계 관리 추가적인 서비스 제공 능력 거래 중립성	유동성 확보 능력 핵심 공급자 확보와 시장 선점	참여자에게 부속 상품/서비스 판매

제 4 절 국가종합전자조달시스템(나라장터) 구축 사례

국가조달 프로세스를 단일창구로 전자화한 G2B시스템이 2002년말부터 서비스를 제공하기 시작하였다. 이 시스템은 조달청뿐만 아니라 모든 공공기관의 참여가 가능하기 때문에 실질적인 범정부적인 조달 전자화를 완성하였고 본적적인 정부조달 e-비즈니스 시대가 시작된 것으로 평가되고 있다.

G2B 시스템의 개발 배경은 국가 및 공공기관이 기업과 거래를 하는 전 과정을 전자화하기 위해 국가차원의 종합적인 조달체제를 구축하고자 하는 것이었다. G2B 시스템 구축 계획에서 정부의 조달행정의 효율성 및 투명성 향상, 디지털 행정체계의 구현지원과 자율적 고객 지향적 조달의 지향, 국가조달 효율화의 동인으로서 전자조달 완성, 정부 및 기업의 정보화 선도, 국민경제 생산성 향상을 구현목표로 하였다.

[그림 1-12] G2B 시스템 개념도

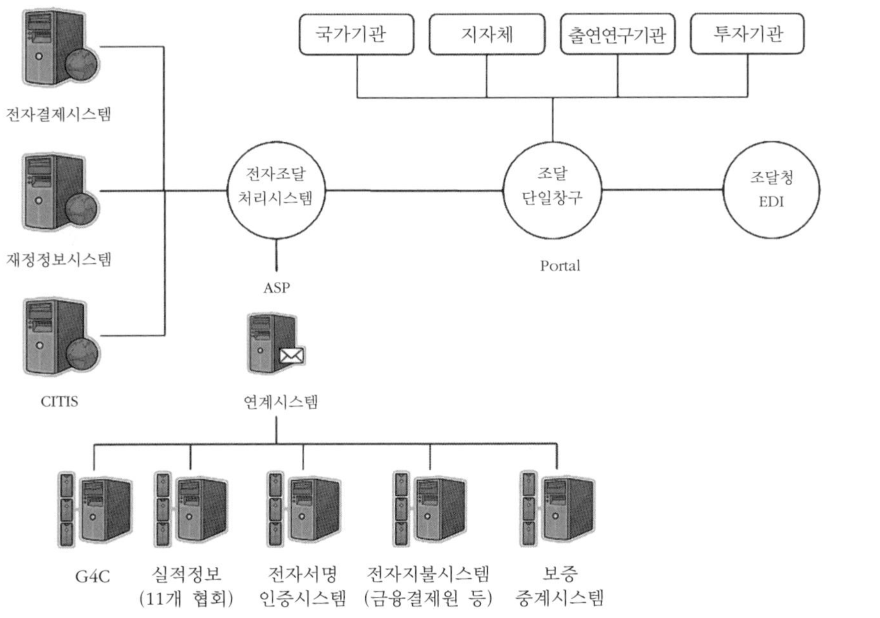

자료: 전자정부백서, 2003.

G2B 시스템은 60여 개의 외부시스템과 네트워크로 연결된 방대한 시스템으로 구성되어 이용자들에게 원스톱 서비스를 제공하고 있으며, 나라장터라 불리는 국가조달 홈페이지를 통하여 다양한 정보와 서비스를 제공하고 있다. G2B 시스템은 이를 위해 6개 공인인증기관과 연계하여 온라인 거래의 안전성을 확보하고 있으며, 11개 시설 관련 협회와 연결하여 업체평가를 위한 경영상태 및 실적자료를 공유하며, 11개 보증사와 선금입찰계약, 하자보증 등 각종 보증서를 전자적으로 처리하고, 물품대금의 전자이체를 위한 금융결제원을 통해 15개 시중은행과 연계하여 실시간 전자지급결제를 실시하고 있다([그림 1-12] 참조).

G2B 시스템의 구축은 그것이 하나의 프로젝트 완성이라는 점에서 의미가 있는 것이 아니라, 국가조달에 있어서 다음의 다섯 가지 측면에서 국가전자조달의 새로운 프레임 워크가 제시되었다는 점에서 의의가 있다.[8)]

- 범정부적인 단일 조달 창구 마련
- 공공조달 전자시장의 활성화
- 조달활동의 투명성 제고
- 법령 및 제도의 틀 마련
- 정보시스템의 상호운영을 통한 공공기관과 민간기업의 협업 활성화

하지만 2002년에 구축된 G2B 시스템 사용자 입장에서 다음과 같은 문제점을 가지고 있다.

- 시스템의 확장성과 운영의 전문성 문제
- 서비스 마인드 부족
- G2B 시스템에 대한 홍보와 교육의 부족
- 물품 컨텐츠의 다양성 부족

이러한 문제점을 해결하기 위해 2003년 9월부터 "국가종합전자조달의 고객지향적 서비스고도화 사업"을 추진하였고, 추진 목적과 사업 목적은 다음과 같다([그림 1-13], [그림 1-14] 참조).

---

8) 전경련 산업조사실 편, 사례로 배우는 e비즈니스 II, 산업자원부 · 전국경제인연합회, 2004.

- 고부가가치 컨텐츠 제공으로 전자조달의 확산
- 전자조달 서비스 극대화를 위한 공공기관이 필요로 하는 핵심 컨텐츠를 제공하여 이를 활성화
- 업체평가시스템, 계약조건별 계약방법의 결정 등 축적된 계약정보를 활용하여 공공기관의 의사결정에 지원
- 이용자와의 다양한 채널을 구축하고 목표고객에 최적화된 맞춤형, 개인화된 서비스를 제공하기 위하여 고객관리시스템(CRM)을 도입 운영
- 기 구축된 시스템의 활성화를 통하여 물품목록 정보 등의 이용을 확대하고 타 이용기관과의 연계표준화를 강화
- 이용기관과의 표준화된 연계 방식을 구축하고 이를 바탕으로 이용 활성화 구현
- 목록, 상품, 가격 정보 등을 통합화하고 이를 각 수요기관, 조달업체에 제공함으로서 공공조달의 기반시스템으로서의 이용 활성화 촉진
- 나라장터 이용의 확산을 통해 정부조달 체제 단일화
- 나라장터의 활용도를 향상시켜 모든 공공기관 및 조달업체가 나라장터 시스템을 이용토록 유도하여 공공조달의 효율 및 투명성을 향상시킴.

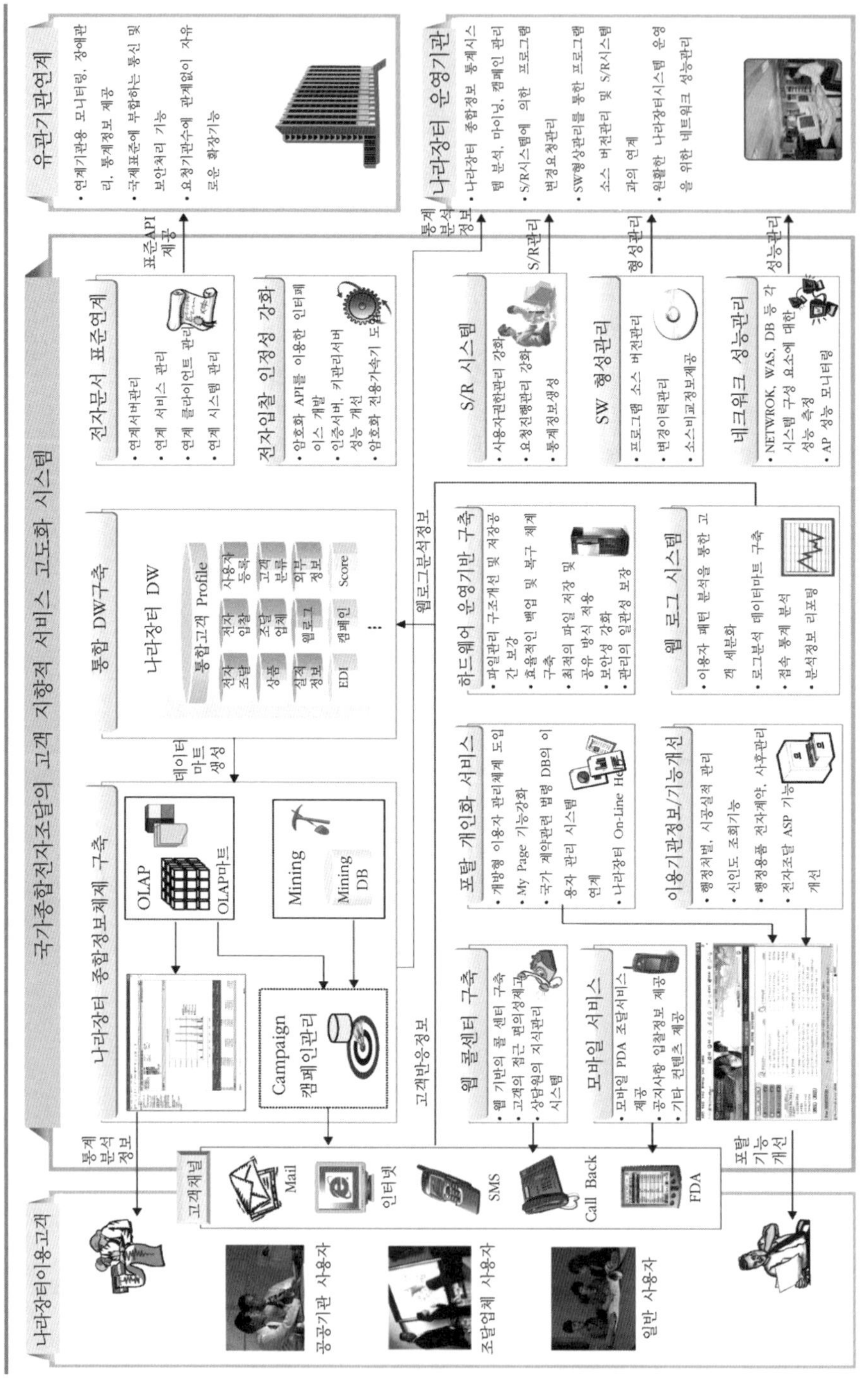

[그림 1-13] 국가조달 서비스 고도화시스템 구성도

[그림 1-14] 국가조달 서비스 고도화를 위한 응용시스템 구성도

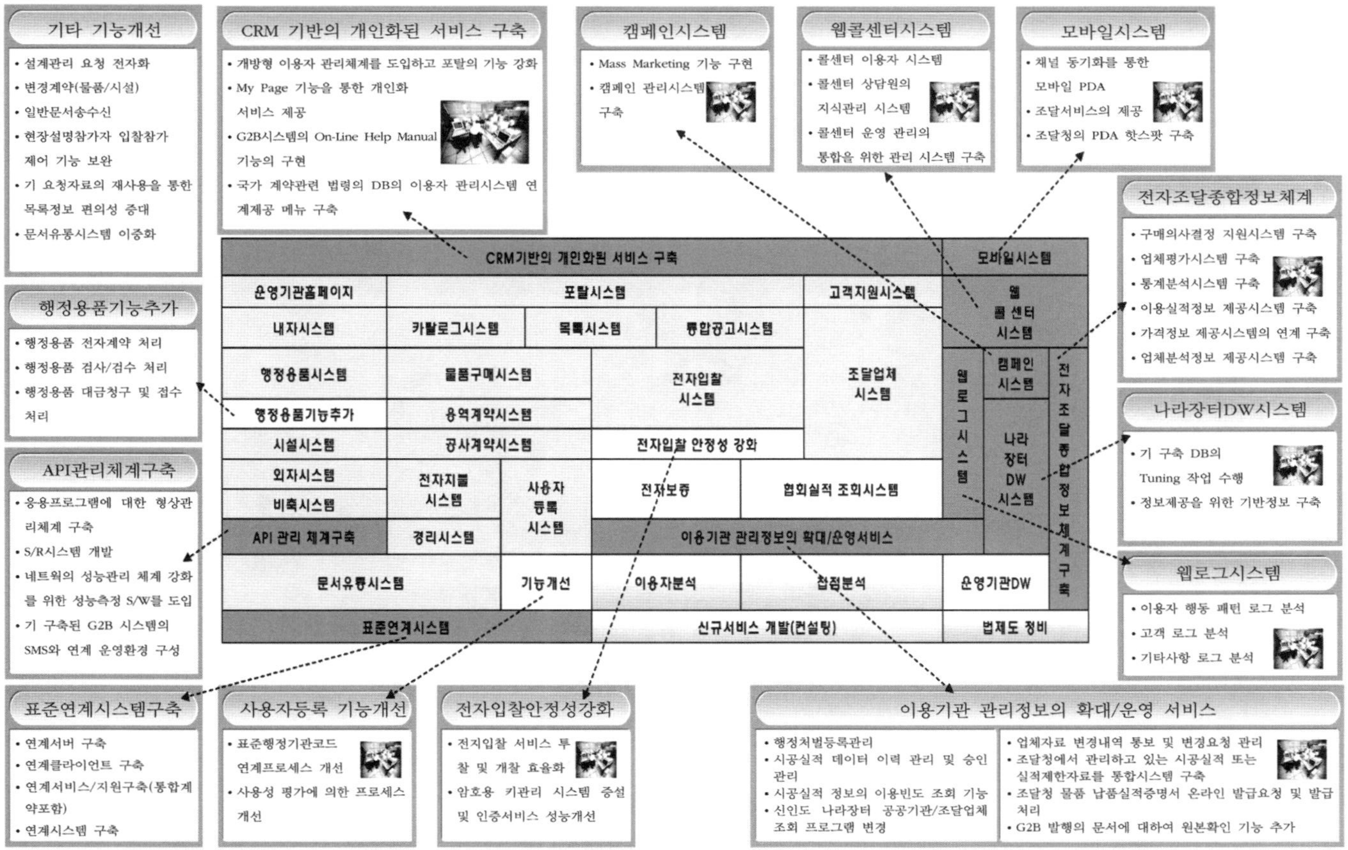

제 2 장

공급사슬관리 (Supply Chain Management)

제 1 절 기업 환경의 변화

현재 제조와 물류에 대한 경영에 있어서 가장 중요한 화두 중의 하나는 공급사슬관리이다. 공급사슬관리에 대해 알아보기 전에 우선 기업 환경의 변화에 대해서 알아보는 것이 공급사슬관리의 의의와 중요성을 이해하는 데 도움이 된다. 아래의 다섯 가지 기업 환경의 변화는 기업 전략을 근원적으로 변모시키게 되었다.

첫째, 1990년대 이후 소비자의 증대된 구매력과 함께 기업 간의 치열한 경쟁으로 인해 대부분의 시장은 생산자 중심에서 소비자 중심의 시장으로 변모하였다.

둘째, 이로 말미암아 기업은 끊임없이 변모하는 소비자의 니즈를 충족시키기 위해서 매스커스터마이제이션(mass customization) 또는 즉시 생산체계(agile manufacturing) 등 상품의 개발 및 제조 방식에 있어서 커다란 변화를 꾀하게 되었다. 이러한 변화에 적응하기 위해서 기업은 소비자로부터 선택받기 위해 새로운 아이디어와 프로세스를 끊임없이 찾을 뿐만 아니라 새로운 시장을 창출하기 위해 혁신을 끊임없이 추구하고 있다.

셋째, 정보통신기술의 혁명적인 발달로 인해 시장 형태는 크게 변모하였다. 오늘날 정보의 가치가 증대되고, 의사소통 속도가 빨라지면서, 정보는 부의 근원적인 원천으로 되고 있다. 즉, 기업은 우월적인 시장의 지위를 유지하기 위해서 사이클 타임을 줄이고 자동화를 통해 기업 조직의 생산성을 증대시킬 수 있는 정보기술을 중대한 경영 도구로 인식하게 되었다. 또한 정보기술을 통해 아웃소싱업체와 협력 업체 등을 하나의 경쟁우월적인 시스템으로 묶어 쌍방향의 네트워크를 이룰 수 있게 하였다.

정보통신 기술로 얻어진 경쟁 우위는 네 번째의 변화인 마케팅과 유통채널 환경이 급격하게 변화도록 촉발시켰다. 이것은 다음과 같은 변화를 가져왔다. 첫째로 세계경제의 글로벌화를 가져와서 새로운 상품과 서비스를 전 세계 시장에 빠른 출시와 즉시 납기에 대한 요구사항을 증가시켰다. 둘째로는 전략적인 제휴와 파트너십이 글로벌한 규모로 폭발적인 증가를 가져왔다. 공급사슬 시스템과 함께 공급사슬 내의 기업 간 밀접한 연계성은 공급사슬 네트워크가 지리적으로 산재해 있음에도 불구하고 기술, 자원 등의 시너지 효과를 창출할 수 있는 기업 간의 가상 조직을 구성할 수 있게 하였다. 즉, 기업은 발전된 정보통신 기술에 의해 마케터와 디자이너 제조업체와 배송업체의 동등계층 간 통신망(peer-to-peer network)을 이용하여 기업 간 협력을 용이하게 할 수 있는 조직 구조를 가질 수 있게 되었고 공급사슬 연합을 발전시킬 수 있게 되었다.

마지막으로 공급사슬 간 물류의 통합으로 공급사슬관리(SCM)가 발전하게 되었다. 과거에는 물류는 단순히 상품배송과 비용 관리에 초점을 둔 활동으로만 인식하였다. 하지만 현재 일류 기업들은 물류를 경쟁 우위의 요소로 인식하고 전략적인 기업 간 경영활동으로 활용하여 모든 재고와 배송활동을 계획하고 조정하고 있다. 기업이 공급사슬 간에 물류 활동을 더욱 밀접하게 통합시킴에 따라 공급사슬관리 전략 및 철학을 서로 공유하여 고객을 만족시키고, 새로운 상품을 개발하고, 새로운 시장을 창출하고, 기업 간 채널 관계를 더 넓힐 수 있는 방안을 찾고 있다.

공급사슬관리는 기업이 위와 같은 시장의 변화 추세에 맞춰 경영할 수 있는 효과적인 방법을 제시하여 주므로 공급사슬관리의 개념이 최근에 유효한 기업 전략을 구축하는 데 도움을 준다. 과거의 기업전략은 기업 내부의 상품과 시장 가치, 생산 프로세스, 핵심경쟁력을 높이는 데 주력하였다. 이러한 전략은 과거의 국지적인 비즈니스 환경 속에서는 경쟁력 제고에 초점을 두는 데 매우 중요한 역할을 하였지만, 오늘날의 전 세계적인 협력, 무한 경쟁, 매우 짧아진 상품 생명주기, 공급사슬 파트너와의 상호의존성으로 요약되는 시대에는 그다지 효율적이지 않게 되었다.

제 2 절 공급사슬의 중요성

공급사슬(supply chain)은 상품이나 서비스를 최종소비자에게까지 전달되는 데 직간접적으로 연관된 모든 참여자들로 구성된다. 기업 내의 공급사슬은 원자재 구매부서부터 고객 서비스 부서에 이르는 다양한 부서들로 구성된다. 또한, 공급사슬은 원자재 수급, 보관, 생산, 이송, 고객에게의 전달과 연관된 모든 활동을 포함한다. 과거의 기업들은 생산 라인 또는 기업 내의 생산성 향상, 리드타임 단축, 원가 절감, 비즈니스 프로세스 리엔지니어링(BPR), 기업 통합 및 정보화, 자동화 및 컴퓨터통합생산(computer integrated manufacturing) 구축 등에 초점을 두었다. 그러나 최근에는 제조단계 외부의 공급사슬 관리를 더 중요하게 인식하게 되었다. 그 이유는 다음과 같다.

첫째, 상품에 있어서 부가가치의 60-70%가 제조 밖의 가치체인에서 발생한다. 미국의 경우 제조업의 물류비용은 업종에 따라 10-15%에 이른다. 일반적으로 고객이 주문한 시점부터 납품까지의 주문 기간 동안 순수 상품 제조에 소요되는 시간보다 공급사슬에서 소요되는 시간이 훨씬 길다. 많은 기업이 생산 효율성 증대 및 리드 타임 단축을 위해 공장자동화 등에 막대한 투자를 하고 있으나 주문처리, 물류관리, 구매 조달 등에서 개선의 여지가 더 많이 존재하며 고객만족 효과도 크고 투자비용도 상대적으로 저렴하다.

둘째, 부품 및 원자재 공급의 납기 및 품질의 불확실성과 수요 및 주문의 납기, 수량 등의 불확실성을 기업 내에서 수동적으로 흡수하여 오늘날의 급변하는 시장에 대한 불확실성에 대응하는 데에는 한계가 있다. 이러한 불확실성 및 변동의 흡수를 위해서 기업은 각 체인 단계별로 과도한 재고를 가지게 되고 리드 타임 또한 증가하는 문제에 봉착하게 된다.

셋째, 정보전달의 지연 및 왜곡 확대 현상의 발생이다. 이러한 현상을 채찍 효과(bullwhip effect)라고 하는데, 이는 공급사슬의 마지막 단계인 소매점에서 고객으로부터 주문 및 수요 행태의 변동에 대한 정보가 도매상, 물류창고 등의 공급사슬을 거슬러 전달되는 과정에서 정보의 지연 및 왜곡이 누적되는 것을 말한다. 이로 인해 납기지연, 결품, 과잉 제고 등의 문제가 발생한다. 오늘날의 극심한 경쟁 환경 하에서는 고객 및 유통업체들의 행태가 과거보다 더욱 동태적으로 변화하여 불확실성 및 정보왜곡 효과가 더욱 증폭되고 있다. 따라서 공급사슬의 정보 공유 및 전달, 상호협력 및 조정이 중요한 과제로 부각되고 있다.

넷째, 기업이 글로벌화 됨에 따라 생산, 부품 조달, 보관 및 물류, 운송, 판매 및 유통 관련 활동이 전 세계에서 이루어짐에 따라 공급사슬의 리드타임이 길어지고 불확실해졌다. 또한 부품조달 비용, 인건비, 금융비용, 노동 생산성, 운송 및 물류비용 등의 국가별/지역별 편차, 관세 및 환율과 수출입관련 법규의 국가별 차이, 지역별 제품 사양의 차이 등을 감안해야 하므로 물류가 더욱 복잡하게 되었다. 이에 따라 글로벌한 공급사슬의 관리가 중요하게 되었다.

다섯째, 앞 절에서도 언급했듯이 시장이 소비자 중심으로 변모함에 따라 표준화된 제품을 대량 생산하여 고객에게 밀어내던 방식에서 탈피하여 고객의 다양한 요구에 맞추어 제조, 납품해야 하는 매스커스터마이제이션(mass customization)이 보편화되고 있다. 시장이 글로벌화됨에 따라 지역별 국가별 제품사양(전압, 폰트 등)이 더욱 다양하게 되었다. 이러한 매스커스터마이제이션에 따라 대상 품목이 많아지고 재고 및 물류관리가 복잡해지며 주문관리, 생산계획, 정보관리 및 추적관리가 복잡해진다. 또한 리드타임이 길어지고 불확실해지며 재고가 증가하고 주문충족도가 악화되는 등 공급사슬의 효율이 급속히 저하되게 되었다. 이에 따라 공급사슬의 효율적인 관리 중요성이 부각된다.

끝으로 최근 ERP(enterprise resource planning) 등의 정보시스템 의해 기업 내부 프로세스가 정보화, 통합되고, EDI(electronic data interchange), POS(point of sale), 인터넷, 전자상거래 등의 기술이 급속히 발전됨에 따라 공급사슬 간의 정보공유 및 전달과정을 혁신하고 공급사슬 간의 프로세스를 적극적으로 통합할 수 있게 되어 관련 개념 및 기법의 보급이 확산되고 있다.

제 3 절 공급사슬관리의 정의

공급사슬의 중요성이 부각됨에 따라 제조와 물류 분야에 있어 공급사슬관리(supply chain management)가 가장 중요한 연구 분야 중의 하나가 되었다. 제조, 물류, 고객 만족, 배송 관련 연구에서 공급사슬관리 관련 연구 문헌이 수없이 나오고 있다. 공급사슬관리의 수많은 자료와 연구조직이 구성됨에도 불구하고 공급사슬관리의 의미가 무엇인지, 어떻게 현실에 적용해야 하는지, 어떠한 이점을 가져다주는지 이해하는 데에 많은 어려움이 있다. 대부분의 많은 연구 문헌이나 서적들이 배송, 공급자와의 제휴, 고객 서비스 같은 공급사슬관리의 주요 운영적인 측면에 초점을 두는 반면, 공급사슬관리의 근간이 되는 원리에 대한 심도 있는 정의나 오늘날의 기업 환경과 연관된 경영에 대한 내용을 다룬 자료는 빈약한 실정이다. 공급사슬관리는 공급 채널의 비용을 줄여서 고객에게 상품을 빠른 기간 내에 전달하기 위한 경영기법 이상인 경영철학이라 할 수 있다. 즉, 공급사슬관리는 글로벌한 변화와 불확실성으로 대표되는 오늘날의 기업 환경에서 살아남기 위한 경영 기법이라 할 수 있다. 이 절에서는 공급사슬관리의 개념에 대해서 이해하고, 그 특성에 대해 알아본다.

다른 많은 경영 철학과 마찬가지로 공급사슬관리의 정의도 아주 다양하다. 엘람(Ellram)은 공급사슬관리를 공급업체로부터 들여온 원자재부터 배송 채널을 통해 최종 소비자에게까지 흐름을 계획하고 통제하는 통합적인 경영기법으로 정의한다. 다른 물류학자들은 공급사슬관리를 주로 재고와 정보의 외부 흐름을 촉진시키는 데 초점을 둔 경영 기법으로 정의하기도 한다. 쿠퍼(Cooper)는 공급사슬관리를 통해 기업이 고객만족을 위해 원자재공급부터 최종소비자에게 전달될 때까지의 제품 이동의 모든 단계를 기업, 제도, 지역적인 경계와 상관없이 기업의 채널을 확장시켜 계획하고 통제할 수 있다고 정의한다. 라론(LaLonde)은 공급사슬관리를 원자재공급부터 소비까지의 실제 상품과 연관된 정보의 흐름을 동기화하여 경영함으로써 주요 고객에게 경제적인 가치를 제공하는 것으로 정의한다. 왈튼(Walton)과 밀러(Miller)는 파트너와의 거래를 전략적으로 통합하는 것이 공급사슬관리의 개념이라고 한다.

이처럼 많은 공급사슬관리의 정의가 있는데, 위의 정의로부터 공급사슬관리를 두 가지 개념으로 정의할 수 있다.

첫째, 공급사슬관리는 물류활동을 최적화하는 것을 넘어서는 기업의 모든 기능(예를 들면, 마케팅, 제조, 재무 등)을 최적화하고 통합하는 운영적인 경영기법이다. 이러한 운영적인 활동은 크게 네 가지로 나눌 수 있다.

- 기업 내 물류－판매 예측, 재고 관리 계획, 아웃소싱 기법, 조달 기법, 기업 내 이송
- 제조 활동－생산, 재공재고 관리, 최종 생산물 보관
- 기업 외 물류－최종 생산물 재고 관리, 주문 관리, 기업 외 및 기업 간 이송
- 물류 지원 활동－물류 계획, 물류 엔지니어링, 물류 관리

이러한 공급사슬관리의 개념을 통해 기업 전체적인 관점에서 부서별 전술적인 목표의 지속적인 조정, 모든 운영 활동의 최적화, 지속적인 가치 있는 고객 서비스 생성 등을 이룰 수 있다.

둘째로 공급사슬관리는 공급채널 간 물류 활동의 효율성을 높이기 위한 통합적인 물류 경영이고 전략적 경영기법이다. 오늘날의 기업 환경에서 어떠한 기업도 홀로 경쟁할 수 없고 시장의 우월적인 지위를 유지하기 위해 기업 자체적으로 모든 경쟁력과 지식을 소유할 수 없다. 물류 기능을 통합함으로써 다른 공급사슬 파트너와 네트워크를 구성할 수 있게 되어야 제조와 배송 프로세스의 효율성을 증대시킬 수 있고 또한 유일한 고객의 가치를 창출할 수 있게 된다. 즉, 두 번째 공급사슬관리의 개념을 충족하기 위해서는 기업은 기업 조직의 다양한 물류기능을 통합하고, 이러한 물류 기능을 외부 공급자와 고객의 물류 기능과 연계시키고, 공급업자의 재고를 직접적으로 파악할 수 있어야 하며, 공급사슬 내의 모든 생산 시설을 동기화하여야 한다. 최근의 정보통신기술의 급속한 발전은 공급사슬관리의 도입을 촉진시키고 있다. 정보통신 기술로 기업들은 서로 네트워크를 쉽게 구성할 있고, 고객에게 최상의 상품과 서비스를 제공하는 데 초점을 맞춰 공급사슬 내에서 발생하는 다양한 단계의 의사결정 프로세스를 조율할 수 있게 도와준다.

공급사슬관리의 목적은 지속적인 생존뿐만 아니라 우월적인 시장 지위를 유지할 수 있도록 새로운 상품이나 서비스, 새로운 프로세스와 기술, 새로운 수직적 통합이나 규모의 경제 달성을 이루기 위해 각 기업 구성원의 능력을 통합하

여 모든 기업의 능력을 진화시키는 것이다.

공급사슬관리의 처음 정의는 단순히 물류 경영의 확장된 개념으로 소개하는 경우가 일반적이다. 이러한 정의에 기반을 둔 공급사슬관리는 배송과 제조공정의 최적화와 연관된 일상의 활동에 대한 효과적인 성과 평가와 채널 시스템을 통한 재고와 정보의 흐름을 촉진하는 데 초점을 둔다. 하지만 전략적인 관점을 추가한 두 번째 공급사슬 관리의 정의는 그 개념이 훨씬 광범위하다. 즉 공급사슬관리를 통해 여러 개개 기업이 마치 하나의 기업처럼 공급채널 네트워크를 구축하여 경쟁할 수 있게 한다. 다시 말해 전자문서교환(EDI) 시스템 연동을 통해 재고 데이터 이상의 데이터를 서로 공유하게 된다. 또한 공급사슬관리를 통해 각 기업 내에 존재하는 마케팅, 제품 디자인, 생산, 물류 계획, 물류 활동 등의 조직을 하나의 의미 있는 공급채널 시스템을 구성하여 빠르게 변화하는 글로벌한 시장의 니즈에 맞춰 신속하게 반응할 수 있다. 이러한 공급사슬관리 활동의 범위는 채널 연합의 설립부터 시장 예측, 제품 디자인 협력, 가격 결정, 홍보, 수요 공급 계획, 아웃소싱, 조달, 제조 물류 경영에까지 이른다.

이처럼 공급사슬관리의 개념은 상당히 광범위하므로 명확하게 이해하기 위

[그림 2-1] 공급사슬 구조

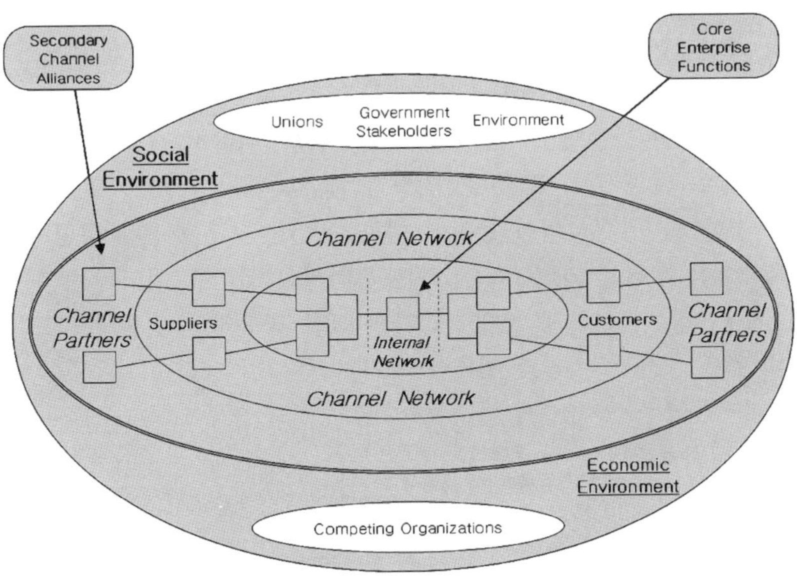

해서 그 특성에 대해서 알아보자. 공급사슬관리의 특성은 다음과 같다.[1)]

첫째, 공급사슬관리는 공급채널에 대한 전략적 관점을 제공한다.

일반적으로 대부분의 기업들은 공급사슬관리의 응용에 주로 관심을 가지지만 공급사슬관리의 가장 주요한 특성은 외부 기업과 전략적 연합을 이룸에 있다. 즉, 제품 라이프사이클이 짧아지고 경쟁이 극심한 오늘날의 기업 환경에서는 기업의 공급사슬 파트너와의 핵심 경쟁력, 인적자원, 마케팅, 생산 프로세스, 정보기술, 물류 자원 등을 융합할 수 있는 기업의 능력이 우월적인 시장 지위를 가지기 위한 가장 중요한 원천이 된다. 다시 말해 세계 일류 기업은 공급사슬 파트너와 밀접한 네트워크를 구축하여 제품 디자인, 납기, 고객서비스, 비용 절감 등에 대한 자신의 한계를 넘어 파트너와의 협업으로 혁신을 이룸으로써 시장 지위를 성취하고 유지한다.

둘째, 공급사슬관리 목표의 달성은 단순히 기업 내 활동의 결과로 얻어지지 않는다.

비용을 절감하고 중복을 제거하고 생산성을 향상시키기 위해 프로세스 리엔지니어링과 품질경영 기법의 적용이 공급사슬관리 개념의 기초적인 요소이긴 하지만, 공급사슬관리의 실행이 단순히 물류 기능을 개선시키는 데만 사용되는 것을 의미하지는 않는다. 또한, 단순히 기업의 협력업체와 고객과 구축된 기존 관계를 확장하고 유지하는 것을 의미하지 않는다. 다시 말해 공급사슬관리는 기업의 수직적 통합과는 다르다. 공급사슬관리의 진정한 가치는 기업 내부가 아니라 기업 외부에서 발견된다. 기업이 속한 전체 공급사슬 시스템과 물류 및 제조뿐만 아니라 재무, 마케팅, 운영 계획, 제품 개발 등의 전략적 요소를 통합함으로써 생산성과 경쟁력을 개선할 수 있다. 전략적 제휴의 형성, 정보기술을 통한 채널 간 기능의 결합, 보완적인 핵심 능력에 대한 개방된 접근을 통해 공급사슬관리는 전체 공급사슬이 우월한 가치를 제공하는 통합된 공급 네트워크를 구축할 수 있게 한다. 자원, 장비, 리스크, 인프라, 기술 등을 공유하고 결합함으로써 공급사슬 내의 기업은 오늘날의 기업 환경에 대응하기 위해 새로운 전략을 빠르게 수정할 수 있는 유연성을 가진다.

셋째, 공급사슬관리의 전략은 고객으로부터 도출된다.

---

1) David Frederrick Ross, Competing Through Supply Chain Management: Creating Market-Winning Strategies Through Supply Chain Parterships, International Thomson Publishing, 1998.

대량생산체제 시대에는 제조기업은 표준화된 제품을 생산하고 가격, 마케팅 활동으로 고객이 자신의 제품을 구매하길 기대했다. 이 시기의 물류의 역할은 공급 채널을 통해 고객에게 싸고 가능하면 빠르게 제품을 내놓는 것이었다. 하지만, 현재는 제품과 그에 수반하는 서비스는 고객의 니즈에 맞춰 만들어진다. 제품 및 서비스의 수요 흐름이 푸시(push) 방식에서 풀(pull) 방식으로 바뀜에 따라 수요 예측 및 전통적인 마케팅, 생산, 배송 기능의 근본적인 변화기 발생하였다. 전체 공급사슬 내의 공급자, 제조기업, 도매상, 소매상이 서로 네트워크를 구축함으로써 공급사슬관리는 기업이 고객의 니즈에 의한 제품과 서비스를 제공할 수 있도록 차별화된 제품 디자인, 유연한 생산 프로세스, 품질 개선, 정보 이전, 재고 관리를 협업하게 한다.

넷째, 공급사슬관리는 단순한 경영기법이 아닌 경영철학으로 다음의 성격을 가진다.

기업 조직의 경계를 넘어서 경쟁우위를 발견하도록 하는 경영 철학이다. JIT, 린 제조(lean manufacturing), MRP II, ERP, TQM 같은 기존의 경영 이론은 기업 내부의 생산성과 비용 절감에 목적을 둔다. 한편, 공급사슬관리는 경쟁에 유리한 시장 지위를 갖추기 위해 개개 기업이 아니라 연합된 공급사슬의 구성원으로 마치 하나의 조직인 것처럼 경영하도록 하는 개념이다.

전체 공급사슬을 하나의 조직처럼 통합하도록 유도하는 경영철학이다. 공급사슬 통합은 기업 조직의 모든 채널이 자신만의 특수성을 배제하고 마치 하나의 공급사슬 프로세스인 것처럼 작동하는 것을 의미한다. 여기서 통합이란 재고관리 계획, 구매, 이송 같은 물류 활동뿐만 아니라 공급사슬 내 모든 기업에 의해 수행되는 마케팅, 영업, 제품개발 등의 핵심프로세스가 상호 연동되는 프로세스로 작동하는 것을 의미한다. 기업 내 정보시스템과 통신 기술의 통합을 통해서 공급사슬 내 기업은 핵심적인 시장 정보와 공급사슬 내의 재고 흐름을 서로 공유할 수 있다.

공급사슬관리는 완성된 경영이론이 아니라 계속 진화하는 이론이다. JIT나 TQM과 유사하게 공급사슬관리는 경영기법이나 전산 인프라가 아니고 기업 내부와 기업 간의 성과 측정, 정보 기술 도구, 제품, 서비스, 조직구조 등을 끊임없이 구성하고 재구성하는 경영 프로세스이다.

지금까지 논의한 공급사슬관리의 주요 특성을 요약하면 [표 2-1]과 같다.

[표 2-1] 공급사슬관리의 주요 초점

	전통적인 경영의 초점	공급사슬관리의 초점
핵심 경영 프로세스	제품, 판매, 매출액에 초점	조직 간 프로세스 수립, 채널 혁신에 초점
주요 성과 지표	부서별 목표, 프로세스, 제품 스펙	전체 공급사슬의 혁신 및 가치-제고 능력
기업 목적 및 목표	성과의 연속성, 부서별 조정, 핵심 벤치마킹 메트릭	공급사슬 내 비전을 공유하여 기업 간 목표 및 목적 조정
기업 관계	조직의 내부 구조 및 가치에 초점	조직화된 파트너십, 공진화하는 프로세스와 목표
기업 프로세스 개선	비용 및 불량 감소; 재품과 프로세스의 개선	전체 공급사슬의 개선; 공급사슬의 가치 생성 및 혁신

[그림 2-2] 운영적인 측면에서의 공급사슬관리 개념에 대한 프레임워크

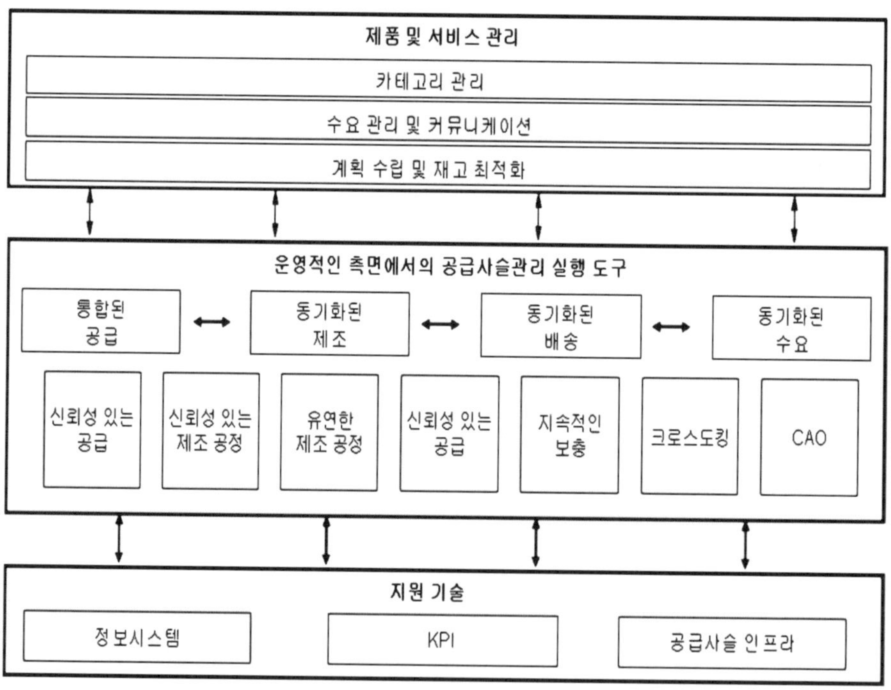

제 4 절 주요 공급사슬관리 관련 기술

1. ECR(Efficient Customer Response)

(1) ECR의 정의

ECR이란 고객의 니즈 충족과 고객 만족을 증대시키기 위해 공급사슬의 효율성을 극대화하기 위해 공급업체 및 유통업체가 공동으로 협력하여 공급사슬에 존재하는 비효율적인 요소들을 제거함으로써 공급망의 가치를 최적화하는 것이다. 즉, 개별 구성원의 공급사슬 효율성 보다는 전체 공급망의 효율성에 초점을 둠으로써 공급사슬 전체의 제고와 비용을 줄여 양질의 제품과 서비스를 고객에게 제공하는 전략이다.

미국의 ECR 추진위원회(ECR Working Group)는 성공적인 ECR 도입을 위한 5가지 원칙을 아래와 같이 제시하고 있다.

- 고객에게 양질의 제품과 서비스를 제공할 수 있도록 지속적인 노력이 필요하다.
- 공급사슬 내의 모든 구성원들이 협력할 때 보다 큰 이익을 가져다 줄 수 있다는 경영진의 사고방식의 전환이 필요하다.
- 효과적인 마케팅, 생산 및 물류의사결정을 지원하기 위해 정확하고 신뢰성 있는 정보가 공유되고 사용되어야 한다.
- 생산에서 소비에 이르는 제품 및 서비스의 흐름을 최적화하여 적절한 시기에 적절한 제품을 제공할 수 있어야 한다.
- 공통적이고 일관성 있는 성과측정과 보상시스템이 구축되어 전제 공급사슬의 효과성에 초점을 두어 보상이 이루어져야 한다.

(2) ECR의 등장배경과 현황

ECR의 등장에는 의류 산업에서의 QR(Quick Response) 추진이 결정적인 역할을 했다. 1980년대 중반 미국의 의류업계가 의류 유통체계를 개선하기 위해 도입한 QR은 소비자의 니즈에 보다 신속히 대응하기 위해 유통업체와 공급업체가 긴밀히 협력하는 전략이다. 1990년대 초 미국의 식품업계는 의류산업에 성공적으로 적용된 QR을 응용하여 자동차산업, 전자산업 등에서 활용되던 JIT와 종

[표 2-2] ECR 네 가지 기본 전략

구현 전략	목 표	내 용
효율적인 제품진열 (Efficient Store Assortment)	재고와 점포 공간의 최적화	고객만족을 극대화하는 동시에 유통업체와 공급업체의 이익을 증대시키기 위해 매장진열과 점포 공간을 효율적으로 관리
효율적 제품 보충 (Efficient Replenishment)	제품보충에 있어서 시간과 비용 최적화	가능한 가장 효율적인 방법으로 적절한 양을 적절한 시기에 적절한 장소로 적절한 제품을 제공
효율적 판매촉진 (Efficient Promotions)	거래와 판촉활동 전체 시스템의 효율성 극대화	거래과정을 단순화하고 구매에서 판매로 초점을 바꾼 판매촉진 활동 개발
효율적 상품개발 (Efficient Product Introductions)	신제품개발 및 도입활동의 효과 극대화	고객의 니즈에 맞는 제품을 신속하게 기획, 개발, 검사 및 출시하도록 협력

합품질경영과 같은 다양한 기법들을 통합하여 ECR이라는 새로운 전략을 도입하였다. ECR의 효과적인 추진을 위해 미국에서는 1992년 ECR 추진위원회가 구성되었다. 이후 유럽에서는 1994년 ECR 유럽이사회(ECR Europe Executive Board)가 구성되었고, 1998년 10월에는 아시아 ECR/SCM 위원회가 구성되었다.

(3) ECR 기본전략

ECR은 비즈니스 프로세스 리엔지니어링(BPR)처럼 기존의 업무프로세스에 대한 고정 관념을 버리고 전 업무프로세스를 새로이 검토해야 하므로 지속적인 교육과 홍보가 필요하다. ECR은 1993년 KSA에 의해 규명된 공급에서부터 유통채널까지의 주요 공급사슬에 대해 가치를 창출하는 위의 [표 2-2]와 같이 네 가지 구현전략으로 구성되어 있다.

2. CPFR(Collaborative Planning, Forecasting and Replenishment)

CPFR은 유통업체와 공급업체를 연결해 정보통신기술을 통한 정보공유를 기반으로 구성원 간의 공급사슬, 특히 생산계획, 수요예측, 재고보충 및 물류업무를 협업적으로 계획, 운영하는 시스템이다. CPFR은 고객의 수요를 계획하고 충족시키기 위해 다양한 거래 구성원들의 실행 사례를 통합하여 개발된 모범 관행

(Best Practices)이다. CPFR은 재고, 운송비 및 물류비를 감소시키면서도 고객 수요에 대한 충족을 증대시키기 위해 공급사슬을 계획하고 실행하는 프로세스에 판매와 마케팅 사례를 접목하였다. CPFR 전략 및 기법의 개발 및 추진은 미국의 VICS(Voluntary Inter-industry Commerce Standards) 위원회가 주도하고 있으며 유통, 내구 소비재, 의류 등의 산업 분야에서 적용되고 있다.

VICS에서 개발한 CPFR 모델은 계획, 예측, 보충 프로세스의 협업적인 측면에 대해 기술한 일반적인 프레임워크로 [그림 2-3]과 같다. 협업 참여자인 구매자와 판매자가 협업하여 모델의 중심에 위치한 고객의 수요를 충족시킨다.

유통업에서는 유통업체가 일반적으로 구매자이고, 제조업체가 판매자 역할을 하고 소비자가 고객이다. 하이테크 같은 다른 산업 분야에서는 협업 참여자가 다를 수도 있다. 예를 들어 OEM업체는 구매자의 역할로 부품 공급업체로부터 부품을 구매하여 제품을 조립하고, 판매자의 역할로 최종 소비자에게 제품을 전달한다.

[그림 2-3] VICS CPFR Model – 유통업 관점

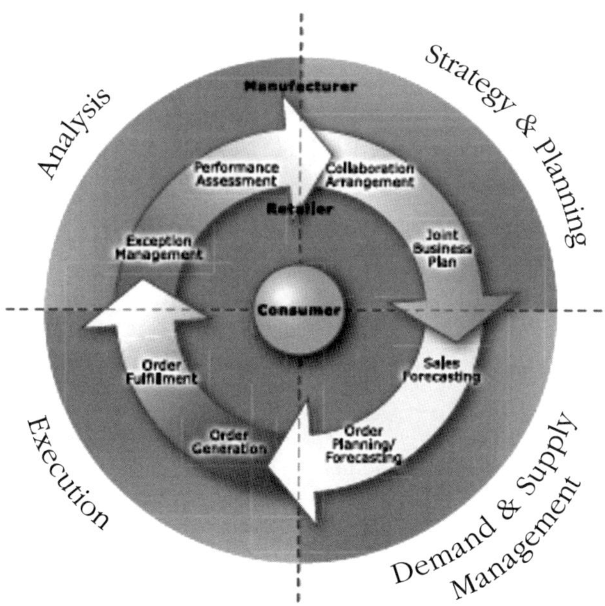

유통업에서 판매자인 제조업체와 구매자인 유통업체는 업무 성과를 개선하기 위해 네 가지 협업 활동이 존재하고, 네 가지 협업 활동에 대해 각기 두 개의 태스크(task), 즉 8개의 태스크가 존재한다.

① 전략 및 계획(Strategy & Planning): 협업 관계를 맺기 위한 기초적인 규칙을 설정한다. 제품구색과 진열을 결정하고 시기에 따른 판매 계획을 개발한다.

② 협업조정(Collaboration Arrangement): 협업 관계에 대한 비즈니스 목표를 설정하고 협업, 역할 분담, 책임, 단계적인 확대 절차의 범위를 결정하는 프로세스.

③ 합동사업계획(Joint Business Plan): 계획 단계에서 판매촉진, 재고 정책 변화, 제품 도입과 같은 수요와 공급에 영향을 미치는 주요 이벤트를 파악하는 프로세스.

④ 수요 및 공급 관리(Demand & Supply Management): 고객의 수요를 추정하고 계획단계에 따른 주문 및 배송 계획을 수립한다.

⑤ 판매 예측(Sales Forecasting): 판매 시점에서 고객의 수요를 예측하는 프로세스.

⑥ 주문 계획/예측(Order Planning/Forecasting): 판매 예측, 재고 수준, 리드타임 등을 기초로 미래의 제품 주문과 납기 요구사항을 결정하는 프로세스

⑦ 실행(Execution): 주문을 접수하고 제품을 배송하고, 제품을 창고에 수령하여 보관하고, 판매 거래를 기록하고 지불한다.

⑧ 주문 생성(Order Generation): 수요 예측에서 수요를 결정하여 주문하는 프로세스

⑨ 주문 수행(Order Fulfillment): 판매를 위해 제품을 생산, 이송, 배송, 저장하는 프로세스

⑩ 분석(Analysis): 예회적인 상황에 대해 계획과 실행 활동을 모니터링 한다. 결과를 수집하고 주요 성과지표를 평가한다. 문제점을 공유하고 지속적인 개선을 위해 계획을 수정한다.

⑪ 예외 관리(Exception Management): 예외적인 상황 파악을 위해 계획과 운영을 활발히 모니터링 하는 프로세스

⑫ 성과 평가(Performance Assessment): 비즈니스 목표의 달성 여부를 평가하고, 대안 전략을 개발하기 위해 핵심 성과 지표를 평가하는 프로세스

[표 2-3] 협업을 연결하는 유통업체와 제조업체 개별 태스크

유통업체 태스크	협업 태스크	제조업체 태스크
전략 및 계획		
벤더 관리(Vendor Management)	협업 조정	회계 계획(Account Planning)
카테고리 관리 (Category Management)	합동사업계획	시장 계획(Market Planning)
수요 및 공급 관리		
POS 예측(POS Forecasting)	판매 예측	시장자료 분석 (Market Data Analysis)
보충 계획 (Replenishment Planning)	주문 계획/예측	수요 계획(Demand Planning)
실 행		
구매/재구매(Buying/Re-buying)	주문 생성	제조/공급계획 (Production/Supply Planning)
물류/분배(Logistics/Distribution)	주문 수행	물류/분배(Logistics/Distribution)
분 석		
점포 실행(Store Execution)	예외 관리	실행 모니터링 (Execution Monitoring)
공급자 스코어카드 (Supplier Scorecard)	성과 평가	고객 스코어카드 (Customer Scorecard)

한편, 유통업체와 제조업체가 개별적으로 수행해야 할 모델의 각기 협업 태스크에 대해 대응되는 태스크가 존재한다. 위의 [표 2-3]과 같이 이러한 기업 개별 태스크는 기업의 전체적인 운영과 기업-대-기업 협업 태스크를 연결하는 역할을 한다.

VICS의 CPFR 모델은 9단계의 업무 프로세스로 구성되며, 그 로드맵은 [그림 2-4]와 같다. 1, 2단계는 공동업무협약서(Front-End Agreement)를 작성하고 수립하는 것이다. 3단계에서부터 5단계까지는 판매예측을, 6단계부터 8단계까지는 판매예측에 맞추어 주문예측을 실시하고 마지막으로 9단계에서 발주를 한다.

[그림 2-4] CPFR 로드맵

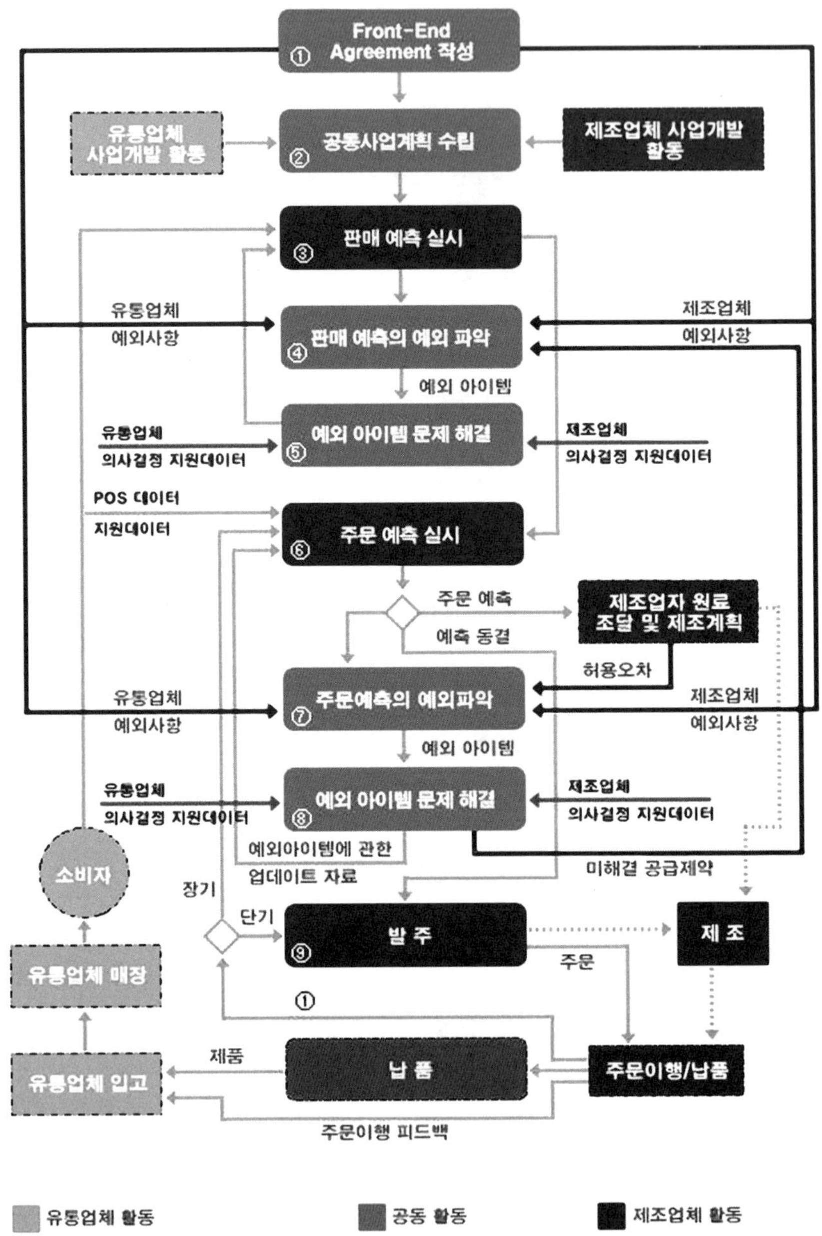

자료: ECR Korea.(http://scm.eankorea.or.kr)

3. QR(Quick Response)

QR은 공급사슬관리의 초기형태로서 의류산업분야에서 시작되었다. 미국의 섬유업계는 1993년 신 섬유 Vision을 발표하면서 QR의 개념을 처음으로 제시하였다. 그에 따르면 QR은 정보의 네트워크화를 기반으로 유통업체와 제조업체가 파트너십을 확립하여 원료로부터 최종 제품에 이르는 리드타임의 단축과 재고감소, 상품기획과 소재기획의 연계 등을 통하여 동종 업체 간의 경쟁 심화, 시장개방에 따른 경쟁 심화, 고객욕구의 다양화와 같은 급격한 환경변화에 효과적으로 대처하고 나아가 능동적으로 관리하기 위한 경영철학이다.

QR의 주요 목표로는 첫째 신기술 접목을 통한 의류상품의 기획, 구매, 생산, 유통 과정상의 재고 감소 및 리드타임 단축, 둘째 의류 제조업체와 유통업체 간의 보다 긴밀한 협력체제 개발, 마지막으로 소비자의 니즈에 신속하고 적절하게 대응할 수 있는 상품의 준비이다.

이러한 QR의 목표를 당성하기 위해 [표 2-4]와 같이 네 가지 기술 분야에서 17개의 기술요소 도입이 필요하다. 이를 통해 공급 사슬 상의 모든 정보가 거래업체 간에 공유되며, 생산 및 재고관리 등의 업무 프로세스에서 필요한 정보가 적시에 정확하게 사용되어 관련 기업들의 경영 효율성을 최적화할 수 있다.

[표 2-4] QR 도입을 위한 기술 요소

기술 분야	필요 기술 요소
제품기획 (Product Planning)	CAD(Computer Aided Design), 패턴 CAD, 색조 분류(Shade Sorting), 고객기반 제품기획(Product Planning with Customers)
유연생산시스템 (Flexible manufacturing)	컴퓨터지원생산(Computer Aided Manufacturing), 단위생산시스템(Unit Product System), 자동봉제공정, 단기 제단 및 봉제 계획
재고관리 (Inventory Management)	전산화된 재고관리시스템, 재고수준 절감, 다품종 소량 주문
정보공유 (Information Sharing)	바코딩, 원단스캐닝, 전자주문시스템, 거래업체 간 정보공유체제 구축

4. CRP(Continuous Replenishment Program) 또는 CR(Continuous Replenishment)

CRP는 유통업체가 제조업체와 상품에 대한 주문정보를 공유하여 유통업체의 재고관리와 수발주관리를 지속적으로 수행하는 프로그램이다. CRP는 소비자에 대하여 효율적으로 대응하는 ECR시스템에서 채용하는 프로그램 중 하나로 CRP를 공급사슬관리 기법의 하나로 간주하기도 하고, 앞으로 설명할 VMI(Vendor-Managed Inventory)와 CMI(Co-Managed Inventory)를 모두 포함하는 형태로 간주하기도 한다. 주문이행의 책임이 제조업체와 유통업체 중 어디에 무게를 두느냐에 따라서 VMI와 CMI로 구분된다.

CRP의 근간은 EDI(Electronic Data Interchange)이다. EDI를 통해 유통업체는 제조업체에게 상품의 출고요청을 전송한다. 초기단계에서는 유통업체 창고의 출고데이터를 기초로 EDI 문서를 전송하지만, POS(Point of Sale) 데이터의 통합관리 능력이 증대됨에 따라 점포에서 실제 판매된 판매량에 근거한 EDI 문서전송이 가능하다. 이를 통해 각각의 단품별 판매에 따른 제조업체의 단품별 보충이 가능하다.

(1) VMI(Vendor Managed Inventory)

VMI는 특정 제품의 구매자가 그 제품의 공급자에게 특정 정보를 제공하고 공급자가 구매자의 소비 위치(유통업체의 경우 상점)에 대해 합의된 재고 수준에 대한 관리를 전적으로 책임지는 비즈니스 모델이다. 수요와 공급의 차이를 조정함으로써 구매업체가 요구하는 수준의 재고를 유지하기 할 수 있도록 제3자 물류업체가 참여하기도 한다.

업체 간에 밀접한 관계를 유지할수록 VMI를 통해 상품의 재고 부족과 같은 의도하지 않은 문제점이 발생할 확률을 감소시키고, 공급사슬에서의 재고를 감소시킬 수 있다. 공급업체는 또한 자신의 제품을 적절하게 전시할 수 있게 됨으로써 이익을 얻을 수 있다.

VMI를 실행하는 가장 중요한 요인 중의 하나는 리스크를 공유한다는 것이다. VMI를 하지 않는 경우 상품이 팔리지 않게 되면 공급업체가 유통업체로부터 상품을 재구매하는 경우가 자주 하기도 한다. 또 다른 경우로 상품을 유통업체가 보유하고 있지만 판매가 발생하기 전까지는 유통업체의 소유가 아닌 경우도 있다. 즉, 유통업체는 상품의 거래에 대해서 사전에 결정된 수수료를 취하면서 단순히 장소만을 제공한다. 이러한 경우 상품의 수요 예측이 잘못된다면 제조업체는 상품의 재고관리에 어려움을 겪게 되고, 유통업체는 상품의 판매 기회를 잃게 될 수 있다.

VMI의 성공적인 사례는 월마트와 미국의 다른 큰 유통업체에서 쉽게 발견할 수 있다. 홈디포는 큰 기업의 제조품에 대해 VMI 기법을 사용한다. VMI는 주로 EDI와 공급사슬에서 적절한 재고를 예측하고 관리하기 위한 통계적인 기법을 사용함으로써 제조업체와 유통업체 간의 의사소통을 원활히 한다. 제조업체는 적절한 상품 전시와 종업원에게 지식을 원활히 나누어줌으로써 이익을 얻고, 유통업체는 리스크 감소와 상점 직원에게 더 나은 지식을 제공함으로써 이익을 얻는다. 또한 소비자도 상품이나 서비스를 구매할 때, 상점 직원이 상품에 대한 충분한 지식을 가지고 있어서 소비자가 다양한 상품 중에서 가장 적절한 상품을 선택할 수 있도록 도움을 받을 수 있으므로 이익이 된다.

(2) CMI(Co-Managed Inventory)

CMI 혹은 JMI(Jointly-Managed Inventory)는 VMI에서 한 단계 더 나아간 개념으로 유통업체와 제조업체가 공동으로 판촉활동, 지역여건, 경쟁상황을 고려하면서 적절하게 재고수준을 관리하는 것이다. 상품의 판매량이 POS를 통해 즉시 파악되고, 이 정보가 공급사슬 전체에 공유되므로 이전에 비해 더 많은 정보의 가치가 생성된다.

CRP는 전반적인 유통공급과정에서의 상품에 대한 주문기능을 향상시킨다. 업무 경험 또는 직관에 의해 주문을 하기보다는 상품보충을 위한 주문수량을 실질적인 소비자수요와 판촉행사로 인해 예상되는 수요예측에 의해 결정된다. 정보는 전산화되어 컴퓨터에 의해 처리되므로 유통공급과정 상에서 발생되는 수많은 데이터 입력시점에서의 수작업이 제거되어 비용을 절감할 수가 있다. 또한 정보의 흐름이 정보통신망을 통해 전자적으로 처리됨에 따라 상품의 보충주기가 단축되어, 결과적으로 소비자수요에 대한 반응도를 높일 수 있게 된다.

CRP는 또한 유통공급과정에서의 상품의 흐름을 향상시킬 수 있다. 한번에 많은 양의 상품을 배송하는 대신, 소매업체와 도매업체 창고의 재고수준을 낮출

수 있도록 소량단위의 배송빈도를 증대시킬 수 있게 된다. 또 다른 이점이라고 한다면 타산업의 거래업체들과 보다 많은 업무적 협조관계를 구축할 수 있다는 점을 들 수 있다.

CR을 시행함으로써 기대할 수 있는 가장 큰 효과는 재고수준에 대한 변동과 생산량의 가변성을 최소화하여 생산·재고활동을 균일화하게 할 수 있다는 것이다. CR은 제조업체와 유통업체가 상호협력하여 추진하는 활동이기 때문에 제조업체와 유통업체는 모두 다음과 같은 개선효과를 기대할 수 있다.

- 공급사슬의 유지비용 감소
- 리드타임(상품보충에 걸리는 시간) 단축
- 재고 수준 감소
- 상품 공급에 대한 속도 개선 및 불확실성 감소
- 상품 가용성 제고
- 상품 흐름의 균일화
- 고객에게 최상의 서비스 제공

CR시스템 하에서 제조업체는 판매상황과 상품흐름에 대한 정보를 보유하고 유통업체와 상호합의된 정보를 보유하고 있기 때문에, 이러한 정보를 활용하여 수요량을 정밀하게 예측함으로써 생산 및 유통을 최적화할 수 있다. 그러나 CR 추진에 따른 효과는 공급업체가 운영하는 CR시스템이 다수의 유통업체에게 확대되고 난 후에야 생산량계획 측면에 있어서의 긍정적 효과를 기대할 수 있다.

5. CAO(Computer Assisted Ordering)

미국의 ECR 협회는 CAO를 POS에 의해 기록되는 상품의 흐름에 관한 정보, 계절적 변화와 같이 수요에 영향을 미치는 외부 요소에 대한 정보와 실제 재고 수준, 적정한 안전재고수준에 대한 정보를 통합하여 컴퓨터의 사용을 통해 주문하는 시스템으로 정의하였다.

CAO의 핵심 요소는 소비자에게 판매되는 POS 시스템으로 상품에 부착된 바코드의 스캔을 통해 수집한 판매 데이터를 사용하는 것이다. 이러한 데이터가 재고와 관련된 데이터와 결합되어 유통업체가 주문하도록 제안하는 데 사용될 수 있다. 유통업체가 CAO에 의한 주문제안서를 승인할하면 EANCOM 주문서를 제조업체에 전송하고 제조업체의 주문 처리 시스템에 자동적으로 업데이트된다. CAO가 상품 수령시스템과 통합되면 과거에 상품 주문을 위해 재고량을 일일이 파악하던 작업을 없앨 수 있다. CAO 시스템은 단순히 주문과 관련된 프로세스를 정확하고 신뢰도가 높게 하는 기술로 생각할 수 있다. 신뢰성 있는 CAO 시스템을 구축하기 위해서는 다음의 사항에 대해 미리 확인해야 한다.

- 기본 데이터 품질
- 신뢰성 있는 바코드 체계 구축 혹은 기존의 EAN-UCC와 같은 바코드 체계 신뢰
- 계산대에서 발생하는 대량의 데이터를 처리할 수 있는 능력
- EDI 주문서 전송의 신뢰성

CAO는 소비자의 수요에 대한 즉각적인 반응을 하는 ECR의 기본 원칙을 실제로 수행하게 하는 도구이다. CAO의 도입을 통해 소비자의 니즈를 충족하는 상품의 흐름을 원활히 할 수 있고 나아가 더 나은 재고 관리를 이룰 수 있다. CAO의 도입을 통해 얻을 수 있는 이점은 다음과 같다.

- 공급사슬 내의 재고보유량 감소
- 주문 관련 비용 절감
- 주문 프로세스 실행 시 오류 감소
- 제조업체와 유통업체 간의 분쟁 감소
- 과다 재고로 인한 주기적 가격할인 행사 감소
- 재고부족 현상 감소를 통한 매출 증대
- 원활한 상품 배송
- 소비자의 수요에 대한 민첩한 반응을 통한 로열티 증대
- 소비자 행동에 대한 데이터웨어하우스 구축
- 일일 판매 실적에 기초한 예측치를 통해 제조업자의 제조 계획 수립

6. 크로스도킹(Cross Docking)

크로스도킹은 창고나 물류센터에서 받은 상품을 재고로 보관하는 것이 아니라 즉시 배송할 준비를 하는 물류시스템이다. 다시 말해 크로스도킹은 상품을 수

[그림 2-5] 전통적인 보관/배송 방법과 크로스도킹

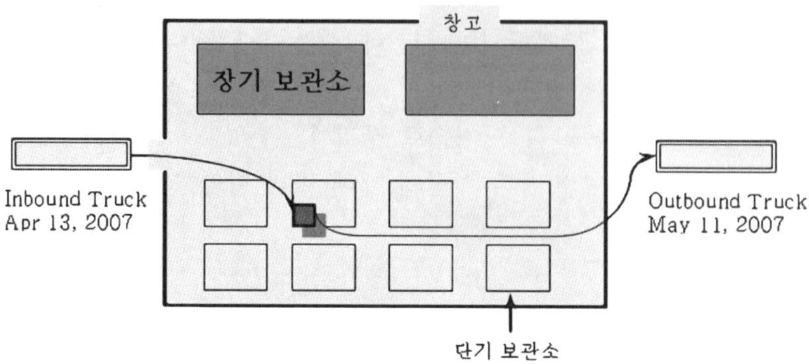

(가) 전통적인 보관/배송 방법

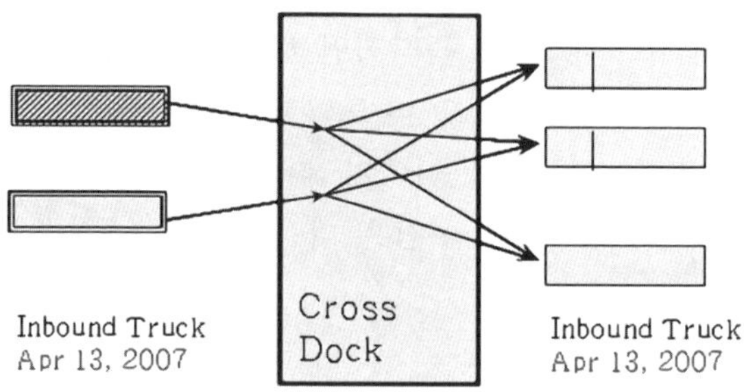

(나) 크로스도킹

령하는 시점에 상품을 보관하지 않고 바로 배송지로 배송하는 것을 말한다. 그러므로 크로스도킹은 매우 짧은 리드 타임을 가진다. 적정한 시간 내(예를 들어 최대 12시간)에 집배 트럭과 배송 트럭이 도착하여 상품의 배송이 신속히 이루어져야 하며 이를 위해 정보시스템, 신속한 운송시스템, 수요예측 등의 정보공유가 필요하다([그림 2-5] 참조). 크로스도킹은 수요 및 물량이 충분한 대형업체에 적합한 시스템이다.

크로스 도킹에는 두 가지 유형이 있다.

(1) 기포장 크로스도킹

유통업체 점포의 주문에 따라 제조업체가 사전에 선택한 패키지(팔레트, 케이스 등)를 추가작업 없이 점포로 배송할 차량에 다른 제조업체의 유사한 패키지와 함께 배송될 수 있도록 배송도크로 수령하고 이동하는 것을 말한다.

(2) 중간처리 크로스도킹

패키지를 수령하여 물류센터에서 분해하여 새로운 패키지로 만들어 다시 라벨을 붙여 점포로 배송하는 것을 말한다. 이러한 새로운 패키지는 점포로 배송할 차량에 다른 제조업체의 유사한 패키지와 함께 배송될 수 있도록 배송 도크로 이동된다.

여기서 패키지란 배송을 위한 물류단위나 거래단위를 의미한다.

크로스도킹을 사용함으로써 공급사슬 내의 모든 참여 기업은 다음의 사항을 개선할 수 있게 됨으로써 이익을 얻을 수 있다.

- 물류비용 절감
- 물류센터를 상품배송을 위한 경유지로만 사용함으로써 물류센터 공간감소
- 유통업체의 상품 품절 현상 감소
- 전체 공급사슬에서 상품의 보관장소 갯수 감소
- 점포에서 배송 복잡성 감소
- 물류센터의 면적당 회전율 증가
- 상품의 저장수명(shelf-life) 증가
- 상품의 가용성 증대
- 원활한 상품 흐름
- 재고수준 감소
- 상품활동 데이터에 대한 용이한 접근
- 각 소매점에서의 주문 대신 통합된 주문 가능

7. 카테고리 관리(Category Management)

카테고리 관리란 수립된 전략의 실행을 위해 요구되는 과학적인 기법으로 소비자의 가치를 창출하기 위해 소매업체나 벤더/제조업체가 비즈니스 결과를 향상시키기 위해 카테고리를 전략적 비즈니스 단위로 관리하는 프로세스를 말한다. 즉, 카테고리 관리는 신규제품의 도입, 제품구색 맞춤, 판촉의 효율성과 효과성을 증진시키기 위해 내부역량을 개발하고 거래 파트너들이 함께 소비자 중심의

카테고리 계획을 창출하고 관리하는 쌍방향 비즈니스 프로세스이다.

카테고리 관리는 1980년대부터 소매 단계의 판매를 확대하는 데 핵심 요소가 되었고, 1990년대 들면서 판매 데이터를 전산화하여 데이터베이스를 구축·도입함으로써 급격히 성장하게 되었다. 카테고리 관리는 지속적으로 발전하여 현재는 소매 관점과 벤더/제조업체 관점으로 나뉘어졌다. 소매업체는 카테고리가 전체 판매에 얼마나 기여하는지 파악하는 데 초점을 두는 반면, 벤더/제조업체는 카테고리가 브랜드 이미지에 얼마나 기여하는지 파악하는 데 초점을 둔다. 상품은 카테고리라 불리는 그룹으로 나누어진다. 이러한 그룹이 비즈니스 단위로 관리되고 현재 상황을 기반으로 성장성, 수익성, 추세, 미래의 기회를 파악하기 위해 지속적으로 검토된다.

한편 상품 관리자는 고객의 니즈만큼이나 소매업체의 니즈에도 관심을 가지게 되었다. 카테고리 관리 접근방법을 통해 상품 관리자는 제조업체의 수익뿐만 아니라 소매업체의 수익을 극대화하는 데 초점을 맞추어 소매업체의 관심 사항인 전체 카테고리에 포함된 상품과 여러 활동을 조사할 수 있게 되었다.

일반적으로 카테고리 관리는 6개의 구성요소가 상호 연관되는 형태로 나타난다. 다음은 카테고리 관리의 6가지 요소이다.

- 전 략
- 비즈니스 프로세스
- 스코어카드
- 조직역량
- 정보기술
- 거래파트너간의 협력관계

8. SCOR(Supply Chain Operations Reference) 모델

SCOR 모델은 기본적으로 공급사슬의 각종 용어들을 표준화하고 공급사슬의 구성요소들이 연계되는 과정을 표준화하며, 실제적으로 공급사슬의 효율성을 측정하고, 공급사슬을 활용해 가장 효과적인 성과를 내는 것들을 표준화하는 모델을 의미한다. SCOR 모델은 Supply Chain Council에 의해 개발되었다.

프로세스 레퍼런스 모델은 비즈니스 리엔지니어링(BPR), 벤치마킹(Benchmarking),

[그림 2-6] 프로세스 레퍼런스 모델의 개념

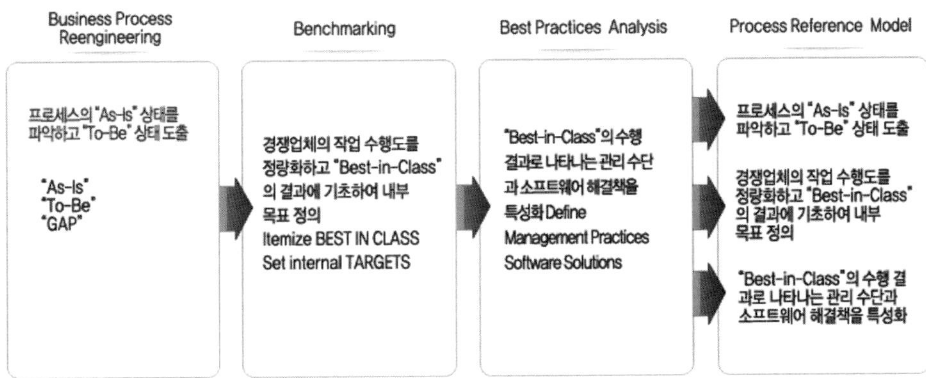

자료: 대한상공회의소

최상의 실행(best practices) 분석의 개념을 하나로 통합한 개념으로, 프로세스 레퍼런스 모델의 이점은 다음과 같다.

- 프로세스를 명확하게 기술할 수 있다.
- 일관된 의사소통을 가능하게 한다.
- 전체 공급사슬 프로세스에 대한 이해와 전체성과를 평가한다.
- 경쟁우위 달성을 위한 설계 및 재설계를 가능하게 한다.
- 특정 목표의 달성을 위한 측정, 관리, 통제, 조정을 용이하게 한다.

SCOR 모델은 계획(Plan), 조달(Source), 제조(Make), 배송(Deliver), 반품(Return)의 다섯 가지 프로세스를 기반으로 구성되어 있다. [그림 2-7]은 각 프로세스와 SCOR 모델을 도식화한 것이고 각 프로세스별 주요 활동은 다음과 같다.

(1) 계획(Plan)

- 필요한 자원을 계획하고 전체 공급사슬에서 조달, 제조, 배송, 반품의 프로세스에 대한 계획을 수립하고 의사소통
- 비즈니스 규칙, 공급망의 수행능력, 데이터 수집, 재고, 유동 자산, 운송, 세부 계획, 정기적인 필요 물품 등에 대한 관리
- 재무적인 계획과 공급사슬 단계마다의 계획을 조정

[그림 2-7] SCOR 모델과 구성 프로세스

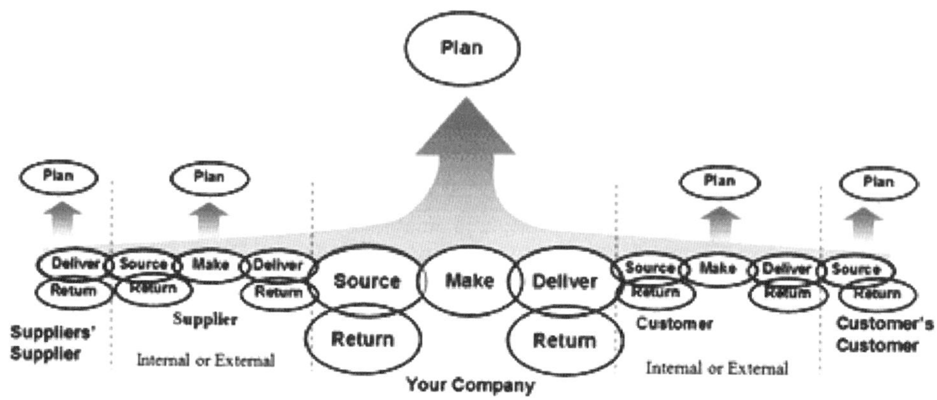

자료: SCOR.(http://www.supply-chain.org/cs/root/home)

(2) 조달(Source)

- 상품의 배송, 상품의 수령 및 검증, 대금 지불에 대한 스케줄 작성
- 주문즉시가공 상품과 같이 사전에 공급업체가 정해지지 않은 경우에 대해 공급업체 확인 및 선정
- 조달과 관련된 비즈니스 규칙 관리, 공급업체 수행 능력 평가, 데이터 유지
- 조달과 관련된 재고, 유동 자산, 입고 상품, 공급자 네트워크, 수출입 요건, 공급업체 협의 사항 관리

(3) 제조(Make)

- 생산활동 스케줄링, 제조, 포장
- 주문즉시가공 상품에 대해 가공 방법 결정
- 제조와 관련된 비즈니스 규칙, 수행능력, 데이터, 상품, 장비, 설비, 운송, 생산 네트워크, 생산량 조절 방안에 대한 관리

(4) 배송(Deliver)

- 고객의 주문을 처리부터 배송 경로와 배송 차량 선정까지의 모든 주문 단계 관리
- 상품의 수령부터 상품의 적재 및 이송 단계까지 창고 관리
- 고객과의 거래처에 상품의 배송 및 확인과 필요한 경우, 설치

- 고객에게 송장 송부
- 배송과 관련된 비즈니스 규칙, 수행 능력, 정보, 완성품 재고, 유동자산, 운송, 제품 수명주기, 수출입 요건 관리

(5) 반품(Return)

- 모든 프로세스 단계에서 불량품 수거
- 모든 프로세스 단계에서 유지, 수리, 정밀 검사 상품 수거
- 모든 프로세스 단계에서 과도한 재고 수준의 상품 수거
- 반품과 관련된 비즈니스 규칙, 수행 능력, 데이터 수집, 반품 재고, 유동자산, 운송, 네트워크 재구성, 변경 요건 관리

SCOR 모델이 모든 비즈니스 프로세스나 활동을 포함하는 것은 아니다. 위의 다섯 가지 프로세스와 연관성을 가지는 경우에만 SCOR 모델의 범위에 포함되고 제품 개발과 같은 그 외의 경우에는 포함되지 않는다.

SCOR 모델은 프로세스의 수준에 따라 3가지 계층적 레벨로 구성되어 있다. 계층 1에서는 기업에서 프로세스의 유형과 프로세스의 범위를 결정하고, 계층 2에서 공급사슬에서 프로세스의 형태와 구성을 결정하고, 계층 3에서 평가 지표 등을 포함한 프로세스의 세부적인 요소를 결정한다. 계층 3 아래에서는 기업이 프로세스의 요소를 분해하고 세부적인 공급사슬관리 수행을 시작하는 단계이다. 이 단계는 기업이 경쟁 우위를 달성하기 위해 실행방안을 수립하여 변화하는 기업 환경에 적응하는 단계이다. [그림 2-8]은 계층별 세부적인 프로세스를 요약한 그림이다.

SCOR 모델은 공급사슬 내의 모든 기업들 간에 효과적인 의사소통을 위해 만들어진 프로세스 레퍼런스 모델이다. 이를 산업표준으로 삼을 경우 공급망 내부 및 외부와의 협업, 수평적 프로세스 통합을 쉽게 이룰 수 있다. SCOR 모델은 전략적인 계획과 지속적인 개선을 위해 공급사슬을 묘사하고, 측정하고, 평가하는데 사용된다.

[그림 2-8] SCOR 모델의 구조

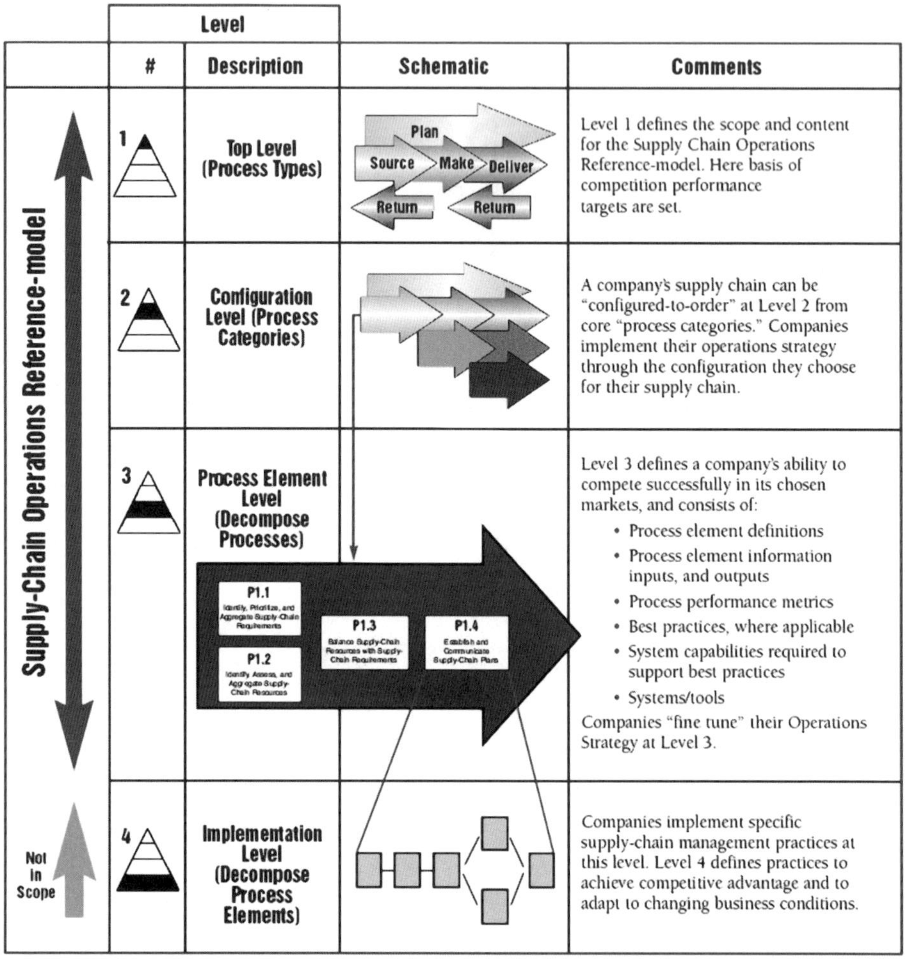

자료: SCOR.(http://www.supply-chain.org/cs/root/home)

제 5 절 공급채널관리(Supply Channel Management)

이 절에서는 공급사슬관리를 효과적으로 추진하기 위해 필요한 공급채널의 기능과 전략에 대해 알아본다.

1. 공급채널의 정의

앞 절의 정의에서 보듯이 공급사슬관리는 차별화되고 개별화된 고객 가치를 창출하기 위해 공급사슬에서 혁신적인 해결책을 개발하고 제품, 서비스, 정보의 흐름을 동기화하는 방안을 찾기 위해 구성기업들의 모든 생산 자원의 통합을 추구하는 채널 관리의 철학이다. 반면 공급채널관리는 이러한 개념보다는 특정 채널 시스템이 공급 채널을 통해 상품과 서비스를 시장으로 옮기는 방안을 구체화한 실제의 기업 기능, 조직, 운영 전략에 초점을 둔다. 그리고 광의의 의미에서 공급채널은 제품과 서비스의 창출에 직간접적으로 기여하는 모든 기업과 기업의 모든 활동을 의미한다.

공급채널은 긴밀하게 네트워크화된 내부 조직과 채널의 시작 위치에 있는 1차, 2차 공급업체부터 최종 고객에게 이르는 여러 외부 기업으로 구성된다. [그림 2-9]와 같이, 전통적인 공급채널은 일반적으로 채널을 통해 제품, 서비스, 정보의 기초적인 흐름을 반영하는 세 가지 주요 구성원(제조업체, 도매점, 소매점)으로 구성되었다. 하지만 각 채널 구성원이 다른 채널 구성원과 독립적으로 운영되고, 채널의 기능이 순차적으로 진행되는 이러한 개념은 최근의 기업 환경에 적용되기에는 어려울 뿐만 아니라 공급채널에서 공급자와 고객도 제외하였다. JIT, 전자상거래, 조직간 제품 디자인 및 프로세스 혁신 네트워크, 공동으로 전산화하여 관리하는 재고, 생산, 수송계획과 같은 새로운 경영기법과 기술은 전통적인 채널 패러다임을 변화시켜 핵심적인 채널 구성원뿐만 아니라 공급자와 고객까지 포함하여 통합된 네트워크 형태로 공급채널의 개념을 확장하게 하였다.

[그림 2-9] 전통적인 공급채널 모델

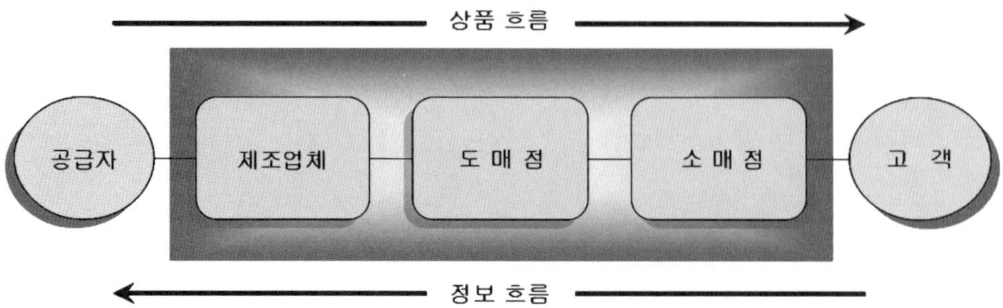

[그림 2-10]은 오늘날의 기업 환경에 적합한 공급채널 구조이다. 이 공급채널 구조의 핵심은 채널 기업 간의 밀접한 통합과 협력이다. 채널 간 협업에 대한 동향은 최근에 기업 간 파트너십, 조인트 벤처, 제휴 급격히 증가하는 것으로 알 수 있고, 이로 인해 기업의 전술적 또는 전략적인 목표가 상당히 다양해졌다. 어떤 기업은 내부 투자 없이 규모의 경제를 창출하기 위해 채널 파트너를 찾기도 하고, 어떤 기업은 신기술 개발을 위해 경쟁업체와 협업을 하는 경우도 있다. 적극적인 기업은 전체 공급채널을 하나의 조직으로 인식하고 각 채널 구성원들의 분산된 경쟁력을 통합된 가상의 경쟁 요소로 융합하여 규모의 경제를 추진한다.

[그림 2-10] 공급사슬관리 개념에 기반한 공급채널 구조

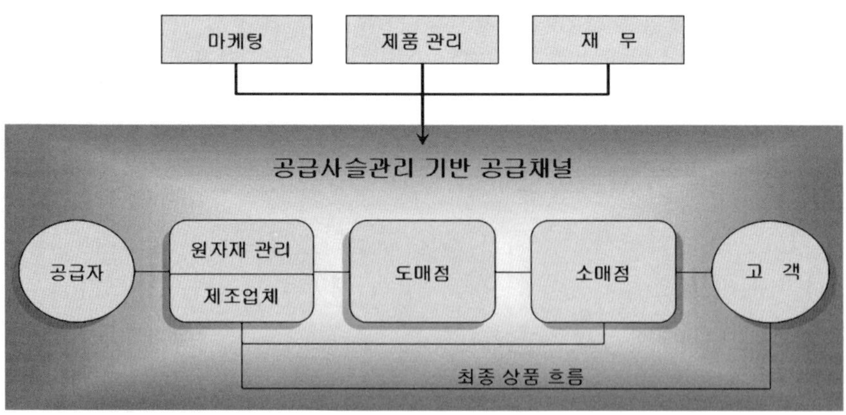

공급채널을 구성하는 다섯 개의 구성 기업은 제각기 다른 운영 목표, 생산 프로세스, 생산 활동을 가진다. 구성원들이 기본적인 채널 기능을 완벽하게 수행할 뿐만 아니라 각 채널 구성원의 운영 및 전술 목표를 종합적인 고객 만족에 초점을 두고 하나의 목표로 통합할 수 있는 공급 채널이 효과적인 공급채널이다. 이를 달성하기 위해서는 채널 참여기업이 하나의 공급채널 미션, 새로운 시장 환경에 대응하기 위한 채널 설계 방안, 구성원을 통합하고 경쟁 우위를 발굴하기 위한 명확한 채널 운영 방안을 개발하기 위해 집중적으로 노력해야 한다.

하나의 채널 미션을 개발하는 목표는 모든 직간접적인 채널 구성기업을 하나의 사업 개체로 통합하기 위한 것이다. 공급채널의 특성은 산업별로 다양하게 나타나지만, 모든 산업의 기본적인 미션은 최소의 운영 및 투자비용으로 최고의 고객 가치를 지속적으로 창출하는 것이라 할 수 있다. 여기서 지속적인 창출은 채널 내부의 기본적인 생산 프로세스에 지속적으로 초점을 두고 또한 채널이 제공하는 제품 및 서비스와 이를 시장에 전달하는 방법에 대한 혁신 방안을 끊임없이 추구하는 것을 의미하고 채널이 경쟁하게 되는 시장의 지역을 설명하는 개념이다. 고객 가치는 품질, 가격, 납기, 제품 범용성 및 고객 맞춤화, 고객 서비스 등에 대한 수준을 의미하고, 채널의 타겟이 누구인지를 설명하는 개념이다.

마지막으로 채널 목표를 달성하기 위한 운영 및 투자비용은 효율성 평가 지표와 채널의 조직적인 운영 체계를 의미하는 것으로 채널이 어떻게 경쟁해야 하는가를 설명하는 개념이다.

효과적인 미션을 개발하기 위한 프레임워크는 채널의 고객 서비스 전략을 고객, 서비스전략, 인적자원, 정보통신 시스템 전략의 네 가지 차원으로 나누는 것이다. 이 네 가지 요소를 통합하고 효과적으로 기능하도록 하는 것이 공급채널의 미션 달성에 필수적이다. 공급채널 미션의 중심에 고객이 위치하는데, 이것은 채널의 목표를 이끌어 내고 채널의 구조와 가치를 결정하는 고객의 니즈, 기대치를 의미한다. 최고의 고객서비스를 제공하기 위해서는 각 채널 구성기업 내부의 다음 기능들이 효과적으로 수행되어야 한다.

- 마케팅: 미래의 고객이 원하는 제품과 서비스에 초점을 둔다. 시장조사팀은 미래의 새롭고 수익성이 좋은 산업을 발굴하고 효과적인 진입을 위해 필요한 기술과 경쟁력을 파악할 책무가 있다.
- 공급관리: 양질의 원자재와 부품을 가능한 최소의 가격으로 적시에 납품받을 수

있도록 각각의 공급 업체를 통합한다.

- 제품개발: 공급채널과 협력하여 최소의 비용과 가능한 빠른 시간 내에 최고의 고객 가치를 주는 제품 및 서비스를 개발한다.
- 제조: 로트의 크기와 비용을 줄이면서 맞춤 제조가 가능하도록 유연 생산 및 즉시 생산 방안을 사용하여 고객이 원하는 최고 품질의 제품을 생산한다.
- 수요관리: 정보시스템과 전자상거래를 활용하여 간소화된 주문 시간과 서비스 및 납기를 제공한다.
- 채널관리: 최소의 시간과 비용으로 전체 공급 채널에 걸쳐 제품과 정보가 빠르게 흐를 수 있도록 통합한다.

채널의 고객서비스 미션을 명확히 하는 것은 채널의 서비스 전략을 수립하고 실행하는 데 기반이 된다. 서비스 전략은 채널의 미션 선언문에 포함된 내부 서비스 전략과 판매 단계에서 고객에게 약속한 서비스를 실행하는 외부 서비스 전략으로 구성된다.

채널의 미션을 수립한 후에는 채널 파트너들은 채널을 디자인해야 한다. 공급채널을 만들 때, 다음의 두 가지 요소가 매우 중요하다. 첫째, 변화에 초점을 맞추어야 한다. 공급채널은 상황에 맞춰 변화할 수 있는 능력을 갖춰야 한다. 제품 라이프 사이클의 지속적인 감축, 서비스, 맞춤화, 품질에 대한 증대되는 고객 요구, 기업 간 네트워크화를 가능하게 해 주는 정보통신기술, 사업장의 글로벌화 등의 요소는 채널 구성원들 사이의 관계를 지속적으로 변화하게 만든다. 오늘날의 공급채널은 지속적으로 채널에 재투자하고, 자원과 핵심 경쟁력의 원천을 제공하는 파트너를 끊임없이 찾고, 인프라 비용을 공동부담하고, 변화하는 제품 및 서비스 기회를 잡기 위해 재빨리 움직이고, 고객에게 차별화된 가치를 제공하기 위해 남들이 따라할 수 없는 기술과 프로세스를 개발하기 때문에, 공급채널은 필연적으로 동적이다.

채널 디자인의 두 번째 요소는 채널 참여기업의 의존성 정도에 초점을 두어야 한다. 채널 구성기업이 다른 기업과 의존성이 클수록, 핵심적인 기능과 프로세스에 대한 협력 및 공유에 대한 니즈도 더 크다. 의존성이 적을수록, 개별기업은 경쟁우위를 유지하기 위해 개별 경쟁력을 높이고 자원을 수직적으로 통합하기를 원한다. Bowersox와 Copper[2]에 따르면, 채널 구조는 공급채널 내의 의존

2) Donamd J. Bowersox and M. Bixby Cooper, Strategic Marketing Channel Management, New York: McGraw-Hill, 1992.

성 정도에 따라 다음과 같은 형태로 그룹화된다고 한다.

단일거래 채널(Single-Transaction Channel). 일회성이고 반복성이 없는 형태의 거래가 공급채널에서 발생한다. 부동산, 건설, 국제 무역, 장비 구매 등이 단일 거래의 예이다. 일반적으로 이런 환경에서의 공급채널은 일시적이고 거래를 원활하게 하기 위한 목적으로 생성된다. 채널 구성원에 의해 합의된 사항이 종결된 후에 공급채널은 사라진다. 단일 거래 형태의 채널은 일반적으로 유일하고 반복적이지 않지만, 특정 거래가 성공할 경우 기존의 구성기업 사이에 또 다른 미래의 사업에 대한 채널 형성을 위한 기초가 될 수 있다.

전통적인 채널(Conventional Channel). 이러한 형태의 채널의 주요 특징은 채널 참여기업 간 독립성이 상당히 높다는 것이다. 기업이 이러한 채널에 참여하는 이유는 채널 네트워크의 다양한 사업 영역에서 발생하는 다양한 형태의 전문영역에 대한 레버리지 효과를 얻기 위한 것이다. 많은 기업들이 네트워크화된 채널 시스템에 완전히 참여하지 않으면서 채널의 효율성을 추구한다. 전통적인 채널은 참여 기업들이 계약서나 협정문을 체결하기 않고서도 채널 시스템의 일부 효과를 얻을 수 있지만 몇 가지 약점이 존재한다. 우선, 참여기업들이 단기적인 효율성과 기회를 찾기 위해 다수의 채널 시스템 사이에서 자유롭게 움직일 수 있기 때문에 채널 시스템이 시간이 흐를수록 약화될 가능성이 크다. 둘째, 참여기업들이 지속적으로 비용 및 가격효과를 추구하기 때문에 기업들 사이의 관계가 일반적으로 적대적인 형태로 바뀐다. 마지막으로 채널 시스템에서 얻는 효과가 사라지면 구성원들 간의 채널 조정이 급속히 사라진다.

네트워크화된 공급채널(Networked Supply Channel). 이러한 형태의 채널 시스템은 채널 구성원들 모두가 상호의존성을 이해하고 바란다는 점에서 앞의 두 채널 시스템과 다르다. 참여 기업들은 네트워크화된 채널 시스템에 참여하고 파트너 기업과의 밀접한 통합을 이룰 때 운영효율성을 극대화하기 위한 단기적 능력과 경쟁 우위를 유지할 수 있는 장기적 능력을 얻을 수 있다고 생각한다. 이 채널 시스템의 기본적인 장점은 개별 기업이 실행함으로써 달성할 수 있는 것보다 훨씬 더 높은 수준의 수행능력과 혁신능력을 얻을 수 있다는 것이다.

월마트와 포드 기업과 같이 하나의 네트워크화된 채널 시스템을 형성하는 것이 가장 일반적인 형태이다. 다른 형태의 네트워크화된 채널은 구성 기업 간의 의존성을 명문화된 계약형태로 규명할 때 생성된다. 프랜차이즈, 배타적인 판매

권, 조인트 벤처 등이 여기에 속한다. 또 다른 형태의 네트워크화된 채널은 연합(alliance)이다. 이러한 형태의 채널은 계약 형태로 명문화하지는 않고 자발적으로 생성된 것이다. 채널 연합의 장점은 기업 및 공통된 전략들에 대해 기업 간 충성도를 높이고, 주문효율성 및 자원 활용성을 높이고 전체 채널의 상품에 대한 혁신 및 부가가치를 붙인 프로세스를 용이하게 할 수 있다는 것이다. 마지막 네트워크화된 채널은 계약이나 연합의 형태는 아니지만 채널 구성원들이 지배적인 기업의 채널 리더십을 인지하는 형태로 특화된 것이다. 구성 기업이 채널의 효과를 지속적으로 얻기를 원한다면 필요한 채널의 의존성을 받아들인다. 씨어즈, 베스트바이, 월마트 등과 같은 거대한 소매 기업과 계약 혹은 협약을 체결하지 않고 장기적인 관계를 가지는 공급업체 간의 채널이 이러한 채널의 가장 대표적인 사례이다.

2. 공급채널 전략

오늘날의 치열한 경쟁에서 우위를 점하기 위해서는 기업은 최고의 고객서비스, 고도의 수행능력, 비용 절감을 이룰 수 있는 공급채널을 생성하고 개선하는 방안을 끊임없이 모색해야 한다. 이를 위해 기업은 새로운 정보통신기술, 협력업체와 시장에서 승리할 수 있는 제휴를 이룰 수 있는 능력, 전체 공급채널 차원에서 모든 자원과 기술을 활용하여 경쟁에서 우위를 점하고 새로운 시장을 개척할 수 있는 능력 등을 통해 혁신적이고 전략적인 타개책을 지속적으로 찾아야 한다. 그러므로 효과적인 채널전략을 개발하는 것은 공급 채널의 생존을 위해 매우 중요하다.

전략적인 공급채널 관리의 가장 핵심적인 사항은 채널 참여기업과의 파트너십을 생성하고 개발하는 것이다. 대량생산 시대에는 채널 관리의 목표는 최소의 운영비용으로 표준화된 제품을 최소의 운반비용으로 고객에게 제공하여 시장 점유율을 높이는 일차원적인 것이다. 전통적인 마케팅과 운영 방식이 지금도 중요하지만 오늘날의 채널은 협업적인 관계를 개발하는 데 더 많은 관심을 가진다. 이를 통해 개별기업은 채널 내의 파트너들의 기술과 경쟁우위요소로부터 레버리지 효과를 얻어 새로운 가치를 창출하고 효율성을 극대화하기에는 부족한 자원 여력을 극복하려고 한다. 삼성전자가 경쟁기업과의 기술 공유, 전략적인 제휴를 맺는 것이나 마이크로소프트가 운영체제 코드의 개방과 같은 것이 대표적인 사례이다. 제조 분야에서 가장 먼저 이러한 기업 간 채널 통합의 움직임이 시작되었고, 종합적인 고객 서비스 및 품질과 연관된 지원 프로세스의 통합이 뒤따르게 되고, 현재는 공급업체부터 고객에 이르기까지 전체 공급 채널에서의 연합이 이루어지는 추세이다. 공급채널 파트너십은 다음과 같이 세 단계의 파트너십이 있다.[3)]

(1) 기업 내 공급채널

많은 기업의 경우, 기업의 내부적인 공급채널을 통합하는 것만으로도 경쟁 우위를 가질 수 있다. 이 단계의 파트너십에서는 제조부문과 배송부문과 같은 기업의 공급채널 내의 일반적으로 독립적인 기능들이 통합되어 다기능(multifunctional)의 제품 및 서비스 전략팀으로 형성된다. 목표는 이러한 팀을 영업, 마케팅, 재무, 제조, 제품개발, 물류 등의 부서에 있는 직원들로 구성하여 특정 제품과 시장에 대해 장기적인 관점에서 의사결정 업무를 맡기는 것이다. 이렇게 통합된 팀을 구성함으로써 모든 핵심 사업 요소가 고객에 대해 기업의 모든 자원과 서비스를 극대화할 수 있게 된다.

(2) Next-Echelon Partnership

이 단계의 채널파트너십에서 정보의 흐름을 용이하게 하거나 시장에 혁신적으로 접근하기 위한 방법을 개발하기 위해 한 기업의 기능 부서는 공급채널 내부에서 대응되는 공급업체 및 고객 팀과 직접적으로 협업한다. 대부분의 경우, 이렇게 연결된 협업은 제조/공급 문제, 품질 및 보증관련 사항, 제품 디자인, 정보 전달과 같이 서로 간에 핵심적인 이슈에 국한된다. 항공기 제조업체인 보잉사가 777 항공기를 개발한 방법이 대표적인 파트너십의 사례이다. 과거에는 기업이 비행기를 개발할 때 고객이나 협력업체와 협업 없이 자체적으로 개발하였다. 하지만 이 프로젝트에서 보잉사는 고객, 공급업체, 지원 팀을 포괄하는 235개의 팀을 구성하였다.

---

3) Donamd J. Bowersox and M. Bixby Cooper, Strategic Marketing Channel Management, New York: McGraw-Hill, 1992. pp. 102-108.

(3) Multi-Echelon Partnership

이 단계의 파트너십은 세 가지 형태의 공급 채널 파트너십이 있으며 새로운 시장을 개척하고 고객의 요구사항에 대해 최적의 대응 방안을 찾기 위해 공급업체와 고객의 채널과 같이 협업할 수 있는 형태이다. 이 단계의 연합은 네 가지 핵심적인 전략적 사항/능력을 획득하기 위해 형성된다.

① 개별 기업의 능력을 넘어 자원과 경쟁 우위를 재빨리 획득하기 위한 니즈

② 잠재적인 경쟁자와 함께 참여함으로써 미래의 경쟁위협을 줄이거나 파트너가 경쟁자로 변화하지 않게 하는 것

③ 새로운 시장－특히 해외 시장에 대한 접근성을 용이하게 하기 위한 능력

④ 신기술 개발이나 잘 알지 못하는 시장으로의 확장 등과 연관된 위협을 파트너와 공유할 수 있는 능력

공급채널 파트너십을 통해 기업은 독자적으로는 얻을 수 없는 효과를 얻을 수 있다. 첫째, 채널 파트너와 밀접한 협업을 통해 새로운 제품/서비스 아이디어를 시장에 출시하는 데까지 걸리는 시간을 급격히 줄일 수 있다. 파트너십 체결은 개발비용, 리스크를 줄여준다. 둘째, 파트너십은 과거에 필요했던 채널 기업과의 관계 유지를 위한 비용을 없앤다. 채널 내/외부 간의 협력은 구성기업들 간에 성공과 실패에 대해 상호의존성을 인지하게 한다. 셋째, 밀접한 채널 관계는 기술이전을 용이하게 하고, 혁신을 위해 사용가능한 자원의 규모를 크게 한다. 협력을 통해 여러 기업으로 구성되고 여러 부서가 참여하는 프로젝트 팀을 구성할 수 있고, 고객, 공급업체, 파트너들과 서로 필요한 정보를 공유할 수 있다.

마지막으로, 공급채널 파트너십은 고객에게 근원적으로 새로운 형태의 솔루션을 제공하고, 기업 조직의 범위를 넘어선 팀 구성으로 레버리지 효과를 얻고, 기업 간 협력에 필요한 정보 교환을 통해 새로운 비즈니스 프로세스를 생성하고, 채널 구성원들 간의 의사소통 문화와 공통된 목적 공유를 촉진함으로써 새로운 경쟁 우위요소 및 사업기회를 발굴할 수 있게 한다.

한편 공급사슬관리의 개념을 공급채널 전략으로 실행하기 위해서는 기존의 패러다임을 폐기하고 새로운 패러다임을 사용해야 한다. 재고는 공급망을 통해

푸쉬방식보다는 풀방식으로 관리되어야 한다. 그로 인해 앞 절에서 소개한 신뢰성 있는 배송 시스템, 공급 네트워크의 수요와 공급에서의 동기화, 원활한 보충 시스템 등이 공급채널 운영에 있어서 의미를 가지고 중요시된다. 결국 제품의 이동과 거래와 같은 기초적인 기능을 제공할 뿐만 아니라 고객에게 맞춤화된 상품과 서비스를 제공할 수 있는 채널 조직으로 구성된 경제 공동체를 구성할 수 있도록 하는 밀접히 통합된 공급사슬 파트너십은 치열한 경쟁에서 살아남기 위한 필수적인 요소이다.

효과적인 채널 전략을 수립하기 위해서는 두 가지 사항에 초점을 두어야 한다. 첫째는 채널의 기능적인 측면에 초점을 두는 것으로 일반적인 공급채널 개발을 위한 핵심 요소를 활용하는 것이다. 상품의 구색, 고객이 상품을 받기 위해 기다릴 수 있는 시간, 재고 등과 같은 공급채널의 산출물들이 객관적으로 분석되고 각 구성원들이 그러한 분석에 동의해야 한다. 기존의 채널 시스템을 상세히 분석하고, 기회와 제약 요소를 파악하고, 이상적인 채널 형태를 정의하고, 이상과 현재 시스템 사이의 차이를 파악할 수 있는 갭 분석을 실시해야 한다. 둘째로 설계된 최적의 채널 시스템과 공급채널의 목표를 조화시킨 후 수립된 전략을 실행하는 프로세스를 시작해야 한다.

공급채널 전략을 수립하기 위한 주요 단계는 다음과 같다.

1) 기회분석

새로운 채널 연합과 혁신 방안을 찾는 단계이다. 채널 파트너들과 고객들을 포함한 모든 공급채널 참여자와 의사소통을 통해 비전을 설정하는 것이 필요하다. 이 단계에서는 채널 구성원의 경쟁력을 통합하고, 근원적으로 새로운 기회와 경쟁 상황을 파악하기 위해 전체 공급채널의 능력과 기회를 파악하는 것이 핵심이다. 즉, 이 단계에서는 상품 및 서비스뿐만 아니라 전체 채널 네트워크를 포함하는 가치 사슬을 개발함으로써 새로운 기술과 기회를 발굴하고 새로운 시장을 개척할 수 있는 능력을 증대시켜 고객을 만족시킬 수 있도록 해야 한다. 이 단계의 목표는 새로운 시장에서 네트워크를 구성하기를 원하는 다른 채널의 재무적 능력과 지식을 레버리지하여 고객의 관심사항을 잡을 수 있는 가치를 창출하는 것이다.

2) 현 상황 파악

기회분석을 완료한 후에는 기존의 채널 네트워크를 면밀히 분석해야 한다. 이 단계의 목표는 기존의 채널에서 수행되는 쓸모 없는 기능을 파악하고, 가장 바람직한 기업과 파트너—최고의 고객, 최강의 공급업체, 핵심 채널 네트워크—를 찾는 것이다. 새롭게 생성된 연합은 경쟁기업의 채널 시스템에 의한 도전에 대응할 수 있는 능력을 갖춰야 한다.

3) 전략 실행

1 단계에서 파악된 전략적인 목표를 실현할 수 있는 공급채널을 생성하는 것은 상당히 어려운 프로세스이다. 새로운 채널을 활성화하는 것은 각 채널 구성원들이 최적의 제품 및 서비스를 제공하는 데 있어 전체 채널에서 기여하는 정도를 결정하는 것을 의미한다. 새로운 연합의 설립은 채널 내부뿐만 아니라 채널 외부에서도 상당히 많은 위험 요소가 뒤따른다.

4) 전략 수정

시장 환경이 변화할 때, 채널의 형태와 기능 또한 변화해야 한다. 새롭고 더욱 효과적이고, 더욱 혁신적인 네트워크 시스템이 나타나면 기존의 잘 구성된 공급채널 또한 수정되어야 한다. 채널의 생존 능력을 유지하기 위해서는 전략적인 포지셔닝뿐만 아니라 채널 운영을 지속적으로 개선을 할 수 있는 혁신 방안을 지속적으로 발굴해야 한다. 이를 위해 Moore[4)]는 4단계의 프로세스를 제시하였다.

① 다른 채널이 제공하는 가치보다 상대적으로 더 나은 가치를 제공해 줄 시스템과 통합된 채널 관계를 지속적으로 생성하라.

② 채널 시스템이 고객, 시장, 제휴, 공급업체에 대해 확장할 수 있도록 핵심적인 연합군을 설립하라.

③ 채널 시스템 내부에 이미 존재하는 혁신 및 공진화를 리드하라.

④ 각 채널 구성원 및 전체 채널이 지속적인 개선이 이루어질 수 있도록 지원하라.

공급채널 전략을 개발하는 것은 채널파트너들에 대해 채널이 어떻게 기능하

---

4) James F. Moore, *The Death of Competition*. New York: HarperBusiness, 1996.

고 있는가, 가장 핵심적인 가치는 무엇인가, 경쟁 우위와 혁신 기회를 어떻게 접근하는가와 같은 근본적인 사항에 대해 다시 한번 생각할 기회를 준다. 오늘날의 최상의 공급채널에 의해 개발된 전략들은 독특하기도 하고 또한 이러한 전략들이 전체 채널 공동체뿐만 아니라 조직 문화, 기업별로 특징적인 조직 구조 등으로부터 갑자기 나오기도 한다. 전략을 개발한 후에는 전략을 적절한 행동을 취하기 위한 가이드라인으로 사용함과 동시에 전체 네트워크가 지속적인 경쟁 우위를 가지기 위해 집중하도록 하는 것이 중요하다.

제 6 절 정보통신기술과 공급사슬관리

오늘날에는 정보의 가치가 증가하고 커뮤니케이션 속도가 빨라지면서 정보를 기업의 근원적인 자산으로 인식한다. 다시 말해 오늘날의 시장 지배기업은 정보통신기술을 자동화를 통해 사이클 타임 감축하고 비즈니스 기능의 생산성을 증대시키는 핵심경영 도구로 인식할 뿐만 아니라 기업이 우월적인 기업문화와 조직구조를 가질 수 있도록 도움을 주는 데 핵심 역할을 수행하는 도구로 인식한다.

정보통신기술은 공급사슬관리 개념에서 핵심적인 영역을 차지한다. 앞에서도 언급했듯이, 공급사슬관리는 기업의 비즈니스 기능과 공급사슬 상의 파트너들이 하나의 연합된 공급채널 시스템을 형성하도록 하는 종합적인 경영 철학이다. 공급사슬관리의 성공 여부는 얼마나 밀접하게 공급채널을 구성하는 모든 기업의 자원과 능력이 통합되고 고객 만족에 초점을 맞추는가로 평가할 수 있다. 공급채널 파트너를 끌어들이는 것에 대한 대표적인 위협요인은 정보이지만, 활용하는 대표적인 도구 또한 정보통신기술이다. 정보시스템이 기업 전반에 도입되면서 이들은 서로 연결되어 정보 네트워크를 형성하게 되었다. 정보시스템의 네트워크화가 더욱 진전될수록 정보의 공유가 활발해질 수 있고 공급사슬 전반의 다양한 의사결정 과정의 효율성이 증대된다. 대표적인 사례로, 월마트가 사설 통신위성 시스템을 통해 매일 4000 여개의 공급업체에게 한눈에 각 지점별 요구 품목을 파악할 수 있도록 판매 데이터를 전달한다.

정보통신기술은 기업의 사업 목적에 따라 다양한 형태로 나타난다. EDI, Auto-ID(Automated Identification), 수송 및 배송 시스템, 사무 자동화 시스템과

[그림 2-11] 정보통신기술 네트워크 아키텍처

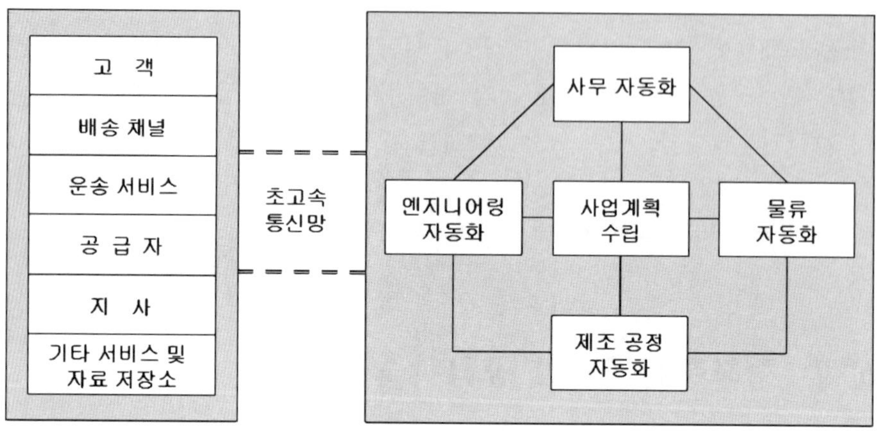

자료: David F. Ross(1996), Distribution Planning and control. New York: Chapman & Hall

같은 시스템은 시간이 소비되고, 비싸고, 반복적인 프로세스를 자동화함으로써 생산성을 향상시키는 데 초점을 두는 기술이다. 한편, ERP, CID(Computer Integrated Distribution)과 같은 전사적 정보시스템은 업무 프로세스의 생산성과 고객서비스에 초점을 두고 기업 내부와 공급사슬 상의 외부에 대해 통합하는 데 도움을 주는 정보시스템 아키텍처이다. 가장 중요한 사항은 이러한 아키텍처가 다른 기업의 운영시스템과 상호연결을 제공하는 오픈 시스템 형태가 되어 전체 공급사슬 상의 마케팅, 제조, 배송 활동을 통합하여야 한다. [그림 2-11]은 우월적인 리더십을 유지하기 위해 필요한 정보통신시스템 구조에 대한 아키텍처이다.

제조 및 물류 산업에서 오늘날의 정보통신 기술은 기업정보 시스템, 통신기술, 자재 취급, 인터넷 등 네 분야로 나눌 수 있다.

1. 기업정보 시스템

컴퓨터 시스템과 소프트웨어 패키지는 개별기업 뿐만 아니라 전체 공급사슬에 대해 정보를 활용하여 생산성 향상과 경쟁우위를 개선시킬 수 있게 지원하는 기능을 한다. 현재의 컴퓨터 시스템의 기능과 아키텍처는 기업의 업무처리 방식과 네트워크 구축 니즈에 적합하도록 다양한 형태의 패키지를 선택할 수 있게 한다. 이러한 시스템에는 ERP, CID와 같이 전사적인 시스템에서부터 수송시스템과 같이 특정 워크스테이션에 기반을 둔 제품까지 다양한 형태가 있다. 응용 패키지로는 예측 및 계획 시스템, 자동보충 시스템, 재고관리 시스템, 제조관리 시스템, 자동화된 제조 도구, 재무관리 시스템 등 매우 다양하다. 효과적인 기업정보시스템은 다음과 같은 특성을 지닌다.[5)]

- 일반적으로 클라이언트-서버 구조로 구성된다.
- 분산 관계 데이터베이스 기술에 기반을 둔다.
- 현대의 컴퓨터 환경에서는 지역에 상관없이 접근할 수 있도록 기업의 여러 데이터베이스를 지원하는 소프트웨어가 필요하다.

정보시스템의 기능이 기업 내부에서만 지원되는 것이 아니라 기업 간에도 공유될 수 있고 글로벌한 정보 네트워크를 구축할 수 있도록 지원한다. 최근의 시스템은 회계, 마케팅, 제조, 조달, 배송과 같은 기업 내부의 비즈니스 기능을 통합할 수 있게 지원한다. 또한 네트워크를 통해 공급채널 파트너들에게 고객, 제조, 재고, 재무와 같은 정보를 공유할 수 있게 지원한다.

최근의 시스템은 기업과 전체 공급사슬 시스템에 몇 가지 핵심적인 이점을 제공한다. 첫째, 실시간 정보처리와 네트워크 통합으로 계획과 실행 단계에서 필요한 업무 시간을 줄여준다. 이를 통해 재고, 간접비, 자산 비용을 감축시킬 수 있다. 둘째, 정보의 적시성과 정확성을 제공하여 공급사슬 상의 공급자들이 자신들의 고객 니즈에 더욱 빨리 반응할 수 있게 도와준다. 셋째, 기업의 업무 프로세스를 최적화하여 중복을 제거하고 생산성을 향상시킬 수 있게 도와준다. 넷째, 자동화를 통해 사원들이 부가가치가 높은 활동에 집중하도록 지원한다. 마지막으로 현 상황의 시장을 적절하게 반영할 수 있는 글로벌한 정보를 적시에 제공하여 효과적인 의사결정을 할 수 있게 한다.

2. 통신기술

직접적인 통신기술은 전화, 원격 화상회의, 음성 메일 시스템 등이 있다. 가

---

5) Thomas G. Gunn, In the Age of the Real-Time Enterprise. Essex Junction, VT: omneo, 1994.

장 빨리 성장하는 기업 통신기술의 하나는 EDI이다. EDI는 다른 기업 간에 수주, 발주, 수송, 결제 등 상업 거래를 위한 자료를 데이터 통신 회선을 통해 표준화된 포맷과 규약에 따라 컴퓨터 간에 온라인으로 전달하는 것으로 정의된다. EDI의 목적은 데이터 입력에서의 중복을 제거하고 기업 간에 컴퓨터 간의 연결을 통해 공급 채널 간에 정보의 흐름을 빠르고 정확하게 하는 데 있다. EDI 도입에 따른 효과는 인건비, 고객서비스 오류, 자료입력 시간 및 비용 등의 절감효과가 있다. 비용 절감 측면 외에도 EDI 도입을 통해 기업은 고객에 대한 신속한 반응을 이루고, 공급 채널 간의 관계를 공고히 하고, 전체 공급사슬에서의 제조시간 단축을 통한 경쟁력 강화 효과를 얻을 수 있다.[6]

3. 자재 취급

창고 자동화에 목표를 둔 자동화 자재 취급 시스템은 최근 몇 년 간에 급속도로 성장하였다. 기업이 도입하는 자재 취급 자동화는 고도의 고객 서비스 수준을 유지하면서 저장 공간, 인력, 자본, 장비, 재고와 같은 핵심적인 자원의 활용을 최대화한다. 자재 취급 자동화는 아주 다양한 형태로 나타난다. 최근에는 자동 인식 기술이 각광받고 있는데, 대표적인 기술로 RFID가 있다. 이는 나중에 자세히 살펴본다.

4. 인 터 넷

인터넷은 최근 가장 활발히 사용되는 통신기술이다. 적은 비용으로 누구나 접속하여 새로운 소프트웨어부터 주식 시장의 데이터 및 전문 자료에 이르기까지 무한한 정보를 얻을 수 있다. 기업은 인터넷을 완전히 새로운 통신기술로 받아들여 아주 적은 비용으로 현재의 고객과 잠재고객에게 자신의 제품과 서비스에 대해 커뮤니케이션할 수 있는 고객 접촉 채널로 사용하고 있다. 공급사슬관리에 적용 가능한 웹 기술은 [그림 2-12]와 같다.

---

6) Margaret A. Emmelhainz, Electronic Data Interchange: A Total Management Guide. New York: Van Nostrand Reinhold, 1990.

[그림 2-12] 공급사슬관리에 적용 가능한 웹 기술

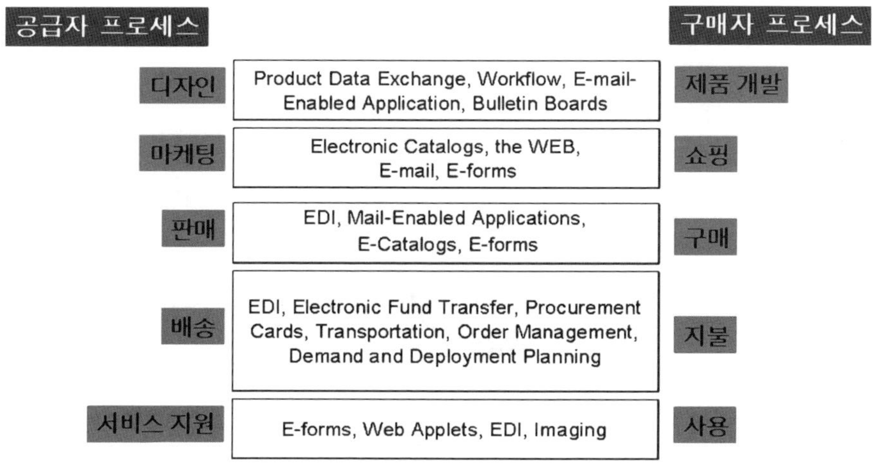

정보통신 기술의 도입은 기업이 운영적인 측면에서나 전략적인 측면에서 핵심적인 공급사슬관리 사업기회를 포착하고 실행할 수 있게 지원한다([그림 2-13] 참조). 이러한 정보통신 시스템 도입 시 다음과 같은 기대효과를 얻을 수 있도록 유의해야 한다. 우선, 정보통신 시스템은 모든 단계의 가치사슬에서 비용을 절감시키고 생산성을 증대시킨다. 역사적으로도 기술은 반복적인 업무에 대해 활동비용을 절감하는 데 적용되어 왔다. 하지만 정보통신기술에 있어서 최근의 급속한 발전은 기업이 자동화를 통한 비용 절감 및 생산성 증대뿐만 아니라 기업 활동에 대한 정보를 증대시키는 효과도 가져다 준다. 이러한 의미에서 정보통신기술은 개별 채널 기업에게 비즈니스 기능을 더욱 효과적으로 수행하도록 돕고, 경쟁우위 요소를 찾을 수 있게 도와준다. 둘째, 정보통신 시스템은 개별기업마다 전략적인 차별화를 부각시킬 수 있다. 정보통신기술은 공급사슬 네트워크에서 결합된 상품 및 서비스 믹스에 초점을 맞춰 비용, 물류 차별화, 전략에 대한 레버리지 효과를 얻을 수 있게 도와준다. EDI를 통해 리드타임을 줄이고 정보전달 속도를 증가시키는 동시에 주문처리 과정과 배송 사이클을 줄이고 고객에게 고객맞춤제품을 제공함으로써 기업을 제품 포지셔닝을 개선할 수 있다. 정보통신기술은 또한 시장 차별화를 증가시킬 수 있게 내부 배송, 장비 설치, 장비 장착, 포장과 같은 공급사슬 상의 부가 서비스에 대한 효율을 증대시킨다. 마지막으로 정

[그림 2-13] 정보통신기술을 통한 정보 공유 및 프로세스 통합

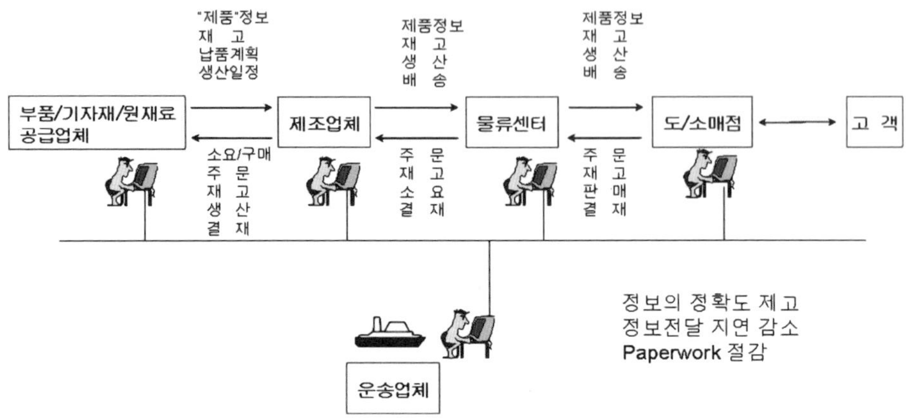

보통신기술은 경쟁 요소를 확장시킬 수 있다. 목표한 정보통신 시스템의 효과적인 도입을 통해 전체 공급채널이 운영적인 측면에서 경쟁 우위 요소를 확대할 수 있다. 정보통신기술은 전체 공급사슬 상에서 기업 내부 혹은 기업 간 활동을 조정할 수 있는 능력을 증대시킬 뿐만 아니라 개별 기업이 새로운 시장에 침투할 수 있게 도와준다.

이와 같이 정보통신기술은 기업에게 많은 효과를 제공해 주지만 기업들은 정보통신 솔루션 도입 시 많은 고려사항을 파악해야 한다. 도입을 위한 첫 단계는 해결해야 할 문제에 대한 범위를 명확하게 파악해야 한다. 이 단계를 통해 도입 가능한 후보 솔루션의 범위를 상당히 줄일 수 있다. 그리고 요구 사항을 효과적으로 정의함으로써 기업이 과도한 기능을 포함하거나, 핵심 사항을 해결할 수 없거나, 혹은 하드웨어 혹은 소프트웨어의 호환성 제약으로 인한 추후 업그레이드를 제약하는 솔루션을 구매하는 것과 같은 치명적인 실수를 피할 수 있게 해준다. 공급 네트워크 구성원들이 정보통신 시스템 도입을 통해 충분한 레버리지 효과를 얻기 위해서는 다음 사항을 고려해야 한다.

(1) 정보 충분성에 대한 평가

정보통신 솔루션을 선택하기 전에 기업은 제품과 운영 프로세스에 대한 기존 혹은 잠재적인 정보가 충분히 존재하는지 평가해야 한다. 이 단계에서 공급채

널 네트워크를 운영하고 제품 및 서비스 프로세스를 관리하기 위해 필요한 정보의 범위를 결정한다. 공급채널 네트워크를 운영하기 위한 정보는 채널에서 구매자와 공급자의 수, 마케팅 및 판매 정보의 양, 제품 종류, 사이클 타임 등이 있다. 제품과 서비스 프로세스 관리를 위한 정보는 제조 복잡성, 구매 지식과 훈련에 대한 요구사항 등과 같은 제품과 연관된 사항을 포함한다. 정보통신 솔루션은 기업이 시장 지위를 획득할 수 있도록 제품과 프로세스 정보 컨텐츠를 충분히 제공할 수 있어야 한다.

(2) 성 능

여기서는 몇 가지 핵심 성능에 대해 고려해야 한다. 제안된 정보통신 솔루션이 핵심 데이터에 대한 접근성과 가용성을 증가시켜 주는지, 다른 대안 솔루션에 비해 상대적인 비용과 효과를 충족시켜 주는지, 배부 직원과 외부의 공급사슬팀이 쉽게 소프트웨어를 학습하여 사용할 수 있는지 등을 평가해야 한다.

(3) 도입효과

기업은 새로운 정보통신기술의 도입이 경쟁력 향상에 효과를 가져다 주는지 면밀히 검토해야 한다. 정보통신기술은 공급자와 구매자에 대한 기업의 협상능력을 급격히 변화시키고, 새로운 제품과 대체 제품을 제공하는 능력과 기존 경쟁자뿐만 아니라 새로운 경쟁자와도 경쟁할 수 있게 도와주는 능력을 제공한다. 효과적인 정보통신 전략은 기업이 시장 지배력을 가지게 도와준다.

(4) 정보통신 기술이 경쟁력을 증대시킬 수 있는 방안 모색

정보통신기술의 도입을 공급 채널 비용에서 많은 부분을 차지하고, 시장 차별화에 핵심적이거나 공급채널 상에서 내부적이거나 외부적으로 핵심적인 연결을 구성하는 활동들에 대한 개선으로 목표함으로써 기업은 경쟁 우위를 유지할 수 있는 방안을 찾고 경쟁력을 증가시킬 수 있는 기회를 찾을 수 있다. 이를 위해서는 정보통신 시스템이 새로운 시장에 진입하고 강한 라이벌의 영역에 침투할 수 있게 도와주는가, 정보통신 기술을 통해 전체 공급채널이 글로벌하게 경쟁하거나 타산업과 연관성을 가져다 줄 수 있는가 등에 대한 사항을 고려해야 한다.

(5) 시스템 확장성

정보통신 솔루션을 선택하는 데 가장 중요한 요인 중의 하나는 정보통신 시스템이 쉽게 변화할 수 있는 확장성이다. 시스템이 쉽고 효과적으로 운영되고, 업데이트되고, 유지될 수 있는지, 시스템이 기존의 기술 혹은 새로운 기술과 통합될 수 있는지, 시스템이 최소의 비용으로 사용자의 수와 사용자의 위치를 쉽게 바꿀 수 있는 능력을 가지는지 등과 같은 사항에 대해 파악해야 한다. 경쟁력을 가지기 위해서는 정보통신 시스템이 다양한 아키텍처와 플랫폼, 하드웨어들과 공존할 수 있는 능력을 가져야 한다.

(6) 지속적으로 레버지리 효과를 주는 새로운 정보통신기술을 찾기 위한 장기적 계획 수립

전체 공급채널 시스템은 새로운 정보통신 응용, 사업기회와 새로운 정보통신 제품에 대한 전략적인 조정, 새로운 하드웨어 및 소프트웨어를 도입하는 데 필요한 투자, 정보통신 기술이 공급채널 연결에 영향을 미치는 정도 등에 대해 지속적으로 평가할 수 있는 공식적인 방안을 설립해야 한다. 새로운 정보 기술에 대한 파악을 단순히 경영정보 기능에 맡겨서는 더 이상 우월적인 시장 지위를 유지할 수 없다. 미래의 성공적인 기업은 기업 내부와 파트너 채널 상의 기업 외부 모두가 참여해야 할 것이다.

성공적인 정보통신 기술의 도입 여부는 얼마나 밀접하게 공급채널 네트워크를 구성하는 모든 기업들의 자원과 능력이 통합되고 고객 만족에 초점을 두는지에 달려 있다. 초일류 기업들은 효과적인 정보통신 시스템이 정보를 적시에 정확하게 전달 해 줌으로써 다양한 공급채널을 통합된 공급 네트워크 시스템으로 융합하도록 지원하는 데 가장 효과적인 시스템으로 인식하고 있다.

제 7 절 공급사슬관리 실행

성공적인 공급사슬관리 실행을 위한 검정된 방법은 현재까지 존재하지 않는다. SCM이 운영적인 측면과 전략적인 측면 등 매우 다양하기 때문에 실행 방법도 매우 다양한 형태로 나타나고 결과도 다양하게 나타난다.

앞의 SCM 정의 부분에서 언급했듯이 SCM을 기업기능통합, 채널운영통합, 채널전략개발의 세 가지 형태로 나눌 수 있다. 이를 기반으로 수행 전략을 수립하는 것이 적절할 것이다.

첫째, 기업기능통합은 재무부터 물류에 이르기까지 내부적인 공급 채널을 구성하는 비즈니스 단위를 하나의 비즈니스 시스템으로 모든 기업의 기능을 완전히 통합하는 것이다. 이를 달성하기 위해서는 일상의 운영 프로세스 및 계획 프로세스를 긴밀하게 동기화시키는 것만 아니라 부서 간 오류의 제고와 전략적인 합의의 수립도 필요하다. 이 단계에서 공급사슬관리의 실행은 JIT, 종합품질경영, BPR과 같은 일반적인 경영기법을 활용하여 단독적인 경영 스타일을 탈피하고 기업 전체가 지속적인 프로세스 개선, 조직 및 인력의 재평가, 고객에게 초점을 맞춘 목표를 중심으로 한 부서별 전략의 융합을 이루는 데 초점을 맞춘다.

둘째, 채널운영통합의 실행을 통해 기업기능통합의 기초를 확장할 수 있다. 채널운영통합은 위의 경영기법을 활용하여 비슷한 목표를 달성하는 것이다. 둘 간의 차이점은 채널운영통합이 한 기업 내의 영역을 넘어 공급사슬에 존재하는 비즈니스 파트너와 공급사슬관리의 운영적인 통합을 이루는 것이 필요하다는 것이다. 즉, 통합의 범위가 훨씬 넓어진 것이다. 채널운영통합은 기업이 명확히 정의된 목표와 개선된 협상 기술, 핵심적인 비즈니스 프로세스의 지식, 다수의 채널 파트너들 간의 운영을 수행하고 의사결정하는 능력을 개발하는 것을 필요로 한다. 또한, 기업이 효과적인 채널내부의 프로세스 팀을 생성하고 적절한 권한을 부여하는 것을 필요로 한다. 이러한 프로세스 팀은 개별 기업의 조직 내부에서 뿐만 아니라 채널 파트너들 사이의 운영 목표에 대한 기초적인 합의를 이끌어낸다.

채널전략개발을 실행하는 것이 가장 어려운 작업이다. 기업기능통합과 채널운영통합은 공급사슬관리의 운영적인 측면(주문 관리, 보관, 운송 등)에 초점을 두는 반면, 채널전략개발은 기업이 기회를 끊임없이 찾기 위해 비즈니스 파트너와 함께 고객에게 부가적인 가치를 제공하거나 효과적인 채널의 통합이나 완전히 새로운 비즈니스 프로세스 및 기술의 공동 개발, 새로운 형태의 수직적 통합의 구성, 연관된 기업들 내부 혹은 기업들 간에 생성된 핵심 경쟁우위 요소를 탐색과 같이 근원적으로 새로운 방법을 찾을 수 있는 전략을 개발하는 데 초점을 둔다. 지속적으로 경쟁우위의 제품을 생성할 수 있는 연합된 기업들의 지식, 물리적이고 기술적인 자원, 혁신 기술의 통합과 같은 공급사슬관리의 전략은 경영, 인력, 목표, 프로세스 성과지표에 대한 정의, 참여한 모든 기업들 간의 강력한 의무, 최상의 정보 교환 능력과 같은 상당히 높은 수준의 협력을 필요로 한다.

위의 세 가지 공급사슬관리 개념에 대한 실행 방한을 어떻게 수립하느냐가 중요하지는 않다. 핵심은 이 세 가지 공급사슬관리의 개념이 모두 동시에 실행이 될 때에만 공급사슬관리의 진정한 가치를 얻을 수 있다는 것이다. 단지 운영적인 측면의 공급사슬관리만 실행이 되면, 공급사슬관리는 단순히 통합된 기업의 자원관리 혹은 통합 물류에 지나지 않는다. 한편 전략적인 측면의 공급사슬관리만 실행된다면 강력한 기업 내부의 기능적인 통합과 채널 간 운영적인 통합이 부족하게 되어 역시 성공할 수 없다.

성공적인 공급사슬관리의 실행을 위한 10단계를 [표 2-5]와 같이 요약할 수 있다.[7)]

[표 2-5] 성공적인 공급사슬관리 실행을 위한 10단계 프로세스

단계	프로세스	세부 내용
1	효과적인 공급사슬관리 교육프로그램 수립	공급사슬관리 요건 세분화 교육 및 훈련시킬 구성원 선정
2	공급망의 비전 정의	경쟁우위요소 탐색 사고방식의 근본적인 변화 추진
3	경쟁 우위전략 평가	경쟁자에 대한 강점 및 약점 파악 내부적인 목표와 강점 파악
4	공급사슬관리의 부가가치 제고 전략 개발	공급사슬관리의 전략 방향을 명확히 설정 성과측정지표 정의
5	최적의 공급사슬에 대한 비전 정의	파트너 선택 필요한 채널의 시너지를 정의
6	최고경영자의 확고한 의지 확보	최고 경영자의 역할 정의
7	공급사슬관리를 위한 조직 구조 개발	기업 간의 조직 재구성
8	공급사슬 정보네트워크 생성	정보와 통신 네트워크 정의
9	공급사슬관리 전략 실행	프로젝트 계획 개발
10	공급사슬관리 성과지표 개발	채널 내부의 성과측정지표 개발

7) David Frederrick Ross, Competing Through Supply Chain Management: Creating Market-Winning Strategies Through Supply Chain Parterships, International Thomson Publishing, 1998.

한편, 공급사슬관리의 실행에 실패한 기업은 일반적으로 다음과 같은 원인을 가지는 것으로 조사되었다. 이는 공급사슬관리의 수행에 반면교사가 될 것이다.

- 잘못된 비전의 설정
- 잘못된 우선순위 선정
- 고객에게 초점을 맞추지 않음
- 잘못된 채널 파트너의 선정
- 최고 경영자의 무관심
- 성과측정지표의 부재

제 8 절 공급사슬관리 사례—공급사슬관리에 대한 세계 관세기구(WCO)의 가이드라인

국제적인 테러리즘과 국경을 넘는 조직적인 범죄의 위험이 증가함에 따라 기존의 연안에 대한 관리와 세관 혹은 다른 국가기관 간의 국내 그리고 국제적인 협력 증대의 필요성이 한층 증가하고 있다. 관세청의 가장 큰 어려움은 수많은 국제적인 화물의 이동과 여행객 처리를 쉽게 빠르게 처리하면서 보안을 위해 극소수의 위험 요소를 발견하고 처리해야 한다는 것이다.

WCO 구성원과 G8과 IMO(국제해상기구)와 같은 국제단체로부터 이러한 문제점에 대한 즉각적인 반응을 요구하였고, WCO는 이에 대한 대응으로 2002년 6월 회의에서 공급사슬의 보안과 무역 편의(Supply Chain Security and Trade Facilitation)에 대한 결의문을 채택하였다. WCO 결의문은 테러리즘과 여러 범죄 활동으로부터 국제 무역 공급사슬(international trade supply chain)을 보호하기 위한 일련의 단계를 포함하고 있다.

교토 회의에서 개정되어 WCO에 의해 채택된 현대의 세관 협력의 가장 핵심 원칙인 리스크 관리(Risk management)는 관세청이 합법적인 무역에 대해서는 최소한의 간섭으로 적절한 관리를 행할 수 있게 한다. 관세청의 태스크포스와 무역 및 정부간의 조직을 포함한 여러 주주들과의 협의체에서 근무하는 기업 전문가들이 교토 회의와 그에 따른 실행 지침을 기반으로 통합된 공급사슬관리(Integrated Supply Chain Management, ISCM)에 대한 여러 가이드라인을 개발하였다.

ISCM 가이드라인의 실행은 국가적인 차원에서 실행되어야 한다. 하지만 ISCM 가이드라인은 공급사슬을 따라서 세관 기관이 관세 규약, 리스크 관리, 그리고 상호 인지와 통합된 세관 규약과 가이드라인에 제시된 국제간 거래에 대한 처리를 가능케 하는 승인된 공급사슬 표준에 대한 공동적인 표준을 따를 때 진정한 효과를 발휘할 것이다. 양국 간의 관세협정 추세가 우세적일 것이지만, 모든 분야에서 유연성을 필요로 하는 가이드라인의 전 세계적인 실행에 초점을 두어야 한다.

다른 나라와 협력하여 이러한 가이드라인을 실행하는 국가는 세관 IT 시스템을 포함한 필요한 기술적인 인프라를 구축해야만 하고, 적절한 법적 체계를 개발해야만 한다.

다음의 그림들은 ISCM에서 제시하는 통합공급사슬관리에 대한 모델이다.

[그림 2-14] 세관 검사 활동 다이어그램— G2G의 일반적인 전자적 프로시저

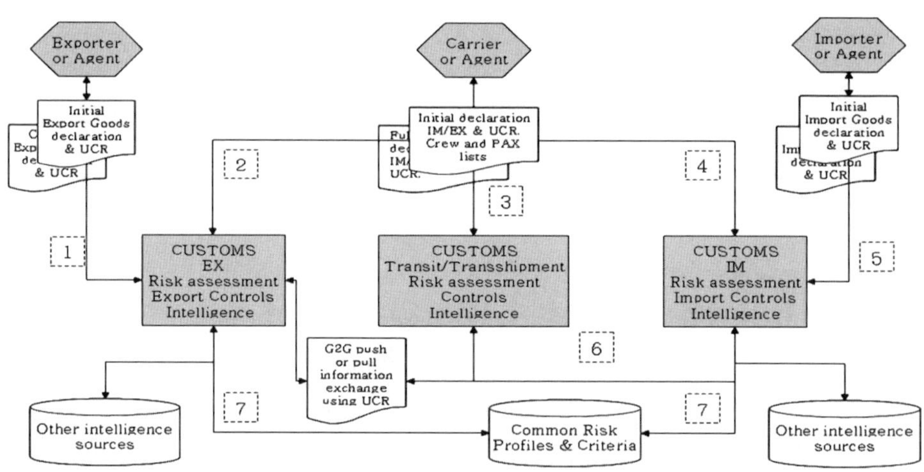

(1) Initial Export Goods declaration from the exporter or his agent to Customs at export.

(2) Initial declaration from carrier to Customs at export, eventually followed by the full cargo declaration.

(3) Cargo Declaration to the Customs en route, if applicable.
(4) Initial I declaration from carrier to Customs at import, if not covered under (2).
(5) Initial Import Goods declaration from the importer or his agent to Customs at import prior to arrival.
(6) Based on bilateral/multilateral arrangements Customs at export and import may exchange or allow access to departure or arrival information using the UCR
(7) Based on bilateral/multilateral arrangements Customs at export and import may agree on and exchange common risk profiles to enable risk assessment for security and other purposes to be carried out only once.

[그림 2-15] 승인된 공급사슬

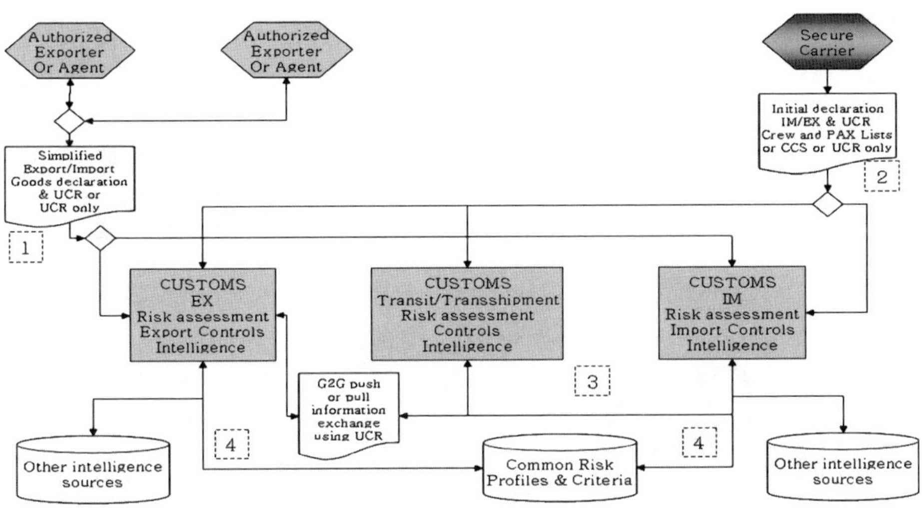

(1) The authorized exporter or importer or their designated recognized agent submits a simplified Export/Import Goods declaration to either Customs at export or import to obtain pre-release. In case of online access to the traders system the Goods declaration is replaced by the UCR allowing

Customs to retrieve the information required.

(2) The carrier, which has to be a recognized carrier, submits an initial declaration to the Customs at export or import and to the Customs en route. In case of online access to his own system or to a CCS, the cargo declaration is replaced by the UCR.

(3) Based on bilateral/multilateral arrangements Customs at export, import and en route may exchange or allow access to departure or arrival information for control purposes.

(4) The authorized supply chain will require bilateral/multilateral arrangements for common risk assessment and control procedures, including audit-based controls.

[그림 2-16] 주문시 UCR을 사용한 글로벌 공급사슬 모델

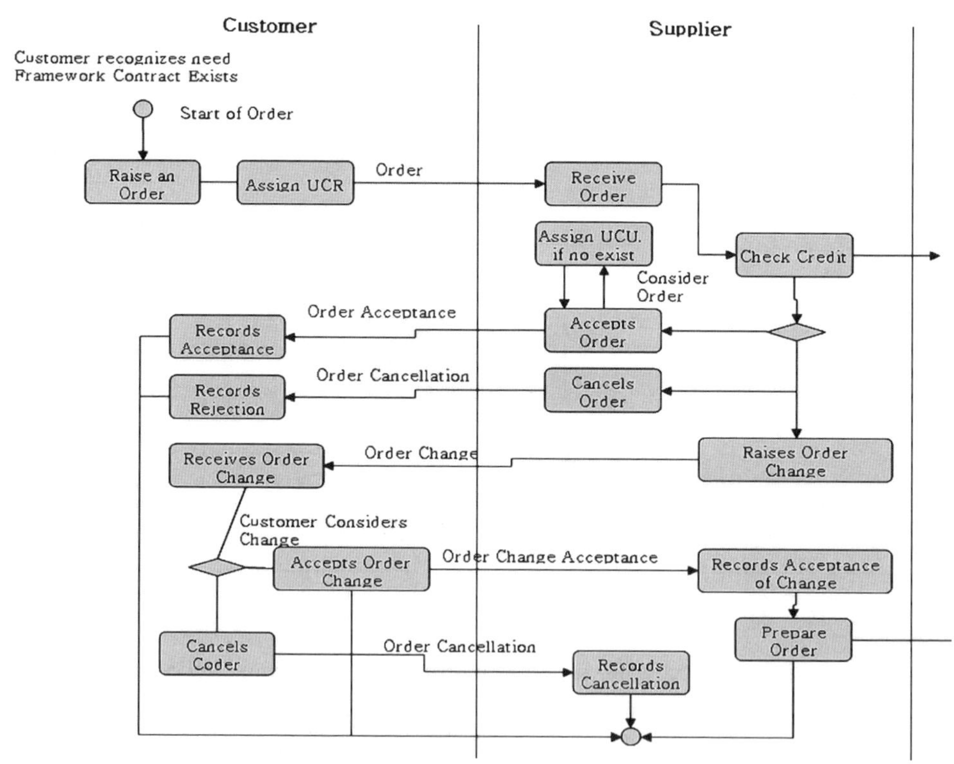

[그림 2-17] 배의 관점에서 글로벌 공급사슬 모델

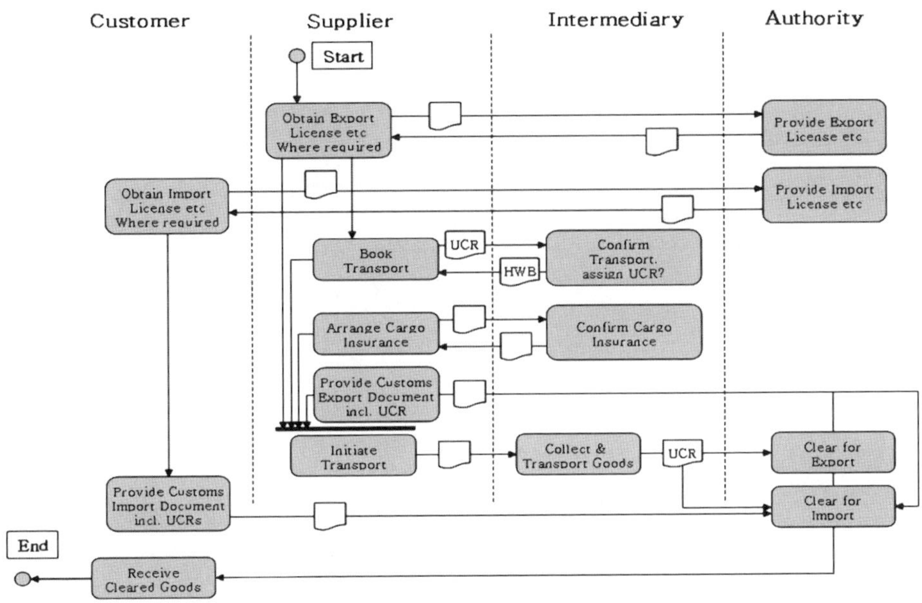

제 3 장

고객관계관리(Customer Relationship Management)

제 1 절 고객의 개념

고객에 대한 정의는 무수히 많다. 정보시스템과 통신기술을 이용하여 고객을 관리하고자 하는 수많은 활동은 사실 해당 기업의 고객을 파악하기 위한 것이다. 우리가 고객을 정의할 때, 고객을 일반적으로 여러 형태의 그룹을 통칭하는 것이다. 고객에 대한 분류는 다음과 같이 나눌 수 있다.

1. 소비자(Consumer)

최종 제품 혹은 서비스를 구매하는 사람. 일반적으로 개인 혹은 가족.

2. 기업(Business to Business)

제품 혹은 서비스로 부가가치를 더한 다른 제품을 만들어 다른 고객에게 판매할 목적으로 구매하거나, 수익성 혹은 서비스를 증대시키기 위하여 자신의 조직 내에서 제품을 사용하는 기업(고객).

3. 중간고객(Channel/Distributor/Franchisee)

특정 기업에 속해 있지는 않지만, 그 기업의 제품을 판매하기 위해 구매하는 사람 혹은 조직.

4. 내부 고객(Internal Customer)

자신의 기업 목표를 달성하기 위해 제품 혹은 서비스를 필요로 하는 기업 내부의 사람 혹은 사업 단위. 내부고객은 일반적으로 무시하는 경향이 많이 있지만 잠재적으로는 가장 수익성이 높은 고객임.

세계화로 대변되는 오늘의 시장 환경에서 경영자들의 67.6%가 고객의 요구 충족과 기술적 변화 및 통합을 기업의 당면 핵심과제로 지적하고 있다. 과거 기업 대부분이 비용절감에 가장 큰 관심을 보였지만 이러한 과제는 상대적으로 그 비중이 줄고 있다.

이와 같이 고객에 대한 중요성이 강조되면서 그 고객에 대한 가치를 올바르게 이해하는 것이 무엇보다도 중요하게 인식되고 있다.

고객가치란 기업과 고객 간의 관계 속에서 기업이 고객으로부터 획득하는 부가가치를 말한다. 가치는 고객 각각이 어느 정도 이익 기여를 할 것인가를 직접 파악하는 것보다는 고객의 과거/현재/잠재가치를 기반으로 고객을 분류하고 개개의 고객에게 차별화된 서비스를 제공하여 지속적인 관계를 형성하는 데 중요한 판단 기준이 된다.

고객가치를 일반적으로 수익기여도, 이익기여도, 평생가치 등으로 분류하는데, 그 정의와 장·단점은 [표 3-1]과 같다.

[표 3-1] 고객가치의 분류

고객가치	정 의	장 점	단 점
수익기여도 (Revenue)	개별 고객이 현재까지 또는 특정기간 동안 기업과 거래한 제품 및 서비스로 인해 발생한 수익기여부분의 합.	의미가 명확하여 고객과 고객 간에 혼동의 우려가 없음. 고객가치 산출 및 관리가 용이. 현재시점에서 고객실적에 대한 평가 및 보상에 유리.	고객의 과거실적에만 의존. 고객의 과거행동에 대한 서술에 불과. 고객이 기업에 가져다주는 순이익은 알 수 없음.
이익기여도 (Profitability)	현재까지 또는 특정기간 동안 개별 고객의 수익기여 부분에서 거래비용, 캠페인비용, 기타 주요 직/간접비를 차감한 순이익의 합.	순이익 중심의 정교한 고객가치 산출 및 세분화 가능 마케팅과 관련된 주요비용요인을 반영함으로써 고객관리 및 마케팅 실행에 중요한 기준 제공.	고객의 과거행동에 대한 서술에 불과. 고객별 비용 산정에 대한 업무 및 데이터 수집이 어려움. 고객의 잠재가치를 고려하지 못함.
평생가치 (Life-Time Value)	고객이 기업과 관계를 맺고 거래를 하는 평생 동안의 기대이익으로, 고객이 기업의 가치증진에 기여하는 금액과 기간을 반영.	고객관계관리의 목적에 부합하는 진정한 의미의 고객가치. 정확하게 산출될 경우 기업의 마케팅 전략뿐만 아니라 장기적 기업전략 수립에 중대한 기준 제시.	고객이 미래에 발생시킬 수익과 비용 및 잔존기간에 대한 예측의 어려움. 제한된 정보로 인한 큰 예측오차와 이로 인한 위험성 증가 및 활용성 저하 우려.

한편으로 고객을 고객 라이프사이클(Life Cycle)로 분류할 수도 있다. 고객 라이프사이클이란 고객이 기업과 가지게 되는 관계의 단계를 말한다. 기업의 입장에서 고객 라이프사이클은 일반적으로 [그림 3-1]과 같이 네 단계로 나눌 수 있다.[1)]

그림과 같이 고객은 잠재적 고객, 반응 고객, 구매 고객, 이탈 고객 단계를 시간이 흐름에 따라 순차적으로 이동하게 된다. 잠재적 고객이란 기업 입장에서 볼 때 마케팅 대상으로 파악된 목표 시장에 소속된 고객을 의미하고, 반응 고객은 기업의 마케팅 활동에 관심을 표명한 고객을 말한다. 구매 고객은 마케팅 활동의 결과로 해당 기업의 상품이나 서비스를 구매한 고객을 의미하며, 마지막으로 이탈 고객은 이유를 불문하고 그 기업의 상품이나 서비스 구매를 중단한 고객을 말한다. 구매 고객은 다시 신규 고객, 고부가가치 고객, 잠재가치 고객, 저

1) Berry, M. and G. Linoff, Mastering Data Mining: The Art and Science of Customer Relationship Management, Wiley, 2000.

[그림 3-1] 고객 라이프사이클 모델

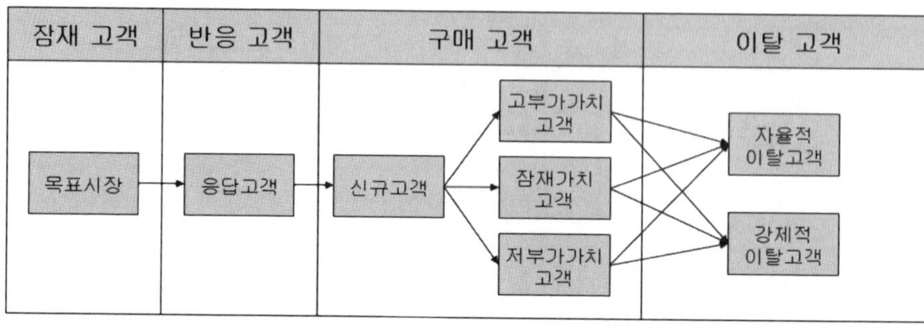

부가가치 고객의 네 가지 유형으로 구분될 수 있고, 처음으로 구매 고객에 합류한 고객은 신규 고객이며, 신규 고객은 기업에 많은 이익을 주는 고부가가치 고객과 현재 기업에 이익은 그다지 주지 않지만 잠재적인 가능성은 높은 잠재가치 고객 그리고 기업에 이익은 거의 주지 않으면서 기업의 비용을 요구하게 되는 저부가가치 고객과 같은 세 가지 구매 고객의 유형 중에 하나로 존재하게 된다.

구매 고객은 궁극적으로 이탈 고객으로 전환하게 되는데 이탈의 이유에 따라 자율적 이탈 고객과 기업에 의한 강제적 이탈 고객으로 나눌 수 있다.

고객 라이프사이클이 중요한 이유는 전통적인 마케팅은 목표 시장의 설정, 고객의 응답률, 신규 고객의 창출 등에 주로 초점을 맞추어 왔지만 최근의 마케팅 활동은 고객의 특성을 파악하고 고객 개개인의 상활에 맞는 맞춤식 일대일 마케팅을 지향한다는 점에서 고객 라이프 사이클 모델이 일대일 마케팅 활동을 위한 가장 기본적인 틀을 제시하고 있기 때문이다.

제 2 절 CRM의 정의

1. CRM의 등장 배경

정보통신 기술의 발달과 더불어 자유무역협정(FTA)으로 대표되는 세계화로 인해 시장은 전 세계로 확대되었다. 특히 해운산업은 과거부터 전 세계를 시장으로 치열한 경쟁을 하고 있다. 이러한 현상은 소위 전통적인 의미의 고객은 더 이상 존재하지 않으나 기업은 이러한 사실을 깨닫는 데 많은 시간이 걸렸다. 최근까지도 기업은 고객에 관심을 기울이기보다는 상품이나 서비스를 판매하는 데 더 많은 관심을 기울였다. 다시 말해, 기업은 누가 상품이나 서비스를 구매하는지에 관심을 기울이기보다는 판매에 더 많은 초점을 두었다. 대부분의 기업은 현재도 상품 중심의 조직구조를 가지고 있다.

미국에서의 마케팅 활동과 관련된 통계를 살펴보자.

- 98% 이상의 쿠폰이 버려진다.
- 신규고객으로부터 매출을 발생시키기 위해서는 기존 고객보다 10배 이상의 비용이 소요된다.
- 기존 고객의 유지율을 5% 이상 증가시키면 기업의 이윤이 60~100% 이상 증가한다.
- 콜센터를 통해 고객 서비스를 운영하는 것은 인터넷을 이용하는 것보다 6배 더 많이 소요된다.
- 로열 고객은 매우 낮은 비용으로 기업에 추가적인 고객을 유인한다.

위의 통계에서 알 수 있듯이 과거에는 품질 좋은 상품이나 서비스를 보다 저렴한 가격으로 제공하는 것이 기업 경쟁력의 원천이었으나 최근에는 시장개방, 경쟁의 심화, 소비자 니즈의 변화와 함께 제품의 라이프사이클 또한 빨라지면서 제품가격을 현저히 낮게 하거나 품질수준을 월등하게 높게 유지하는 것이 거의 불가능하게 되었다. 이러한 환경 변화에 능동적으로 대응하기 위해 기업은 기존 패러다임을 바꾸어 초점을 불특정한 모든 고객들로부터 자사 고객들로 옮기게 되었다. 이에 따라 자연스럽게 고객에 대한 이해가 필요하게 되면서 많은 의문이 생기게 되었다. 우리 회사의 고객은 누구인가, 핵심 고객은 누구인가, 고객의 니즈는 무엇인가, 고객의 평생가치를 극대화할 수 있는 방안은 무엇인가와 같은 의문에 대한 해결책으로 등장한 것이 CRM이다. CRM의 등장배경인 구체적인 환경 변화는 다음과 같다.

(1) 시장의 변화

시장의 세계화/글로벌화로 대변되는 시장의 규제완화로 인해 기업 간의 경쟁은 과거 어느 때보다 심화되고 있다. 그로 인해 시장은 과거 공급자 중심에서 소비자 중심으로 변화하게 되었다. 이에 따라 고객들은 개개인의 선호와 니즈에 맞는 상품과 서비스를 찾게 됨으로써, 기업들은 과거와 같이 고객을 동질적 집단으로 간주하고 무차별적으로 공략하는 매스마케팅 방식에 더 이상 의존할 수 없게 되었다.

또한 최근 급격히 확산된 인터넷으로 인해 과거의 전통적인 유통채널인 영업점과 우편발송에 대한 의존도는 점차 약화되는 반면, 인터넷은 고객과 적은 비용으로 쌍방향으로 접촉할 수 있는 채널로서 매우 중요한 의미를 갖게 되었다. 고객에 대한 유통채널이 다양화되었다는 것은 고객과 접촉할 수 있는 채널이 다양하게 되었음을 의미하는데 그렇게 됨에 따라 과거와는 다른 마케팅 전략과 방법이 필요함을 의미한다. 따라서 고객과 접촉하는 모든 채널에 대한 정보를 획득하고 분석/통합하여 기존 고객의 이탈방지와 신규고객 유치를 위한 고객 마케팅 전략이 일대일로 수립하여야 하며, 이러한 전략을 고객과 끊임없는 접촉을 통해서만 이루어질 수 있다. 그러므로 고객에 대한 시각은 접촉하는 채널에 관계없이 일관되게 유지하면서 다양한 방법으로 접촉 정보를 바라볼 수 있는 능력이 중요하게 되었다.

(2) 컴퓨터와 정보기술의 변화

컴퓨터 시스템의 비약적인 성능 향상과 더불어 데이터베이스 관련 기술이 발달함에 따라 과거와는 비교가 되지 않을 정도로 방대한 양의 데이터를 저장·관리하고 처리할 수 있게 되었다. 또한 과거에는 고객과의 거래 처리 데이터 정도만 저장이 가능하였지만 정보기술의 발달로 인해 현재는 고객에 대한 정보 및 고객과 접촉한 정보도 쉽게 획득하고 저장할 수 있게 되었다. 이러한 컴퓨터와 정보기술의 발달로 인해 과거의 컴퓨팅 환경이나 수작업으로는 전혀 불가능했던 대용량 고객 데이터, 구매이력 데이터 등을 토대로 과학적인 분석 기법으로 처리하여, 고객 및 시장에 대한 중요한 정보와 지식을 다양한 영업 활동에 이용할 수 있게 되었다. 그리고 이러한 정보를 고객과 기업, 영업 사원과 본사 간에 실시간으로 연계가 가능하여 각각 독립적으로 운영되던 업무를 고객 중심 업무 프로세스로 통합할 수 있게 되었다.

(3) 고객의 변화

최근 들어 물질이 풍요로워짐에 따라 고객이 갖고 있는 기대와 니즈가 다양화되고 있다. 뿐만 아니라 이러한 고객의 기대와 니즈의 변화속도가 점점 빨라짐에 따라 제품의 라이프 사이클도 과거에 비해 상당히 짧아지고 있다. 이러한 현실에 대응하기 위해 기업은 고객과의 관계를 유지하고 적절한 상품과 서비스의 차별화를 통해 기업의 경쟁적 우위를 유지하는 것이 필요하다. 즉, 끊임없이 고객을 이해하고 쌍방향 커뮤니케이션을 통해 고객과의 관계를 유지하고 차별화된 가치를 부여한 상품과 서비스를 제공해야만 기업이 살아남을 수 있게 되었다.

(4) 마케팅 패러다임의 변화

마케팅 패러다임이란 마케팅 핵심관점 및 수행방식의 기본적인 프레임워크를 의미하는 것으로 시간의 흐름에 따라 시대적 특징을 반영하면서 변화한다.

산업혁명 이후 경제의 전체구조는 기업에 의해서 주도되었고 소비자인 고객들의 의사와 거의 상관없이 기업의 일방 통행적인 생산문화였다. 즉 기업이 제품을 만들면 소비자는 그것을 구매했다. 그러나 70년 이후 기업주도 경제는 획기적인 공업발전과 더불어 생산량이 초과되었으며, 이로 인하여 기업은 경쟁환경을 맞이하게 되었다. 기업의 일방향 전략에서 고객과의 쌍방향적 전략으로 바뀌면서 마케팅 프로세스에 관심을 갖게 되었다. 기업은 고객들의 복잡하고 다양한 욕구에 부응하기 위하여 대량 마케팅(mass marketing)에서 세분화 마케팅(segment marketing), 틈새 마케팅(niche marketing)으로 마케팅 전략을 변화시켜왔다. 대량생산 시대에는 소비자에 대한 관심과 욕구는 생각지 않고 상품을 만들기만 해도 팔렸으며, 다른 기업이 지나치고 있는 틈새를 공략해도 큰 수익을 올릴 수가 있었다. 20세기 후반에 IT 기술의 발전과 더불어 데이터베이스 마케팅(database marketing)이 등장하였다. 하지만 소비자의 일회성 구매를 유도하기 위한 무차별적인 마케팅 기법은 점차 기반을 잃고 DB 분석에 따른 우량 고객을 선정하는 마케팅기법이 유도되었다. 고객에 대한 정보 수집과 분석이 보다 체계화되면서 고객과의 관계 지속성의 차원에서 개별적 마케팅(individual marketing), 일대일 마케팅(one to one marketing), 관계 마케팅(relationship marketing) 등으로 세분화되었다.

[표 3-2] 마케팅 패러다임의 변화

마케팅기법	매스마케팅	타겟 마케팅	데이터베이스마케팅	일대일 마케팅
특 징	시장점유율 중시 제한된 세분화 거대한 캠페인 비용 대비 비효율적인 효과 판매에 초점 관계의 양적 측면 중시	세분화된 캠페인 활동 소규모 매스마케팅 상품에 초점	고객점유율 중시 평생고객가치 지속적 개선 고객에 초점 관계의 폭 중시 이벤트 기반 마케팅	쌍방향 세분화 실시간 대응 양방향 TV 능동형 웹페이지 일대일관계 실시간 마케팅 고객과 상호작용 예측 기반
기반기술	방문 우편 방송 신문	고객정보 DB 전용 솔루션	데이터웨어하우스 통합된 데이터와 응용시스템 고객지식 모델링, 분석 및 개선 프로세스	통합 데이터웨어하우스 인터넷 통합된 다양한 채널

2. CRM의 정의

CRM은 아래와 같이 다양한 형태로 정의된다.

- 고객이탈을 방지하고 새로운 고객을 획득하기 위해서는 고객과 예비고객이 원하는 바를 잘 파악하고 그에 따른 제품과 서비스를 제공하기 위한 일련의 프로세스
- 고객에 대한 정확한 이해를 바탕으로 고객이 원하는 제품과 서비스를 지속적으로 제공함으로써 고객을 오래 유지시키고 결과적으로 고객 평생가치(LTV)를 극대화하여 수익성을 높일 수 있는 통합된 프로세스
- 기업(서비스 공급자)과 고객(서비스 수요자) 간의 다양한 접점(Contact Point)에서 관계를 좀 더 효과적, 나아가 전략적으로 관리
- 고객과 관련된 기업의 내·외부 자료를 분석·통합하여 고객특성에 기초한 마케팅 활동을 계획하고 지원하며 평가하는 과정
- 선별된 고객에 대하여 한정된 자원을 집중시키는 업무 재정비 과정
- 고객 전략을 정의하고 경영자원의 분배를 최적화하며 고객과의 모든 접점에서 최상의 서비스를 제공하기 위한 자동화된 프로세스

이를 요약하면 CRM은 “고객 획득, 고객 유지, 고객 로열티, 그리고 고객의

수익성을 증대시키기 위해서 유효한 커뮤니케이션을 통해 고객을 이해하고 고객의 행동에 영향을 미치는 전사적인 접근"이라 할 수 있다.

이러한 정의로부터 CRM 특징은 다음과 같이 요약할 수 있다.

- 시장점유율보다는 고객점유율, 고객획득보다는 고객유지에 비중
- 제품판매보다는 고객관계(Customer Relationship)의 향상에 집중
- 고객에 대한 다양한 Life-cycle 관점을 관리
- 다양한 고객과의 채널을 통합하고 고객에게 맞는 것을 선택
- 인터넷의 전략적 활용
- 과거의 Cost center를(서비스, 콜센터) Profit Center로 변환
- 통합된 고객정보의 실시간 접근 및 분석

CRM의 계획과 추진은 구체적인 목표를 설정한 후에 시작해야 한다. 정보시스템 도입과 같은 수많은 실패사례에서 알 수 있듯이 CRM 관련 정보시스템 구축 그 차체가 목적이 되어서는 안 된다. CRM의 기본적인 인프라 시스템을 갖추었다고 해서 CRM을 통해 기대하는 결과를 얻을 수 있는 것은 아니다. 그러므로 경영진은 인내심을 갖고 CRM 추진을 지원해야 한다.

CRM의 목표를 한마디로 기술하면 적절한 시점(right time)에 적절한 채널(right channel)로 상품이나 가격의 적절한 오퍼(right offer)를 제공하면서 적절한 고객(right customer)과 커뮤니케이션하는 프로세스를 개선시켜 사업기회를 증대시키는 것이다. 이를 고객 중심으로 기술하면 CRM 도입을 통해 얻고자 하는 목표는 일반적으로 고객 유지 및 로열티 극대화, 이탈 고객 분석 및 관리, 신규 고객 획득으로 나눌 수 있다.

3. CRM 프로세스

CRM은 고객의 정보를 기반으로 그 정보로부터 학습을 통하여 고객을 이해하고 적극적인 활용을 통하여 고객과의 관계를 생성하고 고객과의 관계로부터 다시 고객에 대한 정보를 추가/갱신하는 반복적인 프로세스이다. CRM은 고객에 대한 지식을 쌓는 것부터 시작해서 고객과의 의미 있는 상호작용을 통하여 기업이 저비용으로 장기적이고 수익성 있게 고객과의 관계를 수립하는 것이

[그림 3-2] CRM 프로세스 사이클

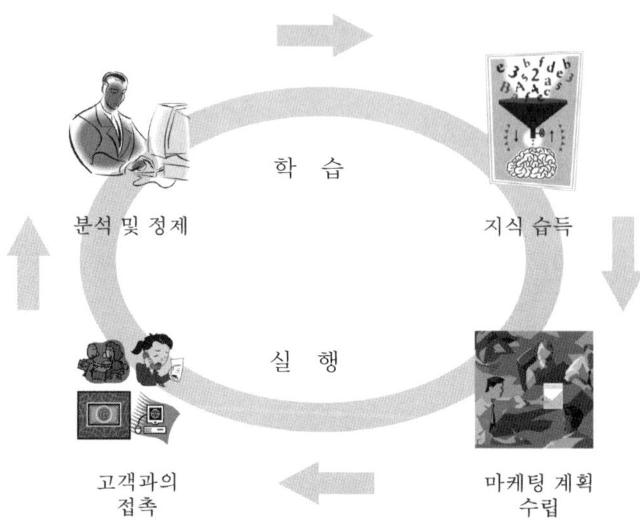

다. [그림 3-2]에서 보듯이 CRM은 네 가지 주요 프로세스로 구성된 사이클이다.[2)]

(1) 지식 습득(Knowledge Discovery)

고객 정보를 분석하여 시장기회와 투자전략을 발굴하는 프로세스로서, 고객 인식(Customer Identification)하고 고객 세분화(Customer Segmentation)한 후 고객 예측(Customer Prediction)을 하는 순서로 진행된다. 지식 습득은 마케터가 올바른 의사 결정을 위해 시계열적인 정보와 고객 속성 분석을 할 수 있도록 자세한 고객 정보에 접근할 수 있게 한다.

주제 중심적으로 구성되고, 매우 자세한 시계열적인 내/외적인 정보를 가지고 있는 고객 중심 데이터웨어하우스는 매우 자세하고 복잡한 의문점을 해결할 수 있게 지원한다. 데이터웨어하우스는 기업의 모든 사업 영역에서 고객 접촉과 거래와 관련된 다양한 종류의 원천 시스템으로부터 데이터를 수집하고, 그 데이터를 경영자나 마케터 등에게 유용하도록 정보와 지식으로 변환시킨다. 이러한 원천 시스템에는 POS 시스템, ATM(Automatic Teller Machines), 인터넷, 고객 지원 소프트웨어, 콜센터, 캠페인 관리시스템 등이 있다.

2) Ronald S. Swift, Accelerating Customer Relationships, Prentice Hall, 2001.

고객 정보를 기업의 핵심 자산으로 관리함으로써 기업은 여러 종류의 서로 다른 데이터 간의 복잡한 관계를 분석하고 개개의 고객 니즈에 부합하는 특정한 마케팅 메시지를 전달할 수 있다. 또한 고객의 반응률을 높이기 위해 캠페인관리 시스템이나 데이터마이닝 도구와 데이터웨어하우스의 수많은 정보를 결합하여 다양한 이점을 얻을 수 있다. 고객의 개개인의 성향에 맞춤화된 오퍼를 쉽게 찾을 수 있고, 매우 세분화된 캠페인 수행을 위한 비용을 줄일 수 있고, 동시에 수행되는 여러 개의 마케팅 활동을 통합할 수 있다. 또한 마케터는 새로운 캠페인을 수행하는 데 걸리는 시간을 단축할 수 있고, 기업은 비즈니스를 민첩하고, 사전에 미리 대응할 수 있게 하여, 고객이 적절한 시간에 적절한 메시지로 접촉하는 것에 만족하게 될 것이다. 기업은 미묘한 고객의 구매 행위를 이해하기 위해 반드시 고객에 대한 지식을 습득해야 한다.

(2) 마케팅 계획수립(Marketing Planning)

마케팅 계획 수립에서는 고객에게 마케팅 메시지를 전달하기 위해, 어떠한 시각에 어떠한 채널로 접촉하여 어떠한 오퍼는 제공할 것인지 결정한다. 마케팅 계획 수립단계에서는 전략적인 커뮤니케이션 계획 혹은 프로그램을 개발한 후, 특정 캠페인 형태, 채널 성향, 응대 계획을 사전에 설정하고, 마케팅 활동을 실행할 이벤트나 특정 조건을 선택하거나 개발한다.

(3) 고객과의 접촉(Customer Interaction)

다양한 고객과의 접촉채널과 전방 업무 지원 시스템을 사용하여 적절한 시점에 적절한 정보와 오퍼로 고객과 커뮤니케이션하는 것을 실행하고 관리하는 단계이다. 이 단계는 지식 습득과 마케팅 계획수립 단계에서 수립된 계획과 메시지로 실행하는 단계이다.

고객과의 접촉 단계에서 기업의 고객, 접촉 채널, 판매와 고객의 구매 행위를 유도하기 위한 기업 전략에 대한 시나리오를 세밀히 수립해야 한다. 최근에 발달한 정보기술을 통해 접촉 채널에서 고객에 대한 정보를 쉽게 얻을 수 있다. 이러한 채널을 통해 기업은 마케팅 메시지를 전달하고 판매 기회를 포착하고 고객 서비스를 제공할 수 있다.

(4) 데이터 분석 및 정제(Analysis & Refinement)

이 단계는 고객과의 접촉으로 생성된 데이터를 수집/분석하고, 마케팅 메시지, 커뮤니케이션 방법, 가격, 접촉 시점 등과 관련된 마케팅 활동 시나리오를 정제하고, 마케팅 활동에 대한 고객의 반응을 이해하는 것에 대해 지속적으로 학습하는 단계이다.

4. CRM의 기대효과

CRM 활동을 통해 기업들이 얻을 수 있는 기대 효과는 교차판매 및 연쇄판매를 통한 수익성 향상, 고객 유지율 및 로열티 증대, 고객 수익성 증대, 마케팅 효율성 제고 및 우수한 고객 서비스 및 지원, 자원의 효율적 투자 등을 들 수 있다. 다음은 세부적인 CRM의 기대효과이다.

(1) 더욱 효과적인 교차판매(cross-selling)와 연쇄판매(up-selling)

우수한 기업은 고객이 다음에 사려고 하는 것을 예측하고 고객을 빨리 잡을 수 있는 오퍼를 제공한다. CRM을 통해 기업은 고객이 다음에 구매하고자 하는 상품을 예측하고, 계획된 캠페인 활동을 관리하고 판매 기회를 포착한 시점에 개인화된 오퍼를 제공할 수 있다. 캠페인 활동은 기업의 기존 고객이 새로운 상품과 서비스를 구매하게 함으로써 이익을 극대화할 수 있게 하여 고객의 수익성을 개선하는 데 큰 도움을 준다.

(2) 고객 유지율 및 로열티 증대

고객의 이탈 방지를 위해 필요한 비용과 고객 로열티를 획득함으로써 얻을 수 있는 이익을 측정할 수 있게 됨으로써 기업은 고객 유지율을 핵심 지표로 사용할 수 있게 된다. CRM을 통해 기업은 어떠한 고객이 로열 고객이고 수익성이 있는 고객인지 파악할 수 있고, 그에 따른 적절한 수준의 서비스를 제공할 수 있다. 가트너 그룹과 같은 조사기관이 밝혀 낸 사실에 의하면, 어떤 기업은 고객 유지율을 5% 더 높일 경우 수익이 100% 정도 증가한다고 한다. 기존 조사에 의하면 기존 고객을 유지하는 것보다 신규고객을 유치하는 비용이 4배에서 7배정도 더 많이 소요된다고 한다.

(3) 고객 수익성 증대

과거 많은 기업이 고객 개개인에 대한 수익성을 밝혀내기 위해 많은 비용과 시간을 소모하였으나 실패하였다. 하지만 CRM을 통해 기업은 그들 고객에 대해 가치를 계산할 수 있다. 이러한 고객 가치에 대한 지표는 매우 중요하다. 대부분의 산업에서 20%의 고객이 기업의 80% 수익을 발생시킨다(파레토 법칙). 고객에 대한 분석을 통해 기업은 어떠한 고객을 유지하고 어떠한 고객을 이탈시켜야 하는지 결정할 수 있게 된다.

(4) 상품판매 노력의 급격한 감소

우수한 판매지원시스템에 대한 투자는 영업사원당 매출액을 급격히 개선시킬 수 있다. 많은 기업들이 이러한 투자를 통해 결과를 보여 주었다. 영업사원들이 팀으로 같이 일할 때 더 나은 결과를 가져다 주고 판매 프로세스도 훨씬 더 효과적이 된다. 현재는 많은 경우 고객은 웹에서 상품에 대한 정보를 얻을 수 있고, 원하는 제품을 구매할 수 있으므로 이러한 판매지원시스템은 더욱 많은 이익을 가져다 준다.

(5) 고객에 대한 마케팅 활동 반응 증대

많은 산업에서 데이터베이스 마케팅 활동을 수행할 때 고객의 반응률이 한 자리수만 되어도 마케팅 활동은 성공적이라고 인정한다. CRM은 이러한 고객의 반응률을 더욱 높일 수 있다.

(6) 고객 서비스 및 지원

고객 서비스 및 지원에 대한 새로운 접근 방법은 고객 만족과 로열티 획득이라는 개념으로 재조명받고 있다. 고객 유지율 증가는 기업 입장에서 아주 거대한 도전이지만, 이런 관점에서 성공한 기업들은 고객에게 세계적인 수준의 고객관리를 제공하고 있다. 최근에는 많은 경우, 고객 서비스와 지원을 위한 시스템을 구축하여 고객으로 하여금 자동화된 형태로 그들의 문제를 해결할 수 있게 해 준다.

(7) 자원의 효율적인 투자

기술의 부족과 많은 종업원 수의 축소로 인해 영업과 마케팅 예산은 부족한 경우가 많다. 과거 어느 때보다 인간의 능력을 최대한 활용하는 것이 중요해지고 있다. 이러한 상황에 대한 해결책은 노동 집약적인 일상적인 관계 관리 업무는 자동화하여 기업의 더 많은 자원이 이러한 업무에서 해방되어 노력을 필요로 하는 창의적이고 혁신적인 관계 구축에 초점을 맞추는 것이다.

제 3 절 CRM의 종류

CRM 시스템에 대한 분류방식은 CRM의 발전과정과 시스템 구축에 대한 접근방법을 기준으로 분류한 Meta Group의 운영 CRM(Operational CRM), 협업 CRM (Collaborative CRM), 분석 CRM(Analytical CRM)으로 구분하는 방식이 가장 대표적이다. 여기에서는 Meta Group에서 정의한 세 가지 CRM의 유형에 대해서 설명하고, 다음 절에서는 CRM의 주요 구성요소인 데이터웨어하우스, OLAP, 캠페인 관리시스템, 영업자동화(SFA), 통합고객센터 시스템, 채널 시스템 등에 대해서 설명하기로 한다.

1. 운영 CRM(Operational CRM)

운영 CRM은 고객과 접촉이 가능한 부서의 고객 접점, 즉 영업, 마케팅, 고객서비스(콜센터, A/S 등)를 연계한 거래업무 지원과 통합 비즈니스 프로세스의 자동화를 의미한다. 이는 다양하고 고객과 상호작용이 가능한 고객채널과 전방조직(Front Office)과 후방조직(Back Office)의 통합으로 이루어지게 된다. 세부 구성요소로는 회계 관리, 계약관리, 인맥관리, 예측, 획득/손실 분석, 매출 등록 등의 기능을 수행할 수 있는 영업자동화(Sales Automation), 캠페인 실행 및 관리, 마케팅 병행 관리 등의 기능을 수행하는 마케팅자동화(Marketing Automation), 콜센터 (Call Center)로 대표되는 서비스자동화가 있다. 콜센터는 통합고객센터(Customer Interaction Center)로 진화되고 있으며, 이는 고객 서비스/지원, 현장 서비스 파견,

[그림 3-3] CRM 분류

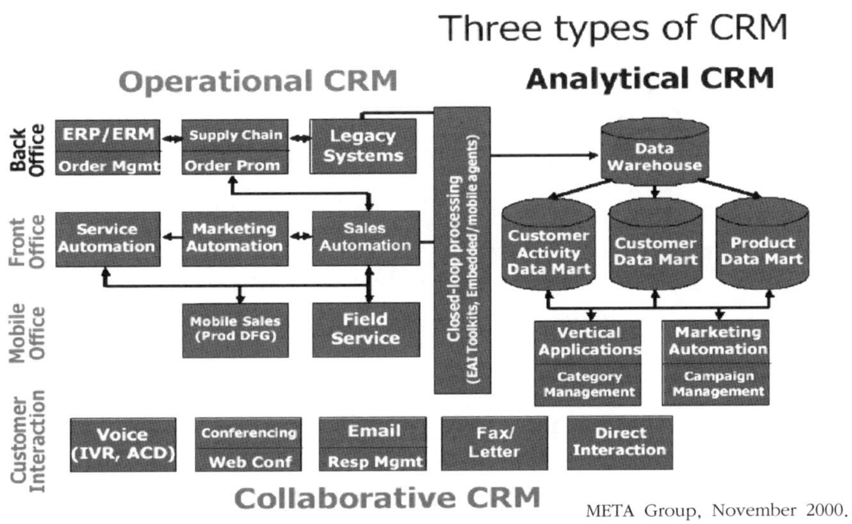

자료: Meta Group, 2000. 11.

품질관리, 고객지식 저장소의 기능을 수행한다. 기타 요소로는 e-비즈니스 환경에 대응하기 위해 웹페이지에서 일대일 개인화 엔진 및 e-서비스 등이 있다.

2. 협업 CRM(Collaborative CRM)

협업 CRM은 고객 라이프사이클 전반에 대해 고객접점과 기업의 다양한 채널 간에 이루어지는 관계의 조정/통합과 커뮤니케이션에 대한 모델로 정의된다. 이것은 고객 접점(이메일, 웹, 통합고객센터 등)의 관리, 고객과 비즈니스 조직 간의 지속적인 협업을 할 수 있는 채널 제휴전략을 포함한다. 협업 CRM은 고객과의 관계를 유지/증진하기 위해 기업 내부의 조직과 공급망이 지속적으로 협력하고 정보를 공유하는 것에 중점을 둔다.

3. 분석 CRM(Analytical CRM)

분석 CRM은 기업의 레거시(Legacy) 시스템 및 고객과 관련된 정보뿐만 아니라 모든 고객채널을 통해 저장된 정보를 통합하고 분석하여 이를 마케팅 기획과 캠페인에 적용하여 다시 생성된 정보를 피드백하는 것을 의미하며, 이를 위한 도구로 데이터웨어하우스(Data Warehouse), 데이터마이닝(Data Mining), OLAP(On-Line Analytic Processing) 등이 있다.

CRM 운영 환경에서 생성되는 데이터를 분석하는 것은 비즈니스 성과 관리의 핵심이므로, 분석 CRM은 운영 업무에서 발생하는 자료를 이용하여 마케팅 분석과 고객 분석 작업을 지원. 데이터웨어하우스 아키텍처와 필수적으로 연계되어 있으며, 데이터 마트를 효과적으로 활용하게 해주는 분석 도구를 통해 구현된다.

[그림 3-4], [그림 3-5]는 특정 분야인 금융업에서의 CRM 사례이다.

[그림 3-4] 금융업에서 CRM 분류별 주요 업무 사례

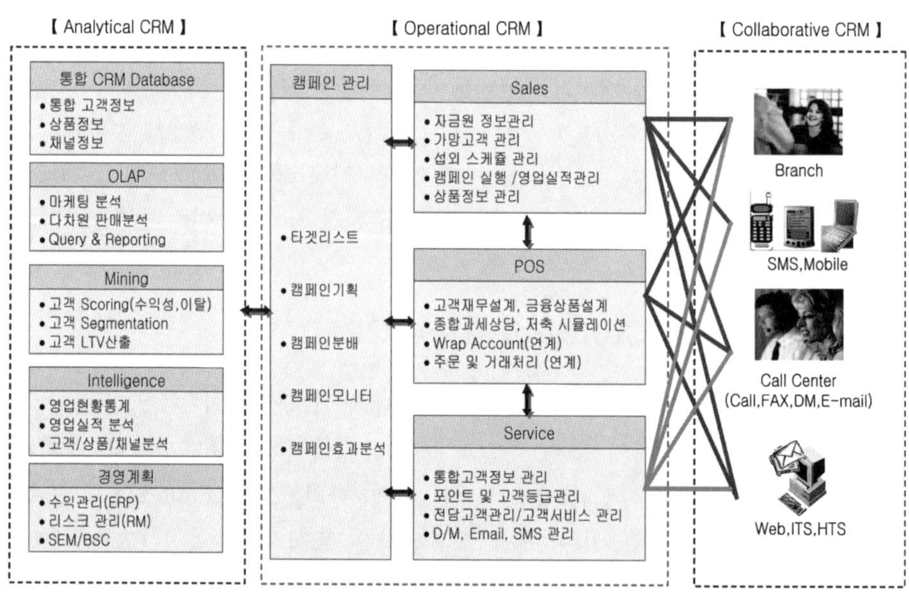

[그림 3-5] 금융업에서 CRM에 주로 사용하는 정보 및 분석 사례

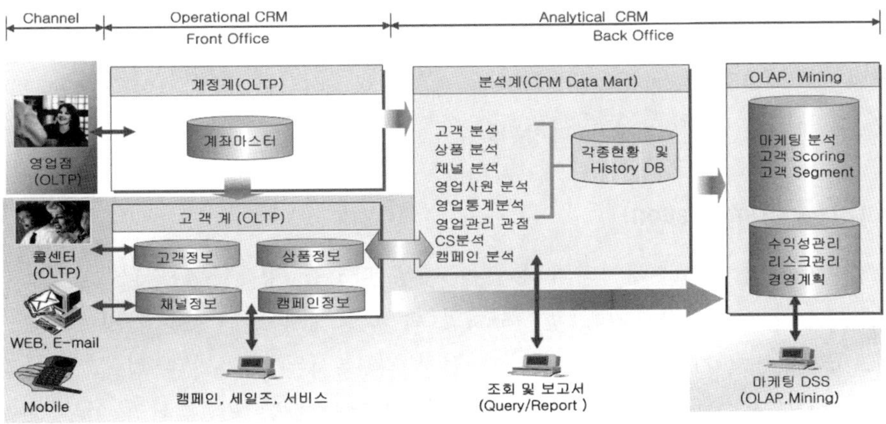

제 4 절 주요 CRM 시스템 구성요소

1. 데이터웨어하우스(Data Warehouse)

데이터웨어하우스라는 용어는 W. H. Immon에 의해 처음 사용되었는데, 기업의 의사결정 과정을 지원하기 위해 주제 중심적(Subject-oriented)이고, 통합적(Integrated)이고, 시간성(Time-variant)을 갖는 비휘발성(Nonvolatile) 자료의 집합으로 정의했다.[3] 데이터웨어하우스의 특징은 다음과 같다.

(1) 주제 중심(Subject Orientation)

데이터웨어하우스는 기업의 주요 관심 주제를 중심으로 구성된다. 은행을 예로 들면, 운영 중심의 레거시 시스템은 대출, 저축, 현금 카드, 신용과 같은 기능을 중심으로 구성된 반면, 데이터웨어하우스는 고객, 상품, 활동 등과 같은 주제 중심적으로 구성된다. 레거시 시스템과 데이터웨어하우스의 데이터의 차이는 데이터의 내용의 차이로 나타난다. 레거시 시스템은 데이터가 의사 결정에 필요하든 필요하지 않든 업무처리에 필요한 모든 세부적인 데이터를 관리하지만, 데

3) W. H. Immon, Building the Data Warehouse, John Wiley & Sons, 1992.

이터웨어하우스는 의사결정 지원에 필요하지 않는 데이터는 저장하지 않는다. 레거시 시스템과 데이터웨어하우스의 데이터 간의 또 다른 차이는 데이터 간의 관계에서도 나타난다. 레거시 시스템의 데이터는 현재의 비즈니스 규칙에 의해서 테이블 간의 관계가 결정되지만 데이터웨어하우스의 데이터는 시간, 고객 등 여러 분석 관점에 따라 관계가 결정된다.

(2) 통합(Integration)

데이터웨어하우스 데이터의 통합은 매우 다양한 형태로 나타나는데, 속성의 이름, 변수의 측정, 자료의 표현, 자료의 속성 등에서 일관성을 가지는 것을 말한다. 규모가 큰 기업의 경우 수년에 걸쳐 각 부서는 업무의 특성에 맞춰 각기 필요한 정보 시스템을 구축하였다. 이러한 정보시스템은 각 부서의 업무 환경에 맞춰 개발되었으므로 데이터의 이름, 속성, 구조 등에서 제각기 서로 다른 경우가 대부분이다. 예를 들어 회계 부서에서 사용하는 매출의 개념과 영업 부서에서 사용하는 매출의 개념을 서로 다름에도 불구하고 같은 용어를 사용함으로써 정보 처리 및 분석에서 혼동이 생기기도 한다. 그러므로 기업의 전반적인 데이터의 통합은 자료의 속성, 같은 데이터이지만 하나 이상의 원천을 가지는 딜레마, 데이터 명명 기준이 서로 다른 문제, 서로 다른 데이터 포맷 등 데이터웨어하우스 설계에 큰 영향을 미친다. 데이터를 통합하는 경우 데이터베이스 디자인에 대한 이슈는 존재하지만, 그렇더라도 결과는 항상 같아야 한다. 기존의 레거시 시스템이 데이터를 서로 다른 형태로 저장하더라도 데이터웨어하우스의 데이터는 단일하고 기업 내 구성원이 전반적으로 인정하는 형태로 저장되어야 한다. 그렇게 함으로써 데이터웨어하우스를 이용한 정보 처리 및 분석 시 결과에 대한 신뢰성을 담보할 수 있다.

(3) 시간가변(Time Variancy)

데이터웨어하우스의 모든 데이터는 전 기간에 걸쳐 어떠한 시점에서라도 정확해야 한다. 운영 시스템의 데이터는 접근하는 시점에만 최신의 값을 유지하면 되지만, 데이터웨어하우스는 시간에 따라 모든 순간의 값을 유지해야 한다. 데이터웨어하우스의 시간 변화성은 세 가지 형태로 나타난다. 첫째로 데이터웨어하우스의 데이터는 5년에서 10년 정도의 긴 기간 동안 데이터를 저장한다. 둘째, 데이터웨어하우스의 키 구조가 시간에 따른 변화를 나타낸다. 데이터웨어하우스에서 모든 키 구조는 명시적으로 혹은 암묵적으로 날짜, 주, 월과 같은 시간 값을 포함한다.

마지막으로 데이터웨어하우스는 한번 저장되면 갱신되지 않는 것으로 시간에 따른 변화를 나타낸다. 운영 시스템은 필요할 때마다 갱신되지만 데이터웨어하우스는 일단 기록되면 갱신되지 않는다.

(4) 비휘발성(Nonvolatility)

운영 시스템의 경우 레코드 단위로 삽입, 삭제, 변환 등의 갱신이 주기적으로 발생하지만 데이터웨어하우스에서의 데이터 갱신은 초기 데이터 적재와 데이터 접근만 존재한다. 따라서 데이터웨어하우스를 설계할 때 갱신 이상(Update Abnormaly)을 고려할 필요가 없기 때문에 정규화와 비정규화에 관한 문제는 데이터 접근에 대한 효율성만을 고려하여 자유롭게 선택할 수 있다. 또한 장애 발생에 대한 데이터의 복구, 트랜잭션과 데이터의 무결성 유지, 교착 상태의 탐지와 처치 등이 매우 간단하게 된다.

데이터웨어하우스는 현대의 컴퓨터 시스템에서 정보처리를 위한 시스템 아키텍처의 가장 핵심이 되는 부분이다. 데이터웨어하우스는 기업의 전반적인 시계열 자료를 통합적으로 축적함으로써 분석에 필요한 정보 처리 및 분석을 지원한다. 데이터웨어하우스는 장기적인 관점에서 정보 분석과 처리에 필요한 데이터를 저장하고 체계화한다. 이렇게 시계열 자료를 축적함으로써 추세 분석, 자료의 입체적 분석 등이 가능하다.

데이터웨어하우스의 구축 없이 기존 시스템에서 정보 처리 및 분석 업무를 수행할 때는 다음과 같은 단점이 존재 한다. 첫째, 일반적으로 분석하고자 하는 형태와 양식이 필요할 때 그리고 달라질 때마다 별도로 프로그래밍을 하든지 개발 요원의 도움을 받아야 하므로 시간이 많이 걸린다. 둘째, 매번 데이터를 선택하는 기준이 일관적이지 않을 가능성이 많으므로, 결과 값도 다르게 나올 가능성이 많다. 셋째, 운영에 중점을 두는 기존의 레거시 시스템에 저장되는 데이터는 비교적 단기간만 저장되므로 장기간의 데이터나 전사적 혹은 전 시스템적으로 필요한 데이터가 부족해 구하고자 하는 결과를 얻을 수 없다. 데이터웨어하우스는 이러한 단점을 해결하고 효율적인 경영활동을 지원하기 위해 구축된다.

[그림 3-6] 데이터웨어하우스 기본 구조

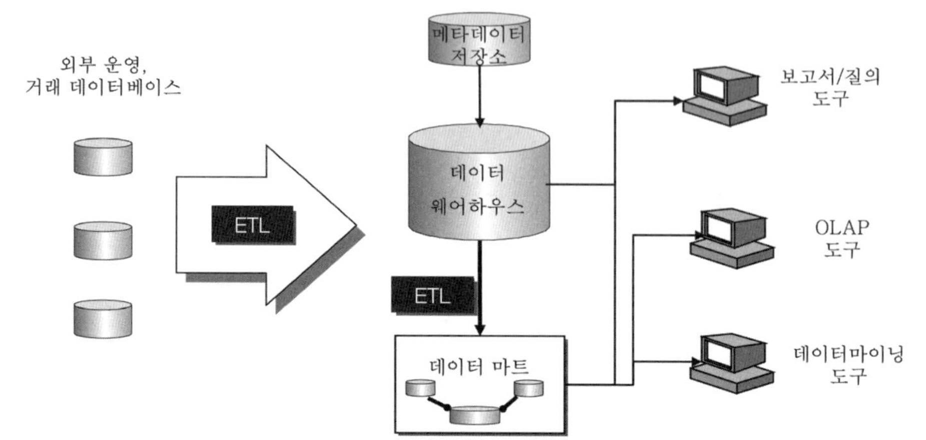

데이터웨어하우스의 구조는 [그림 3-6]과 같이 나타낼 수 있는데, 이를 바탕으로 데이터웨어하우스의 구성요소를 살펴보고자 한다.

먼저 첫 번째 구성요소는 ETL(Extraction, Transformation and Loading)이라 부르는 데이터 추출, 변환 및 적재 도구인데 이는 기업의 운영이나 거래를 목적으로 하는 레거시 시스템의 데이터베이스로부터 데이터를 추출하고 변환하여 최종적으로 중앙에 위치한 데이터웨어하우스에 적재시키는 역할을 수행한다. 두 번째 요소인 메타데이터 저장소(Metadata Repository)는 데이터웨어하우스의 메타데이터를 저장한다. 메타데이터의 사전적 정의는 데이터에 대한 데이터를 의미이지만, 데이터의 물리적 구조 정보를 표시하는 단순한 기술정보가 아니다. 기술과 비즈니스 요소가 결합되어 만들어진 메타데이터가 데이터웨어하우스의 내용을 제공하여 데이터웨어하우스에 대한 생성, 사용, 유지보수 등의 작업을 지원하게 된다. 세 번째 요소는 데이터웨어하우스의 데이터를 저장하는 데이터베이스이며, 네 번째 요소는 필요에 따라 자주 접근하는 데이터웨어하우스의 부분이거나 처리 시간이 매우 오래 소요되는 질의의 결과 등을 따로 모아서 관리하는 상대적으로 소규모의 데이터베이스를 가리키는데, 데이터 마트라고 한다. 마지막 구성요소는 데이터웨어하우스의 데이터를 이용하는 응용도구들로서 보고서, 질의 처리 도구나 OLAP 도구 및 데이터마이닝 도구가 이에 속한다.

2. OLAP(Online Analytical Processing)

OLAP(Online Analytical Processing)은 데이터웨어하우스 아키텍처에서 데이터를 정보로 변환시키는 중요한 도구이다. OLAP은 1993년 Dr. E. F. Codd에 의해 최초로 정립된 개념으로, 미국의 OLAP 위원회는 기업 내 분석가, 관리자, 임원이 기업의 다양한 측면을 반영하는 원시 데이터로부터 변환되어진 정보를 다양한 시각에서 볼 수 있도록 신속하고, 일관성 있고, 상호 작용하는 접근을 통해 지식을 얻을 수 있게 지원하는 소프트웨어로 정의한다. 간단히 말해 OLAP은 다차원 분석(Multidimensional Analysis)을 쉽게 해주는 도구이다. 이는 온라인 거래처리인 OLTP(On-line Transaction Processing)과 상대되는 개념으로 [그림 3-7]과 같이 비교할 수 있다.

[그림 3-7] OLTP와 OLAP의 차이점

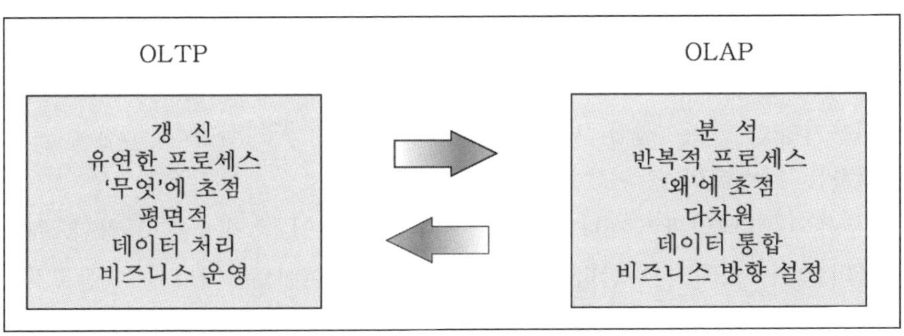

다차원분석은 축적된 데이터를 다양한 각도 혹은 차원에서 분석하는 것이다. OLAP 위원회에 따르면, 다차원 분석의 목적은 사용자가 시계열적 데이터와 투사된 데이터의 분석뿐만 아니라 분석적이고 개인화된 조망을 통해 기업정보를 종합하는 것이다. OLAP은 사용자가 다차원 정보에 직접 접근하는 기술로서 대화식으로 정보를 분석하고 의사 결정에 활용하는 과정으로, 그 핵심이 되는 요소가 다차원 분석이다. OLAP의 주요 역할은 다음과 같다.

■ 다차원의 개념적인 뷰(Multidimensional Conceptual View) 제공

- 데이터의 투명성(Transparency) 제공
- 데이터 접근성(Accessibility) 제고
- 일관성 있는 리포트 제공 능력(Consistent Reporting Performance)
- 클라이언트/서버 구조(Client/Server Architecture)
- 직관적인 데이터 조작(Intuitive Data Manipulation)
- 유연한 리포팅 능력(Flexible Reporting)
- 데이터의 무제한적 차원 및 집적(Unlimited Dimension and Aggregation)
- 세부적인 드릴다운(Drill Down)
- 다차원 배열(Multiple Arrays)의 동시 조작
- 일부 데이터 집합 선택(Subset Selections) 지원
- 로컬 데이터 지원(Local Data Support)

3. 캠페인관리 솔루션

캠페인관리 솔루션은 마케팅 자동화(marketing automation) 솔루션의 일종으로 캠페인에 대한 목적, 일정, 매체, 제공할 오퍼 등을 기획하여 캠페인 대상이 되는 고객을 선정한 후 콜센터, 우편(Direct Mail), e-mail, 팩스, SMS, 웹 등 기업의 사용가능한 모든 접점 채널을 활용하여 캠페인을 실행하는 전체 프로세스를 관리하는 시스템이다.

대부분의 캠페인관리 시스템은 사용자가 캠페인 스케줄을 포함한 워크플로우를 정의할 수 있게 지원한다. 이를 통해 마케팅 부서는 다양한 대상고객, 다양한 캠페인 스케줄, 다양한 오퍼에 대해 세세한 진행 사항을 시스템에 입력할 수 있고, 비용과 기대 수익을 예측할 수 있고, 다양한 시나리오를 테스트할 수 있다. 또한 캠페인관리 시스템을 통해 마케팅 라이프사이클을 단축시킬 수 있을 뿐만 아니라 기업이 고객에게 더욱 빈번하게 접촉하고, 효율적으로 마케팅 프로세스를 관리할 수 있도록 지원한다. 이를 통해 기업은 동시에 여러 개의 캠페인을 실행할 수 있고, 이런 동시다발적 캠페인 실행으로 고객의 전체적인 반응률을 높일 수 있다. 캠페인관리 시스템을 통해 캠페인의 품질과 개수를 높임으로써 기업은 수익을 증가시킬 수 있다.

캠페인관리 프로세스는 [그림 3-8]에서 보는 바와 같이 하나의 Closed Loop를 형성하여 캠페인 기획, 대상 추출, 실행 및 반응수집, 효과분석의 과정으로 구성되고, 캠페인 실행 정보가 추후 캠페인의 기초 자료로써 관리될 수 있도록

구성된다. 전체 캠페인 진행과정이 캠페인관리 솔루션에 의해 체계적으로 관리되므로, 자동화된 캠페인 관리가 가능해진다.

[그림 3-8] 일반적인 캠페인관리 프로세스

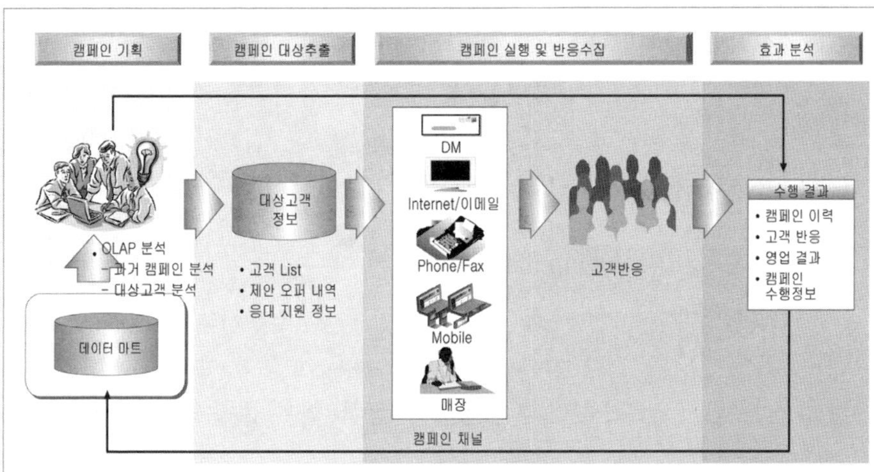

일반적으로 수행되는 캠페인의 유형은 다음과 같고, 대부분의 캠페인관리 솔루션은 이를 지원한다.

(1) 타겟 캠페인(Target Campaign)

캠페인 대상고객을 목적에 맞는 특정 대상으로 한정하여 수행하는 캠페인으로 대상고객을 세분화하여 대상 그룹별로 차별화된 오퍼, 채널, 스크립트를 기획하여 반응률을 높일 수 있다. 기대효과로는 기존에는 TV, 신문, 잡지 등을 통한 매스마케팅이 주된 마케팅 활동이었으나, 특정 대상에 한정하여 캠페인을 수행함으로써 캠페인 응답률 향상 및 마케팅 자원의 효율적 활용이 가능하고, 통제집단 대비 목표고객의 반응률 및 수익성 분석을 통하여 Closed Loop 피드백이 가능하며, 목표고객 그룹별 채널 효율성 및 오퍼 효율성과 선호도 분석을 통하여 차별화된 오퍼, 채널 활용이 가능하다.

(2) 오픈 캠페인(Open Campaign)

사전에 캠페인 대상고객을 한정하지 않고, 정의한 오픈 캠페인의 조건을 충족하는 모든 고객이 반응을 통해 참여할 수 있는 캠페인으로, 과거 관리되지 못했던 다수의 프로모션에 대해 고객의 관련 이력을 관리할 수 있게 됨으로써 전사적인 캠페인 기획 및 조율, 성과 분석이 효과적으로 이루어질 수 있다. 기대효과로는 관리되지 못한 오픈 캠페인을 통한 고객접촉이력을 관리할 수 있게 됨으로써 고객에 대한 응대 서비스 품질의 향상이 가능하고, 오픈 캠페인 반응이력을 관리함으로써 해당 캠페인에 대한 성과 분석 및 피드백에 의한 개선이 가능하다.

(3) 순환 캠페인(Recurring Campaign)

동일 조건의 고객을 대상으로 주기적으로 반복 수행하는 캠페인으로 일상적인 고객 서비스 업무를 순환 캠페인으로 등록하여 효율적 자원 배분 및 효과 측정이 가능하다. 단순 반복 작업의 자동화를 통한 업무 효율성의 증대 효과를 얻을 수 있다.

(4) 이벤트기반 캠페인(Event-Triggered Campaign)

고객이 특정 이벤트를 수행하거나 발생시켰을 경우, 자동적으로 캠페인을 수행하는 정형화된 캠페인이다. 고객 정보와 연계하여 시스템적으로 획득할 수 있는 이벤트를 사전에 미리 정의하는 것이 필요하다. 일반적으로 고객이 행태 변화를 보인 시점부터 기업이 반응하는 데까지는 시간적인 격차가 존재하는데, 이벤트기반 캠페인을 통해 고객의 행태나 니즈 변화에 즉각적인 대처가 가능하다.

(5) 다단계 캠페인(Multi-Stage Campaign)

특정 캠페인을 수행한 후, 고객의 반응에 따라 차별화된 후속 캠페인을 연속적으로 수행하는 캠페인이다. 캠페인의 반응에 따라 후속 캠페인을 사전에 기획/등록하여, 이를 자동화할 수 있고, 고객의 반응에 따라 차별화된 후속 캠페인을 수행하여 응답률을 높일 수 있다.

4. 영업자동화(Sales Force Automation)

SFA(Sales Force Automation)란 영업 프로세스를 재평가하고 생산성이 높고 보다 정확도가 높은 영업을 실현하기 위한 기술을 일컫는 말이다.

영업 사원에게 가장 중요한 것은 고객방문횟수 및 상담수의 증가와 그로 인한 계약 성공률, 즉 실적의 향상일 것이다. 이를 위해서 가장 필요한 것은 영업맨이 시간적·공간적 제약으로부터 해방되어 직접적인 영업활동에만 매진할 수 있는 여건과 구매욕구를 높일 수 있도록 고객에게 가치 있는 정보를 제공할 수 있는 여건을 형성하는 것이다.

특히나 소비형태가 다양화되고 복잡해짐에 따라 영업활동도 고도화가 요구되어 영업사원 개개인의 육감과 경험에 의한 과거의 방식에서 벗어나 효율적이고 전략적인 영업스타일을 구현하는 것과 함께 제안 능력을 향상시켜야 한다. SFA시스템이 가장 좋은 대안으로 최근 부각되고 있는 것도 이 때문이다.

SFA시스템은 고객관계관리시스템(CRM)의 연장선상 또는 한 요소로 볼 수 있다. 고객관계관리시스템은 고객데이터베이스를 기반으로 고객의 구매패턴과 요구사항을 분석하고, 적절한 상품판매 전략을 세우는 데 초점이 있었다. SFA는 이를 바탕으로 상품기획부터 영업제안, 그리고 납품에 이르기까지 직접적인 영업업무를 지원하기 위한 시스템이다. IT전문기관인 인사이트테크놀로지 그룹의 조사결과에 따르면 SFA를 통해서 영업 사이클은 35%, 영업 관련 비용은 25% 가량 줄일 수 있으며, 고객만족은 45%, 매출은 40% 가량 확대할 수 있는 것으로 나타났다.

SFA 시스템의 주요 기능은 다음과 같다.

① 판매 프로세스/활동 관리(Sales Process/Activity Management): 판매 프로세스 상의 모든 단계를 자동적으로 기록한다.

② 접촉 관리(Contact Management): 특정 고객과 이루어진 모든 접촉, 접촉 목적, 추가적으로 필요한 후속 작업에 대한 내용을 추적하는 것으로 기업의 고객과 잠재 고객에 대한 데이터를 조직화하고 관리한다.

③ 리드 관리(Lead Management): 기회 관리(Opportunity Management) 혹은

경로 관리(Pipeline Management)라고도 하는데, 판매 작업, 커뮤니케이션에 문제가 발생하지 않도록 아주 간단한 판매 전략을 제공하는 것을 목적으로 한다.

④ 판매 예측, 주문 관리, 제품 정보 지원

⑤ 지식 관리(Knowledge Management) 및 영업현황 정보 및 보고서 자동화

이러한 SFA 시스템을 도입함으로써 얻을 수 있는 이점은 다음과 같다.

(1) 전략적인 관점에서의 이점

① SFA 시스템을 통해 비용을 줄이고, 매출을 증대시키고, 시장점유율 향상 등의 생산성 증대를 꾀할 수 있다.

② 현장의 영업사원들의 정보를 더욱 빈번하게 축적할 수 있다. 이를 통해 관리에 필요한 반응시간을 크게 줄일 수 있다.

③ SFA 시스템을 통해 고객만족을 증대시킬 수 있다. SFA 시스템을 통해 얻을 정보와 분석 자료는 고객의 니즈를 충족시킬 수 있는 제품을 만드는 데 사용되고, 영업사원은 SFA 시스템을 사용하여 고객 서비스를 더욱 전문적이고 신속하게 수행할 수 있게 되므로, 고객은 기업에 만족하게 될 것이다.

(2) 마케팅 부서가 얻는 이점

① 해당 산업의 경제적인 구조에 대해 이해할 수 있다.

② 시장을 세분화하고, 목표 시장을 선정하고, 최적의 고객을 발굴할 수 있다.

③ 핵심고객에 대한 프로파일을 이해할 수 있고, 경쟁자와 경쟁자의 상품에 대해서도 이해할 수 있다.

④ 새로운 상품을 개발할 수 있다.

⑤ 기회요인과 위협요인을 재빨리 감지할 수 있는 방법을 개발할 수 있다.

⑥ 기업의 강점과 약점을 이해할 수 있다.

⑦ 기업의 브랜드에 대한 고객의 경험을 들을 수 있다.

⑧ 각각의 상품에 대한 마케팅 전략을 개발할 수 있다.

⑨ 판매 기능과 다른 프로모션 부서의 기능을 조절할 수 있다.

⑩ 모니터링과 프로세스 수정을 위한 피드백이 가능하다.

(3) 영업 관리자가 얻는 이점

① 영업 관리자가 많은 수의 영업 사원들로부터 수집한 결과를 종합하지 않고서도 SFA 시스템을 통해 이해하기 쉬운 표, 차트, 그래프의 형태로 자동적으로 생성된 결과를 얻을 수 있다.

② 영업 활동 리포트, 필요 정보, 예약된 주문 정보, 그 외 영업 정보 등이 영업 관리자에게 더욱 빈번하게 제공됨으로써 영업사원에 대한 충고, 상품의 재고 여부, 가격 할인 권한 등의 판매 프로세스를 쉽게 관리할 수 있게 한다.

③ SFA 시스템의 자료를 활용하여 영업사원에게 유용한 판매 지원 자료, 마케팅 조사 자료 및 시장 조사 자료를 제공할 수 있다.

④ 마케팅, 생산, 재무부서 등과의 업무를 조정할 수 있다.

⑤ 다양한 수행실적 지표를 조합하여 영업사원 각각의 생산성을 파악할 수 있다.

(4) 영업 사원이 얻는 이점

① 판매 주문, 리포트, 활동 리포트 등을 전자적으로 입력할 수 있게 되어 시간 절약이 가능하다.

② 상품 재고 데이터, 판매 가망 고객리스트, 판매 지원 정보 등에 대한 정보를 온라인으로 접속할 수 있게 되어 고객에 대한 질문 및 응대를 현장에서 손쉽게 할 수 있다.

③ 상품 정보, 상품 판매 기법 등에 대한 정보를 제공함으로써 효과적인 훈련 도구로 사용될 수 있다.

④ 영업 사원 간의 원활한 커뮤니케이션을 지원하여 팀-판매(Team Selling)를 쉽게 한다.

⑤ 시스템이 양질의 판매 기회를 자동적으로 생성해 준다.

위와 같은 많은 이점이 있음에도 불구하고 SFA 시스템이 사용하기 어렵고, 자료 입력을 위한 추가적인 작업이 필요하고, 판매 프로세스가 비인간적이고, 지속적인 유지관리 및 정보 갱신이 필요하고, 비용이 비싸고, 다른 정보시스템과의 통합이 어렵다는 이유 때문에 기업이 영업사원으로 하여금 데이터를 시스템에 저장하도록 설득하는 데 어려움을 겪기도 한다.

(5) 통합고객센터 솔루션

1) 통합고객센터(Customer Interaction Center)의 발전과정 및 개념

콜센터(Call Center)는 기업이 전화를 통해 수많은 고객의 상담을 받아 처리하게 할 수 있도록 만든 집중화된 조직이다. 과거 콜센터의 주목적은 고객으로부터 제품에 대한 지원, 정보, 문의 등을 처리하기 위한 것이다. 상담원이 전화를 앞에 두고 걸려오는 전화를 받아 고객을 응대하고 고객에게 전화를 걸어 상품을 소개하고 판매하는 일은 전형적인 콜센터의 모습이다. 이후 정보기술의 발전으로 전화와 컴퓨터를 연결하여 고객에게 다양한 대응을 할 수 있도록 CTI(Computer Telephony Integration) 기술이 개발되어 활용되고 있다. 이를 통해 콜센터는 단순히 주고 받는 전화의 기능에서 벗어나 컴퓨터의 각종 기능을 활용하여 발신자뿐만 아니라 수신자들도 여러 모로 편리함을 누릴 수 있게 되었다. 실제로 CTI를 도입한 기업이나 이용자는 업무 향상 및 경비 절감 등 여러 가지 이익을 체험하고 있다. 또한 고객 이력 및 필요한 정보를 데이터베이스화하고 이를 이용하여 상담원 누구나 고객의 요청에 적절한 대응을 할 수 있게 되었다. CTI의 보급은 고객서비스의 중요성을 인식한 많은 기업들이 고객만족을 극대화하는 수단으로 이용되고 있다. 최근 인터넷 기술의 발달과 폭발적으로 증가하는 네티즌들을 고객으로 확보하기 위해 인터넷 기반의 다양한 채널들이 추가로 공급되고 있다. 이와 같이 기존의 고객채널과 기술 그리고 인터넷 관련기술들이 결합하여 새로운 개념의 CTI, CIC가 등장하였다.

CIC는 직접대면이나 콜센터를 기반으로 하는 전통적 채널에 웹페이지, 채팅, 메신저, e-mail, VoIP, SMS/WAP 등 다양한 인터넷 커뮤니케이션 기능을 포함하는 고객센터이다. 이는 고객 유지율 증가, 고객 만족도 향상, 고객 충성도 제고 등을 가능하게 하는 기업과 고객 간의 접점(Customer contact point)으로 인식되고 있다.

2) 통합고객센터의 역할

통합고객센터는 고객과의 상호작용이 가장 많이 그리고 가장 집중적으로 일어나는 곳으로 캠페인 실행 채널, 영업 판매/기회 창출 센터, 고객지원 및 서비스 센터, 기업 Intelligence 센터, 데이터 수집 채널 등의 기능을 수행한다.[4)]

---

4) 김성근·김은정, "고객접접센터 도입의 효과에 관한 연구," 기업경쟁력 강화를 위한 디지털 컨텐

캠페인 실행 채널: 앞에서 언급한 다양한 유형의 캠페인의 대상고객들에게 대해 개인화된 마케팅활동이 가능하며 캠페인의 효과를 사전에 테스트함으로써 마케팅 기회를 증대시킬 수 있다. 또한, 비용이 큰 외부 시장 조사를 대신하여 적은 비용으로 효율적인 시장조사가 가능하다.

영업 판매/기회 창출 센터: 기존고객에게 상품을 추가적으로 판매하는 교차 및 상향판매(Cross-and Up-Selling)의 기회를 제공하며 판촉효과 실험을 통해 판매 리즈(sales leads)의 시범적 사용, 판매비용의 절감 효율성 증대 등의 효과를 거둘 수 있다.

고객지원 및 서비스 센터: 고객의 문의나 불만, 제안 등에 대하여 신속하게 응대하고 고객요청에 대한 다양한 형태의 서비스를 지원한다. 일반적인 상품정보, 기술지원 등의 상담뿐만 아니라 특정 고객을 위한 부가서비스 제공 등 보상제도에 대한 지원도 가능하다.

기업 Intelligence 센터: 다양한 기술을 활용하여 고객을 파악하고 적절한 응대를 통해 기업과 고객 모두에게 가치를 증대시킬 수 있다. 이에 대한 대표적인 기술로는 응대기술지원, 검색엔진, 쿼리마이닝 등이 있다.

데이터 수집 채널: 통합고객센터에서 이루어지는 데이터 수집은 지속적이기 때문에 항상 최신의 정보를 보유하게 된다. 데이터 수집과정은 통합고객센터 내에서 자체적으로 쉽게 통제되고 지속적으로 갱신된다. 그리고 고객정보는 신속하게 기업의 각 부분으로 전달되어 신속한 수정 문제해결 및 신상품 아이디어로 활용될 수 있다.

(6) 데이터마이닝(Data Mining)

데이터마이닝이란 방대한 데이터 속에 내재된 의미 있는 상관관계, 패턴, 경향 등을 찾아내는 일련의 과정(Gartner Group), 거대한 데이터베이스에서 사전에 알 수 없었던 중요한 정보를 추출해 내는 지식발견(knowledge discovery) 프로세스(The META Group) 등으로 정의된다. 80년대 이후 급속한 컴퓨팅 성능향상으로 데이터마이닝의 사용이 급격히 증가하게 되었다. 또한 데이터마이닝을 최근에 들어서는 CRM에서 고객을 이해하기 위한 필요한 중요한 방법론으로서도 자리를 잡아가고 있다.

츠 및 정보기술 컨퍼런스, 한국정보통신연구진흥원, 2002. 10.

[그림 3-9] 데이터마이닝 절차

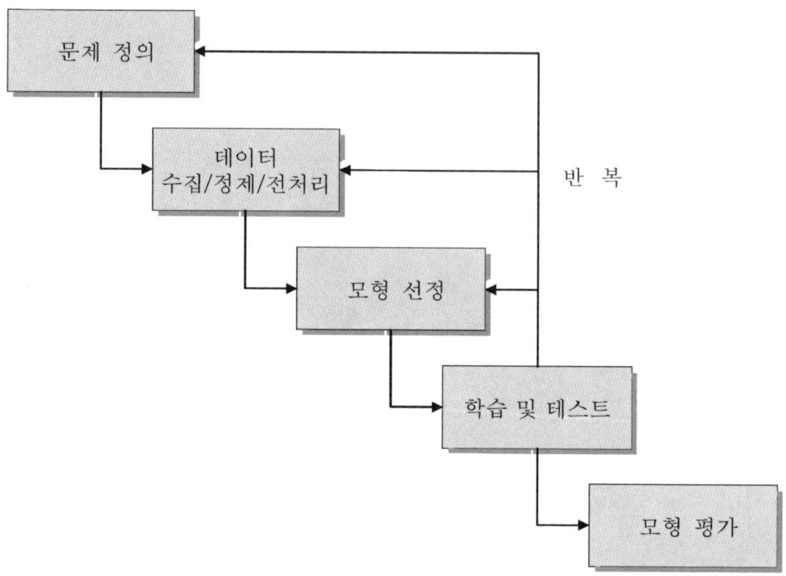

1) 데이터마이닝 절차

데이터마이닝은 일반적으로 [그림 3-9]와 같이 5단계의 절차를 따른다. 세부적인 절차는 다음과 같다.

① 문제 정의

데이터마이닝을 수행하기 위해 가장 우선적으로 해결하고자 하는 문제 영역에 대해 신중히 검토하고 문제를 정의하는 과정이다. 이를 위해 먼저 문제가 데이터 기반 모델링 솔루션에 적절한지를 파악한다. 다음으로 어떠한 솔루션이 적절한지 평가하고 해결하고자 하는 목표를 명확히 정의한다.

마지막으로 입력변수와 출력변수를 파악하고 분류(Classification) 혹은 예측(estimation) 방법론 중 어떠한 방법론을 사용할 것인지 결정하여 문제를 정의한다.

② 데이터 수집/정제/전처리

일반적으로 문제에 대해 수많은 데이터가 존재하는 경우 데이터마이닝 기법을 적용한다. 하지만 데이터를 수집할 때 고려할 사항이 많이 존재한다. 예를 들면, 얼마나 많은 데이터가 필요한지, 데이터를 어떻게 사용할 것인지 등에 대한 사항을 고려해야 한다. 데이터 정제는 수집한 원시 데이터로부터 모순된 데이터 혹은 이상치를 제거하고, 결측치(Missing Data)를 처리하고, 숫자가 아닌 자료를 숫자로 변환하는 등의 작업을 수행하는 절차이고, 전처리(Preprocessing) 단계는 데이터를 특정 모형에 맞는 형태로 변환하는 단계이다.

③ 모형 선정

데이터마이닝을 위한 학습 모형은 수많은 종류가 존재한다: 모수(Parametric) 모형/비모수(Nonparametric) 모형, 분류/예측 모형 등. 문제의 특성과 문제 해결을 위한 여러 제약조건을 고려하여 모형을 선택하는 것이 필요하다. 일단 모형이 선정되면 반복적인 수행을 통해 최적의 모수 값을 찾아야 한다. 비모수 모형을 사용하는 경우는 그 결과를 간단한 모수 모형의 결과와 비교하여 벤치마크하는 것이 좋다.

④ 학습 및 테스트

선정된 모형에 데이터를 입력하여 학습을 완료한 후, 학습된 모형을 학습에 사용하지 않은 데이터로 평가하는 테스트를 수행하는 단계이다. 이 단계에서는 여분의 데이터를 이용하여 오차를 최소화하기 위해 모수를 조정하고, 수행능력과 결과의 정확성을 평가한다.

⑤ 모형 평가

최종 모형을 평가하기 위해서는 평가를 위한 데이터를 사용한다. 모델의 학습이나 테스트에 사용하지 않은 평가를 위한 데이터는 랜덤하고 미래의 상황의 데이터로 나타날 것 같은 형태로 수집하여 모형의 최종 오차를 산출한다.

데이터마이닝 과정은 단계별로 순차적으로 진행되지만 그 결과에 따라 순환 반복적으로 수행되기도 한다. 현 단계의 결과가 만족스럽지 않으면 이전 단계로 돌아가 재처리하거나 처음 문제 정의 단계부터 새로 시작하는 등 만족스런 결과가 나올 때까지 전체 단계가 계속 반복되기도 한다.

2) 데이터마이닝의 주요 기법들

데이터마이닝의 주요 기법은 크게 연관규칙(Association Rule), 분류(Classification), 군집화(Clustering), 예측(Prediction), 데이터 시각화(Data Visualization), 최적화(Optimization) 등이 있다. 이들 기법들에 대해,

회귀분석(Linear Regression) **및 로지스틱 회귀분석**(Logistic Regression): 회귀

분석은 독립변수들과 그에 대응하는 종속변수 간의 최적의 직선을 구하는 기술로 다변량 회귀분석의 경우 일반적으로 다음과 같은 모형으로 표현된다.

$$y = w_0 + w_1 x_1 + \cdots\ w_N x_N$$

여기서 w_i는 추정모수이고, $X=[x_1, x_2, \cdots x_N]$은 입력 벡터로 독립변수이고, y는 스칼라값으로 종속변수이다.

로지스틱 회귀분석은 입력 변수들과 그에 대응하는 출력변수 간의 최적의 곡선을 구하는 기술로서 일반적인 로지스틱 함수는 다음과 같이 표현된다.

$$y = \frac{1}{(1+e^{-z})},\ z = w_0 + \sum_{i=1}^{N_{inputs}} w_i x_i$$

여기서 y는 종속변수이고, x_i는 독립변수들이고, w_i는 추정모수들이다.

판별분석(Discrimination Analysis): 범주 안에서 구성원을 결정하는 요인의 중요성을 측정하는 통계적 세분화 기법으로 독립변수가 계량적이고 종속변수는 범주형일 때, 종속 변수들 간의 차이를 잘 설명하여 줄 수 있는 독립변수들의 선형결합(판별함수)을 찾고, 이 함수식에 따라 새로운 개체를 분류하는 것이다.

의사결정나무(Decision Tree): 학습으로 생성된 모델이 이해하기 쉽기 때문에 예측과 분류 문제에 사용되는 대표적인 데이터마이닝 도구이다. 판별분석과 마찬가지로 종속변수에 해당하는 출력변수(클래스라고도 함)는 범주형 데이터이어야 하고, 출력변수는 하나만 존재해야 하는 것이 단점이다. 의사결정나무의 주요 모델은 CART(Classification and Regression Tree)와 CHAID(Chi-Squared Automatic Interaction Detector) 등이 있다.

다층 퍼셉트론(Multi-Layered Perceptron): 가장 많이 사용되는 인공신경망(Artificial Neural Network)의 하나로서 비선형적 기법이지만 비선형 회귀분석처럼 특정한 모형 설정이 필요 없는 것이 특징이다. 즉, 모형을 설정하기 위한 노력이 필요 없다는 점이 가장 큰 장점이고, 앞에서 기술된 기법들과 달리 출력변수가 하나 이상인 경우에도 적용가능하다. 단점으로는 블랙박스 학습(Black-Box Learning)

이라는 점인데 학습된 모델과 연결 가중치에 대한 해석이 어렵다는 것이다.

군집분석(Clustering Analysis): 동질의 데이터 특징에 기반을 두어 그룹화하는 기법이다. 다변량 자료를 각 특성의 유사성에 따라 여러 그룹으로 나누는 기법 중의 하나로 군집의 개수, 내용, 구조가 파악되지 않은 상태에서 특성을 파악하며, 군집들 간의 관계를 분석하는 기법이다. 주요 알고리즘으로는 통계적인 기법 기반의 K-menas Clustering, 인공신경망 형태의 자기조직화지도(Self-Organizing Map) 등이 있다.

KNN(K-Nearest Neighbor) **혹은** CBR(Case-Based Reasoning): 임의의 데이터의 예측 값에 대하여 과거 데이터베이스에서 이와 유사한 예측변수 값들을 찾아 가장 가까운 K개의 데이터 값의 평균을 예측 값으로 사용하는 것이다.

연관규칙(Association Rules or Affinity Grouping): 연관된 물건이나 사물을 결정해서 그룹화하는 작업으로 장바구니 분석을 위한 대표적인 기법이다.

OLAP(On-Line Analytical Processing): OLAP은 사용자가 다차원 정보에 직접 접근하는 기술로서 대화식으로 정보를 분석하고 의사 결정에 활용하는 과정이다.

데이터 시각화(Data Visualization): 데이터 시각화는 데이터에 포함된 질적인 측면의 이해를 돕기 위해 데이터를 그래프 형태로 표현하는 것이다.

유전 알고리즘(Genetic Algorithms): 다윈의 진화론을 기반으로 한 알고리즘으로 적자생존 원칙에 따라 환경에 가장 적합한 개체만 살아남는다는 것을 모형화한 최적화 알고리즘이다. 유전자 단위에서 유전 조합(Crossover), 변이(Mutation) 등의 프로세스를 사용하는 최적화 기법이다.

제 5 절 성공적인 CRM 시스템 구축을 위한 20가지 단계

성공적인 CRM 구축을 위해서는 앞에서 언급한 CRM의 개념을 정확히 이해하는 것이 중요하다. CRM이 가져다 주는 많은 유용성에도 불구하고 실제도 제대로 작동이 되지 않는 경우가 많다.

대부분의 경영자들은 그들 기업의 문제에 대한 해결책이 신기술 혹은 기존의 기술을 개량한 기술이라고 믿는다. 소프트웨어 및 하드웨어 벤더들은 그들의 제품이 가장 융통성 있고 유연한 CRM 솔루션이라며 현재 뿐만 아니라 미래의 니즈도 충족시킬 수 있다고 주장한다. 그럼에도 불구하고 조사기관인 가트너 그룹에 따르면 CRM 프로젝트의 55%가 기대한 결과를 얻지 못하고 있다. CRM 구축이 실패하는 주요 원인은 다음과 같다.

1. 부실한 TFT 구성

원활한 CRM 전략수립 및 활동을 위해 이를 지원하는 정보시스템의 구축은 매우 중요하다. 하지만 많은 경우 정보시스템의 구축은 전산 부서에 국한된 독립된 프로젝트로 인식한다. CRM 시스템 구축 프로젝트는 기업의 CRM과 연관된 조직을 고객에 더 많은 초점을 두고 고객과 기업의 관계를 개선시키게 하는 새로운 형태의 조직으로 변화시키는 프로젝트이다. 그러므로 구축 프로젝트에 전산 부서 외에도 연관된 조직의 구성원과 함께 고위 경영자들까지 포함시켜 TFT를 구성하는 것이 매우 중요하다.

2. 충분하지 않은 자원 지원

시스템 구축을 위한 소프트웨어 솔루션을 맞춤화하고 실행하기 위해 필요한 내외적인 자원을 일반적으로 간과하는 경우가 많다. 여기에서 수많은 자원이 필요하다. 현재의 상태를 변화시키기 위한 의지의 부족은 미래의 원하는 결과를 얻기 위해서 아주 많은 추가적인 비용을 소요케 하고, 심한 경우 계획된 비즈니스 프로세스의 개선을 이루는데 실패하기도 한다.

3. 비현실적인 기대

일반적으로 CRM 시스템을 구매하면 구축 프로젝트와 그로 인한 비즈니스 프로세스 개선까지도 같이 성공적으로 이룰 수 있다는 비현실적인 기대를 하는 경우가 많다. CRM 시스템은 어떠한 개선 점도 가져다 주지 않는 단순한 시작점일 뿐이며, 기업이 CRM 프로젝트 실행과 동시에 자체적으로 비즈니스 프로세스를 재수립하여 정착시키는 것이 필요하다.

4. 충분하지 않은 학습

최종사용자에 대한 철저하고 세밀한 학습 프로그램에 대한 중요성이 간과되는 경우가 상당히 많다. 많은 경우 사용자는 새로운 CRM 시스템에 대해 충분히 훈련되지 않아서 CRM 소프트웨어 기능의 50%도 사용하지 못하는 경우가 많다.

성공적인 CRM 구축을 위해서는 CRM 구축 프로젝트의 범위와 관계없이 비즈니스 프로세스, 조직, 구성원, 문화에 있어서 충분한 변화를 이끌어 낼 수 있을 때까지 최고경영자는 아주 깊은 관심과 지원을 보여야 한다.

성공적인 CRM 도입을 위해서 비즈니스기반 솔루션, 프로젝트관리, 변화관리, 수행전략 및 계획의 네 가지 카테고리에 대해 다음과 같은 사항을 단계별로 고려해야 한다.

(1) 비즈니스기반 솔루션(Business-Oriented Solution)

1) 명확한 목표를 설정하라

처음으로 기업은 중요한 비즈니스 프로세스가 무엇인지, 달성하고자 하는 목표는 무엇인지 명확하게 설정한다. 그러므로 비즈니스 기반인 CRM 솔루션을 도입하는 것이 중요하다. 즉, 기업이 앞으로 수행하고자 하는 것을 솔루션이 반영해야 한다는 것을 의미한다. 이렇게 하기 위해서는 기업의 CRM 전략을 수립하고 도입할 시스템이 고객, 채널, 상품에 대해 수립한 CRM 전략을 지원하는지 확인하는 것이 필요하다.

2) 관련된 모든 부서를 포함시키라

CRM 도입과 연관이 있는 모든 부서의 책임자들이 포함되어야 한다. 동시에 성공적인 CRM 도입을 위해서는 경영자들의 활발한 참여가 중요하다는 것을 인식해야 한다. 그렇게 되면 기업 내부적으로 변화를 하려는 의지를 생성시키고 자원에 대한 투자를 촉진시킨다. 부서의 책임자들은 이러한 내용을 관련된 구성원들에게 설득해야 한다.

3) 기업 내 최우수 사원을 활용하라

기업의 비즈니스 프로세스를 가장 잘 이해하는 사원들을 포함시키는 것이 필요하다. 비즈니스 프로세스를 실행하는 담당자인 이들 전문가들은 CRM 전문가와 함께 수립된 CRM 전략에 맞춰 비즈니스 프로세스를 개선하는 데 아주 큰 도움을 준다. 이들을 포함시킴으로써 저장해야 할 자료는 무엇인지, 반응 시간은 얼마나 필요한지, 화면은 어떠한 내용을 포함해야 하는지, 생성될 레포트는 무엇인지와 같은 최종사용자의 일상적인 요구사항을 CRM 솔루션에 충분히 반영할 수 있게 된다.

(2) 프로젝트 관리(Project Management)

많은 사원들이 많은 관심을 가지는 것만이 능사는 아니다. 프로젝트 구성원들의 업무가 잘 조정되어야 하고, 잘 구성된 프로젝트 스케줄을 따르며, 가능한 한 많은 사원들로부터 활발한 참여를 이끌어 내는 것이 필요하다.

1) 조직을 변화시켜라

변화 관리는 프로젝트 관리에 있어서 가장 중요한 요소이다. 오늘날의 CRM 소프트웨어 시스템은 많은 기업들이 현재 경험하지 못한 새로운 사고의 방법을 제공한다. 프로젝트 기간동안, 구축 후 운영에 있어서의 변화를 고려하지 않는다면 사원들은 CRM 활동 수행에 대해 저항을 할 수 있고 이렇게 되면 CRM 도입 효과는 현저히 감소하게 될 것이다.

2) 다른 시스템과 통합/조정하라

프로젝트 관리자는 또한 기업의 다른 여러 활동과 프로젝트들과 CRM 프로젝트를 조정해야 하는 책임이 있다. 프로젝트 규모가 거대하거나 동시에 여러 프로젝트들이 수행될 때 프로젝트 관리자의 주요 업무는 여러 프로젝트를 조정하는 것이다.

3) 프로젝트 진척도를 조심스럽게 따르라

프로젝트 실행 계획을 아무리 잘 수립하여도 프로젝트 수행 시에 항상 많은 실수가 발생할 수 있으므로 주의해야 한다. 이러한 실수를 너무 늦게 발견하여 프로젝트 진척도가 스케줄보다 늦어지는 경우가 빈번히 발생한다. 시간이 흐르면서 예기치 못한 일들은 자주 발생하게 된다. 그러므로 처음의 프로젝트 목표와 관련된 계획을 지속적으로 검토하고 조정해야 한다.

4) 데이터에 대한 인터페이스, 변환, 이전을 중요시하라

계획은 충분히 수립하지 않는다면 기존의 데이터에 대한 인터페이스, 변환, 이전에 대한 개발을 할 때 중대한 문제가 발생한다. 변환된 데이터가 정렬되지 않고, 필요한 인터페이스가 충분한 용량을 가지지 않는다면 CRM 시스템은 그 목표를 달성하지 못할 것이다. 실제로 시스템이 제 기능을 하지 못할 것이다. 데이터 변환에 대한 품질 보증과 인터페이스의 수행 평가는 가능한 한 빨리 시작해야 한다.

5) 많은 사원을 포함시켜라

프로젝트 초기에는 조직의 많은 구성원을 참여시키는 것이 필요하다. CRM 도입으로 인해 생기는 변화에 대해 사원들이 적응할 시간을 필요로 하기 때문이다. 많은 CRM 도입 모범 사례들은 어떻게든지 약 3분의 1의 종업원을 참여시켰을 때 최적의 결과를 얻었다는 것을 보여준다. 이것은 사원들로부터 긍정적인 구전효과를 유도한다. 사원들은 개발과정, 회의 혹은 평가 과정 등에 참여할 수 있다. 이렇게 함으로써 사원들은 CRM 시스템을 이해할 수 있고 그들의 일상 업무에 어떻게 영향을 미치는지 이해할 수 있다.

(3) 변화 관리(Change Management)

CRM 업무 프로세스와 시스템의 변화도 필요하지만, 기업 문화에 대한 변화도 매우 중요하다. 이를 위해서는 경영자들이 주도하는 것이 필수적이며, 커뮤니케이션이 아주 중요한 역할을 한다. 커뮤니케이션 활성화를 위해서는 훈련이 아주 중요하다. 변화는 대부분의 사원들에 대해서 두려움과 불확실성을 가져다 주므로, 변화관리는 매우 중요하다.

1) 강력한 지원자를 만들어라

프로젝트는 CRM의 성공에 대해 직접적으로 책임을 지는 지원자가 필요하다. 지원자는 필요한 자원을 지원하고 사원들의 저항을 감소시키는 데 도움이 되고 컨설턴트들이 기업을 떠난 후에도 CRM 시스템이 지속적으로 운영될 수 있게 한다. 최고의 지원자는 최고 경영자임을 많은 사례로부터 알 수 있다. 최고 경영자는 필요한 자원을 지원하고 의사결정 프로세스를 단축시키는 데 충분한 영향력을 가진다. 지원자는 사원들과 앞으로 발생할 변화에 대해 커뮤니케이션하는 데 특히 효과적이다.

2) 위기감 고취시켜라

프로젝트 비전과 가이드라인에 기반하여 프로젝트가 원활히 진척되도록 자극을 주기 위해 위기감을 생성시키는 것은 경영자의 책임이다. 프로젝트의 직접적인 참여와 CRM의 효과에 대한 지속적인 커뮤니케이션은 성공적인 프로젝트를 위해 매우 중요하다.

3) 프로젝트에 참여하는 것이 이익이 되도록 하라

규모가 큰 프로젝트의 경우 특정 사원은 많은 기간 동안 전적으로 참여하는 것이 필요하다. 효과적인 업무 환경을 만들고, 프로젝트에 참여하는 것이 매력적이게 하기 위해서 참여한 사원들에게 프로젝트 완료 후 조직에 생긴 새로운 업무가 무엇인지 알려 주어야 한다. 프로젝트에 참여함으로 인한 리스크는 존재하지 않고 기업에 대한 그들의 가치를 증가될 것이라는 것을 사원들에게 인식시켜야 한다.

4) 관심을 가지는 부서와 끊임없이 의사소통하라

CRM 솔루션에 대해 이해시킬 때 커뮤니케이션은 가장 효과적인 요소 중의 하나이다. 처음부터 CRM 도입으로 인한 변화에 대한 설명은 IT 측면이 아니라 비즈니스 측면으로 이루어져야 한다. 기업이 CRM을 도입하는 목적이 고객에 대한 로열티 형성, 교차판매, 개선된 고객 서비스와 같은 기업이익을 달성하기 위한 것이고 이를 위해 모든 활동을 기업의 경쟁력을 유지하는 데 초점을 맞추는 것을 사원들이 이해해야만 한다.

CRM 도입을 위한 프로젝트 수행기간 동안, 참여하는 사원들은 조직의 다른 많은 사원들과 접촉하므로, 이들은 커뮤니케이션이 이루어질 때 중요한 그룹이다. 그러므로 참여하는 모든 사원들은 전체 프로젝트에 대해서 잘 이해해야 하고, CRM 도입이 왜 필요한가 혹은 기업이나 사원들에게 어떠한 이익이 되는가와 같은 일반적인 질문에 대한 답을 할 수 있는 능력을 가져야 한다.

커뮤니케이션은 최고경영자나 프로젝트 팀으로부터만 나오는 것은 아니다. 사원들의 태도와 CRM 솔루션에 대한 이해도가 조직 내 다른 사원들에게 크게 영향을 미친다. 그러므로 프로젝트 모든 기간 내내 프로젝트 팀이 프로젝트의 성공을 위해 필요한 지원을 해 줄 수 있는 영향력 있는 사원들을 찾아야 한다. 이러한 사원들을 찾기 어려운 경우에는 프로젝트 팀이 사원들의 태도를 변화시킬 수 있는 것들을 찾기 위해 노력해야 한다.

적절한 사람에게 적절한 메시지를 전달하기 위해서 커뮤니케이션에 대한 계획은 프로젝트와 관련 있는 개개인의 지위에 따라 만들어져야 한다.

5) 프로젝트 참여자들의 감정을 잘 다스려라

프로젝트 관리자는 일반적으로 시간의 흐름에 따라 몇 가지 감정적인 변화를 겪게 되는 것이 여러 사례에서 발견된다. 프로젝트 초기에는 프로젝트 참여자들이 낙관적이고 일반적으로 큰 기대를 가진다. 프로젝트 관리자는 이 시기에 사원들의 이러한 기대치가 너무 커지지 않도록 조절해야 한다. 이런 큰 기대치는 일반적으로 참여자들이 CRM 프로젝트가 얼마나 큰 에너지를 필요로 하는지 알게 되면서 사라진다. 게다가 프로젝트가 복잡해지면서 관심이 줄어들게 되고, 최악의 경우 좌절감에 빠지기도 한다.

이 단계에서는 커뮤니케이션이 가장 결정적인 역할을 한다. 이 단계를 지나면, 프로젝트는 일반적으로 중간 단계를 지나게 되고, CRM과 IT 솔루션이 형태를 갖추게 되면서 다시 기대치가 높아진다.

6) 훈련과 교육에 인색하지 마라

프로젝트 참여자와 최종 사용자에 대한 훈련은 성공적인 프로젝트를 위한 전제조건이다. 훈련을 통해서만 모든 부서가 그들의 태스크에 대해 솔루션의 형태로 어떻게 보이는 것이 알 수 있게 된다. 기업들은 모든 사원들이 필요한 일반적인 IT 기술을 가질 필요는 없고 단지 일부만이 기술적인 CRM 개념 혹은 인프라 개념을 이해하면 된다고 간과하는 경우가 많다. 그러므로 훈련의 가장 첫 단계에는 핵심 사원들이 CRM의 비즈니스 측면에 대해 이해하게 하는 것이다.

전체적인 전략, 고객 전략, 최종 단계에서 채널과 제품 전략 등에 대해 설명하고 이것이 기업의 성공 혹은 미래에 어떻게 영향을 미치는지 설명해야 한다. 그 후에는 IT에 대한 교육이 이루어져야 한다. IT의 활용 노하우에 대한 지식이 부족하면 사원들은 그들 자신에 대해 자신감을 가지지 못하는 상황에 빠질 수 있다. 또한 변화에 대한 소문이 이러한 불확실성을 증가시키고 훈련을 비효율적으로 만들게 된다.

일반적으로 훈련기간 동안 모든 것을 이해하는 사원은 극소수이다. 이해도를 높이기 위해서 다양한 교육 방법이 사용되어야 한다.

(4) 수행전략 및 계획(Implementation Strategy and Planning)

개발단계에서는 성공을 보장할 수 있는 수행계획이 준비되어 있어야 한다. 전반적인 CRM 전략을 이끌 수 있도록 작은 개선 사례를 찾아서 그것들이 초기 성공사례가 될 수 있도록 논리적으로 진행하는 것이 필요하다. 비즈니스 프로세스와 수행 방안을 너무 복잡하지 않게 구성하여 급격한 변화가 생기지 않게 하는 것도 매우 중요하다. 기업은 변화하는 고객의 니즈에 민첩하게 잘 대응할 수 있는 방안을 지속적으로 찾아야 한다.

1) RAD(Rapid Application Design) 사용을 고려하라

CRM 실행 전략을 수립할 때에는 수많은 사항을 고려해야 한다. 수립된 다양한 전략에 대한 리스크는 전략마다 상이하므로, 이것은 기업의 가용자원과 밀접히 연관되어야 한다. 그러므로 구축 시 기능적인 요구사항을 찾아내고 이에 대한 적절한 솔루션을 찾는 것이 중요하다. 이것은 기술적인 측면에서 가장 발전된 솔루션을 선택하는 것이 아니라 ROI가 좋은 솔루션을 선택하는 것이다.

2) 구축 후 수익성을 고려하라

구축할 CRM 솔루션을 선택하는 데 있어서 반드시 최적의 솔루션을 선택할 필요는 없다. 하드웨어, 소프트웨어, 훈련 프로그램, 실행 화면의 개발 등과 같은 것을 구매하는 데에는 상당히 많은 투자가 필요하다. 구축 후에 가장 큰 이익을 얻을 수 있는 부분부터 단계적으로 구매하는 것도 좋은 방법 중의 하나이다. 신중하게 선택하여 파일럿 구축을 한 후에 확신이 생길 경우 최종 결정을 하는 것도 좋은 방법이다.

3) 과도하게 전문화된 솔루션을 피하라

업무 담당자가 도입하기를 원하는 모든 기능을 충족시키는 솔루션을 선택할 경우 CRM 소프트웨어를 자신의 기업 환경에 맞게 맞춤화하는 데 리스크가 생길 수 있다. 맞춤화를 자유롭게 할 수 있는 CRM 솔루션이 그다지 많지 않다. 또한 맞춤화를 많이 지원하는 CRM 시스템은 일반적으로 매우 비싸고 맞춤화한 부분에 대해서는 지원이 불가하거나 유지비용이 매우 비싼 경우가 많고 업데이트할 때 많은 문제가 발생할 수도 있다.

그러므로 맞춤화하지 않고도 우회적으로 해결할 수 있는 방안을 찾는 것도 좋은 방법이다. 어쩔 수 없이 맞춤화를 해야 하는 경우는 코드에 대해 문서화를 철저히 하는 것이 매우 중요하다.

4) 구축 방법론의 선택은 매우 중요하다

CRM 구축에 있어서 IT와 솔루션의 비즈니스적인 측면을 통합하는 것이 중요하다. CRM 프로젝트 수행에는 기업 환경 분석부터 솔루션 구축까지 일련의 논리적인 활동이 존재한다.

5) 부서별 구축 완료 시점을 고려하라

일반적으로 CRM 솔루션 구축 시 여러 부분으로 나누어서 개발한 후에 통합하게 되는데, 이 때 기업의 각 부서는 부서별로 언제 완료되는지 정확하게 알아야 한다. 특정 부서에 구축된 솔루션을 공개하기 전에 하드웨어를 인스톨하는 것에 대한 시점이 중요한 것이 아니라 사원들이 필요한 CRM과 IT 기술을 확보한 시점이 중요하다.

6) 초기 수행사례가 성공적으로 운영되도록 하는 것에 초점을 두라

변화에 대한 의지를 고취시키기 위하여 CRM 활동이 가치 있다는 것을 사원들에게 확신시키기 위해서 최고경영자는 일반적으로 기업에 대한 초기 수행사례를 빨리 보여 줄 필요가 있다. 그러므로 CRM 프로젝트가 잘 추진될 수 있도록 하기 위해서는 프로젝트 시작 시점에 여러 개의 초기 수행사례가 성공적으로 수행되는 것을 보여주는 것이 중요하다.

제 4 장

물류정보시스템 기술

물류정보통신기술이란 효율적인 물류관리를 위해 정보를 생성, 처리, 교환하는 모든 정보통신기술을 의미한다. 따라서 물류정보통신기술은 실시간 물류정보 전달을 통한 seamless 물류체계 구축, 물류정보통합 및 공유, 물류주체 간의 e-비즈니스와 온라인 거래 등을 지원하기 위한 하드웨어 기술과 소프트웨어 기술을 말한다. 물류정보통신기술은 기초기술, 응용기술로 분류할 수 있다.

물류정보통신분야의 기초기술은 크게 정보수집을 위한 기술, 정보처리를 위한 기술, 정보교환을 위한 기술로 구분된다. 정보수집을 위한 대표적인 기초기술에는 바코드 형태로 정보를 저장하고 이를 인식하는 POS(Point of Sales), 라디오 주파수를 이용하여 정보를 인식하는 RFID(Radio Frequency Identification), 환경변화를 인식하는 센서 등이 포함된다.

정보처리를 위한 대표적인 기초기술에는 수집 및 생성된 정보를 처리하기 위한 기술로서, 데이터베이스, 데이터웨어하우스 등과 같이 정보를 저장하기 위한 기술, 데이터마이닝, OLAP(On-Line Analysis Processing), 다양한 통계기법 등과 같이 정보를 분석하기 위한 기술, 최적화 기법, 수요예측 기법, 시뮬레이션 등과 같이 정보를 가공하기 위한 기술 등이 포함된다.

정보교환을 위한 대표적인 기초기술에는 표준화된 업무서식을 전자적으로 교환하기 위한 EDI(Electronic Data Interchange) 기술, EDI를 운영하기 위해 구성된 부가가치통신망(VAN), 무선으로 정보를 교환하기 위한 모바일 통신기술 등이 포함된다.

물류정보통신분야의 응용기술은 크게 세 가지 형태로 구분할 수 있다. 즉, 다양한 물류 노드에서 생성된 정보를 통합 및 공유하기 위한 기술, 전체 물류 프로세스 상에서 화물 및 정보의 가시성(visibility)을 확보하기 위한 기술, e-business와 온라인 거래를 수행하기 위한 e-logistics 구현 기술이다.

물류정보를 통합 및 공유하기 위한 기술은 개별 물류주체별로 산재되어 저장되어 있는 정보나, 개별적으로 생성되는 정보를 통합 및 연계하여 공유하기 위한 기술로서, 대상 정보원, 정보특성에 따라 다양한 수집기술, 연계기술, 정보저장기술, 관리기술 등이 있다. 통합된 정보를 공유하기 위해서는 대부분 웹 기술을 활용하고 있다.

제1절 바코드

다양한 폭을 가진 Bar(검은 막대)와 Space(흰 막대)의 배열 패턴으로, 정보를 표현하는 부호 또는 부호체계이며, 이는 모르스 부호(Morse Code)가 도트(Dot; .)와 대시(Dash; -)의 배열로 정보를 표시하는 것과 유사하다. 바코드로 정보를 표현하는 일과 표현된 정보를 해독하는 일은 바코드 장비를 통하여 가능하므로 바코드는 기계어(Machine Language)라고 할 수 있다. 바와 스페이스는 그 폭에 따라 1개 또는 복수개의 이진수 비트(Binary Bit: 0 또는 1)로 바뀌게 되고, 이들의 조합으로 ASCII 문자를 표현한다. 이것을 이용하여 정보의 표현과 정보의 수집, 해독을 가능하게 한다. 문자나 숫자를 나타내는 검은 바와 흰 공간의 연속으로 바와 스페이스를 특정하게 배열해 이진수 0과 1의 비트로 바뀌게 되고 이들을 조합해 정보로 이용하게 되는데, 이들은 심벌로지라고 하는 바코드 언어에 의해 정의된 규칙에 의해 만들어진다. 즉, 바코드는 컴퓨터 내부 로직의 기본인 0과 1의 비트로 이루어진 하나의 언어로, 바의 두께와 스페이스의 폭의 비율에 따라 여러 종류의 코드 체계가 있다. 이 인쇄된 코드는 바코드 인식 장치에 빛의 반사를 이용해서 데이터를 재생시키며 재생된 데이터를 수집, 전송하는 것이다.

바코드는 굵거나 가는 바(검은 막대)와 스페이스(흰 막대)의 조합에 의해 영숫자 또는 특수 기호를 광학적으로 판독하기 쉽게 부호화한 것이다. 이것을 이용하여 정보의 표현과 정보의 수집, 해독을 가능하게 한다. 문자나 숫자를 나타내는 검은 바와 흰 공간의 연속으로 바와 스페이스를 특정하게 배열해 이진수 0과 1의 비트로 바뀌게 되고 이들을 조합해 정보로 이용하게 되는데, 이들은 심벌로지라고 하는 바코드 언어에 의해 정의된 규칙에 의해 만들어진다. 즉, 바코드는 컴퓨터 내부 로직의 기본인 0과 1의 비트로 이루어진 하나의 언어로, 바의 두께와 스페이스의 폭의 비율에 따라 여러 종류의 코드 체계가 있다. 이 인쇄된 코드는 바코드 인식 장치에 빛의 반사를 이용해서 데이터를 재생시키며 재생된 데이터를 수집, 전송하는 것이다.

바코드 시스템은 바코드가 적용되는 분야에 알맞게 만들어진 여러 형태의 바코드 심벌 체계와 그 심벌에 맞게 흑과 백의 바코드 라벨을 만들어 주는 인쇄 시스템, 바코들 해독하여 이용할 수 있는 정보를 바꾸어 주는 판독 시스템으로 이루어진다. 바코드가 오늘날과 같이 컴퓨터를 이용한 정보 시스템을 구축하는 원동력이 된 것은 미국이 주도적인 역학을 수행하였다. 약 30여년 전부터 데이터가 발생하는 실시간에 처리하기 위한 자동인식 기술의 연구 결과로 많은 바코드 시스템이 개발되었다. 1973년 UPC 코드가 소비자 산업 기준법으로 채택되고 바코드 스캔 기술이 발달함에 따라 이용이 가속화되었으며, 바코드 시스템의 보급으로 가게의 금전등록기에서는 처리 속도가 빨라지면서 인건비를 대폭 절감하는 성과를 이룩하였다. 이후 많은 바코드 시스템이 개발되면서 바코드 시스템을 적용하는 경우가 늘어나면서 종전의 수동식 입력 방법보다 다음과 같은 장점을 지니게 되었다.

바코드는 크게 데이터(Data)의 표현 방법과 데이터의 배열 방법에 따라 분류를 한다.

데이터의 표현 방법에 따른 분류는 [그림 4-1]과 같이 불연속형(Discrete Type)과 연속형(Continuous Type)으로 나누어진다. 특징을 보면 불연속형은 각 문자들이 독립적으로 분리되어 있고 문자들 사이에는 갭(Gap)이 존재하며, 각 문자가 바(Bar)로 시작해서 바(Bar)로 끝나는 바코드 심벌로지로 해독이 될 경우에도 문자별로 다루어진다. 연속형은 불연속형 심벌로지와는 다르게 문자 사이의 갭(Gap)이 존재하지 않으며, 각 문자는 바(Bar)로 시작해 스페이스(Space)로 끝나는 바코드 심벌로지로 다음 문자의 시작문자에 의해서 문자의 끝이 구별된다.

[그림 4-1] 불연속형·연속형 바코드

데이터의 배열 방법에 따른 분류는 우리가 잘 알고 있는 1차원(선형) 바코드와 2차원 바코드로 나뉘어진다. 1차원 바코드는 데이터를 횡축(X방향)으로 배열하는 단순한 형태로서 1970년대 초 이래 많은 종류가 개발되어, 심벌의 길이(데이터의 길이)가 가변적이고, 오류 검출 기능과 보다 높은 데이터 밀도를 가질 수 있게 되었으며, 모든 Alphanumeric 데이터를 표현할 수 있는 형태로 발전하였다. 일차원 바코드는 제품 정보나 물류 정보 자체보다는 이들을 담고 있는 데이터베이스에 접근하는 데이터 키(Data Key)를 표현하는 데 이용되고 있다. 이와 같이 데이터 키(Data Key)를 통하여 외부에 이미 존재하는 데이터베이스 시스템에 접근하는 방식을 번호판(Licence Plate)구조라 부른다. 이 일차원 심벌로지의 번호판 구조는 두 가지의 중요한 이점을 가지고 있다. 첫째는 상대적으로 짧은 데이터와 심벌로지로서 많은 양의 데이터를 참조할 수 있다는 점과, 둘째는 상품의 데이터베이스(Data Base)의 내용을 변경시킬 경우에도 바코드 심벌을 다시 인쇄할 필요가 없다는 점이다. 2차원 바코드는 기존 1차원 바코드의 데이터 용량의 한계를 극복하여, 문자와 숫자, 사진 등 대량의 정보를 작은 사각형 안에 2차원의 심벌로 고밀도 코드화한 것이다. 즉, 1차원 바코드는 주로 13~14자리의 숫자 데이터를 표시하지만 2차원 바코드는 1000자 이상의 데이터를 담을 수 있다. 또한 한국어를 비롯한 모든 외국어 그리고 지문을 비롯한 그래픽 정보를 표현할 수 있다. 2차원 바코드를 활용하면 은행 무인점포에서 직원을 통하지 않더라도 바코드 입출력만으로 공과금고지서를 수납할 수 있고 휴대폰으로 전자고지서를 발급하는 것도 가능해진다. 또 행정기관에서 여권 주요 기재사항을 입력하는 대신 바코드만 갖다 대면 모든 정보가 뜨게 되고 우편물도 바코드 활용으로 단순에 전산 처리할 수 있게 된다. 우리나라의 산업자원부 기술표준원도 한글 표현이 가능한 2차원 바코드시스템을 한국산업규격(KS)으로 규격화해 국내 산업에 단계적으로 도입키로 했다.

2차원 바코드 심벌로지는 양축(X 방향, Y 방향)으로 데이터를 배열시켜 평면화시킨 것으로서 기존의 일차원(1D) 바코드가 가지는 문제점인 데이터 표현의 제한성, 즉 선적용 패키지와 같이 로트번호, 구매 주문 번호, 수취자, 수량 기타 정보 등의 다양한 내용을 바코드로 표현하여 대상물에 부착하거나 동반시킴으로써 대상물의 이동과 함께 데이터가 수반되도록 할 때의 많은 데이터의 표현이 불가능한 점을 보완하기 위하여 1980년대 중반에 등장하게 되었다.

이런 의미에서 2차원 바코드는 포터블 데이터 파일(Portable Data File)의 개념을 가지고 있으며, 또한 전기적으로 연결되어 있지 않은 두 컴퓨터 사이에서 바코드는 데이터 교환의 가교 역할을 할 수 있기 때문에 데이터 브리지(Data Bridge)의 개념도 가지게 되었다. 즉, 하나의 컴퓨터 시스템에 서 출력된 데이터 파일은 이차원 심벌로 표현되어 타 컴퓨터 시스템에 키보드를 치지 않고 재입력이 가능하다는 것이다.

2차원 바코드의 장점은 하나의 심벌에 대용량의 데이터를 포함시킬 수 있는 점과 좁은 영역에 많은 데이터를 고밀도로 표현할 수 있다는 점, 공간 이용률이 매우 높다는 점과, 심벌이 오염되거나 훼손되어 데이터가 손상되더라도 오류를 검출하여 복원하는 능력이 탁월한 점이며, 또한 흑백 엘리트먼트가 변에 구속되어 있지 않아 심볼 인쇄 및 판독이 쉽고 심벌의 판독을 360° 다방향으로 할 수 있으며, 한국어를 비롯한 모든 외국어 그리고 그래픽 정보까지도 표현할 수 있는 장점이 있다.[1)]

이러한 2차원 바코드는 다시 데이터를 구성하는 방법에 따라 다층형 바코드(Stacked Bar Code)와 매트릭스형 코드(Matrix Code)로 나뉜다.

다층형 바코드는 1차원 바코드와 같이 개별적으로 인식될 수 있는 몇 개의 문자가 모여 수평 방향으로 열(Row)을 구성하며 열안에는 1개 이상의 데이터문자를 포함하고, 하나의 심벌 안에는 최소 2개 이상의 열을 포함한다. 각 열은 독특한 심벌 시작(Start) 패턴과 종료(Stop) 패턴을 가지고 있으므로 바코드 판독기는 열의 순서와 관계없이 어떤 열이 읽혔는지 분간할 수 있게 된다. 또한 심벌

1) 전자신문, "유비쿼터스 혁명은 계속된다" 2차원바코드, 2004. 3. 15.

[표 4-1] 다층형 바코드의 종류

	PDF-417	Code 16K	Code 49	Codablock
심 볼				
개발회사	미국 Symbol Technology	Laserlight System Inc.	Intermec Corporation	ICS Identcode-System.
특 징	사각형, 광범위 활용성 에러정정 우수	코드테이블의 저장을 위한 대용량의 메모리	많은 정보를 작은 심볼에 저장	매우 적은 수의 이동식 레이저스캐너로 해독 가능
최대 데이터	1,850	16,050	1인치당 93.3문자 1인치당 154.3숫자	1평방인치당 62문자

자료: Adams Communication.(http://www.adams1.com/pub/russadam/stack.html, 2006. 1. 21)

안에는 몇 개의 열(Row)과 줄(Column)이 있는지에 대한 정보와 심벌 종료 패턴이 있으므로 심벌 내의 모든 데이터가 정상적으로 판독되었는지를 확인할 수 있다. 다층형 바코드는 1차원 심벌로지의 연장선상에 있으므로 특수한 별도의 장비가 아닌 상용화된 범용 스캐너로 판독이 용이한 장점이 있으며, 다층형 바코드에는 PDF-417, Code 16K, Code 49, Codablock 등이 있다.

매트릭스형(Matrix Code) 바코드는 정방형의 동일한 폭의 흑백 요소를 모자이크 식으로 배열하여 데이터를 구성하기 때문에 심벌은 체크무늬 형태를 띠고 있다. 이 심벌을 판독하는 스캐너는 각 정방형의 요소가 검은지 흰지를 식별해 내고 이 흑백 요소를 데이터의 비트(Bit)로 삼아서 문자를 구성한다. 이런 단순 구조로 인해 다층형 심벌로지나 선형 심벌로지보다 더 쉽게 인쇄나 판독이 가능하다. 그 이유는 바코드에 있어서 서로 다른 폭의 엘리먼트를 배치하거나 판독하는 일이 가장 어려운 일의 하나이기 때문이다.

매트릭스형 코드에서는 흑백 엘리먼트의 존재 여부만 확인하면 되므로 데이터가 엘리먼트의 변에 구속되지 않아서 다층형 또는 1차원 바코드에 비해서 데이터의 오차 허용도(Tolerance)가 작아도 된다. 이와 같이 매트릭스형 코드는 흑백요소를 데이터 비트로 삼아 수평 및 수직 방향으로 배열하므로 2D Array 코드라고도 불린다. 매트릭스 코드에는 Maxicode, Code 1, DataMatrix, Vericode, ArrayTag, Dot Code, Softstripe 등이 있다.

[표 4-2] 메트릭스형 바코드의 종류

	Maxicode	Code 1	DataMatrix	ArrayTag	QR Code
심 볼					
개발회사	United Parcel Service	Ted Williams	Acuity CiMatrix	빅토리아대학의 Warren D. Little	Nippondenso ID Systems
특 징	정사각형, 택배화물의 고속분류용	의약품 라벨, 컨테이너 분류용	많은 정보를 매우 작은 공간에 저장	많은 문자를 코드화, 50m까지의 판독 가능	정사각형, 고밀도기록, 고속해독
최대 데이터	1평방인치당 100 아스키문자	Code 1A: 13문자 Code 1H: 2,218문자	1인치당 500문자	수백여개 문자	4,464문자

자료: Adams Communication.(http://www.adams1.com/pub/russadam/stack.html, 2006. 1. 21)

물류바코드분야와 관련된 표준은 ISO/IEC JTC1/SC31(바코드 심벌－자동인식 및 데이터 수집기술)에서 제정된다. 주로 1차원 바코드 및 2차원 바코드 심벌, RF Tag 등 자동인식 및 데이터 수집을 위한 데이터 포맷, 어휘, 구조, 인코딩 및 기술에 관한 국제표준화를 진행한다. 현재까지 다양한 바코드가 개발되었지만 ISO 등 국제표준으로 채택된 규격은 일본의 QR Code 1종과 미국의 PDF 417, Data Matrix, Maxi Code 3종 등 총 4종의 규격이 제정되어 있다. 특히, 바코드 관련 업체의 국제표준 대응능력을 향상시켜 국제 표준에 적합한 바코드 기기 및 실용화 상품개발을 촉진시키기 위하여 대부분의 국제규격을 국내 KS 규격으로 제정하고 있다.

제 2 절 RFID(Radio Frequency IDentification)

RFID는 무선 주파수를 이용해서 가까운 거리는 물론 수십 미터까지 떨어진 사물이나 사람에 부착된 태그를 인식해, 그 태그로부터 정보를 주고 받을 수 있는 장비이다. RFID의 도입에 따른 효과와 이점은 작업량 절감이나 인건비 절감

[표 4-3] 우리나라 RFID 관련부서의 RFID 시스템 정의

구 분	정 의
정보통신부	• U-센서 네트워크 서비스 - 사물에 전자태그를 부착하고 각 사물의 정보를 수집/가공함으로써 개체간 정보교환, 측위, 원격처리, 관리 등의 서비스를 제공하는 것
산업자원부	• 제품에 부착된 칩의 정보를 주파수를 이용해 읽고 쓸 수 있는 무선 주파수 인식으로 사람, 상품, 차량 등을 비 접촉으로 인식하는 기술
ETRI (한국전자 통신연구원)	• 무선 주파수를 사용하는 소형 IC칩을 사용하여 비 접촉으로 사물을 인식하는 기술로서, 사물의 위치파악 및 경로추적을 통해 기업에게 실시간으로 제품의 상황에 관한 정보를 전달할 수 있는 기술
IITA (정보통신 연구진흥원)	• Micro-chip을 내장한 태그, Label, Card 등에 저장된 자료를 무선 주파수를 이용하여 리더기에서 자동 인식하는 기술

등의 비용 절감이라는 측면과 바코드 같은 다른 종류의 인식방식에 비해 비환경성, 비접촉성 등의 유리한 점을 들 수 있다. 하지만 넓은 의미로는 사물의 인터넷이라 할 수 있다. 인간의 세계에서 존재하는 유형 및 무형의 모든 사물을 인식하고 관리하여, 인터넷이라는 통신 수단을 통해 연결한다는 것이다. 좁은 의미로 바코드와 같은 센싱 기술의 대체 그 이상의 의미를 지니고 있는 것이다. 우리나라 RFID 관련부서에서는 RFID를 [표 4-3]과 같이 정의하고 있다.

RFID의 진화 단계는 크게 5단계의 진화과정을 보이고 있다. 초기 단계(Standard Alone)는 태그를 저주파 채널을 통해 리더기가 인식해 컴퓨터로 시리얼을 통해 전송하는 방식이다. 여기에서 멀티 개념이 도입되면서 지역 네트워크를 통해 다수의 리더기로부터 컴퓨팅이 가능하게 되는 단계(Networked Private)로 진화한다. 분산처리 개념이 도입되면서 네트워크가 지역의 범주에서 벗어나 세계적으로 확장되면서 자연스럽게 분산처리가 필요하게 되는 형태로 진화하며, 네트워크가 인터넷의 단계로 진화하게 된다. 인터넷 수준으로 연결됨과 동시에 태그 ID가 유니버설코드로 확장이 되면서 EPC[2)]의 개념이 도입된다. 현재는 지극히 원시적인 구조에서 탈피해 진정한 유비쿼터스 환경으로 진화하고 있는 과정이다.

RFID의 종류는 안테나로부터 고주파 태그(RF Tag)로 전파를 송신해 다양한 변조 및 복조 단계와 물리적 특성을 고려한 자계를 이용한 전자결합방식, 평면안테나를 통한 마이크로방식, 전파를 활용하는 전자유도방식, 광방식 등이 있다. 또 전원공급 여부, 주파수 대역, 통신접속 등의 분류기준에 따라 세밀한 분류가

2) EPC는 Electronic Product Code의 약자로 공급망에서 개별 상품을 식별하는 코드를 의미.

가능하고 분류에 따른 특징 및 장점을 보이고 있다. 우선 전원공급 여부에 따라 능동형 태그(Active Tag)와 수동형 태그(Passive Tag)로 구분된다. 능동형은 내장 배터리를 사용하고 있고, 읽기/쓰기가 가능한 메모리를 크기별로 가지고 있다. 공급된 전원으로 운영되므로 수명이 최장 10년이라는 제한성이 있으나, 장거리(30~100m) 데이터 교환범위를 갖는다는 장점이 있다. 이는 대형 창고와 같은 물류나 유통분야에 적합하며, 컨테이너 단위의 적용분야에 유리하다.

이에 반해 수동형은 외부 전원의 공급이 없으므로, 구조가 비교적 간단하며, 저가이고, 반영구적 수명을 가진 반면, 읽기전용 메모리고 높은 출력의 리더가 필요하다. 따라서 소단위적용에 사용된다. 중간 단계인 반수동형 태그(Semi-Passive Tag)로도 구분이 가능하며, 상자나 팰릿 단위에 적용될 수 있는 태그로도 분류가 가능하다. 대부분의 태그가 가지고 있는 장단점에 의해 해당 RFID 응용기기가 각각 추진되고 있는 실정이다.

주파수 대역에 따라 고주파와 저주파로 구분되는데, 30~500KHz를 사용하는 저주파 태그는 짧은 가독 거리로 인해 보안, 자산관리, 정품식별 등에 사용되며, 860~960MHz나 2.45GHz의 고주파는 30m 이상의 가독 거리로 철도, 물류, 유통 등에서 고려되고 있다.

현재 크게 5개의 주파수 대역이 있는데, 주파수의 성질에 따라 다양한 응용이 진행되고 있다. 125~135KHz(ISO 18000-2)는 축산물 유통이나 출입카드 등에서 활용되고 있으며, 13.56MHz(ISO 18000-3)은 우리가 흔히 접하는 신용카드나 교통카드, 혹은 작은 단위에서 활용이 된다. 433.92MHz(ISO18000-7)부터 능동형 태그가 적용될 수 있는데, 보통 컨테이너 등에 적용이 가능하며, 860~960MHz(ISO18000-6)은 현재 물류 유통에서 적극 도입을 검토중인 주파수로서, GTAG 등 글로벌화로 검토, 진행중인 대역이다. 현재 국내에서도 이 대역을 표준으로 진행중이다. 2.45GHz(ISO 18000-4)는 일본의 뮤칩과 같은 전자문서나 여권 위조 방지 등에 적합한 주파수 대역 제품이다. 각 주파수 대역별로 그 장단점이 유리하게 적용될 수 있는 기기가 산업별로 활발히 검토되고 있다.

[그림 4-2] RFID의 작동원리

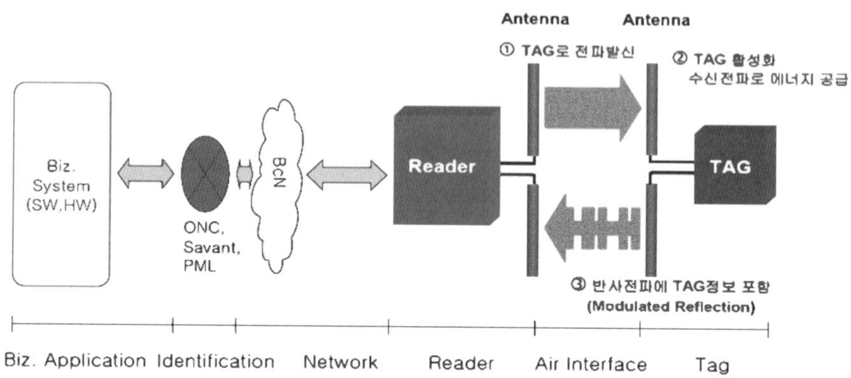

자료: ETRI(2006), "RFID 최신기술 및 표준화동향"

RFID의 체계는 [그림 4-3]과 같이 태그, 태그 발급기, 리더, 그리고 컴퓨터 시스템으로 구성된다.

[그림 4-3] RFID의 구성요소

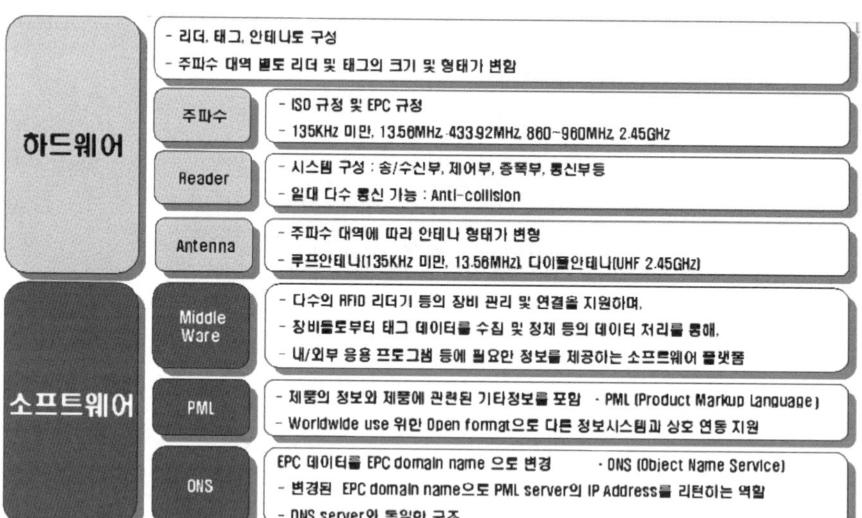

자료: ETRI(전게서)

[그림 4-4] 다양한 태그

다양한 태그 모양	다양한 태그 모양	라벨 태그
		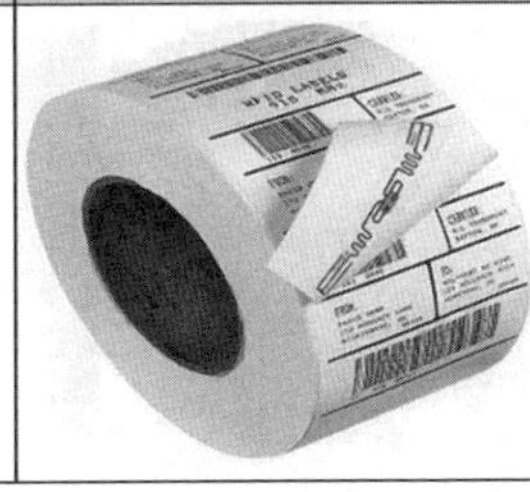

자료: 한국농림수산정보센터(2008), "농축산물 RFID 표준 코드 시스템."

태그는 기본적으로 칩과 안테나로 구성되어 있으며 이를 포장하거나 부착한 재질에 따라 다양한 형태로 존재한다.

대표적으로 라벨 태그를 사용하나 태그를 부착하는 물체의 재질에 따라 전파 방해 문제로 인하여 특수 태그들이 사용되기도 한다. 금속 물체에 부착하는 금속 태그, 동물의 귀에 부착하는 귀표 태그, 동물 몸 속에 주입하는 임플란트형 태그 등 다양한 태그가 존재한다.

리더는 리더와 안테나로 구성되어 있으며, 문과 같이 고정된 곳에 고정시키는 고정형 리더와 휴대가 간편한 휴대형 리더 형태로 존재한다.

[그림 4-5] 리더 형태

문에 설치된 고정형 리더	고정형 리더 (안테나 제외)	휴대형 리더

자료: 한국농림수산정보센터(전게서).

[그림 4-6] 라벨 프린터와 라벨 태그

라벨 프린터	라벨 태그	라벨 태그
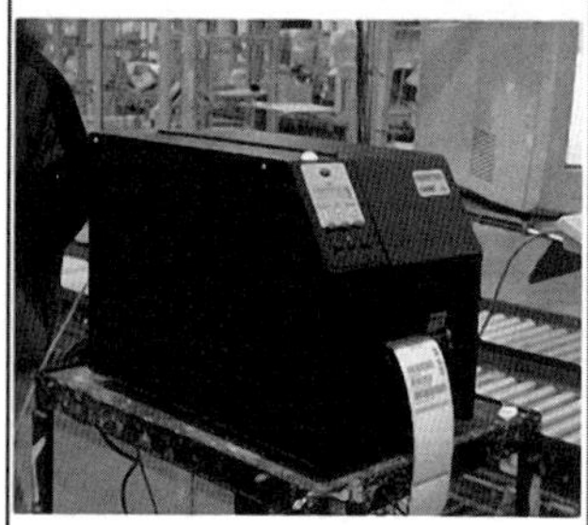		

자료: 한국농림수산정보센터(전게서).

일반적으로 리더는 태그에 정보를 쓰는 기능을 가지고 있다. 그러나 대규모 태그 발행을 위하여는 별도의 인쇄기로 라벨 프린터를 사용한다. 라벨 프린터와 라벨 태그 샘플은 다음과 같다.

컴퓨터 시스템은 좁게는 특정 기관의 리더에서 읽은 정보를 관리하는 시스템을 이야기하지만, 광의로는 상품이 유통되는 전 과정에 있는 모든 기관의 연계된 정보 시스템을 언급한다. 대표적 사례로 EPC(Electronic Product Code)를 기반으로 하는 EPC global Network가 있다. [그림 4-7]은 좁은 범위의 컴퓨터 시스템으로 특정 기관에서 태그를 읽은 후 처리하는 과정을 나타내고 있다. 즉 RFID 리더를 통하여 읽은 태그 정보가 미들웨어를 통하여 정제된 후 기존 시스템에 보내지고, DBMS에 저장되는 과정을 보여주고 있다.

그렇지만 RFID 시스템의 가장 큰 특징은 표준 구조를 통한 외부 시스템과 연계이다. 한 기관에서 읽은 태그 정보를 추적하여 원래 태그를 부착한 기관에 질의를 하여 원하는 정보를 얻을 수 있는 과정을 지원하는 것이다. 이러한 구조를 지원하는 경우는 보통 EPCglobal Network 체계와 유사한 형태의 구조가 만들어진다. [그림 4-8]에서는 RFID에 기반한 SCM(Supply Chain Management)에 대한 대략적 구조를 제시하고 있다.

[그림 4-7] RFID 기반 단순한 컴퓨터 시스템

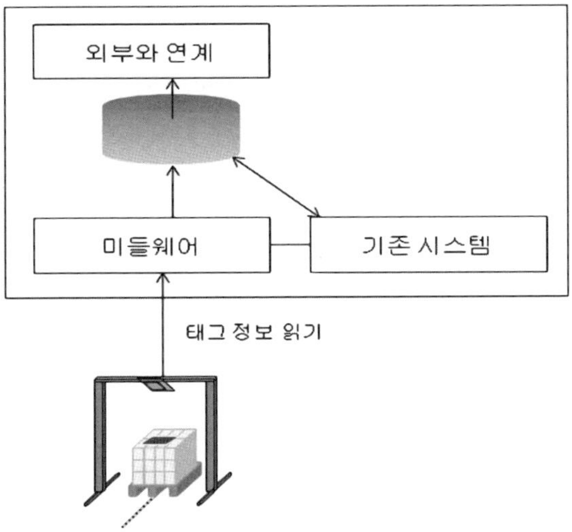

자료: 한국농림수산정보센터(전게서).

가장 상위에 ONS(Object Name Server)가 있으며, 속성정보시스템은 EPCIS (EPC Information Service)를 지원하는 체계를 보여주고 있다. 모든 기관이 EPCIS

[그림 4-8] RFID 기반 SCM 시스템

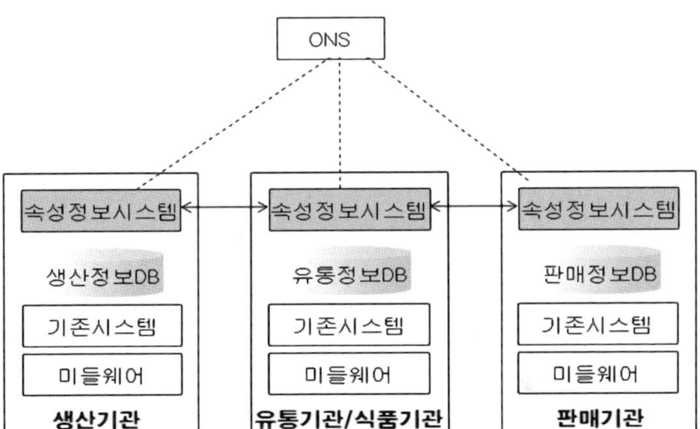

자료: 한국농림수산정보센터(전게서).

[표 4-4] 주파수 대역별 RFID 시스템 정의

주파수	저주파	고주파	극초단파		마이크로파
	125.134KHz	13.56MHz	433.92MHz	860~960MHz	2.45GHz
인식거리	60cm미만	60cm까지	~50~100m	~3.5~10m	~1m 이내
일반특성	• 비교적 고가 • 환경에 의한 성능 저하 거의 없음.	• 저주파보다 저가 • 짧은 인식거리와 다중 태그 인식이 필요한 응용분야에 적합	• 긴 인식거리 • 실시간 추적 및 컨테이너 내부 습도, 충격 등 환경 센싱	• IC기술발달로 가장 저가로 생산 가능 • 다중태그인식 거리와 성능이 가장 뛰어남.	• 900대 역태그와 유사한 특성 • 환경에 대한 영향을 가장 많이 받음.
동작방식	• 수동형	• 수동형	• 능동형	• 능동/수동형	• 능동/수동형
적용분야	• 공정자동화 • 출입통제/보안 • 동물관리	• 수화물관리 • 대여물품관리 • 교통카드 • 출입통제/보안	• 컨테이너관리 • 실시간 위치 추적	• 공급망관리 • 자동통행료 징수	• 위조방지
인식속도	저속 ← − → 고속				
환경영향	강인 ← − → 민감				
태크크기	대형 ← − → 소형				

자료: 한국전자통신연구원 홈페이지(www.etri.re.kr).

를 기반으로 서로 질의하고 답변할 수 있는 체계를 지원하는 것이다. ONS는 각 태그에 대한 기관 위치 정보를 제공하고 있다.

RFID의 주파수 대역은 크게 5가지 영역이 일반적으로 사용된다. 일반적인 전파의 특성이 그러하듯 저주파일수록 인식거리는 짧고 고주파일수록 인식거리가 길어지게 된다. 주파수 대역별 분류와 각 적용분야는 다음과 같다.

제 3 절 생체인식시스템

생체인식(Biometrics)이란 사람의 생체적·행동적인 특성을 이용하여 개인을 식별하는 학문 또는 기술을 의미한다. 또한, 기계로 하여금 사람의 생체적·행동적인 특성을 인식하여 개개인을 식별하고자 하는 기술의 한 분야이다. IT(정보기술)를 이용한 네트워크 정보관리 등에 본인에 대한 인증수단으로 사용되는 기술이다.

생체인식 기술은 살아 있는 사람의 신원을 생리학적 특징 또는 행동적 특징을 기반으로 인증하거나 인식하는 자동화된 방법을 말한다. 즉, 인간의 특성을 디지털화하여 그것을 보안용 패스워드로 활용하는 것이다. 따라서 생체인식 기술의 기술적 기초가 되는 신체정보는 생리학적 정보와 행동적 정보로 분류된다. 생리학적 특징을 기반으로 하는 신체정보는 지문, 홍채, 망막, 손 모양, 정맥의 모양, DNA 등이 있으며, 행동적 특징을 기반으로 하는 정보에는 음성이나 서명, 걸음걸이 등이 있다.

확실한 개인의 인증을 통해 여러 가지 위험요소 및 손실을 줄이기 위한 보안 및 관리 등에 이용하며 기존의 개인 인증방법과 비교하여 자신의 지문이나 음성 등 생체적 특징을 이용하면 손쉽게 본인임을 인증하므로 편리하다.

이렇듯 현재 다양한 생체인식 기술이 적용되거나 연구되고 있으며, 그 중 하나가 홍채나 망막을 이용한 인식 기술이다. 홍채나 망막의 무늬는 일란성 쌍둥이라도 서로 다른 것으로 알려져 있으며, 특별한 외상이나 심각한 질병에 걸리지 않는 한 평생 변하지 않는다. 망막인식은 안구 배면에 있는 모세혈관의 구성이 지문과 같이 평생 변하지 않는다는 특성을 이용한 기술이다. 망막인식의 장점은 지문보다 더 많은 속성을 가지고 있다는 점이다. 그러나 사용자가 자신의 눈을 망막 스캐너에 아주 근접하게 갖다 놓아야 하므로 사용자들의 호응을 얻지 못하고 있다. 홍채인식은 사람의 눈에서 중앙의 검은 동공과 공막(흰자위) 사이에 존재하는 도넛모양의 홍채무늬 패턴을 이용하여 사용자를 인증하는 기술이다. 홍채인식 시스템의 장점은 약 1미터 떨어진 곳에서도 카메라로 포착이 가능하다는 것이다. 이때 개인마다 홍채의 모양이 다르기 때문에 저장된 코드 정보의 3분의 1만 대조해도 신원확인이 가능하다. 이런 점에서 홍채인식은 지문을 포함한 모든 생체인식 시스템 중에서 보안성이 가장 뛰어나다. 하지만, 홍채인식 시스템의 경우 기기가 소형화되기 힘들어 상용화, 보편화가 힘들고 다른 인식 시스템보다 고가라는 단점이 있다.

손모양 인식은 생체인식 기술 중 가장 먼저 자동화된 기법으로 개인마다 손가락의 길이가 다르다는 점에서 착안, 손가락 형태를 분석하여 이를 디지털화한 시스템으로 영상인식 기술의 발전으로 단순한 길이를 측정하는 것에서 벗어나 다양한 특징을 추출하여 사람을 인식하는 데 사용되고 있다. 손모양 인식은 간편하고 처리량이 적어 실시간 처리가 가능하나 정확도 면에서 문제점을 안고 있다.

손모양 인식은 지문을 남기지 않고 장문만을 남길 때 그 문양으로 범인을 잡아내는 데 사용되고 있으며, 다른 분야에 대한 응용은 연구단계에 머무르고 있다.

정맥인식 기술은 손등이나 손목의 정맥 패턴도 지문처럼 사람마다 다르다는 점에 착안한 보안 기술이다. 간단한 상처나 일반적인 광 투과성 물질에 의한 오염 등에도 양호한 영상을 획득할 수 있다는 장점이 있으며, 복제가 거의 불가능해서 가장 높은 보안성을 가지고 있다. 하지만 혈관분포 영상을 얻는 방법으로 보통 적외선 조명과 광학 필터를 사용하는 방법을 취하는데, 손등의 피부배경으로부터 정맥이 분포한 부분을 추출하기가 쉽지 않으며 하드웨어 구성이 복잡하고 가격이 높아 상용화의 걸림돌로 작용하고 있다.

DNA 패턴 인식은 현재 연구가 진행되고 있는 분야로서 실시간 측정 기술이 개발되지 않아 생체인식 분야에 포함하기 어렵지만 위조 및 해독이 원천적으로 불가능하기 때문에 위조 변조 등으로부터 저작권을 보호할 목적으로 사용할 수 있다. 현재의 기술 방식은 개인의 혈액이나 타액에서 DNA를 추출해 얻은 자료를 마이크로 캡슐화해 잉크와 혼합한 DNA 잉크 방식을 사용하고 있으며, 향후 생체인식 분야의 유망 기술로 기대를 모으고 있는 분야이다.

생체인식 기술 하면 가장 먼저 지문인식을 떠올릴 만큼, 지문인식은 오늘날 가장 널리 또 오랫동안 사용되고 있는 생체인식 기술이다. 지문은 땀샘이 융기하여 일정한 흐름을 형성한 것으로 그 모양이 개인마다 서로 다를 뿐 아니라, 태어날 때의 모습 그대로 평생 변하지 않는 특성이 있다. 이러한 고유 특성 때문에 식별 성능에 대한 신뢰도, 안정도 및 인식 속도가 다른 생체인식보다 높은 것으로 평가되고 있고, 가장 효율적인 개인 인증 방법으로 이용되고 있다. 특히, 지문인식은 지문을 저장하고 식별하는 센서와 반도체 칩이 소형이고 저렴하기 때문에 그 어느 생체인식 기술보다 응용범위가 넓다. 지문인식의 장점은 0.5% 이내의 에러율이라는 비교적 높은 인식률과 1초 이내에 이루어지는 빠른 검증속도 면에서 우수하고, 타 생체인식 기술에 비해 사용이 편리하고 경제성이 높다. 지문인식의 단점은 지문이 손상되거나 아예 없어진 경우에는 적용이 불가능하다는 점인데 우리나라는 전체 인구의 약 5% 정도가 이 경우에 속한다. 남아 있는 지문 흔적을 복사해 사용하거나, 지문을 위해 손가락을 잘라가는 등의 범죄 가능성도 존재하나 지문인식 장비의 기술발달로 복사된 지문정보와 죽어 있는 신체 일부는 인식되지 않게 함으로써 문제를 해결해 가고 있다.

얼굴인식 기술은 인간이 다른 사람을 인지할 때 가장 많이 사용하는 것이 얼굴이기 때문에 가장 자연스러운 생체인식 기술이라고 할 수 있다. 하지만, 얼굴을 인식하기 위해서는 영상에서 얼굴 부분만 따로 분리해 내는 작업이 필수적인데 인간의 얼굴이 고정되어 있는 것이 아니기 때문에 분리 작업은 매우 어려운 과정이 된다. 얼굴인식 방식으로는 얼굴 혈관에서 발생하는 열상을 적외선 카메라로 촬영하는 특징점 기반 방식과 3차원 얼굴 영상을 이용한 영상기반 방식(Principal Component Analysis: PCA)이 사용되고 있다. 향후 얼굴인식 기술이 가장 널리 적용될 것으로 예견되는 분야는 로봇 기술 기반의 에이전트 서비스이다. 로봇은 얼굴인식을 통해 누구인지 인식하고 그에 따른 적절한 행동을 취할 수 있으며, 뉴스 프로그램에서 특정인의 얼굴이 나오는 장면만 선택해 검색하는 등의 맞춤형 서비스를 제공할 수 있다.

음성인식은 음의 강약과 높낮음 등 음성의 진동이 갖는 특징을 디지털 신호로 바꾼 뒤 분석하여 데이터베이스에 저장된 음성자료와 비교하여 본인임을 확인하거나 그 언어적 의미를 분석해 내는 기술이다. 현재 음성인식 기술은 상대방의 이름이나 관련 단어를 말하면 자동으로 통화를 연결해 주는 핸드폰, 컴퓨터 명령어를 말로 실행시킬 수 있는 보이스 액세스 프로그램, 기본적인 메모, 인터넷 접속까지 음성인식이 가능한 IBM의 OS/2 워프 등에 활용되고 있다. 하지만, 사용자가 감기나 후두염 등 건강상태에 따라 후천적으로 목소리가 변할 수 있고, 주변 소음과 잡음도 시스템에 영향을 미치며 일부러 목소리를 변화시키거나, 다른 사람이 목소리를 흉내낼 수도 있기 때문에 인식률이 떨어지는 문제점이 아직 해결해야 할 과제로 남아 있다.

인간이 문자 생활을 한 이후 서명은 아주 오랫동안 자연스럽게 적용되어 온 생체인식 방법으로 직접 작성한 문서나 악보, 그림, 조각품, 악기, 공예품에 이름을 써 넣는 것은 오늘날에도 매우 일반적인 방법이다. 서명인식 방법은 작성된 서명을 스캐너, 카메라 등으로 광학적으로 인식한 다음 모양을 분석하여 인식 대조하는 오프라인 방식과 전자 패드에 직접 서명하면서 그 움직임, 속도, 압력 등을 동적으로 파악하는 오프라인 방식이 있다. 서명인식 방법은 위조전문가에 의한 모조가 쉽다는 것이 서명인식의 가장 큰 단점이며, 높은 보안을 요구하는 부분에서는 지문이나 홍채인식 등 다른 생체인식 특징을 병행해 사용하는 것이 일반적이다([그림 4-9], [그림 4-10] 참조).

[그림 4-9] 지문특징 추출 및 정합과정

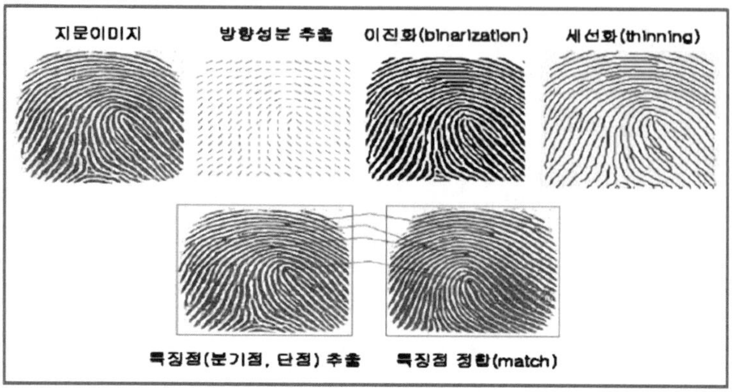

자료: ETRI(2006), “생체인식 시장 분석”.

[그림 4-10] 홍채인식 진행도

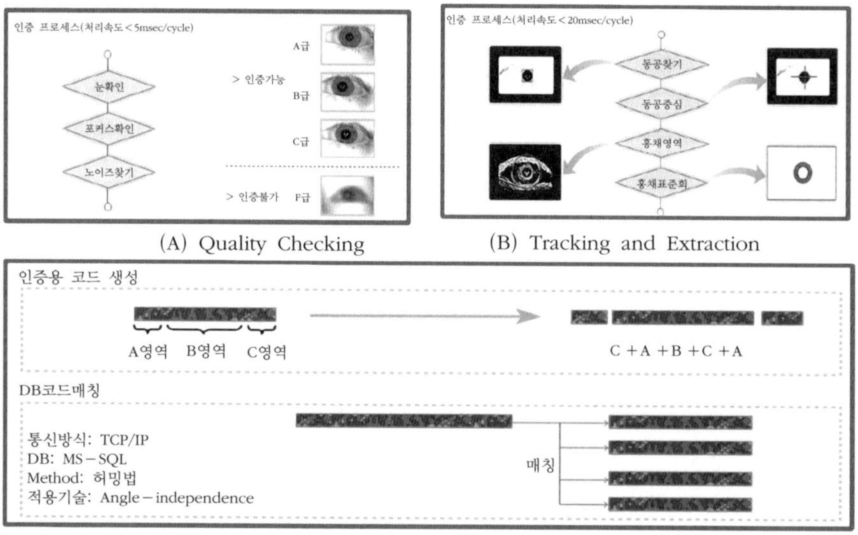

자료: ETRI(전게서).

오늘날에는 기존의 IC 칩으로 이용하는 신분확인 형식에서 생체인식기술을 이용한 물류관리가 늘어나고 있다. 공급경로관리 차원에서 제조업체로부터 수출입, 통관, 수취인까지의 업무에서 화물취급자에 대한 관리의 방법으로 생체인식기술 도입에 대한 논의가 활발하다. 또한, 앞서 언급하였듯이 수출입화물에서의 보안을 위하여 취급자사슬(chain of possessors) 측면에서 운전자 및 관리자들의 취급확인을 요구하고 있다. 생체인식기술의 물류 관련 적용분야를 살펴보면, PC 보안분야, ID와 패스워드, 출입국관리에서의 본인인증시스템, 도어락과 같은 물리적 접근제어(PAC: Physical Access Control) 분야, 물류유통시스템관리, 온라인 뱅킹이나 전자상거래와 같이 정확한 상대방 인증이 필요한 분야, 스마트카드, 결제시스템, 출입통제, 데이터보안, 범인감식. e-biz, 미아 찾기, 근태관리, 무선보안, 금융거래, 의료서비스 등이 있다.

여러 분야에서 응용이 가능하다. 또한, 생체인식기술의 수출입물류 적용분야를 살펴보면, 화물차량의 주행중 중차량자동계측(weigh-in-motion), RFID 안테나, CCTV, 고성능카메라, 위험화물 사고시 화재, 폭발, 유출 등의 관리 등 여러 분야에서 널리 사용될 수 있다.

제 4 절 EDI(Electronic Data Interchange)

1. EDI

우리 나라 무역자동화법에서 정의하는 EDI란「업무를 컴퓨터 등 정보처리능력을 가진 장치 간에 전기통신설비를 이용하여 전자문서로 전송처리 또는 보관하는 방식」이라고 정의하고 있고 실제 EDI는 두 조직 사이에 각종 거래서식, 각종주문서, 송장, 지불명세서 등의 서류를 정해진 표준양식 및 통신표준에 맞추어 사람의 개입 없이 컴퓨터에서 컴퓨터로 직접 전송하는 것이다. EDI를 사용함으로써 거래문서를 교환하는 시간의 단축, 전달 과정에서 오류와 불확실성의 제거, 비용절감의 효과를 얻을 수 있으며 더 나아가 주문, 생산, 납품, 유통 등 모든 기업 활동 단계에서 생산성의 증대와 고객서비스 수준을 향상시킬 수 있다.

1960년 초창기의 EDI는 개별 기업이나 그룹 차원에서 사설표준을 통해 컴퓨터를 연결시켜 정보를 교환하는 수준으로 활용 범위가 제한적이었다. 차츰 기업들은 산업 내 다른 기업과의 통신을 위해 사설표준을 벗어나 산업표준을 제정하게 되었다. 자동차 산업을 위한 ODETTE(Organization for Data Exchange Through

Teletransmission in Europe), 영국과 북아일랜드의 소매산업을 위한 TradeNet 등이 대표적인 산업 표준의 예이다.

정부 차원의 표준으로는 미국의 표준연구소(ANSI)에서 1979년에 제안한 X.12와 유럽에서 개발된 GEDI(Guidelines for Trade Data Interchange)가 대표적이다.

차츰 개방화와 국제화가 진행되면서 이러한 국가표준의 한계가 드러나게 되자 미국과 유럽의 표준화 기구들은 UN의 후원 아래 모임을 갖고, 국제표준으로 UN/EDIFACT(EDI for Administration, Commerce and Transport)를 개발하여 1987년 ISO의 승인을 받기에 이르렀다.

EDI를 구성하는 중요한 요소로는 EDI서비스 관련주체인 EDI서비스 제공사업자와 EDI서비스 이용자, 그리고 EDI서비스 관련기술로는 EDI표준과 H/W, S/W를 포함한 EDI시스템 등을 들 수 있다.

EDI는 어느 한 시스템에서 다른 시스템으로 전화회선이나 기타 전송선을 통해 전자문서를 전송한다. EDI를 위한 시스템간의 접속은 거래상대방의 수가 적을 때는 효과적이나, 거래대상의 시스템 수가 많으면 회선유지비용이 커지며 송수신시간을 조정하거나 전자문서의 보안을 유지하기가 어렵다. 이때 EDI서비스 기본업무처리나 중계기능을 갖고 있는 부가가치 통신망(Value Added Network: VAN) 사업자들이 서비스이용자들 사이에서 그들의 업무를 대행해 줄 수 있으며 이용자는 VAN사업자들의 존재로 투자비용의 절감, 송수신 시간의 조정, 보안의 강화 등의 효과를 갖는다.

EDI서비스 이용자는 실제 EDI를 사용하는 소비자로서, 이들에게 EDI는 그 자체가 목적이 아니라 업무효율화의 수단이므로, 사용으로 인한 만족과 비용절감의 효과를 얻으려 한다. 소비자로서 이들은 안전할 권리, 정보를 받을 권리, 선택할 권리, 그리고 의사존중의 권리를 갖고 있으며 EDI의 발전과 활성화에 견인차로서의 역할을 한다.

EDI 표준이란 크게 두 가지로 나누어 볼 수 있는데, 첫 번째로 거래에 대한 전자문서의 형식에 대한 양식표준이다. 전자문서를 하나의 시스템에서 전송하고 수신하여 그 내용을 정확히 알아내기 위해서는 전자문서에 들어갈 전송항목의 종류, 순서, 자료형태, 크기, 물품 코드 등에 대한 내용 및 규칙의 정의가 필요하며, 모든 거래 당사자들이 공통적으로 사용될 수 있도록 정의한 것이 EDI 문서표준이 된다. 두 번째로 표준을 따른 문서가 작성된 후 이를 전송 및 수신하기 위한 통신 프로토콜, 전자문서 파일 포맷 등에 대한 표준이 있어야 한다.

EDI시스템은 크게 사용자 서류를 입력, 편집 및 출력하는 응용 소프트웨어, 다양한 사용자 응용시스템에서 작성된 자료를 정해진 표준형태로 변환시켜 주는 변환처리 소프트웨어(Translator), 국제표준메시지형태의 전자신호를 전송해 주는 통신 소프트웨어, EDI 메시지를 거래 상대자 사이에 중계해 주는 메시지 처리 시스템(MHS), 그리고 사용자단말기 등으로 구성된다.

응용소프트웨어는 사용자가 문서 작성시 표준전자문서의 각 항목을 만족시킬 수 있도록 하며, 거래상대방에게 송신하기 위하여 문서를 작성, 수정, 조회, 삭제하는 데 활용되고 수신 전자문서를 조회, 출력하는 데에도 이용된다.

변환처리 소프트웨어는 EDI표준과 연결되어 있는 프로그램으로, 사용자응용프로그램에서 작성한 데이터 파일을 EDI표준 양식으로 변환하는 소프트웨어이다. 이 소프트웨어는 사용자의 고유양식에서 표준양식으로 변환해 주는 서비스와 표준형식에서 사용자의 고유형식으로 변환해 주는 서비스기능을 제공한다. 한편 EDI변환처리 시스템이 갖추어야 할 기능으로는 송수신 데이터구조 변화기능, 송수신 메시지의 적합조사 및 오류출력 기능, 수신시의 기능적 인지거래(Functional Acknowledgement Transaction)의 생성, 보안기능, 자동복구기능 등이 있다. 특히 변환소프트웨어는 금융 EDI와 무역 EDI 간의 연동, 무역 EDI와 통관 EDI, 또는 물류 EDI와의 연동 등과 같이 다른 EDI 서비스 간 연동에 있어 표준양식으로 변환을 가능하게 해 주기 때문에 많은 업체들이 이 시장에 뛰어들고 있다.

통신소프트웨어는 시스템과 시스템 간에 데이터를 주고받을 때 사용하는 소프트웨어이며 전화선, 전용선 등의 선로를 따라 통신이 가능하도록 지원한다.

MHS(Message Handling Systems) 응용서비스는 메시지를 정의된 봉투와 내용에 넣어 전달하는 역할을 한다. 주요 서비스로는, Composition(메시지와 응답을 생성), Transfer(수신인에게 메시지 전송), Reporting(발신인에게 메시지에 생긴 일을 보고), Conversion(수신인의 터미널이나 프린터에 디스플레이), Formatting(수신인의 변환처리 가능한 상태로 변환), Diposition(수신인이 메시지를 받은 후 하는 작업) 등과 같은 것이 있다.

사용자단말기는 앞에서 언급한 소프트웨어들의 실제 사용과 데이터의 입력 및 저장을 위한 기기로서 개인용 컴퓨터, 워크스테이션 등을 들 수 있다.

2. XML EDI와 ebXML EDI[3)]

XML/EDI 시스템이란 B2B 전자상거래 환경 하에서 사용되던 EDI 메시지 교환서비스를 인터넷 신기술인 XML을 이용한 서비스로 제공하는 시스템이다. XML/EDl 사용자는 VAN업체가 제공하는 XML 매퍼시스템을 사용하거나 DTD 혹은 스키마를 바탕으로 자체 XML/EDl 시스템 개발, 그리고 VAN업체의 사이트에 설치된 웹 프로그램을 사용하는 경우로 나누어지는데, 매퍼시스템은 주로 대량의 데이터를 취급하는 업체에 적합하며 자신들의 DB에서 데이터를 XML문서로 직접 매핑 가능하게 한다. 매퍼는 유료 판매이므로 사용자는 서비스 스팩을 기반으로 직접 XML문서를 매핑하는 시스템을 개발할 수 있다. 또한 문서취급이 많지 않은 업체는 웹 XML/EDl 프로그램을 이용할 수도 있다.

ebXML은 OASIS(Organization for the Advancement of Structured Information Standards) 및 UN/CEFACT(United Nations Centre for Trade Facilitation and Electronic Business)가 중심이 되어 만든 XML 기반의 국제표준 전자상거래 프레임워크이다. 1998년 이후 전자상거래 단체, 유수한 IT업체 등에서 로제타넷, XCBL, cXML, 비즈토크 등 다양한 XML 표준 전자상거래 프레임워크를 양산함으로써 표준화 혼란 가능성을 야기했다. 1999년 11월에 국제 EDI 표준개발기구인 UN/CEFACT와 OASIS는 양자 간에 XML 표준화 공동 작업을 수행하기로 합의하고 양 기관 중심의 ebXML 워킹그룹을 구성했으며, 2001년 5월에 ebXML 워킹그룹은 18개월간의 작업을 통해 최종명세를 발표했다.

ebXML의 목표는 개방적인 XML을 범세계적으로 제공하여 국제적이고 단일한 e-Marketplace를 제공하겠다는 것이며, 상호연동성이 가능한 매우 유연한 솔루션으로 e비즈니스의 범위를 확장하겠다는 것이었다. 이에 따라 개방성(명세 개발 작업에서 누구나 아무런 비용부담 없이 참여 가능)과 상호 운용성(ebXML 명세에 따라 누구나 특정 솔루션이나 플랫폼에 의존 없이 전자상거래가 가능)은 ebXML의 가장 중요한 특징이 되었으며, 국내외 많은 기업이나 산업이 이러한 특징 때문에 ebXML을 채택하여 사용하고 있다. 이외에도 ebXML은 다음과 같은 특징을 보여주고 있다.

---

3) 한국전자거래진흥원(2008), 『2007e비즈니스백서』, pp. 166~167.

- 비즈니스 프로세스의 변동에 따른 유연한 적용이 가능하다.
- 전자거래에 필요한 데이터의 등록과 사용이 용이하다.
- 사용자 시스템의 명세를 일괄 교환할 수 있어, 시스템의 변동에 쉽게 대응할 수 있다.
- 기업 간 전자거래에 필요한 제반 명세를 통합된 아키텍처로서 제공한다.

ebXML의 구성요소는 비즈니스 프로세스, 핵심 컴포넌트, 등록저장소, 거래 당사자, 전송 교환 및 패키징으로 나누어 볼 수 있다.

비즈니스 프로세스는 다양한 비즈니스 거래 절차에 대한 내용을 표준화된 방법으로 모델링해 시스템이 자동으로 인식, 처리할 수 있도록 하는 표현 방법에 대한 정의를 규정한다.

핵심 컴포넌트는 비즈니스에서 교환되는 전자문서(메시지)를 이루는 항목을 미리 잘 정의해 재사용 가능하도록 표준화 작업을 한다.

등록저장소는 저장소는 거래 상대자들에 의해 제출된 정보를 저장하는 안전한 저장소이며, 등록기는 이 정보들의 메타데이터를 등록시켜 놓은 등록소이다. 등록저장소 분야는 전체 ebXML의 가장 중요한 부분이라고 할 수 있다.

거래 당사자는 비즈니스 거래 당사자에 대한 각종 정보 및 협업을 위한 프로파일을 통일된 규칙으로 표현하며, 이러한 내용을 CPP(협업 규약 프로파일: 거래 당사자의 정보), CPA(협업 규약 약정서: 거래 상대자들 간의 협약)로 표현한다.

전송 교환 및 패키징은 ebXML 메시지 서비스를 제공하여 메시지를 상호 운용성과 보안을 유지하면서 어떻게 전달할 것인가에 대한 표준을 정립한다.

제 5 절 웹 서비스[4)]

웹서비스는 정의 주체별로 약간씩 다르게 정의되고 있지만, 대체로 아래와 같은 정의 중 하나로 이해될 수 있다.

• 웹 서비스란 인터넷을 통한 네트워크 상에, 단일 또는 다수의 비즈니스 간 기존 애플리케이션 시스템을 표준화된 기술로서 결합시킴으로써, 모든 비즈니스

4) 한국전자거래진흥원(2008), 『2007e비즈니스백서』, pp. 167～170.

를 가능하게 하는 것

• 웹 서비스는 고객이 원하는 정보나 응용 기능 또는 서비스 자체를 제공해 주는 총체적 서비스

• 웹 서비스는 인터넷 기술을 이용한 표준화된 오픈 네트워크를 통해 기업 내 및 기업 간 모든 컴퓨터 시스템을 결합시키는 새로운 컴퓨팅 패러다임

웹 서비스는 기존의 다른 소프트웨어처럼 완벽한 정의를 지정하여 구성하는 것이 아니라, 고객의 다양한 요구에 맞춰 서로 주고받는 데이터 표준에 대한 정의를 규정한다. 이와 같은 열린 정의를 통해서 매우 유연하고 이질적인 운영 시스템, 프로그램 언어 간의 커뮤니케이션 차이를 극복해 주는 연결고리 역할을 수행한다.

이런 웹 서비스는 1990년대 이전까지만 해도 기업의 IT 환경은 기업업무의 보조수단으로 한정적으로 사용되었다. 하지만 인터넷의 보급 이후에는 모든 IT 인프라를 개방된 네트워크 상에 공개했고, 이를 통해 기업과 외부 간의 연계 및 통합에 대한 요구가 꾸준히 증가되었다.

다양한 시스템 연계에 대한 요구 사항이 커지게 되고, 각 시스템의 업그레이드에 따른 복잡성에 효과적으로 대처하기 위해서는 비즈니스 통합 및 상호 연

[그림 4-11] 웹 서비스 도입 배경

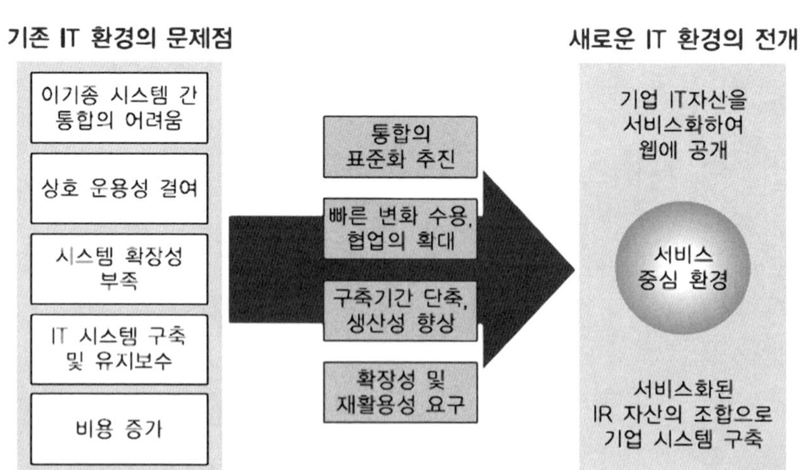

계라는 필요성 때문에 서비스라는 개념이 대두되게 되었다. 서로 다른 하드웨어, 운영 체제, 프로그래밍 언어, 데이터베이스와 여러 형태의 데이터들이 있는 기업 및 기업 대 기업의 환경 아래에서 표준기반의 확산 가능한 통합된 환경을 만들기 위해서는 이를 포괄하는 새로운 표준의 필요성이 대두되었고, 이를 구현하여 표준화된 XML 기반의 서비스 수준 통합의 방법을 제시한 것이 웹 서비스이다.

웹 서비스의 정의에서 살펴보았듯이 웹 서비스는 분산 컴퓨팅 환경을 구축하기 위한 핵심 기술로 사용될 수 있다. 분산 컴퓨팅 구축을 위한 핵심 기술로서의 웹 서비스의 특징을 요약해 보면 다음과 같다.

• 플랫폼이 독립적이다.

• 웹 서비스는 약결합(Loosely Coupled) 소프트웨어 구조를 가지고 있기 때문에 서비스 제공자, 사용자가 특별한 기능을 추가하기 위해 추가되는 기능에 따른 새로운 플랫폼을 사용하지 않아도 되며, 플랫폼 선택도 매우 자유롭다.

• 시스템 디바이스 및 위치가 독립적이다.

• 인터넷과 같은 개방형 통신 채널을 제공하는 디바이스들이 시간 및 장소에 상관없이 서비스에 접근할 수 있도록 한다.

• 동적 서비스를 지원한다.

• 사용자가 요구되는 다양한 기능들을 적절한 서비스 제공자로부터 찾을 수 있고 이를 실시간으로 연계할 수 있다. 또한 서비스 제공자와 사용자의 역할이 고정되어 있지 않다.

• 기존(legacy) 시스템의 통합 환경이다.

• 기존에 투자되었던 IT 애플리케이션 및 인프라 등 기존의 시스템에 새로운 시스템을 구축하는 것이 아니라, 이미 존재하고 있는 시스템을 통합해 운영함으로써 기업에 다양한 이점을 제공해준다.

• 개방형 표준 지원을 한다.

• 독점적이고 폐쇄된 루프 통신 방식 대신 기존의 개방형 표준을 채택함으로써, 동일한 개방형 표준을 지원하는 모든 시스템에서 웹 서비스를 이해할 수 있게 된다. 웹 서비스 및 해당 클라이언트가 각 내부 시스템을 구성하는 요소에 대해 알 필요 없이 공유 가능한 자체 설명적인 텍스트 기반 메시지 활용을 통해 자율적이고 서로 다른 시스템 사이의 통신이 가능해진다. 웹 서비스는 XML 표준

기술을 사용하여 이 기능을 수행한다.

현재 W3C(World Wide Web Consortium)가 추진하고 있는 웹 서비스 표준 규약에서 웹 서비스 아키텍처를 구성하고 있는 기본 표준들은 다음과 같다.

• XML은 웹 서비스의 가장 근간으로서 빌딩 블록(Building Block)의 역할을 하며 웹 서비스의 데이터를 정의하고, 이 데이터가 어떻게 프로세싱되어야 하는지를 정의하는 언어를 제공한다.

• SOAP(Simple Object Access Protocol)은 웹 서비스의 통신 프로토콜이라고 할 수 있다. SOAP은 인터넷 상에서 XML 데이터를 교환하는 데 사용되는 메시징 프레임워크를 정의하는 데 사용된다.

• WSDL(Web Service Definition Language)은 XML 용어의 하나로 프로그래밍 단계의 자동적 통합에 요구되는 모든 기술의 세부 목록들을 구성하는 언어에 대한 사전(dictionary) 역할을 하는 것으로 이해할 수 있다.

• UDDI(Universal Description, Discovery, and Integration)는 글로벌 전자적 옐로 페이지의 역할과 검색 역할을 수행한다. UDDI는 기업으로 하여금 자신이 서비스의 제공자임을 드러내어, 가용한 제품과 서비스 설명을 레지스트리에 공개하도록 해 주며, 요청자는 잠재된 비즈니스 파트너를 찾는 동시에 서비스 제공자와의 e비즈니스 시작을 위한 간단한 통합을 이룰 수 있다.

[그림 4-12] 웹 서비스 기본 프레임워크

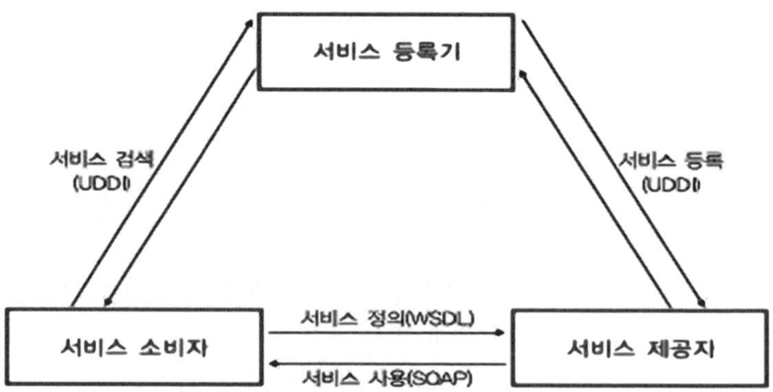

[그림 4-13] 웹 서비스 프로토콜 스택(CBDi Forum, 2005).

Business Domain Specific extensions	Various	Business Domain
Distributed Management	WSDM, WS-Manageability	Management
Provisioning	WS-Provisioning	
Security	WS-Security	Security
Security Policy	WS-Security Policy	
Secure conversation	WS-Secure Conversation	
Trusted Message	WS-Trust	
Federated Identity	WS-Federation	
Portal and Presentation	WSRP	Potal and Presentation
Asynchronous Services	ASAP	Transactions and Business Process
Transaction	WS-Transactions, WS-Coordination, WS-CAF	
Orchestration	BPEL4WS, WS-CDL	
Events and Notification	WS-Eventing, WS-Notification	Messaging
Multiple message Sessions	WS-Enumeration, WS-Transfer	
Routing / Addressing	WS-Addressing, WS-Message Delivery	
Reliable Messaging	WS-Reliable Messaging, WS-Reliability	
Message Packaging	SOAP, MTOM	
Publication and Discovery	UDDI, WSIL	Metadata
Policy	WS-Policy, WS-Policy Assertions	
Base Service and Message Description	WSDL	
Metadata Retrieval	WS-Metadata Exchange	

WSDL, UDDI, SOAP 외에도 다양한 웹서비스 관련 표준들이 존재하며, CBDI(http://www.cbdiforum.com)에서는 관련 표준들을 다음과 같이 분류했다.

웹 서비스는 서비스 지향 아키텍처를 실현하는 최적의 구현체로서 평가되고 있으며, EAI, B2Bi, WAS 등 주요 e비즈니스 플랫폼에 탑재된 형태로 벤더들에 의해 공급되고 있다. 웹 서비스의 표준화는 주로 OASIS라는 국제표준기구에 의해 주도되고 있으며, 대형 소프트웨어 벤더들이 표준화에 앞장서고 있다.

SOAP, WSDL, UDDI라는 주요 표준 스펙 외에 웹 서비스를 기업환경에 적용하기 위해 필요한 많은 추가적인 스펙들이 제정되었거나 제정중에 있으며, 소프트웨어 벤더들은 이를 기반으로 e비즈니스용 소프트웨어를 제작하고 있다.

MS와 IBM은 초기 웹 서비스와 관련한 SOAP, UDDI, WSDL의 표준화 작업을 주도적으로 진행하였으며, WSI(Web Service Interoperability) 컨소시엄을 이끄는 등 웹서비스 시장에 강력한 영향력을 행사하고 있다. MS는 window 운영 체계의 시장지배력을 발판으로 2000년 초부터 닷넷(.NET) 전략을 가시화하면서 기업시장을 주도해 온 SUN, IBM, Oracle의 Java진영을 압박하고 있다. MS는 '닷넷 엔터프라이즈 서버', '비주얼 스튜디오 닷넷', '닷넷 마이 웹 서비스'제품을 발표하면서 다른 경쟁자들보다 한 발 앞서나가고 있다.

IBM은 웹 서비스의 표준화 작업뿐만 아니라, MS와 함께 웹서비스 컨소시엄인 WSI를 주도하면서 MS와 공조 관계를 유지하고 있다. 그러나 IBM은 '개방형 플랫폼'을 강조하며, J2EE 기반의 '웹 스피어 스튜디오 애플리케이션 디벨로퍼(WSAD)'를 발표하는 등, 닷넷 플랫폼의 MS와 치열한 경쟁을 벌이게 되었다. 실제로 Java의 개발사인 SUN을 WSI 컨소시엄에서 배제하는 등 Java 진영의 주도권을 잡기 위해 MS와 함께 SUN을 견제해오던 IBM은 최근 MS의 반대에도 불구하고 SUN의 WSI 이사회 참여를 적극 지원했다. 이 외에도 SI 업체에 'WoW(웹 스피어 기반 웹 서비스)'센터 설립을 지원하며, 솔루션 업체와의 협력을 강화하여 웹 서비스 관련 솔루션을 대거 확보할 계획이다. SUN은 초기웹 서비스 관련 표준화 작업에 참여하지 못함으로써, Java의 개발사라는 이점을 살리지 못하고 경쟁사인 MS와 IBM에 비해 한 발 뒤처져 있는 상황이다. 그러나 SUN은 2001년 9월에 AOL, GM, Sony 등 38개 IT 기업들과 공동으로 '자유연합(Liberty Alliance)'을 구성하며 세를 규합하고 있다.

웹 서비스로의 진화를 거의 대세로 받아들이고 있는 HP, Oracle, BEA 등의 타 기업들도 자사 제품에 웹 서비스를 위한 기능을 강화하면서, 선두 기업들을 바짝 뒤쫓고 있다.

제 6 절 통신기술과 위치추적 서비스

화물 및 정보의 가시성을 확보하기 위한 기술은 물류 흐름 상에 있는 재화와 정보의 상태, 위치 등을 실시간으로 또는 적시에 확보하기 위한 기술이다. 대표적인 것으로, 화물 위치정보를 실시간으로 전달해 주는 화물위치추적기술, 다양한 물류 장비의 정확한 위치를 제공해 주는 RTLS(Real-Time Location System), 전체 물류 프로세스를 효율적으로 관리하기 위한 BPM(Business Process Management), 교통상황에 따라 자동적으로 대처하기 위한 지능형 교통시스템(ITS: Intelligent Transport Systems), CVO(Commercial Vehicle Operation system) 등이 있다.

e-logistics 구현 기술은 물류주체들의 e-Business와 온라인 거래를 지원하기 위한 기술이며, 개별물류주체들이 e-Business를 수행하기 위한 기술과 산업차원에서 물류주체 간의 거래를 온라인으로 지원하기 위한 기술이 있다. 물류 주체의 e-Business를 위한 e-SCM, e-ERP 등과 같이 시스템이 있으며, 물류주체 간의 온라인 거래를 위해서 다양한 마켓플레이스가 구축되고 있다. 사이버 해운거래소는 대표적인 온라인 거래시스템으로 항만물류 주체 간에 발생되는 선박매매, 용선, 수리 등과 같은 거래를 온라인으로 수행할 수 있도록 해 주는 시스템이며, 국가 조달물류업무의 자동화 및 온라인화를 위해서 나라장터 시스템을 개발하여 조달업무를 온라인으로 수행하고 있다. e-Business와 전자상거래의 성장과 확산으로 인해 e-logistics 관련 응용 기술 및 시스템개발은 물류산업의 성장에 매우 중요한 이슈가 되었다.

1. 위성통신

우선 물류정보통신기술 중 대표적인 위성항법시스템(GNSS: Global Navigation Satellite System)은 전파항법시스템의 일종으로 중궤도(2만km 내외)를 선회하는 다수 인공위성을 이용하여 정확한 위치 및 시각 정보를 제공하는 글로벌 측위시스템이며, 미국의 GPS('73년 개발)와 러시아의 GLONASS('82년 위성발사)를 비롯하여 현재 EU에서 개발하고 있는 Galileo('08년 정상운영예정) 등을 총칭한 전 세계적인 측위정보서비스시스템을 일컫는다.

GNSS는 위성이 발사하는 신호에 내장된 위성의 위치정보와 위성에서 발사되는 신호가 수신기에 도달하는 데 걸리는 시간을 측정하여 위성으로부터 거리를 구하고, 삼각법으로 사용자의 현재 위치를 계산하는 원리이며, 30m 이내의 위치정보와 나노-초(10^{-9}초) 단위의 시각정보를 알 수 있어 육·해·공 항법을 비롯한 국방, 행정, 정보통신 등 다양한 분야에서 활용되고 있다.

[그림 4-14] GNSS의 구분도

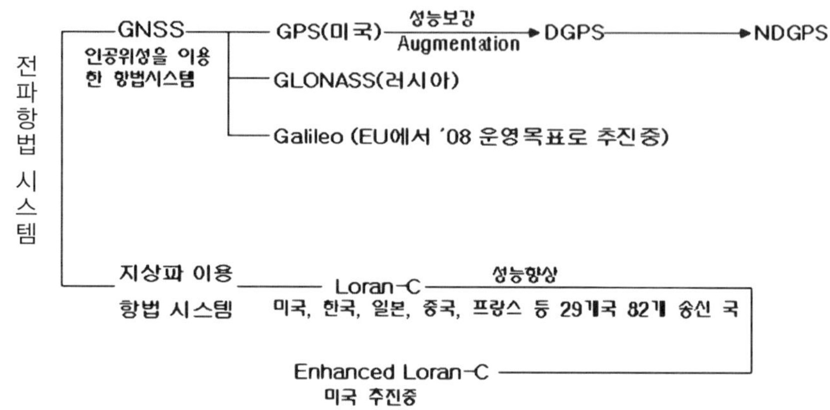

GNSS 관련 기술은 여러 산업에 적용되는 차세대 유망 기술로서 향후 거대 신규시장을 형성할 것으로 전망되며, 미국의 시장분석기관인 ABI Research는 GNSS 관련 시장이 2005년 168억 달러에서 연평균 14% 성장하여 2008년 215억 달러에 이를 것으로 예측하고 있다.

[그림 4-15] GNSS의 일종인 GPS의 측위 구성도

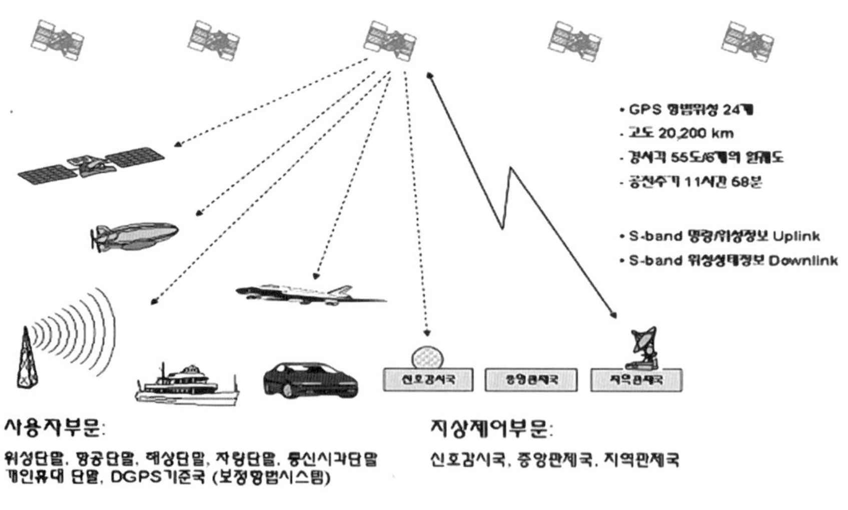

현재 위성항법시스템 구축 현황은 현재 미국의 GPS가 GNSS 서비스를 사실상 독점하고 있으며 EU는 미국의 GPS에 대응한 독자 GNSS인 갈릴레오 시스템 구축 중으로 2008년도 서비스 개시를 목표로 하고 있다. 또한 일본, 중국도 자체 지역위성항법시스템 개발에 착수하였다.

미국의 GPS(Global Positioning System)은 1973년부터 군사용으로 구축을 시작하여 1995년에 정상운용 단계로 진입하였으며, 고도 20,200km에서 공전주기 12시간으로 6개 궤도를 도는 총 29기 위성을 운용중에 있다.

민간용 서비스를 무료로 개방함으로써 전 세계 위성항법분야에서 사실상 독점적 지위를 점유하고 있는데, GPS 서비스 유료화에 대한 우려를 불식시키기 위하여 미국은 지속적이고 안정적으로 서비스를 무료로 제공하겠다는 정책을 채택하였다.

1996년 발표한 PDD(Presidential Decision Directive)에 근거하여 2000년 5월 고의오차신호(SA)를 제거하여 정확도를 향상시켰으며, 군·민의 요구를 수렴하고 EU의 갈릴레오 시스템에 대한 비교 우위 확보를 위해 차세대 GPS 구축계획(2000~2015)도 추진함으로써 위성재배치, 주파수 추가 등을 통해 정확도, 보안성, 가용성, 무결성, 신호 세기 등의 향상을 도모하고 있다.

러시아의 GLONASS는 GPS에 대응하기 위하여 GLONASS를 개발하였으나 경제난으로 인하여 2005년 12월 현재 14기의 위성으로 불완전하게 운용되고 있으나, 2008년까지 18기, 2011년까지 총 24기를 배치하는 정상화 계획을 추진하고 있다.

EU의 갈릴레오 시스템은 1999년에 독자적 글로벌 위성항법시스템 구축에 착수하였는데 총 33억유로(약 4.3조원)를 투자하여 2013년에 서비스를 개시할 예정이다.

국제적인 지지 확산을 위하여 역외 국가의 참여를 유도하고 있으며, 2005년 12월 기준 14개 국가가 협정 체결 또는 체결교섭중에 있는바, 협정체결 5개국은 중국, 이스라엘, 인도, 모로코, 우크라이나 등이며, 협정체결 교섭 9개국은 우리나라, 호주, 말레이시아, 브라질, 캐나다, 멕시코, 아르헨티나, 칠레, 노르웨이 등이다.

일본의 준천정 위성시스템(QZSS)은 GPS와 호환되는 위성 3기로 구성되는 준천정위성시스템(QZSS)을 2009년 구축을 목표로 개발 추진중에 있는데, 이는

GPS 서비스의 안정성 확보와 도심지 수신 장애지역 해소를 위한 것이며 QZSS를 이용한 위치기반서비스(LBS)도 병행하여 추진중이다. 추후 위성 4기를 추가하여 총 7기의 위성으로 구성되는 지역위성항법시스템으로 발전시키는 방안을 구상중에 있다.

중국의 북두(北斗, Beidou)시스템은 북두시스템 개발을 비공개적으로 추진하여 정지궤도 위성 3기를 발사하였으며, 2004년 9월에 EU와 갈릴레오 프로젝트 참여에 관한 협정(2억유로 투자)을 체결하였다.

1990년대 후반부터 물류시설 자체 관리의 효율화를 위한 정보시스템과 GPS를 이용한 화물위치 추적기술 등이 실용화 단계에 접어들었다.

2. 중대역 무선통신

(1) GSM(Group Special Mobile)

GSM 시스템은 높은 음성 품질, 저렴한 사용요금, 국제로밍 지원, ISDN과 호환 등을 만족시키는 것을 목표로 하였으며, 1989년에 ETSI(European Telecommunication Standards Institute)로 이관되었고 이때 GSM Phase Ⅰ이 발표되었다. 상용 서비스는 1991년 중반에 시작되었으며 1993년에는 전세계 22개국에 36개의 GSM망이 구축되었다.

GSM이 지원하는 서비스 중에는 Emergency Service가 있는데 가입자는 세 자리의 전화번호를 이용해 긴급신호를 발생시킬 수 있으며 무료로 통화할 수 있는 서비스이다. GSM Phase Ⅰ에서는 Call Forwarding(수신자가 전화를 받을 수 없을 경우 다른 전화번호로 착신 전환하는 서비스)과 Call Barring(Incoming/Outcoming) 기능을 지원하였고, Phase Ⅱ에서는 Caller Identification(발신자의 전화번호와 이름이 표시되는 서비스), Call Waiting, Multi-party Conversation(다수의 사람이 동시에 통화할 수 있는 서비스) 등을 제공하였다. 또한 SMS(Short Message Service) 기능을 지원하는데, SMS는 양방향의 단문 전송 서비스로 최대 160byte까지 전송할 수 있으며, 실제적으로는 170자까지 전송할 수 있다. SMS는 Point-to-Point 서비스나 Cell Broadcasting 서비스로 활용될 수 있으며 SIM에 저장시킬 수도 있다.

(2) Cellular와 PCS

Cell이란 하나의 기지국(BTS)이 커버하는 지역을 뜻하며 이해를 돕기 위해 통상 육각형으로 표시된다. 각 BTS는 고유의 주파수를 사용하는데 이것은 인접 셀에서의 간섭을 피하기 위한 것이며, 실제로 셀의 모양은 육각형이 아니며 가입자의 밀도나 주변 지형에 따라 다양한 형태를 가진다. 서비스 지역의 제한과 가입자 수용용량의 한계를 극복하기 위하여 제안된 개념으로 서비스지역을 여러 개의 작은 구역, 즉 셀로 나누어서 서로 충분히 멀리 떨어진 두 셀에서 동일한 주파수 대역을 사용함으로써 공간적으로 주파수를 재사용할 수 있도록 한다. 따라서 공간적으로 분포하는 채널수를 증가시켜 충분한 가입자를 확보할 수 있도록 하는 이동통신 방식이다.

PCS(Personal Communication Services)는 일반 가입자가 휴대 단말기를 이용해 언제, 어디서나, 누구와도 통신할 수 있도록 하는 고도의 개인휴대 통신서비스를 의미한다.

현재 범세계적으로 추진되는 PCS 사업은 서비스 속성과 적용되는 기술에 따라 하이티어(High-tier) PCS와 로티어(Low-tier) PCS로 구분된다. 하이티어(High-tier)는 기존의 디지털 이동전화와 유사한 서비스로 고속으로 움직이는 차량과 보행자 모두를 대상으로 하고 있는 반면에 로티어(Low-tier)는 저속의 보행자를 대상으로 하는 점이 차이가 있다. 디지털 코드리스 전화 기술을 기본으로 주파수를 1.8GHz 대역으로 상향한 방식으로서 일반적으로 셀반경이 작고 저출력이며 저속 보행 중시의 서비스를 뜻한다. 아울러 단말기 가격의 저렴화가 가능하여 대중화하기 쉬우며 통화 시간과 충전지속 시간이 길어 현재의 셀룰러 폰의 단점을 극복할 수 있으며 통화 채널당 용량이 커 복합통신 서비스 제공에 적합한 기술이기도 하다.

(3) IMT-2000

IMT-2000 서비스는 전 세계적으로 통일된 주파수에 따라 최고 2Mbps의 회선 및 패킷방식의 서비스가 가능함에 따라 글로벌 로밍을 포함하여, 음성, 영상 및 고속 데이터 서비스가 가능하다. 국제 로밍에 관련하여서는 ITU(International Telecommunication Union) 표준안에서 보듯, 처음에는 북미의 cdma2000(동기식)과 유럽과 일본의 W-CDMA(비동기식)의 복수표준으로 자리잡았으나 통신사업자들이 주축이 된 OHG(Operators Harmonization Group)의 합의에 따라 동기식 및 비동기식 모두 상호연동이 가능하도록 합의하였기 때문에, ITU 역시 W-CDMA 기반의 DS방식, 기존의 cdma2000으로부터 진화가 유리한 MC모드, 데이터 전송과 같은 특정 목적으로 사용이 가능한 TDD 모드 등을 유럽의 GSM과 북미의 ANSI41에서 모두 수용할 수 있도록 하여 앞으로 단말기가 어떤 망을 접근하더라도 서비스가 가능한 글로벌 로밍이 실현 가능하게 되었다.

(4) 주파수공용통신(TRS)

주파수공용통신(TRS)은 Trunked Radio System을 뜻하는 것으로 주파수 이용의 효율성을 높이기 위해 여러 개의 주파수를 다수의 가입자가 공동으로 이용하는 무선통신 시스템이다. TRS는 이미 널리 사용되고 있는 차량전화나 휴대전화에 비해 서비스 종류가 다양하고 가격도 저렴하여 주로 기업 등에서 업무용으로 적합한 통신 서비스이다. 즉 TRS는 하나의 단말기로 이동전화는 물론 무선데이터, 양방향무선호출 등의 기능을 발휘할 수 있으며 다양한 부가서비스를 이용할 수 있는 장범을 갖고 있다. 특히 TRS가 일반 공중통신망(PSTN)과 연결되면 이동전화의 기능을 그대로 발휘할 수 있다.

TRS는 또 상업용 서비스 업체 외에 일부 대기업들이 자가통신망으로 구축 활용하고 있기도 하며, 경찰청이나 교통방송, 검찰청 등에서도 자가업무용으로 TRS망을 구축, 통신에 활용하고 있다.

(5) 와이브로

휴대폰처럼 언제 어디서나 이동하면서 초고속인터넷을 이용할 수 있는 서비스로, 휴대폰과 무선 랜의 중간 영역에 있다. 한국정보통신기술협회를 중심으로 2003년 6월부터 표준화를 추진하는 한편, 미국 전기전자기술자협회(IEEE)에도 반영하는 등 한국이 국제 표준화를 주도하고 있는 3.5세대 이동통신 서비스이자 국책사업이다. 2006년 6월 30일부터 서울과 수도권에서 상용 서비스되고 있으며, 시속 60km 이내로 이동하면서 초고속인터넷을 이용할 수 있다. 주파수 대역은 2.3GHz, 인터넷 속도(서비스 대역폭)는 1Mbps 정도이고, 퍼스널컴퓨터 · 노트북컴퓨터 · PDA · 차량용 수신기 등에 무선 랜과 같은 와이브로 단말기를 설치하면 이동하는 자동차 안이나 지하철에서도 휴대폰처럼 자유롭게 인터넷을 이용할 수 있는 서비스이다.

3. 단거리 무선통신

(1) Beacon

비콘은 선박이나 항공기 등 이동체에 탑재되는 것으로서, 선박이나 항공기의 조난시에 경보신호를 무선통신을 이용하여 자동 또는 수동으로 전송함으로써 이동체의 조난사실을 알리고 위치 식별을 돕기 위한 장치이다. 비콘의 종류는 406MHz 비콘과 121.5MHz 비콘이 있다.

(2) 무 선 랜

Network 구축시 Hub에서 Client까지 유선 대신 무선 주파수(RF: Radio Frequency) 또는 적외선 기술을 사용하여 Network을 구축하는 방식으로 케이블의 연결 없이 데이터를 전송하는 것을 말하며, 노트북, PDA, 스마트폰 등 이동단말기를 사용해 AP(Access Point)가 설치된 주변(Hot Spot)에서 초고속 인터넷과 각종 컨텐츠를 이용할 수 있는 서비스를 말한다.

(3) Bluetooth

블루투스(Bluetooth)는 스웨덴의 에릭슨, 미국의 IBM과 인텔, 핀란드의 노키아, 일본의 도시바 등이 개발한 무선데이터통신 규격의 개발코드명을 말한다. 에릭슨과 노키아가 자체 개발해 왔던 휴대장치와 이동전화를 연결하는 근거리 무선기술을 1998년 인텔, 도시바, IBM과 함께 공개 표준으로 출범시킨 것이다.

[표 4-5] 406MHz 비콘과 121.5MHz 비콘의 기본 특성

항 목	기본 특성	
반송파	406MHz 비콘	121.5MHz 비콘
주파수	406.025±0.005MHz	121.5MHz±6KHz
출 력	5W±2dB	50~100mW PERP
변조방식	위상변조	진폭변조
최소 동작시간	최소 24시간	48시간

블루투스는 근거리, 일대다, 음성과 데이터 전송을 위한 무선 주파수(Radio Frequency)에 대한 규격이며, 무선을 이용하여 여러 가지 장치(Bluetooth device) 간 통신하는 방식이다. 블루투스는 금속이 아닌 고체를 통과해 통신을 할 수 있는데, 보통 10cm에서 10m에 이르는 거리 내의 단말기 간 통신이 가능하고, 전력을 증가하게 되면 100m까지도 확장할 수 있다.

(4) DSRC

DSRC(Dedicated Short-Range Communication)란 ITS(Intelligent Transport System: 지능형 교통 시스템)에서 이용되는 전용 단거리 무선통신 기술의 하나이다. 이 기술은 도로변에 위치한 기지국장치(RSU: Road Side Unit)와 이 통신영역을 통과하는 차량 탑재장치(OBU: On Board Unit) 간 양방향 데이터 무선통신을 가능하게 해 준다. 현재 북미 등지의 고속도로에서 자동요금징수 시스템에 이용되고 있으며, 국내에서도 차량 정체가 심한 일부 고속도로 톨게이트에서 이용되고 있다. 이와 같이 이동 차량에서 지체없이 외부와 데이터를 주고 받기 위해서는 무선데이터 통신기술이 핵심이기 때문에 이 기술은 향후 텔레매틱스의 기반 기술로서 그 중요성이 부각되고 있다.

4. 위치추적 서비스

화물 및 화물차량에 대한 정보는 관리목적에 따라 한 지점(node)에서의 통과 여부를 파악하는 기술과 서비스가 일반화되어 있다. 컨테이너터미널, 화물터미널의 통과 여부를 알기 위해 바코드, 태그, 카메라를 이용하여 차량번호 또는 컨테이너 번호와 기생성된 전자문서교환(EDI) 서류를 연계한다. 화물차량에 대한 자동요금징수(ETCS: Electronic Toll Collection System)에서 태그, RF-ID, 단거리전용무선통신(DSRC)을 이용한 경우도 통과 여부를 알 수 있는 방식이다.

화물차량이나 화물용기에 대한 추적서비스는 단거리무선전용통신 외에 중장거리를 포함하는 셀룰라망과 PCS망, 주파수공용통신(TRS), 무선데이터망 등이 가능하다. 또한, 위성을 통한 선박의 추적으로 INMASAT이 있으나 고위도로 통신료가 고가이다. 저궤도위성통신으로는 ORBCOMM이 서비스를 제공하나 데이터 위주로 음성서비스는 제공하지 못하고 있는 실정이다.

[그림 4-16] TAG 부착 국제표준: DSRC 방식

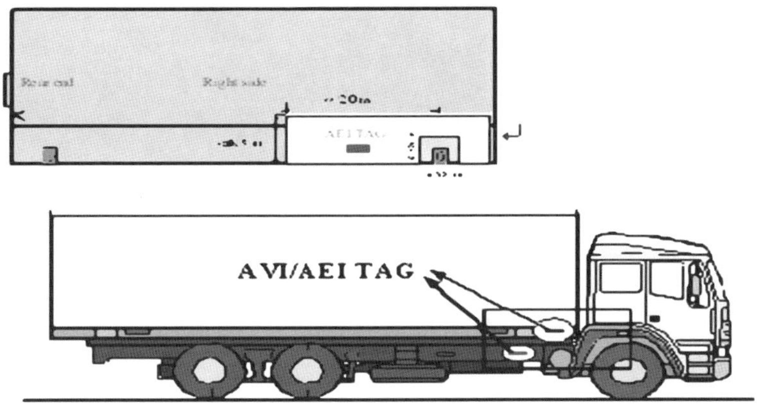

유럽의 경우, 국경통과를 위한 화물차량과 수송용기의 자동인식시스템 구축이 두드러진다. 1996년 EIA(European Intermodal Association)의 Working Group에서 AVI/AEI를 다루고 있으며 철도, 도로, 터미널, 기술부분을 망라하여 추진하고 있다. 유럽의 항만 자동진출입을 위한 RF방식의 정보시스템은 AEI의 개념을 도입하여 항만의 게이트 자동진출입 뿐만 아니라 유럽 내 항만을 통일된 장비와 시스템으로 자유롭게 이용할 수 있다.

미국에서는 AVI/AEI와 관련한 기술을 상업화하여 개발한 예는 AVI/AVL 고밀도 자동 화상인식 기술 개발, 자동요금 징수 및 교통관리 등이 두드러진다. AVI 기술을 이용한 사고탐지장치로 TRANSMIT(TRANSCOM's System for Managing Incidents and Traffic)이 있으며, 이 장치는 AVI tag 탐독기를 이용한 차량 장착장비로서 도로장비를 이용한 인식기술을 활용한다.

중차량관리에 관련된 HELP(Heavy Vehicle Electronic License Plate Program), 항구자동통과를 위한 PASS(Port-of-Entry Advanced Sorting System) 등에도 자동요금징수를 위한 시스템에 AEI를 적용하고 있다.

제 2 부

해운항만 물류정보시스템 사례와 전망

해운항만물류정보시스템

수출입에 의한 가공무역을 기반으로 하는 우리나라에서는 해운 및 항만의 역할이 매우 중요하여 국제컨테이너항만을 개발하고 운영해 오고 있다. 항만은 통관업무를 수행하는 수출입과정의 한 지점(node)으로서의 역할 뿐만 아니라 국제무역에서의 수출입의 핵심적인 역할을 하고 있으며 국가 간 호환이 가능한 정보시스템의 구축 및 운영은 국가경쟁력의 기반이 되고 있다. 또한, 해운은 항만을 기종점으로 하여 해상에서의 운송을 대상으로 하고 있다. 제2부에서는 해운항만의 물류프로세스와 물류정보화에 대한 국내외사례, 표준화를 포함한 주요 이슈와 향후 전망을 다루고자 한다. 제5장에서는 해운항만 분야에서 물류프로세스를 검토하고 물류정보화의 의미와 국외사례를 살펴보았다. 제6장과 제7장에서는 국내 해운항만 물류정보시스템의 구축 및 운영 사례를 다루었다. 마지막으로 제8장에서는 국제적으로 이슈가 되고 있는 물류보안의 추이와 국내 및 국제 표준화 동향을 살펴보고 향후 이 분야에 대한 전망을 제시하였다.

제 5 장

해운항만에서의 물류정보화와 국외사례

제 1 절 해상운송 및 항만

1. 해상운송 및 항만의 개념

해운 또는 해상운송(shipping; carriage by sea; ocean transportation)이란 해상에서 선박이나 기타의 운송수단을 사용하여 인간이나 화물을 장소적·공간적으로 이동시키는 현상을 말한다. 즉, 해상에서 선박을 이용하여 사람이나 화물을 운송하고 그 대가로서 운임을 받는 상행위를 말하며, 해운의 특성으로는 운송의 안정성, 운송비의 저렴성, 대량운송, 원거리운송, 자유로운 운송로, 국제성, 저속성 등을 들 수 있다.[1)]

해운은 근본적으로 장소적 효용(place utility)을 창출하는 점에서 다른 운송활동과 다를 것이 없다. 해운은 장소적 효용을 창출하는 생산활동일 뿐만 아니라 석유, 철광석, 석탄, 곡물과 같은 주요 원자재를 생산공정에서 접속시킴으로써 새로운 형태의 생산물에 가치를 추가하게 하고, 다음에는 이것을 소비시장에 이

1) 전순환(2004), "국제운송물류론," 한국무역연구원, pp. 48~50.

전시킴으로써 새로운 가치를 다시 추가하게 한다. 결국 해상운송은 생산과정 및 유통과정에 걸친 부가가치의 창출행위이며 사용가치의 생산활동이 되는 것이다. 따라서 이것을 영위하는 기업활동 역시 엄연한 생산활동인 것이다. 즉 생산설비인 선박의 이동과 함께 해운용역이 생산되고, 이러한 용역의 소비에 의해 사람, 재화 등 모든 운송대상의 장소적 이동이 실현되는 것이다. 이같은 해운활동은 육상으로 연결되어 복합운송·종합물류·총체적 서비스관리체제로 확장·변화되고 있다.[2]

항만이란 선박이 풍파를 피해 비교적 안전하게 피난하거나 정박할 수 있는 내항을 말한다. 즉, 해륙운송의 중계지이며 관문으로서 육송된 화물의 적재와 화물을 원활하게 양륙할 수 있는 시설을 갖추고 산업활동이 이루어지고 있는 장소를 말한다. 따라서 항만은 선박의 안전한 정박을 위한 충분한 수심, 넓고 잔잔한 수면, 적당한 해저지질 및 넓은 접안시설, 육상교통과의 연계를 위한 창고, 화물장치장, 교통수단, 연료, 급수 및 수리시설, 입출항에 필요한 세관, 검역시설, 기타 간접시설, 신속한 하역을 위한 하역장비 등을 갖추고 있어야 한다.[3]

항만은 국가 경제성장의 선행조건적 시설로서 해운 및 무역의 촉진이라는 직접적인 효과와 연관산업을 발전시킨다는 간접적인 효과를 가져다 주는 육상과 해상의 연결점이다. 따라서 항만시설의 확충과 효율적인 항만운영은 상품의 수입가격을 낮추고 수출경쟁력을 강화하는 촉매역할을 한다. 이러한 항만이 갖는 역할을 전형적으로 수행하는 것이 항만물류작업이며, 그것의 생산성 및 효율적 운영정도에 의해 항만경쟁력의 상당부분이 규정된다.[4]

부두는 화물의 하역과 여객의 승하선을 위한 여러 구조물을 총칭하는 개념으로서, 선박을 옆으로 댈 수 있도록 육지와 평행하게 만들어진 평행안벽(Quay), 육안에서 직각으로 수면에 돌출한 돌출안벽(Pier), 인공적으로 파서 만든 선거(Dock), 목재·철재·석재 등의 기둥을 해저에 박아 윗부분을 콘크리트로 굳혀서 육안에서 직각으로 돌출하게 만든 간이구조물인 잔교(jetty), 선박을 계류하기 위하여 육지에서 떨어진 해상의 해저에 기둥을 박아 윗부분을 콘크리트로 굳힌 계류시설(Dolphin), 해저지질과 수심이 부적당한 장소에다 잔교 대신에 주교(ponton)로 구축한 부잔교(Floating Landing Stage), 일종의 거대한 선박으로서 그

2) 김병일(2004), "글로벌물류관리," 학현사, p. 16.
3) 전순환(전게서), pp. 67～68.
4) 김병일(전게서), p. 19.

안에 선박을 입거시켜 수리검사를 행하는 해상에 떠 있는 부선거(Floating Dock), 땅을 파서 콘크리트로 급·배수장치를 갖추어 설치한 건선거(Dry Dock) 등이 있다.[5)]

2. 항만물류 시스템

항만하역이란 항만에서 행하는 선박 및 선화(船貨)관계의 하역을 총칭한다. 이는 항만에서 선박에 화물을 적·양화하거나 각종 운송수단에 화물을 상·하차하기, 보관장소에서의 입·출고 작업 그리고 그에 부수되는 화물분류, 이송, 정돈 등의 작업을 말한다.[6)]

항만하역시스템은 컨테이너터미널에서 이루어지는 일련의 하역작업을 처리하기 위한 물류시스템을 말하며, 하역작업이 원활히 이루어지도록 물류시스템을 효율적으로 설계하는 것이 항만하역시스템 기술 분야에 해당한다고 할 수 있다. 현재, 국내외 컨테이너터미널에 적용되어 있는 하역시스템은 터미널의 각기 다른 환경여건에 맞추어 다양한 설계형태가 도입되어 있다. 또한, 하역시스템의 효율성을 높이기 위해 기존의 시설 및 장비, 운영방식 등을 개선하거나 신규 항만건설에 새로운 하역시스템을 도입하려는 시도가 다양하게 이루어지고 있다.[7)]

항만운영시스템은 컨테이너터미널을 최상의 상태에서 운영하기 위한 필수조건이다. 1970년 초기의 항만 운영은 컨테이너화물과 관련된 정보처리를 수작

[표 5-1] 항만하역시스템 구성요소

구성 요소	내 용
안벽시스템	• 선박의 접안 및 양적하 작업을 담당 • 선박용 하역크레인이 사용됨.
이송시스템	• 안벽과 야드 간의 컨테이너 운반을 담당 • 컨테이너 운반전용 차량이 사용됨.
야드시스템	• 컨테이너의 일시 보관기능을 담당 • 야드 전용 하역크레인이 사용됨.
게이트시스템	• 터미널 내의 컨테이너의 반입 및 반출시설 • 전용 출입구시설로 운영됨.

5) 전순환(전게서), p. 70.
6) 김병일(전게서), p. 19~20.
7) 최상희·심기섭·김우선·하태영(전게서), pp. 34~35.

업으로 하였으나, 현재는 항만 설계 단계부터 운영시스템 구축을 전제로 하고 있다. 과거의 정보처리는 수작업으로 작성된 서류를 입력매체를 통해 처리해 왔으나, 기록의 유효성 및 증가해 가는 방대한 자료량을 일일이 수작업으로 처리하기에는 정확성과 신속성을 보장할 수가 없었다. 따라서 대량 화물을 취급하는 컨테이너 항만에서는 인력과 경험에 의존한 많은 작업을 점차 정보화하여, 작업처리 시간단축, 작업량의 재분배, 그리고 처리 데이터의 통신량 절감 등을 통하여 업무처리의 효율성과 정확성을 증대시키고 있다.

따라서 물류의 중계지인 컨테이너항만의 역할을 고려해 볼 때 운영시스템이 반드시 필요한데 컨테이너 항만에서의 운영시스템은 컨테이너화물 처리를 위한 터미널 운영(Terminal Operation) 외에도 CFS 운영, 하역장비 정비, 회계, 인사, 통계 등의 모든 분야를 포함한다. 전체 정보화 범위에서 가장 핵심인 컨테이너화물 처리를 위한 운영 분야의 정보처리체계 구축은 Data Base/Data Communication의 유기적인 결합으로 이루어진다. 이 정보처리체계는 작업현장의 단순한 운영정보로부터 출발하여, 실제 작업을 위한 사전 계획을 수립하고 처리하는 전술정보처리 및 중·장기 예측 및 계획을 위한 전략정보처리에 이르는 체계로 구성된다.

[표 5-2] 항만운영시스템 구성요소

1차 구성	2차 구성
계획시스템	선석계획시스템
	장치계획시스템
	양적하계획시스템
	장비배차시스템
운영시스템	게이트운영시스템
	야드운영시스템
	본선운영시스템
	작업관제시스템
	CFS운영시스템
관리시스템	작업지원시스템
	정산시스템
	정보서비스시스템
통신시스템	유무선 데이터통신시스템
	EDI시스템

이러한 체계의 시초는 IBM사가 1970년대에 영국 Liverpool의 Mersey Docks and Habour Co.와 공동 개발한 On-line 개념을 도입한 CONICS(Container Information Control System)이다. 그리고 하역장비의 작업지시를 무선방식으로 본격적으로 응용한 것은 일본 Mitsui 조선이며, 선박의 양적하 시스템에서 Graphic 화면에 Pointing device를 적용한 것은 네덜란드의 I3P사가 개발하여 로테르담의 ECT와 홍콩의 HIT에서 사용한 것이 최초이다.[8)]

세계적으로 글로벌 터미널 선사들의 영향력이 커지고 있으며, 이는 항만의 경쟁력에 결정적 영향을 미치는 요인으로 작용하고 있다. 항만의 주요 고객인 선사들은 항만의 서비스, 즉 항만의 주요시설인 선석, 장비, 항만 관련 비용 등에 의해 항만 내의 재항시간을 줄일 수 있는 항만에 기항 여부를 선택하게 된다. 선사와 더불어 또 하나의 주요 고객인 화주들은 항만을 선택하기 위해 항만 인근의 화물보관, 환적, 항만과 화물집결지 간의 내륙운송에 대한 서비스가 원활한지 검토하게 된다.

따라서 중심항만의 입지를 차지하기 위해서는 선사와 화주 모두에게 만족하는 서비스를 제공하는 것이 필수적이다. 독일의 ISL(Institute of Shipping Economics and Logistics)의 보고서[9)]에 의하면 향후 터미널의 경쟁력은 항만과 연결되는 도로, 철도, 연안과의 항만연계운송 비용에 의해 결정될 것이라고 언급하고 있다. 따라서 본 절에서 언급하고 있는 항만물류운송분야는 향후 발전가능성이 매우 높고 그 기술범위 또한 매우 광범위한 분야로서 장래 항만기술개발과 관련하여 항만 관련 산업의 파급효과는 매우 클 것으로 판단된다.

도로운송은 항만 내의 효율적 컨테이너 운송을 위한 항만 내 이송장비, 항만구역 및 항만도시의 신속한 운송을 위한 도로운송설비, 항만-내륙 간 효과적 운송을 위한 도로운송시스템으로 구성된다. 철도운송은 항만 관련 구역 내 도로-철도 간 신속한 연계작업, 철송복합터미널 내 신속한 환적을 위한 철도 운송장비, 항만 내외 신속한 화물운송을 위한 철도개선설비, 항만 내/외 철송시설, 항만 내 철송보관/하역/환적, 항만-내륙 간 철송운송을 위한 철도운송시스템으로 구성된다. 또한, 해상운송은 초대형선, 연안전용선, 바지선 등 항만-항만 간을 연계하는 선박, 항만 내 연안선/바지선 전용 하역을 위한 하역시스템 등으로 구성된다.[10)]

---

8) 최상희 · 심기섭 · 김우선 · 하태영(전게서), p. 39.

9) ISL, Development Tendencies of German North Sea Ports until 2015, Bremen, 2001. 재인용.

10) 최상희 · 심기섭 · 김우선 · 하태영(전게서), pp. 45~46.

[표 5-3] 항만물류운송의 구성요소

1차 구성	2차 구성	비 고
도로운송	도로운송장비	항만 내 운송장비
	도로운송설비	항만도시 도로운송 설비
	도로운송시스템	항만-내륙 간 운송시스템
철도운송	철도운송장비	운송수단 간 연계장비(도로차량-철도화차) 철송복합터미널 환적장비
	철도운송설비	항만 내/항만도시 철송개선설비
	철도운송시스템	항만 내 철송보관/하역/환적시스템 항만-내륙 간 철송운송시스템
해상운송	해상운송장비	항만 간 해상운송장비
	해상하역시스템	특화된 선박하역시스템

컨테이너 하역장비로는 컨테이너 크레인, 트랜스퍼 크레인, 스트래들 캐리어, 야드 트랙터, 리치스택커와 지게차 등이 있다.

[그림 5-1] 컨테이너터미널 하역단계별 장비구성 예

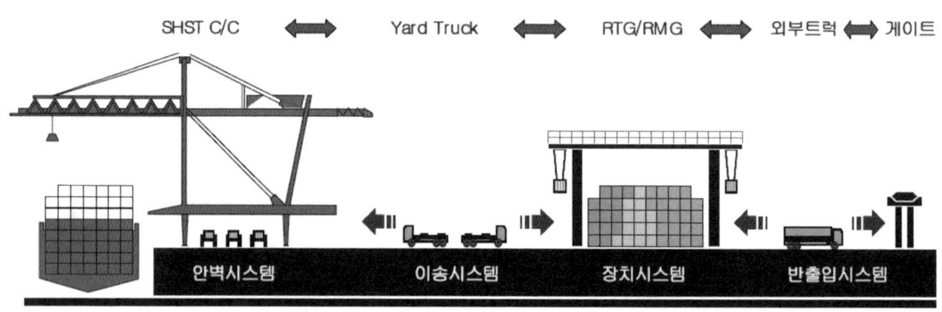

자료: 최상희·심기섭·김우선·하태영(전게서), p. 53.

제 2 절 수출입 프로세스와 물류정보화

해운부문의 관련 주체는 공공부문과 민간부문, 시설운영과 수출입업무 관련 기관 및 회사 등 다양하게 구성되어 있다. 즉, 정부부문의 경우 국토해양부(구 해

[그림 5-2] 수출입 해상화물의 물류 흐름도

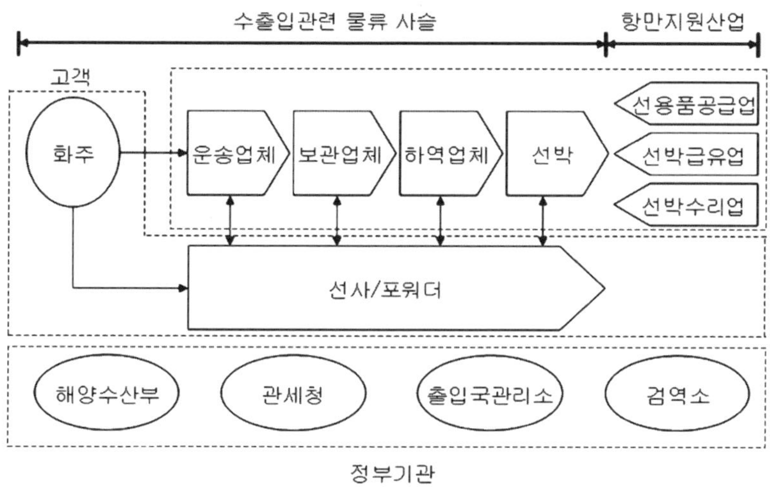

자료: 전국경제인연합회(2004), "동북아물류중심지 건설과 국내 물류체계 효율화 과제," p. 450.

양수산부), 관세청, 출입국관리사무소, 검역소 등이 수출입화물의 수송 및 통관을 지원하며, 선사 및 포워더 등 민간기업 등이 실제의 수송 및 보관 등을 담당한다. 이 외에도 선용품 공급업자나 급유업자 등도 항만의 물류사슬을 측면에서 지원한다.

1. 수출화물의 통관처리절차

수출통관절차라 함은 수출하고자 하는 물품을 세관에 수출신고를 한 후 신고수리를 받아 물품을 우리나라와 외국 간을 왕래하는 운송수단에 적재하기까지의 절차를 말하는 것이다.

수출하고자 하는 자는 당해 물품을 적재하기 전까지 당해 물품의 소재지 관할세관장에게 수출신고를 하고 수리를 받아야 한다. 현재는 전자문서교환 방식 및 인터넷을 통한 수출 통관절차로서 수출물품을 간단하고 신속하게 통관하고 있으며, 신문 등 보도용품이나 카탈로그 등은 더욱 간이한 방법으로 수출통관을 할 수 있다.

수출물품에 대하여는 검사생략을 원칙으로 하고 있으나, 전산에 의한 발췌

검사 또는 필요한 경우 예외적으로 검사를 실시하는 경우도 있다. 이때 부정수출이나 원산지 표시 위반, 지적재산권 위반 등이 적발되면 관세법 등 관계법규에 의거 처벌되니 이러한 일이 발생되지 않도록 특별히 유의하여야 한다.

수출신고가 수리된 물품은 수출신고 수리일로부터 30일 이내에 우리나라와 외국 간을 왕래하는 운송수단에 적재하여야 한다. 다만, 적재스케줄 변경 등 부득이한 사유가 있는 경우에는 통관지세관장에게 적재기간 연장승인을 받을 수 있다.

한편, 우편물이나 휴대탁송품의 적재 관리에 대하여는 별도의 절차를 규정

[그림 5-3] 수출통관 절차

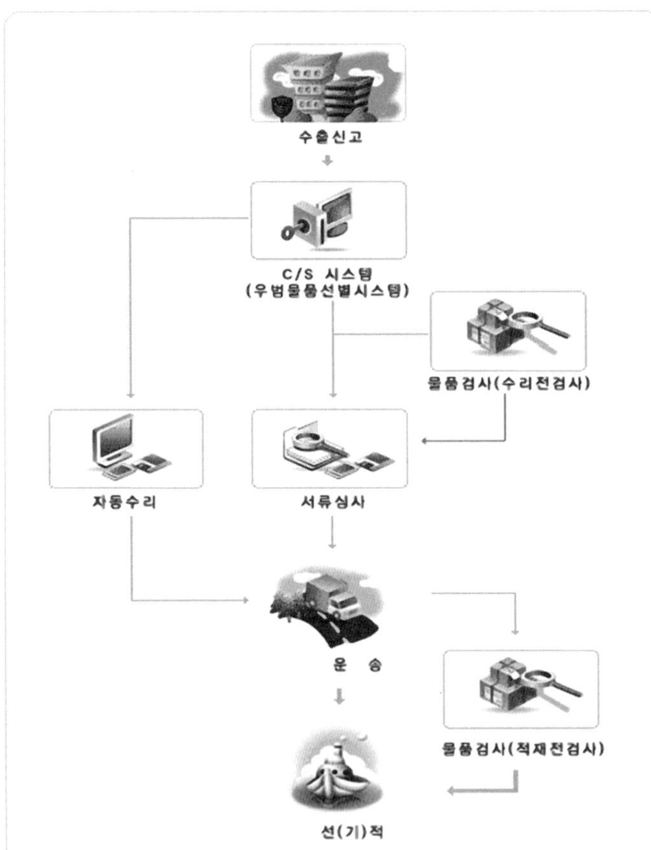

출처: 관세청(2008), http://www.customs.go.kr/, 2008. 9. 1

하고 있다.

또한, 우리나라 보세구역에 반입된 외국물품을 부득이한 사유 등으로 다시 외국으로 반송할 수 있으며, 이때의 통관절차는 반송신고 및 절차에 따른다.

국내의 수출 컨테이너화물의 업무 처리는 6단계로 나눌 수 있는데, 이는 선적예약 및 접수, 선적의뢰, 운송계획 수립, 화물운송, 선적계획 및 선적, 출항시/후업무 등이다.

선적예약 및 접수란, 화주가 선박운항 스케줄의 조회를 통해 특정 선박의 예약 가능성을 데이터베이스에서 선사에 문의하게 되면, 선사는 이에 대해 즉시 예약 가능성 여부를 통지할 수 있는데, 예약이 가능할 경우에는 선적예약의 과정을 통하여 선박을 예약할 수 있게 되는 것을 말한다. 선박스케줄 조회 완료 후, 화주 또는 포워더는 개별 선사의 정보망의 선적요청서(S/O)를 이용하여 선사에 선적요청을 하게 되는 데 이를 선적의뢰라 한다. 그 다음은 운송계획수립인데 자체 정보망을 통해 화주의 선적요청을 받은 선사는 이를 시스템 내에 있는 선적예약정보 데이터베이스에 저장하고 운송회사가 필요로 하는 정보로 변환하여 운송회사에 전송하여, 운송회사가 공컨테이너 조달준비, 운송계획 및 화물의 CY 반입준비를 할 수 있도록 한다. 발생지로부터 항만까지의 화물운송은 공로, 철도, 연안 운송 등 3가지 경로에 의해 이루어지고 있다. 다음에는 선적계획 및 선적이 이루어지는데 선사는 선박운항 계획을 고려하여 수립한 본선적부도(Bay

[그림 5-4] 수출통관 흐름도

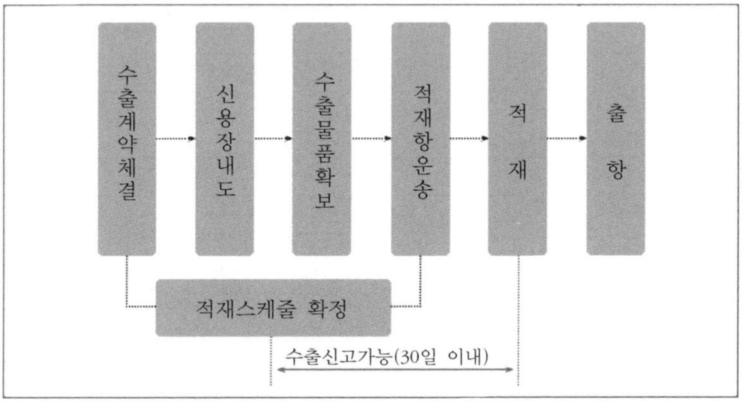

출처: 관세청(2008), http://www.customs.go.kr/, 2008. 9. 1.

[표 5-4] 수출 절차별 특징 및 관련 기관

수출절차	필요 자료 및 정보	관련 기관
무역업신고	무역업신고서 무역업신고사항변경신고서 무역업자지위계승신고서 무역대리업신고서	대외무역법에의한신고 한국무역협회 산업자원부의위임
품목 선정	무역통계(상품별) 상품 정보 시장보고서(각 국가 유망 품목)	각국 무역통계기관 타 무역알선사이트
시장 조사	무역통계(국가별) 시장보고서(품목,국가별) 국가정보 경제동향	AC Nielson D &B 국제무역기구 각국 경제신문 Journal of Commerce, Newspage
마케팅	무역 포탈 등록 일반 포탈 등록 홈페이지 제작, 배너 광고 관련 업체에 e-mail OFF LINE 마케팅	T page 등 무역 포탈 Yahoo 등 일반 포탈 홈페이지 제작 서비스, 광고 주선 Out posting 종합상사, 무역공사 등의 지사
거래선 발굴	업체 검색 OFF LINE 발굴	무역 및 일반 포탈 종합상사, 무역공사 등의 지사
거래 제의(offer)	이 메일, 인터넷 폰, fax	이메일, 인터넷폰, 인터넷팩스
업체 신용조사	상장업체 비상장업체	KOMPASS, D&B 등 종합상사, 수출보험공사 등의 지사
거래 조건 협의	통신 수단 환 율 물류비, 견본 발송 관 세 시장가격 출 장	이메일, 인터넷폰/팩스 인터넷 화상회의 은행, 경제신문 등 물류회사(해운사, 택배사 등) 관세정보기관 시장조사기관(D&B 등),종합상사 비행기,철도표,여행,관광 등 정보
수출승인		대외무역법 참조
인코텀즈 및 무역계약		
계약 체결	전자 서명	전자 서명 또는 인증 서비스
수출물품확보		
수출결제방법		
L/C개설	전자 금융	은 행
운송, 보험		
선적, 통관	B/L 전자 발행	해운사, 물류사, 관세사, FORWARD
NEGO	전자 결제	은행, 해운사
사후관리	통신수단	이메일 등

Plan)를 물류 EDI망을 통해 전용터미널에 전송하고 터미널은 선박의 본선적부도와 야드 장치도 등을 기초로 컨테이너 선적시 컨테이너의 조작을 최소화하고 선박의 안전성을 고려하여 터미널 장치계획서(Yard Plan)를 작성한다. 터미널은 장치계획서에 의거 작업계획서를 생성하여 야드계, 장비계 등에 보내 선적업무를 원활히 수행하도록 한다. 출항시/후 업무에는 각종 신고 및 정보 송부가 있는데, 우선 선적이 종료되는 시점에서 선사는 선적정보를 해양수산부(현 국토해양부), 세관, 법무부 등 대정부 신고를 물류 EDI망과 무역 EDI망을 통해서 수행하며, 출항 후 선적완료정보를 이용해 화주에게 선하증권(B/L)을 송부하게 된다. 또한, 선사는 선적정보 및 본선적부도를 이용해 해외에 있는 대리점에 선적서류에 관련된 정보를 해당 정보망(해외망 연계)을 통해 송부하게 된다. 그리고 포워더 역시 이를 통해 파트너 포워더에게 선적서류에 관련된 정보를 송부하게 된다.

2. 수입화물의 통관처리절차

모든 수입물품은 세관에 수입신고를 하여야 하며, 세관에서 수입신고를 수리하여야 물품을 국내로 반출할 수 있다. 수입신고는 우리나라에 물품이 도착되기 전에도 가능하다. 이러한 신고를 출항 전 수입신고, 입항 전 수입신고라고 한다.

한편, 관세청은 신고인이 자기 사무실에서 전산으로 수입신고하고 전산으로 수입신고수리 결과를 통보받을 수 있는 “서류 없는(Paperless) 수입통관제도”를 시행하고 있으며, 이 제도는 수입신고의 정확도가 높고, 체납사실이나 관세법 또는 환급특례법 위반사실이 없는 성실업체로 지정을 받은 업체가 이용할 수 있다.

관세청에서는 컨테이너 화물의 신속한 통관을 위하여 부두에서 바로 반출할 수 있도록 “부두 직통관제도”를 시행하고 있으며, 이 제도를 이용하면 수입물품의 운송, 보관에 따르는 기업의 물류비용을 절감할 수 있다.

또한, 우리나라에 물품이 도착된 경우에는 이를 보세창고에 장치하여야 하는데 수입신고는 보세창고반입 전이나 반입 후 어느 때라도 가능하고 수입신고는 화주, 관세사, 관세사법인, 통관취급법인의 명의로 하여야 한다.

화주가 직접 신고하는 경우에는 수입신고 사항을 세관에 전송하기 위한 전산설비 등을 갖춘 후 세관에서 ID를 부여받아 신고하는 방법과 영세수출업체의 경우 무역협회 등에 설치된 공용단말기를 통하여 신고하는 방법이 있다.

수입신고 시에는 신고자가 관세 등 세금의 부과기준이 되는 과세가격, 관세율 및 품목분류번호, 과세환율 등을 확인하여 신고하여야 하므로 이를 잘 모르는 경우에는 전문가인 관세사에게 통관 대행을 의뢰할 수 있다.

수입신고는 관세청에서 정한 수입신고서에 기재사항을 기재한 후 수입신고서에 선하증권 부본 등 신고 시 제출서류를 첨부하여 세관에 제출하여야 한다. 수입신고서를 접수한 세관에서는 신고한 물품의 검사 여부를 결정하게 된다. 대부분의 물품은 검사 없이 신고내용의 형식적·법률적 요건만 심사하고 수리하지만, 검사대상으로 선정된 물품은 세관공무원이 수입물품에 대한 검사 및 심사를 한 후 신고수리를 하고 있다.

세관의 심사결과 수입신고가 법의 규정에 따라 정당하게 이루어진 것으로 확인된 경우에는 당해 물품에 대한 관세 등을 납부하거나 해당 세액에 상당하는 담보를 제공하여야 신고수리가 되어 물품을 반출할 수 있다. 담보를 제공한 경우에는 신고수리 후 15일 이내에 관세를 납부하여야 한다.

원칙적으로 수입물품에 대하여는 정하여진 관세와 내국세 등을 납부하여야 하지만 일정한 경우에는 관세가 면제되거나 일부가 감면되는 경우가 있으며, 관세를 납부하였다 하더라도 이를 원재료로 사용하여 수출한 경우에는 납부하였던

[그림 5-5] 수입통관 흐름도

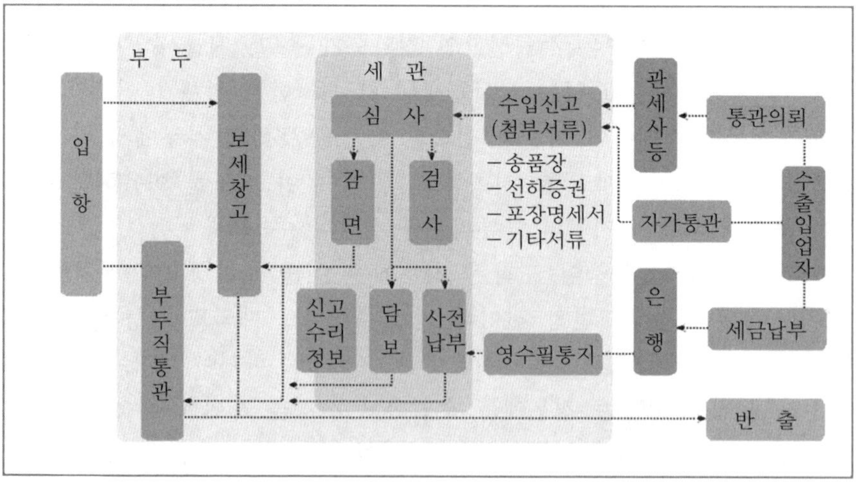

출처: 관세청(2008), http://www.customs.go.kr/, 2008. 9. 1.

관세를 환급해 주기도 한다.

세관에서는 적정한 과세가격을 포착하여 관세 등 제세만 징수하는 것이 아니다. 법령에 의하여 수출입이 금지되거나 제한되는 물품에 대하여는 당해 물품에 대한 수출입요건을 확인한 후 통관을 허용한다. 수출입요건 확인 이외에도 상표권 침해 여부, CITES 대상물품인지 여부, 원산지표시도 확인한 후 통관을 허용한다.

한편, 여행자 휴대품, 이사 화물 및 우편물, 특급탁송화물에 대하여는 별도의 통관절차를 규정하고 있다.

1) 출항 전 신고

출항 전 신고는 수입하고자 하는 물품을 적재한 항공기 또는 선박이 당해 물품을 적재한 공항 또는 항구를 출발하기 전에 수입신고를 하는 것을 말하는데 항공기로 수입되는 물품 또는 일본, 중국, 대만, 홍콩으로부터 선박으로 수입되는 물품은 출항 전 신고가 가능하며, 수입물품을 적재한 선박이 도착할 입항예정지 세관장에게 수입신고를 하여야 한다.

2) 입항 전 신고

입항 전 신고는 수입하고자 하는 물품을 적재한 항공기 또는 선박이 선적지 공항 또는 항구에서 출항한 후 우리나라 항구(공항)에 입항하기 전에 수입신고하는 것을 말하는데 출항 전 신고와 같이 수입물품을 적재한 선박(항공기)이 도착할 입항예정지 세관장에게 수입신고를 하여야 한다.

3) 보세구역 도착 전 신고

보세구역 도착 전 신고는 수입하고자 하는 물품이 우리나라 항구 또는 공항에 도착한 후 보세창고에 입고하기 전에 수입신고하는 것을 말하는데, 이 때의 보세구역이란 보세창고는 물론 부두 밖 컨테이너 보세창고 및 컨테이너 내륙통관기지, 선상도 포함하여 지칭한다.

수입화물의 단계별 업무처리는 우선 선적서류 접수가 이루어지는데 본선적부도, 선하증권, 적하목록, 선박출항보고서 등을 물류 EDI 및 Port-MIS를 통해 전송받은 후, 이들을 내부 자료로 활용하며 본선적부도를 터미널에 전송하여 터미널이 양하 및 장치계획을 세우도록 한다. 선사의 화주에 대한 화물도착 통지는

[그림 5-6] 수입화물 흐름도

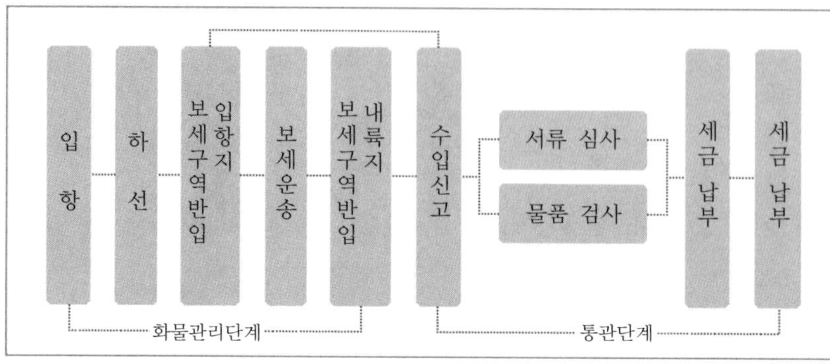

출처: 관세청(2008), http://www.customs.go.kr/, 2008. 9. 1.

선사의 영업정책과 고객관리 측면에서 중요한 의미를 가지고 있으며, 선사는 자사의 정보망을 이용하여 각 화주에게 화물 도착정보를 제공하게 된다.

또한 선사는 수입 화물에 대한 상세한 정보가 담긴 적하목록을 무역 EDI 및 통관망을 통해 세관에 전송하고 세관은 이를 화물관리를 위한 자료로 활용한다. 보세운송에서는 화주가 보세운송을 원하는 경우는 양하지 세관에 보세운송 신고를 한다. 보세운송은 선사의 동의를 얻어야 하므로 선사 역시 화주의 보세운송면허 취득 여부를 확인할 수 있어야 한다. 운송회사는 자사 차량의 보유대수와 철도화차 확보 가능성 등을 고려하여 운송계획을 수립하며, 철송인 경우에는 철도청의 철도종합정보망(KROIS)을 통하여 화차를 예약하는데, 이를 운송계획수립이라 말한다. 화물 운송에서는 수출업무 처리처럼 공로운송, 철도운송, 연안운송이 있다. 마지막으로 화물인도가 이루어지는데, 화주에게 인도된 컨테이너에 적재된 화물은 컨테이너로부터 인출되고 그 후 공컨테이너는 장치장으로 회수된다.

수출입화물은 공항 또는 항만에서 하역과 동시에 생산공장까지 직반출 방식으로 적기 수송(Jus-in-time)하는 것이 가장 효율적이다. 이를 위한 제도의 일환으로 부두 직통관제도를 시행하고 있다.

이는 수출입화물의 이동경로가 복잡하고 하역 후 여러 곳을 돌아다니게 되면 운송료, 하역료 등 기업들의 직접경비 부담이 늘어날 뿐만 아니라 도로파손, 소음공해 등으로 사회적 비용이 증가되기 때문이다.

미국, 유럽, 일본, 싱가폴 등 대부분의 국가들은 이러한 측면에서 입항된 화물이 하역과 동시에 부두 내에서 직통관 처리되도록 물류시스템을 선진화하여 운영하고 있다.

우리나라는 부산항 등 주요 항만이 하역기능 위주로 운영되고 통관을 부두 밖에서 하는 낡은 관행이 유지되고 있어 현재 대부분의 화물이 부두 밖 ODCY (Off Dock Container Yard)로 이송되고, 일부는 다시 일반보세창고로 옮겨져서 통관됨에 따라 시간과 비용이 낭비될 뿐만 아니라, 이는 전반적 통관지체 및 물류비용 증가의 한 원인이 되기도 하였다.

이에 따라 관세청에서는 이러한 문제점을 해결하고 수출입 물류체계를 근원적으로 혁신하기 위하여 부산항 등 우리나라의 주요항만에서 화주가 부두직반출(직통관 및 보세 운송)을 희망하는 물품의 하선장소를 부두내로 제한하여 즉시 처리하는 부두직통관제를 도입, 시행하고 있다.

이를 위해 먼저 부두직통관제 시행을 위한 검사시설을 마련하여 세관직원을 배치하고, 하역, 운송 등 조업절차와 통관절차를 제도화하는 등 항만 운영체제를 정비하였으며 현재 부산항, 인천항, 광양항, 평택항으로 반입되는 컨테이너 화물에 대하여 이 제도를 시행하고 있으며, 기타의 항만에 대하여는 항만별 여건에

[그림 5-7] 부두 직통관제도

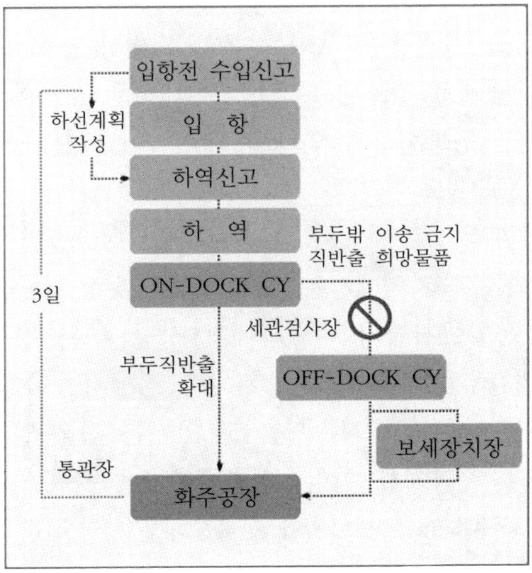

출처: 관세청(2008), http://www.customs.go.kr/, 2008. 9. 1.

따라 점차 확대 시행할 계획이다. 부두 직통관제도의 기대효과는 통관소요시간 단축 및 기업물류비 획기적 절감이다.

제 3 절 해운항만에서의 물류정보화 국외사례

1. 해운항만 물류정보서비스

(1) 전자문서교환서비스(EDI)

전 세계적으로 물류정보네트워크는 폐쇄적 전용망인 부가가치네트워크(VAN)를 탈피하여 개방형 정보망인 인터넷을 사용함으로써 고객의 주문에서 수 배송에 이르기까지 물류 프로세스 관리에 XML/EDI 기반의 인터넷을 이용하고 있는 추세이다.

일본과 유럽 등 전통적인 물류강국들은 자국을 물류 중심국으로 발전시키기 위하여 정부 주도로 물류정보화를 추진하여 공항과 항만을 중심으로 전용망(VAN)을 통한 EDI 시스템을 구축하고 있으나, 아직 바코드(Bar Code)를 사용하여 화물을 관리하는 수준이며, RFID와 AIS 등 첨단기술을 본격 활용하지는 못하는 상태이다.

또한 물류선진국들은 전용망(VAN)을 통한 개별망 구축에서 최근에는 인터넷 기반을 확충하고 전 세계로 정보네트워크를 확대하는 추세에 있다. 국제관세기구(WCO)에서도 국가 간 정보시스템 연계에 대비하여 표준화 등 정보화기반을 마련 중이다.

ebXML은 전 세계적으로 자동화, 무역, 유통, 철강산업 등에서 활발히 사용되고 있으며, 특히 아시아 지역에서는 한국, 일본, 홍콩, 중국, 태국, 말레이시아, 싱가포르, 호주 등 동남아시아의 주요국에서 상당 부문 진척된 형태의 ebXML 프로젝트들이 정부의 재정지원으로 진행된다는 점에서 ebXML은 아시아 전자교역의 중요한 표준 인프라로 공고히 구축되고 있다는 점을 알 수 있다.

ebXML은 아시아 지역에서 한국, 일본, 홍콩을 중심으로 8개 국가가 PAA (Pan Asia e Commerce Alliance, 범아시아 전자상거래 협의체)를 결성하여 상호 협력 아래 표준화를 추진하고 있고, eAC(ebXML Asia Committee, ebXML 아시아위원회)를 조직하여 아시아 각국에서 개발된 ebXML 솔루션 제품들의 상호 운용성을 테스트, 인증하며 아시아 지역의 ebXML표준화를 선도하고 UN/CEFACT 등 국제표준화기구에 아시아 지역의 의견을 반영하고 있다.

(2) 화물 및 장비 위치추적

일반적으로 육상에서의 화물 및 화물차량의 위치추적시스템은 미국의 위성항법인 GPS를 이용하여 차량의 위치와 운행상태를 실시간으로 파악함으로써 차량운행과 화물운송을 최적화하고 있다. 이 때 이용되는 통신기술은 앞 장에서 언급한 AVI/AEI 기술이 된다. 항만에서의 게이트 통과시 운전자, 차량, 컨테이너에 대한 관리방식으로 바코드, RFID, 영상인식 등이 이용된다. 항만 내에서의 자동화터미널, 반자동화터미널, 자동화된 장비를 이용한 서비스 기술이 적용되고 있는데 컨테이너의 경우 컨테이너정보 통합관리서비스로 볼 수 있다. [그림 5-8]은 이 모든 과정을 그림으로 도식화한 것이다.

컨테이너정보 통합관리 서비스 기술은 항만에서의 검수작업을 자동화시스템을 활용, 기존의 육안 검사로 인해 비표준화, 서비스 낙후, Gate 검수 적법 논란, 비효율적 운영, 본선검수와의 2원화 등에 따른 문제발생 시 책임 전가, 운영

[그림 5-8] 복합운송에서의 물류정보 및 추적 서비스

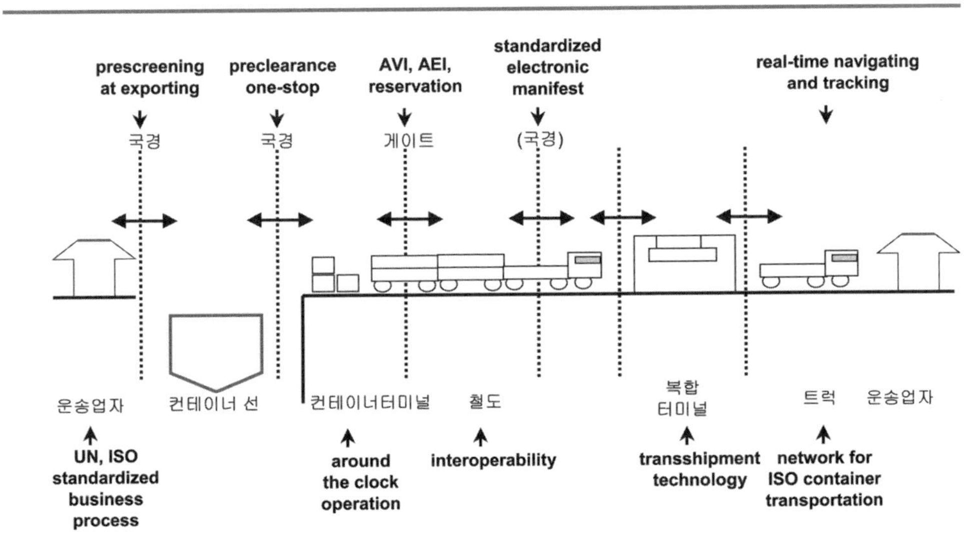

[표 5-5] 신 개념 위치추적 기술 사용항만의 시스템 현황

로테르담 하노버터미널	중국 남경터미널
- 기존 무선랜 시스템 교체 - C/C, Y/T, 하역차량 간의 무선 광대역통신망 구축을 통하여 원격작업지시 및 관리 - C/C, Y/T, 하역차량의 이동성 보장 - 컨테이너항만 내 간섭 해소 - 음성 및 영상통신에 대한 확장성	- 컴퓨터기반 자동 컨테이너 배치 및 관리시스템을 위한 기반 무선 통신망 - 컨테이너 트럭이 항만에 접근 시 관리시스템으로 자동 컨테이너 정보 제공 및 작업지시 수령 - C/C, Y/T, 하역차량 등에 자동 작업 지시 - 지상작업요원을 위한 PDA 무선 통신망 - 컨테이너 트럭 위치 추적

비 증가, 검수정보 획득의 불편 등을 개선할 수 있는 서비스로서 컨테이너의 문자 및 손상 정보를 정확하게 획득, 기록함과 동시에 관련 업체에 실시간 컨테이너 관련 정보를 제공하는 서비스 기술이다.

이송장비 신개념 위치추적 기술인 Mesh Network 구축기술은 무선네트워크 통신 기능과 위치정보 추적 기능을 함께 보유하고 있다. 이 기술은 운영실과 C/C, T/C, Y/T, PDA 간의 Mesh Network 무선데이터 통신망을 구축, 컨테이너 자동배치 및 관리시스템을 통해 각 작업자에게 실시간 작업지시가 이루어지고 간섭 회피를 위해 능동적으로 새로운 채널을 선택하고 이동함으로써 끊김 없는 통신으로 컨테이너 위치 추적이 가능한 기술이다.

대부분 컨테이너 항만에서는 무선 랜 시스템을 사용하고 있으나 중국(남경컨테이너터미널)이나 유럽(네덜란드 로테르담 하노터미널) 등 일부 항만에서 무선랜을 Mesh Network로 교체하여 사용하고 있다. 본 기술을 위한 개발 아이템으로는 Mesh 기반 끊김 없는 이동성 제공 무선네트워크 기술을 제시한다.

현재 신개념 위치추적 기술인 Mesh Network에 대한 국내 보유 기술은 없으나, 충분한 응용기술은 보유하고 있다. 따라서 국내 기술 수준은 국외의 64% 수준으로 조사되었다. 현재 네덜란드(로테르담 하노터미널)와 중국(남경터미널)의 일부 항만에서 적용·사용하고 있으며, 기타 산업분야에서도 활발히 이용되고 있다.[11)]

이동장비 위치정보시스템 기술은 주로 DGPS[12)]를 이용하여 야드 장비의 효율적인 관리를 위해 야드 장비의 위치를 실시간으로 추적하는 모니터기능과 통제기능의 기술이다. 하역장비의 추적 기술에는 DGPS/Radar, RFID 등을 이용하

11) 최상희·심기섭·김우선·하태영(전게서), pp. 120~121.

12) DGPS는 Differential GPS로서 육상의 고정국으로부터 오차수정용 신호를 수신, 일반 GPS의 오차 한계를 8m 이내로 수정한다.

는 방식이 주로 사용되고 있다. RFID Tag를 이용하여 컨테이너의 위치를 실시간으로 모니터링하기 위한 하역장비의 추적을 목적으로 일부 터미널에서 적용되고 있다.

동 기술을 이용하여 발생할 수 있는 효과는 이동장비의 효율적인 운영 및 하역비용(연료 등) 절감 등이며 DGPS를 이용하는 장비추적 기술의 적용은 Rohde 사와 HHLA가 협력하여 개발한 Schwarz의 COLOS(Container Location System)과 두바이의 라시드 항에서 사용되는 STN Atlas Elektromix의 CONLOC(Container Location System)이 있다.

두바이의 라시드항은 터미널 근처에 높은 빌딩이 없고, Straddle Carrier를 선박에 직접 사용하지 않고 있다. 함부르크의 HHLA는 Straddle Carrier를 사용하여 선적작업을 한다. HHLA의 장비추적 기술은 DGPS와 RADAR 시스템을 병행하여 사용하고 있다. RFID Tag를 이용하여 하역장비의 추적에 사용하고 있는 터미널은 캐나다 벤쿠버의 Vanterm과 Deltaport 터미널에서 'Smart Yard' 시스템을 사용하고 있다.[13)]

2. 미 국

미국은 항만별로 자체적인 물류정보시스템을 구축하고 있으나 최근 보안(security) 강화에 따라 전자봉인(e-Seals), 위험물운송과 복합운송체계에서 공공기관과 민간의 물류정보 연계를 강력하게 추진하고 있다. 연방정부 차원에서 추진중인 지능형교통시스템(ITS) 중 첨단화물운송체계(CVO)를 복합운송 분야까지 확대하는 추세이다. 미국 국가과학기술위원회(NSTC)는 교통혁신기술 개발 및 도입의 가속화를 목표로 육상·해상·항공 교통수단의 개발을 위한 연구를 통해 구체화하고 있으며 향상된 화물수송체계에서는 효율적이고 유연한 화물수송체계를 확립함으로써 국경과 항만에서의 화물이동성 향상 및 기존의 화물수송정보기술과 네트워크 확산에 노력하고 있다.

미국에서는 세관에서 1982년부터 무역자동화시스템인 ACS(Automated Commercial Systems)을 구축하여 공공기관, 통관수속대행업자, 선박회사 등을 연결하였으며 AT&T, IBM, GE 등 유수한 민간정보통신사업자들이 자체 EDI시스템을 구축

13) 최상희·심기섭·김우선·하태영(전게서), pp. 107～108.

하고 있다. GE사의 EDI*EXPRESS시스템은 전 세계에 네트워크를 구축하여 컨테이너 및 화물추적서비스, 운송업체와 관련 업체 간의 EDI 서비스를 제공하고 있다.

항만보안을 강화하는 법안인 SAFE Port Act가 2006년 9월 14일 상원을 통과하였다. 법안의 주요 내용은 다음과 같다.

첫째, 미국행 컨테이너 화물 100%에 대한 해외선적항에서의 검색은 "실천가능한 방법으로 가능한 빨리(as soon as possible and practicable)" 실시한다고 함으로써 실시 여부가 불투명하지만, 3개의 해외항만(미정)에서 시범적으로 100% 검색을 실시하여 타당성을 검토해보자는 Pilot Program이 채택되었다.

둘째, 미국 정부에 화물보안 관련 상세정보를 제공하는 해운회사에게는 화물을 신속히 통과시킬 수 있는 "Green Lane" 시스템을 제공하였다.

셋째, 핵물질에 의한 테러방지를 위하여 방사능 물질을 검색하기 위한 모니터를 2007년 말까지 미국 내 22개 주요항만(물동량의 98% 처리)에 설치하였다.

넷째, 미 관세청이 테러방지를 위하여 이미 실시해 오고 있는 프로그램인 CSI(Container Security Initiative)와 C-TPAT(Customs-Trade Partnership Against Terrorism)를 명문화함으로써 법적 근거를 명확히 하였다.

다섯째, 국토안보부에 화물보안정책을 전담하는 Office of Cargo Security Policy 설치하는 등, 항만보안 강화를 위하여 6년간 4억불의 연방보조금(grant)을 제공하는 등 항만보안 관련 예산지원을 대폭 증액하였다.

미국의 항만에서는 예약결정시스템(Appoints Systems)과 항만 및 컨테이너터미널의 게이트 및 내부동선 상의 체증을 줄이기 위한 다양한 노력이 있다. 뉴욕/뉴저지 항만, 뱅쿠버, 롱비치의 전문가들이 예약결정시스템과 항만과 터미널에서의 화물처리속도 증진을 위한 다양한 전략과 ITS적용기법을 도입하고 있다.

LA항의 Evergreen 터미널 및 롱비치항에서는 PAS(Premier Appointment System)을 운영하고 있다. 미리 예약 및 등록을 통해 작업스케줄이 결정됨으로써 터미널 운영의 효율을 높이고 운행(운전자)시간 단축, 환경오염 저감 등의 편익을 가져오고 있으며 홈페이지는 www.egala.com, www.ttilgb.com이다.

Landstar 운송사 그룹에서는 미국 내 복합운송(OTR: Nationwide Intermodal Trucking)을 담당하며 항만과의 트럭연계운송을 담당하고 있다. 롱비치 등 미국 서부항만을 주대상으로 공공부문 업무, 보험, 연료 구입 등의 서비스도 제공한다. ITS 적용으로 인터넷 예약업무, RFID를 이용한 차량관리, CVISN에 따른 게

[표 5-6] 뉴욕/뉴저지항 정보시스템 현황

정보시스템	주 요 기 능
PIDN	뉴욕/뉴저지항의 트럭, 바지선, 철도를 연결하여 컨테이너 운송을 원활하게 지원
FIRST	운송사, 수출입 담당자, 포워더, 외국 포워더, 고객 등 물류 주체들에게 화물 흐름에 대한 정보를 제공
PORTS	현재 항만의 날씨, 환경 등의 정보를 제공
각 터미널 홈페이지	내륙운송, 해상운송, 브로킹 서비스를 제공

이트통과서비스 등이 그 대상이다.

항만정보시스템 사례로서 뉴욕/뉴저지항은 미 동부 최대의 항만으로 2005년에 478만 TEU를 처리하였으며, 2004년 대비 6.8%의 성장을 기록하였다. 뉴욕/뉴저지항에서는 PIDN시스템을 이용하여 트럭, 바지선, 철도 등을 연결하여 컨테이너 운송을 원활히 하고 있다.

FIRST(Freight Information Real-Time System for Transport)로 화물상태정보에 대한 실시간 원스톱서비스 제공을 목표로 하고 있고 SEA LINK는 운전자등록ID(사진 포함)로 컨테이너 정보를 조회하고 터미널 게이트 통과를 가능하게 한다. SEA LINK는 운송회사와 운전자, 터미널 등을 연결시켜 준다. 먼저 운송회사(화물자동차)를 찾고 운전자를 지전한 후 운송계획을 수립한다. 교통정보 제공, 실시간 카메라 정보, 선박 스케쥴 조회, 선박 도착/출발 정보, 온라인 입항정보 등도 제공하며 예약/계획 및 전자실링(Electronic Seals) 업무를 담당한다.

3. 유　　럽

EU는 2000년 3월 리스본 정상회담에서 2010년까지 미국을 추월해 EU를 세계에서 가장 역동적이고 경쟁력 있는 지식기반 경제권으로 만들어 나가겠다는 이른바 리스본 전략을 채택했다. 이후 미흡한 성과에 대한 수정계획으로 i2010전략을 발표하였는데 신 리스본의제(the Renewed Lisbon Agenda)의 틀 속에서 시행되는 실질적인 추진전략으로 ICT[14]의 광범위한 사용을 통해 경제 전반의 효율성을 제고시키는 것을 목표로 한다. EU는 주요 국가들 간에 존재하는 경제성과의 차이는 주로 ICT 투자, 연구 및 활용 수준과 함께 정보사회 및 시청각미디어 서

14) ICT: 정보기술(Information Technology)과 통신기술(Communication Technology)을 합한 말.

비스산업의 경쟁력에 기인하는 것으로 평가하고, ICT 서비스, 숙련, 미디어 및 콘텐츠를 경제와 사회의 핵심 성장분야로 발전시켜야 한다고 제안하고 있다.

1) 네덜란드

네덜란드에서는 1985년부터 로테르담 시를 중심으로 민간 전문가, 항만노동조합, 정부기관으로 구성된 Joint Working Group을 조직하여 항만 및 배후물류단지 물류지원을 위한 INTIS(International Transport Information System)를 개발하여 서비스를 제공하고 있다.

로테르담항은 항만을 중심으로 유럽 각지로 48시간 내에 이어지는 5개의 고속도로와 4개의 철도노선, 동유럽까지 연결된 내륙 운하 등을 통해 반경 500km 이내에 유럽 전역이 연결되는 지리적 조건 속에 전 세계 1천여 개 항만과 연결되어 유럽으로 들어오는 물량의 60%, 나가는 물량의 30%를 처리하는 유럽 최대의 항만이다.

로테르담 항은 교환문서들의 포맷을 통일하기 위한 EDI-LAND 시스템, 트럭의 인증을 전자적으로 수행하는 Cargo Card 시스템, 컨테이너 터미널 출입시간을 운송사에게 사전 연락하는 W@ve 시스템 등을 통하여 통관과 하역의 편의성을 극대화 하고 있다.

로테르담항의 터미널운영업체인 ECT는 현재 연간 처리능력 88만 TEU의 신규터미널을 개발 중이며 2008년 개장해 주로 소형 피더선과 내륙수로를 운항하는 바지선 전용 터미널로 이용될 예정이다.

[표 5-7] 로테르담항 정보시스템 현황

정보시스템	주 요 기 능
EDI-LAND	• 다양한 내륙운송을 수행함에 있어 교환되는 문서들의 포맷을 통일하기 위한 시스템 • EDIFACT/ITIGG 포맷 사용
Cargo Card	• 보다 빠른 화물 운송을 지원하기 위해 트럭의 인증을 'cargo card'를 통해 전자적으로 수행 • 터미널 출입 시 체크포인트에서 카드로 인증 확인
W@VE	운송사에게 컨테이너 터미널 출입 시간을 사전에 연락하는 시스템
Port of Rotterdam	기존의 서로 다른 통신매체(FAX, EDI, Internet)를 통해 주고 받던 환경을 인터넷으로 통합하여 개발된 인터넷 포털
WebJonas	기존의 RMPM(Rotterdam Municipal Port Management)에서 소개된 ICT 인프라 구조의 웹 어플리케이션으로 화물과 선박의 도착을 전자적으로 알려주는 시스템

초기 자동화 컨테이너 터미널을 운영한 ECT(Europe Combined Terminal)는 구획별로 개장기간을 달리하면서 자동화 수준도 점진적으로 발전시켜 나가는 장기적인 기술 개발 전략으로 현재까지 20여 년간 항만 자동화에 지속적인 연구개발 및 실용화를 진행해 오고 있다. 2004년 FAMAS(First All Modes All Sizes)프로젝트에 착수하여 Maasvlakte 2(MV2)단계의 신개념 컨테이너를 개발, 내부 터미널 운송 시스템(ITT: Internal Terminal Transportation), 컨테이너 터미널과 운송 시스템을 연계라는 서비스 센터를 개발 목표로 추진하고 있다.

2) 독　일

함부르크항은 현재 세계에서 가장 큰 자유항으로 총 6,506ha 가운데 1,620ha가 자유항으로 지정되었고, 아시아 국가의 수출입 화물 처리량이 유럽항만 가운데 가장 많다. 바다와 떨어져 있어 조수간만의 차가 적고, 파도와 같은 장애물도 없이 연중무휴 안전한 조건에서 조업할 수 있으며, 스칸디나비아반도와 동유럽, 서유럽 등과 연결되는 지리적 이점을 가진다. 연간 25개 선사의 12,000여 척의 선박이 세계 80여 개국을 연결하고 있다.

함부르크시가 약 20억 마르크를 투입하여 연간 190만 TEU의 처리능력을 갖춘 무인 자동화 컨테이너 터미널인 CTA(Container Termianl Altenwerder)를 2003년 준공하였으며, 독자적인 정보시스템 DAKOSY 시스템을 통해 항만 내 터미널 운영사, 복합운송업체, 하역회사, 선박대리점 및 내륙 하주 간의 정보교환이 이루어진다. DAKOSY 시스템 도입을 통해 통관절차 등을 간소화하여 서류를 없애고 육상 물류 서비스 업계와 연계하여 항만에 있는 터미널에서 수령인의 창고까지 이어지는 이음새 없는 물류를 실현하였다. CTA에서 자동화 시스템의 운영을 위한 제어는 가장 최신의 복잡한 소프트웨어를 사용하고 있으며, 실시간 적용을 위한 지속적인 노력과 투자를 하고 있다.

[표 5-8] DAKOSY의 주요 서비스 내용

서비스 명	주요 서비스 내용
SEEDOS	• 1984년 개발된 독일의 국제해상운송 관련 포워더용 상호운용 응용시스템 • 수출입 서류 및 송장처리, 데이터 관리 및 운영기능
TALDOS	• 검수회사들의 서류업무처리를 지원하는 시스템 • 적하목록 및 본선적부도(Bay Plan) 생성지원
CONDICOS	• 정기 선사대리점 대상 지원 시스템 • 컨테이너의 관리 배치 및 처리 서비스
SHIPS	• 선박입출항정보 지원 시스템
GEGIS	• 위험 화물관리 시스템 • 위험화물의 위치, 보관 및 포장상태, 사고 시 처리방안 정보제공
ZODIAK	• 세관시스템인 DOUANE와 상호 접속하여 세관 관련 서류처리지원시스템
HABIS	• 항만, 철도 연계시스템
ACTION	• 운송요청서 전송, 운송거리 및 요율 산정 등 지원시스템

자료: 방희석 · 정재원 · 김승철(2002), "우리나라의 효율적인 수출입물류 서비스 구축방안에 관한 연구," 물류학회지, p. 11.

3) 영 국

런던항은 고객별 정보시스템뿐 아니라 정보수집, 수심 폭 파악, 지리정보 등 내부업무수행을 위한 시스템을 구축하여 업무효율화를 도모하고 있다.

런던항은 항만 사용자들의 편의를 위해 항만 정보를 공유할 수 있도록 커뮤니티와 포털 서비스를 제공하고 있으며 항만 사용자들이 보다 편리하게 항만 서비스를 이용할 수 있도록 PACE, CHIEF 등의 정보시스템들을 제공하고 있다. 또

[표 5-9] 런던항 정보시스템 현황

정보시스템	주 요 기 능
PLA 포털 사이트	상용 고객(터미널, 물류업체 등), 해양 고객, 레저 고객별로 분류하여 PLA에서 관할하고 있는 항만에 대한 정보와 요금 등의 정보를 제공
POLARIS	선박입출항관리
PACE	런던항을 통한 화물의 이동 정보와 관련 문서를 자동적으로 처리하고 정보를 제공하는 시스템
SYTAR VTDS	센서로부터 선박 입출항 이미지를 실시간으로 수집하는 시스템
CNSNet	영국 내 다른 항만과의 정보 공유 시스템
MCP plc	FCPS 시스템에 연결된 회사는 MCP를 통해서 PACE에 접속할 수 있음.
CHIEF	영국 세관 수출입화물 관리 시스템

[그림 5-9] 런던항 정보시스템 연계도

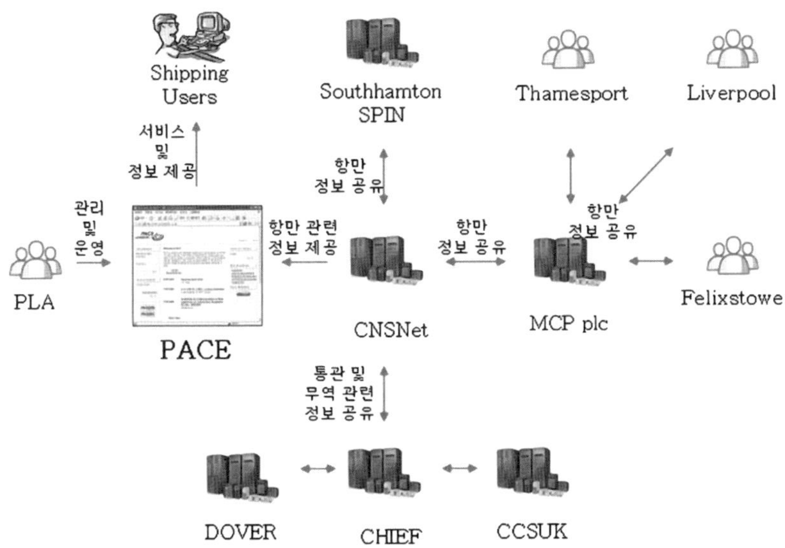

한 영국 내 다른 항만과의 정보를 공유할 수 있도록 CNSNet을 개발하여 운영 중에 있다.

4. 일 본

일본은 최신 IT 기술을 활용한 유통·물류효율화, 환경부담 저감형 물류효율화, 아시아를 하나로 연결하는 '아시아 와이드 심리스 물류권(Asia wide seamless logistics)'의 실현을 목표로 하고 있는데, 그 중 21세기를 앞서가기 위한 첨단물류기술에 역점을 두고 추진하는 유통·물류효율화를 위한 시책에 있어서는 전자태그의 국제표준 확립 및 실증실험 실시와 유통·물류시스템의 정보화와 표준화(인터넷 EDI의 표준화, 상품정보 공유화 시스템 구축) 사업에 역점을 두고 있다.

일본에서는 정부가 물류정보화를 유도하기 위해 물류정보시스템 구축이 용이하도록 환경을 조성하고, 이에 따라 기업이 선진적인 물류정보시스템을 구축하고 있다. 주요 물류정보시스템으로는 항만물류정보시스템인 POLINET(Port Logistics Network), 항공화물통관시스템인 NACCS(Nippon Air Cargo Clearance System), 도로

부문 정보시스템인 MCA(Multi Channel Access System), 화물과 차량정보교환시스템인 KIT시스템, 그리고 첨단교통시스템인 ARTS 등이 있다.

일본정부는 관련 부처가 문제의식과 목표를 서로 공유하고 연계하여 물류시책을 종합적으로 강구하기 위해 개선시책으로 總合物流施策大綱(1997-2001)을 발표하였다. 여기에는 EDI도입 촉진, 물류를 포함한 유통전체의 정보표준화를 재정비, 위치확인시스템(GPS), 도로교통정보통신시스템(VICS), 지능형교통시스템(ITS) 등과 같은 신기술의 개발과 이용을 추진하고 있다. 물류관련업체의 컴퓨터 보유율이 90%를 넘고 있으며, 정보관련 비용이 약 16%를 차지할 정도로 정보화의 기반이 갖추어져 있다.

5. 싱가포르

싱가포르항은 이미 2005년에 이어 2006년, 2007년에 줄곧 세계 제1위 항만의 자리를 차지하고 있다. 현재 200여 선사가 싱가포르항을 활용하고 있으며, 전 세계 123개국 600여 항만과 연결되어 있다. 총 42개의 선석에서 120여기 이상의 '갠트리 크레인(Gantry Crane)'이 가동 중이며, 하루 6만개 이상(TEU 기준)의 컨테이너를 처리한다. 2011년까지 12개 선석을 추가로 건설하고 선석당 평균 4개(부산항 3.2개)인 크레인 등 하역장비와 무인자동화 시스템을 대폭 확충할 계획이다. 또한, 싱가포르는 무역과 관련된 정보의 흐름을 다루는 IT 기반 시스템의 경쟁력이 물류강국을 결정짓는 관건이라는 인식하에 IT 기반의 통합물류체계를 구축하는 InfoPort 5개년 계획을 추진하고 있다.

싱가포르에서는 1987년부터 무역개발국(TDB), 항만국(PSA, 현재는 PSA Corporation), 민항국, 전신국 등 정부기관과 민간기업이 공동으로 추진협의체를 구성하여 물류정보화를 추진하였다. 20여개 정부부처와 산업계를 결합한 단일추진체제를 구성하여 수출입, 환적 정보와 무역 인·허가 관련 업무를 처리하기 위한 종합무역정보망인 TradeNet을 구축하였으며, 항만국의 PortNet, 터미널 통합운영시스템(CITOS), 해운관리시스템(CIMOS) 등과 TradeNet을 상호 연계하여 수출입/무역/통관 업무를 One-Stop으로 처리하고 있다. 1991년부터 수출입절차를 EDI로 처리하는 것을 의무화하고, 1992년부터 통신회선 임차료 감액을 통한 국가적 차원에서 EDI를 집중 육성하였다.

1997년 10월 1일 국가공단인 싱가포르항만국(PSA)이 민영화되어 설립된 영리조직인 싱가포르항만주식회사(PSA Corporation Ltd)는 항만과 물류관련사업의 글로벌 네트워크를 통해 세계적 "항만운영회사"에서 세계적인 "종합물류그룹"으로 발돋움하려는 목표 하에 이미 e-Business 환경으로 정보시스템을 이관하였으며 정보화 수준은 세계 최고 수준이다. 물류정보화에 e-Business 추진 목표 및 전략이 명확하고, 이미 항만 e-Business를 추진하여 안정적인 활용 단계에 있다. PORTNET과 CITOS는 핵심적인 역할을 수행하는 시스템이며, PORTNET를 중심으로 Backbone 시스템과 타 기관과의 정보 공유 및 교환 체계가 잘 구축되어 있다. 이를 통해 기관 간에 정보 흐름이 전자적으로 원활하게 유통되고 있으며, 이러한 정보 흐름으로 인해 컨테이너 처리율이 향상되고 있다. 고객별로 특화된 다양한 항만정보서비스를 제공하고 있으며, 고객이 원하는 정보 서비스를 선택할 수 있다. 싱가포르 터미널은 200여 선사가 123개국 600여개의 항만에서 접속할 수 있는 체계를 제공하고 있다.

관세시스템(SAGITTA)과 철도시스템간을 네트워크로 상호 연계하여 일괄서비스를 제공하고 있으며 싱가포르 SNS(Singapore Network Services), GEISCO, IBM

[그림 5-10] 싱가포르항 정보시스템 현황

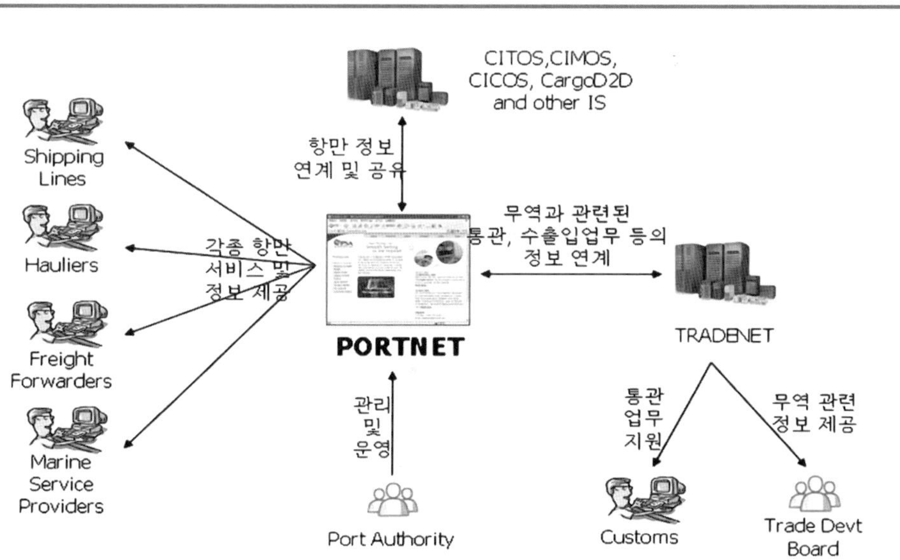

[표 5-10] 싱가포르항 정보시스템 현황

정보시스템	주 요 기 능
CITOS	컨테이너 터미널에서 작업하는 선박의 선석 및 크레인을 지정하고, 컨테이너 터미널 내에서 사용되는 모든 컨테이너 취급 장비의 작업 효율성 극대화를 주요 기능으로 하고 있음.
CIMOS	• 선박통행, 항만항해, 고도기획업무, 자동정산, 이동무선자료 등의 관리 • 도선사, 예인선 등과 연결 가능하며 PORTNET과 연계
CICOS	• 재래 터미널인 Pasir Panjang 터미널에서 운영 • 트럭의 소요대수 및 운행시간 단축을 위한 정보시스템
CIFOS	PSA 내부의 정보시스템으로서 Video Text, PC Resource, Sharing, Electronic Processing of Form 등의 기능을 완비함.
BASE	• 선석 및 야드 내의 크레인을 자동적으로 할당하는 항만교통관제시스템 • 선박의 신속한 이/접안을 위한 시스템
MRDTS	• 입항선박과 PSA간의 선박정보 교환을 위한 정보시스템 • 도선사, 예인선 등의 작업스케줄을 자동으로 작성
CITES	• 컴퓨터정보 전화문의 서비스 시스템으로서 항만이용자에게 계류선박, 컨테이너 및 화물에 대한 정보를 제공 • 수출입 컨테이너의 게이트 통과를 신속하게 하며 컨테이너 운송 및 수령계획을 세울 수 있도록 24시간 컴퓨터정보 전화망(CTI)을 운영함.
BOXNET	• 항만과 트럭킹 업자 간의 원만한 업무수행을 지원하기 위하여 개발된 시스템 • 선박접안 예정시간, 양하완료 예정시간 등을 BOXNET을 이용하여 파악 • 수출입 일정에 따른 수출입 컨테이너의 트럭 배차업무에 EDI를 활용 • 트럭의 정보를 이용자에게 제공

등과의 연계를 통한 국내·외 수출입 화물 관련 EDI 서비스를 제공하고 있다.

6. 홍 콩

홍콩항은 최대 수심 15.5미터의 화강암반으로 이루어진 항만조건을 갖추고 있으며 하루 180척의 선박이 입항하여 작업을 마치고 나가는데 평균 6~8시간 정도 걸린다. 컨테이너 선적과 관련된 최신 터미널 운영 시스템인 nGen(next generation)은 1996년 1세대 탄생 이후 2005년 4월 2세대 nGen을 선보이는 등 항만 첨단화 및 대규모화에 노력하고 있으나, 성장 기반이던 인근 광동성 지역의 육로 운송 화물이 급격히 줄어들고, 선전항의 성장세에 밀려 최근 위기를 맞고 있다.

홍콩항의 정보시스템은 모바일을 통하여 컨테이너 위치 정보를 실시간으로

[표 5-11] Modern Terminals Ltd 운영 터미널 정보시스템 현황

정보시스템	주 요 기 능
Gate Systems	효율적인 컨테이너 이동을 위한 게이트 관리 및 자원관리 지원
MOS	Navis SPARCS 시스템을 기반으로 한 터미널 운영시스템
ModernPorts.com	• 항만관련 서비스 및 정보, 문서의 전송을 지원 • 컨테이너 트래킹 정보, 바지선 정보, 트래픽 정보, 날씨 정보 등을 제공

제공하고, 야드 내외에서 컨테이너 이동을 위한 게이트 관리 및 자원관리 시스템 등을 제공하고 있다.

[표 5-12] HIT(Hong Kong International Terminals) 운영 터미널 정보시스템 현황

정보시스템	주 요 기 능
Terminal Operation System	BEA사의 weblogic을 미들웨어로 하여 터미널 내의 계획 수립, 게이트 반출입, 컨테이너 야드 운영 등의 nGEN 시스템을 개발
모바일 시스템	모바일을 통해 컨테이너 위치정보 등을 실시간으로 제공

제 6 장

물류정보시스템 구축 사례

국내에서는 99년부터 입출항 신고 서식은 통합 되었으며 각각 따로 신고하는 절차는 2004년 관세청, 정보사회 진흥원, 지식경제부 주관으로 '수출입 물류 종합 서비스'가 구축되면서 완료됐다. 아울러 웹 기반의 시스템도 운영되고 있다. 관세청에서 운영하는 유니패스(UNI-PASS)와 항만청에서 운영하는 SP-IDC가 대표적이다. 국내 통관물류 정보화 수준은 세계적 수준이라는 의견이 지배적이며 2008년 4월 관세행정을 논의하는 국제기구인 WCO(World Customs Organization)와 공동으로 개최한 '2008 WCO IT 컨퍼런스 & 전시회'에서도 좋은 평가를 받았다.

우리나라의 물류정보화 사업은 '90년 수출입통관과정에서 기업과 정부 간 인허가 절차 중심으로 발전하여 왔다. 수출입화물은 공항만을 통해 국경을 넘는 과정에서 민간과 정부 간의 정보교환(인허가)이 법적 의무로 되어 있으며, 해수부(해상), 건교부(항공), 관세청(통관) 등의 정부기관의 인허가 절차가 복잡하게 연계되어 있다. 부처별로 소관물류업무에 대한 별도의 물류정보화를 추진중인데, 항만의 경우 해수부가 항만정보화(PORT-MIS: Port management Information System)로 입출항관리를 전산화 및 지속적으로 개선하고 있으며, RFID 기반의 U-Port 구축을 추진하고 있다. 하지만 항만이 독자적으로 수출입물류정보화를 구축시킬 수는 없으므로 부처별 시스템 연계가 필요하다. 이에 건교부는 1994년 국가기간전산망 구축사업의 일환으로 육해공을 총괄하는 종합물류망구축을 추진하였으나 성과는 미미했다. 건교부는 개별물류망의 연계보다는 전자문서개발, 화물추적장치(CVO)운영 등 부분적 서비스 제공에 머무르는 실정이었다. 이후 전자정부 로드맵 31대 과제추진이 본격화됨에 따라 정부혁신위는 주요 과제들을 해수부/건교부/관세청 등 관계기관이 합동 T/F를 구성하여 수출입물류정보혁신사업을 2004년부터 추진하고 있다. 이에 따라 2007년 현재 위 3개 기관 등 관계기관의 수출입물류 관련 정보시스템을 연계하여 단일민원창구(Single Window) 구축 3차년도 사업진행중에 있으며,[1] 컨테이너터미널운영정보시스템(ATOMS),[2] 일반부두운영정보시스템(GTOMS)[3] 등을 개발 및 운영하고 있다.

항만 안전과 관련하여서는 항만시설물의 상태 및 안전진단 시 인력소요 및 수동적인 안전 관리로 시설물 유지보수 비용이 증가하고 안전 관리가 미흡한 현실이다. 항만 내 컨테이너 이송을 위한 운송차량의 운영방식이 유연하지 못해 생산성 향상에 한계가 있으며, 항만의 작업환경은 실시간으로 변화하는 데 비해 실제 작업은 고정된 계획에 따르고 있으므로 운영 효율성 향상에 애로사항이 있다. 이를 해결하기 위해서는 USN 기반 고장예측 및 건전성 평가기술, XML 기반의 항만 운영체계 및 자동통제 기술, 항만시설물 관리를 위한 센싱 기술, 운송차량 및 작업 통제를 위한 알고리즘, 인터페이스 및 시스템 설계 기술 등이 개발되어야 한다.

컨테이너 터미널의 반입/반출만을 위한 기능 이외에도 터미널항만 현황 정보를 컨테이너 차량에 제공할 수 있는 양방향 정보제공 서비스가 필요하다. Active RFID 기반의 컨테이너 터미널의 반입/반출 시 다른 게이트와의 주파수 혼선 발생 시 게이트별 입출입 관리가 어려우며, 인식률의 정확도가 감소하는 등의 문제점이 발생한다. 따라서 육상의 고속도로 톨게이트 등에서 활용되고 있는

---

1) 노홍승 · 장소영 · 강상곤(2007), pp. 26~28.

2) 컨테이너터미널운영정보시스템(ATOMS: Advanced Terminal Operation & management System): 컨테이너 터미널의 생산성과 효율성을 극대화하기 위해 터미널의 모든 생산 활동을 계획, 배분, 스케줄링, 통제, 관제하는 통합정보시스템으로 컨테이 너터미널의 고유한 특성과 사용자 요구사항에 맞게 개별화할 수 있는 시스템이다.

3) 일반부두운영정보시스템(GTOMS: General Terminal Operation & Management System): 해양수산부의 일반부두정보화 구축사업의 일환으로 시작하여 다년간 현장에 적용한 결과 컨테이너부두처럼 본선/야드/게이트에 대한 자동화시스템을 실현하여 일반부두의 운영효율성을 높이고 작업내용을 실시간으로 선사 및 하주에 제공할 수 있는 자동화 시스템이다.

DSRC 및 현재 표준화 절차가 진행중인 CALM을 Active RFID 방식의 컨테이너 터미널 반입/반출 시스템에 적용시키기 위한 신기술 개발이 필요하다.

항만 간의 경쟁이 심화되고 대형 컨테이너 선사들도 동맹이나 상호 합병을 통해 그룹화되면서 컨테이너 선사 간의 경쟁도 치열해지고 있으며, 대형선박의 출현 예고 및 해상운송 원가 절감을 위한 미래의 자구책으로 초대형 컨테이너선을 겨냥한 항만개발이 추진되고 있는 상황이다. 또한, 인터넷 사용의 확산과 자동화기술 및 무선통신의 급속한 발전의 변화 속에서 세계 각국은 물류 IT 분야에서도 이러한 환경에 적절히 대응하기 위한 다양한 사업을 추진하고 있다.

해양수산부(현 국토해양부)에서는 해운항만물류 정보와 관련하여, 해운항만물류정보센터(SP-IDC: Shipping & Port Internet Data Center), 글로벌컨테이너추적정보시스템(GCTS: Global Container Tracking System)등을 개발 및 운영하고 있으며, 선박의 위치 추적 및 해양사고 예방기능 강화 및 해양사고 최소화를 위한 위기관리시스템인 해양안전종합정보시스템(GICOMS: General Information Center on Maritime Safety & Security)을 구축, 운영하고 있다.[4] 이와 더불어 노후 해운선원 주전산기 교체 및 웹 환경 지원의 프로그램 재구축 및 해기사 응시자 사진정보 DB 구축, 선박관리업 정보화 등을 진행하고 있다. 또한 사이버해운거래소 도입을 통한 국내외 해운정보 중개 및 제공, 국내 해운 선물 및 현물 시장 시스템, 사이버 용선계약 시스템, 정기선 예매, 일정, 운임정보 제공 시스템, 사이버 포워딩 시스템, 사이버 선박 매매 시스템, 사이버 해상보험 금융시스템 등이 추진되고 있다.

RTLS는 Real-Time Locating System 혹은 Real-Time Locating Service의 약자로 실시간으로 사물 혹은 사람의 위치를 찾아 주는 시스템 혹은 그러한 서비스를 말한다. LBS는 Location-Based Service로 일반적의 의미의 위치 기반 서비스를 말하며, RTLS나 GPS(Global Positioning Service)를 포함하는 개념이다. 그러나 LBS는 주로 이동통신 시스템에서 사용자 혹은 사용자 단말의 위치 정보를 활용한 서비스를 나타내는 개념으로 한정되어 사용되고 있다. 이에 비해, RTLS는 옥내 혹은 근거리 위치 측정 시스템에 한정되어 사용되는데 이 시스템을 해운물류분야에 적용하게 될 것이다. 즉, 물류 정보의 오류 발생 시 컨테이너 위치 파악이 불가능하며 실시간 위치 파악 시스템 부재로 화물 운송 수단의 불필요한

---

4) 김수엽(2007), pp. 26~27.

공차가 발생한다. 화물이 창고에 도착하였는지 실시간으로 확인되지 않아 불필요한 대기시간 발생 및 정확한 운송계획 수립이 어려운 문제가 있다. 따라서 실시간 물류정보 제공 시스템 구축을 위해 해운물류 RTLS 태그 및 리더기, 미들웨어 분야의 개발이 필요하다.

해양 Ad-hoc 네트워크 기술 개발은 선박의 기본 탑재 장비인 RF 주파수대의 통신장비를 활용하여 선박 간의 독립적인 네트워크를 구현하고자 하는 것이다. 물류 활동의 효율성과 보안성 향상을 위해 선박에서 전송해야 하는 정보의 종류와 양이 급속히 증가하고 있으나, 고비용의 위성통신망을 이용한 정보 교환으로 인해 물류비용이 증가하고 있다. 반면, 선박 간 자율 네트워크를 구성하여 선박의 화물 적재 정보 등 물류 데이터를 입출항 시 원격 전송할 경우 효과적인 화물 운송 계획 수립이 가능하다. 이에 끊임 없는(Seamless) 물류관리 및 정보 교환 비용절감을 위하여 해상 선박으로의 통신 네트워크 확장 필요성과 선박에 선적된 위험화물, 냉동 컨테이너 등과 같이 실시간 모니터링이 요구되는 화물에 대한 실시간 관리를 위한 원격 종합 정보의 필요성이 제기됨에 따라 해양 Ad-hoc 네트워크 기술의 개발이 절실한 시점이다. 해양 Ad-hoc 모뎀을 위한 요소기술은 관련업체의 기존 확보기술을 활용하여 멀티 대역, 멀티 모드를 지원하는 요소기술을 개발하고, SDR 기반 해양 Ad-hoc 모뎀의 설계 및 구현 기술은 자체 기술 개발 추진될 예정이다. 해양 Ad-hoc 네트워크 기술은 기존 MANET 기술을 활용하여 해양 Ad-hoc 환경 및 해운물류 네트워크 시스템의 연안으로의 확장 응용에 적합한 네트워크 핵심 기술 및 시스템 개발이 추진될 계획이다.

해운물류에 있어 최적의 이동/무선통신망을 운용하기 위해 해양통신 전용 통합 단말기 핵심기술 및 시스템 개발이 이루어져야 한다. 통합 단말기의 부재로 인해 시간 및 비용 측면에서 다양한 문제가 발생한다. 육상 및 해상에서 실시간으로 화물 위치·상태를 모니터링 할 수 없어 화물 운송수단의 관리·운용의 부대비용이 증가한다. 운송차량의 물류거점 반출입시 통과시간이 과다하게 소요되며 정체가 야기된다. 개별 단말기 구입을 위해 비용이 발생하며, 화물정보 보안이 취약해진다. 실시간 확인정보의 미확인으로 인한 불필요한 대기시간 발생 및 정확한 운송계획 수립이 어려워진다. 이러한 문제점이 해결되기 위해서는 해양 통합 단말기에 필요한 핵심 모듈 개발, 통합단말기 설계 및 프로토타입 제작, 시험 운용 절차 및 인증 규격을 자체적인 기술 연구 수행하며 단말기 제조업체를 통해 제품화가 추진되어야 한다.

해운물류 안전·보안 시스템과 관련하여 위험화물 및 냉동컨테이너의 특성상 실시간 상태관리가 필요한데, 수작업에 의한 위험화물 및 냉동 컨테이너 모니터링 시스템은 운송 시 상태정보 파악이 거의 불가능하여 화물상태에 따른 적절한 대응조치 미비로 고객 만족도 저하 및 대형사고 발생 요인이 되고 있다. 냉동 컨테이너의 반출입시 적정 온도 유지 여부를 파악하고, 위험화물의 사전 정보와의 일치 여부, 그 내용물 및 포장의 적절성 판정을 위해 U-기반 해운물류 안전·보안 시스템, U-기반 냉동/위험 화물 실시간 감시 기술, 컨테이너 전자 봉인 기술, 실시간 선박 위험화물 보안 감시 및 방제 기술의 개발이 필요하다.

현 Passive RFID 태그 활용 컨테이너 터미널 반출입 시스템은 컨테이너 차량이 게이트 인근 정차 후 운전자가 리더기에 수동 인식시키는 방식으로, 컨테이너 운송차량의 입출입시 정차 현상으로 인해 운송시간의 소요, 주변 교통 정체, 불필요한 대기시간 발생 등 자동 운영·관리에 어려움을 겪고 있다. 해운물류에 활용하기 위한 Active RFID 기술은 해양 상용 주파수 대역(Citizen Band)을 이용하여야 하며, 특히 해양의 온도·습도·염분·선박 진동 및 EMI/EMC 요건과 같이 육상과는 다른 사용 환경에 적합하도록 개발·제작되어야 하고, 이에 추가하여 USN을 실현하기 위한 하드웨어적 요건으로 메모리 공간 및 통신 프로토콜이 개발되어야 한다. 이러한 측면에서 해양 Active RFID 기술은 전자봉인, 해운물류 RTLS 시스템 등에 직접적으로 활용되는 핵심 기반 기술이다.

해양 Active RFID 태그 및 리더기 분야는 타부처 사업과 기존의 기술에서 개발된 태그 칩을 활용하여 해운물류의 고유특성에 맞게 개발할 계획이며, 해양 Active RFID 미들웨어 기술은 리더기와 응용 시스템 간의 인터페이스와 관련된 분야로서 해운물류 응용 시스템을 고려한 기술 개발이 추진될 예정이다.

우리나라 수출입 화물의 99.7%가 해상으로 이동하고 있으나, 수출입 화물의 국내외 이동경로에 대한 정보가 부족하다. 실시간 화물 위치·상태 모니터링 정보 부재로 화물 및 화물 운송수단의 관리·운용에 필요한 물류 부대비용이 증가하며, 불필요한 대기시간이 발생한다. 컨테이너 전용터미널 게이트의 정차에 의한 통과시간이 소요되며 주변 교통 흐름의 정체를 야기한다. 따라서 화물의 출발지, 도로/철도, 컨테이너 내륙기지, CY, 컨테이너 터미널, 항만, 연안, 대양에 이르는 전체 범위에 대한 통합적이고 효율적인 실시간 해운물류 추적 및 상태감

[표 6-1] 물류정보시스템의 활용분야 및 최근 동향

분 야	최 근 동 향
전자문서(EDI)시스템	• 산재된 각종 정보의 통합, 포털화 • 언제 어디서든지 이용할 수 있는 이동성(mobility)의 증대
시설정보화시스템	• RFID 기술을 응용항 시설자동화 • 통관 · 검역시스템과의 연계
화물추적관리시스템	• 인공위성기술을 응용한 기술활용의 증대 • RFID 기술의 응용
통관 · 검역시스템	• 국가 간 통관정보의 사전통보 • CDM, UCR, CSI 활용의 증대
공동자원관리시스템	• 화물정보, 차량정보의 공유
위험물운송시스템	• 위험물코드의 표준화 • 위험물 선적지 사전검사

시 · 관리 시스템에 대한 기술 개발이 필수적이다. RFID 기반의 컨테이너 터미널 게이트 자동화 및 실시간 운용 · 관리기술은 기술 개발을 위한 테스트 베드 구축 분야에 기존 사업의 결과를 활용하고, 해양통신 통합 단말기와 텔레매틱스 기반의 해운물류 추적 및 게이트 자동화기술은 타 부처의 연구결과를 활용하여 해운물류 응용분야에 맞게 기술 개발이 추진될 예정이다.

국제 해운물류 시장의 변화, 국가별 물류정책 변화 등 국제물류 체계 분석을 위해 동북아시아 물류 네트워크 및 관련 정보를 체계적으로 수집하고 추적할 필요가 있다. 이를 토대로 동북아(한, 중, 일)의 해운물류 체계의 통합화를 주도적으로 진행하여 동북아 해운물류 정보중심지로의 역할을 수행하고 이를 전 세계로 확대하여 물류 거점으로서의 위치를 확보할 필요가 있다.

위험물컨테이너관리시스템과 관련하여서는 수입위험물컨테이너 점검을 위한 사전 조치 및 사후관리 등의 전산화와 취득된 정보를 활용하여 위반 가능성이 높은 컨테이너만을 선별 점검함으로써 민원인 불편을 해소되어야 할 것이다.[5)]

5) 정보화추진위원회, http://www.ipc.go.kr, 2007. 9. 4.

제 1 절 PORT-MIS

1. PORT-MIS 정의

"PORT-MIS"라 함은 항만법 제70조 3항, 동법시행령 제42조 6항 및 동법시행규칙 제23조 2항에 의거 항만 관리운영의 효율화를 도모하고 항만의 과학적 관리를 위한 정책결정을 지원하며, 항만이용자에게 편의를 제공하기 위하여 설치·운영하는 종합 전산처리조직을 말한다. 선박의 최초 입항보고를 시작으로, 항만 내 시설사용, 관제사항, 화물입출항, 세입징수, 출항보고까지 모선별로 항만운영에 모든 정보를 관리하고 있으며, 이를 이용하여 선박 입출항신고, 화물입출항신고, 위험물신고 등 전자민원업무를 처리한다.

즉, PORT-MIS는 항만 운영의 효율화를 추구하는 종합경영정보시스템이라고 볼 수 있다. 이 시스템은 관계형 데이터베이스를 사용하여 모든 항만 자료를 통합하여 구조화시킴으로써 자료의 생성과 동시에 쉽고도 빠르게 필요한 사람에게 필요 정보를 제공하는 실시간 처리 방식으로 되어 있다.

2. PORT-MIS 구성

항만운영정보 서비스의 주요 구성요소는 항만을 이용하는 이용자와 해양수산부 및 PA(Port Authority)가 이용하는 Port-MIS(Port Management Information System), 즉 항만운영정보시스템과 SP-IDC에 Port-MIS 운영결과를 이용한 통계서비스인 항만운영정보서비스, 민원인과의 신고 및 허가 수리 교환하는 전자문서교환시스템(EDI Network: Electronic Data Interchange), 항만운영기관(지방해양수산청 및 PA)에 각종 서식 신고, 응답 및 허가정보에 대한 EDI 작성 및 송수신시스템인 민원인 EDI 사용자 시스템으로 구성되어 있다.

PORT-MIS는 크게 공통기초관리시스템, 선박운항관리시스템, 화물관리시스템, 항만시설관리시스템, 항만운영의사결정지원시스템으로 구성되어 있으며, 세부메뉴 구성은 다음과 같으며 운영기관에 따라 약간 상이할 수 있다.

– **공통기초관리시스템:** 코드관리, 운영관리

- **선박운항관리시스템**: 선박입출항관리, 선석관리, 예산관리, 도선관리, 검역관리, 세입징수관리
- **화물관리시스템**: B/L관리, 컨테이너관리, 하역실적관리, 화물비출항관리, 세입징수관리
- **항만시설관리시스템**: 시설물이용관리, 항만시설물제원관리, 상옥/야적장관리, 세입징수관리
- **항만운영의사결정지원시스템**: 선박운항통계, 화물통계, 효율지표

3. PORT-MIS 추진 경과

PORT-MIS 시스템은 1986년에서 1991까지 설계 및 시스템개발을 하여 1992년 1월에 운영을 시작하였으며 지속적인 개선을 이루어 왔으며 현재는 입출항서식 1회 전송시스템 및 통합화물서식의 적용으로 관세청과 공통으로 화물관련서식을 활용하고 있다.

[그림 6-1] PORT-MIS 구성

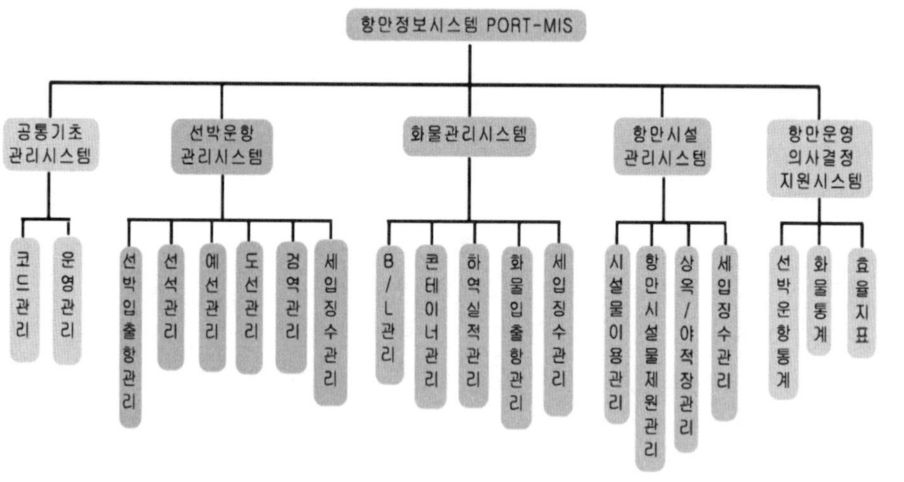

- Port-MIS 정보화 설계 및 정보시스템 개발('86 ~'91)
- Port-MIS 운영실시('92. 1)
- Port-MIS EDI 및 Port GATE 자동화 실시('94. 4)
- CIQ등 유관기관 정보공동활용 실시('98. 7)
- Port-MIS 영남권역 운영환경 개선('01. 6)
- Mobile Port-MIS 영남권역 구축 및 전국확대('04. 2)
- 선박입출항 및 화물서식 통합적용('05. 7)
  - **선박입출항서식**: 민원인1회 제출로 해수부, CIQ 일괄제출
  - **화물서식**: 해수부(화물, 컨테이너서식)과 관세청(적하목록)통합

4. PORT-MIS 주요 업무 처리 흐름

(1) 외항선 입출항 수속

외항선 입출항 수속절차는 다음과 같다. 신고 전 ID, PASSWORD를 등록하는 사용자등록신청을 한 후 선박제원등록 여부에 따라 등록이 되어 있지 않다면 선박제원신고서(신규, 변경)를 제출한다. 외항선 입항보고(최초, 변경) 후 양하 화물이 있다면 화물반출입현황신고를 한 후에 항만시설사용신고를 하게 된다. 이때 화물의 종류에 따라 컨테이너 화물일 경우는 추가로 컨테이너반출입신고를 한 후 항만시설사용신고를 하게 된다. 다음 항만시설사용허가신청 후 외항선 입항보고를 최종적으로 신고한다.

(2) 내항선 입출항 수속

내항선 입출항 수속은 외항선 입출항 수속과 크게 다르지 않다. 내항선 입출항 수속은 다음과 같다.

[그림 6-2] 외항선 입출항 수속

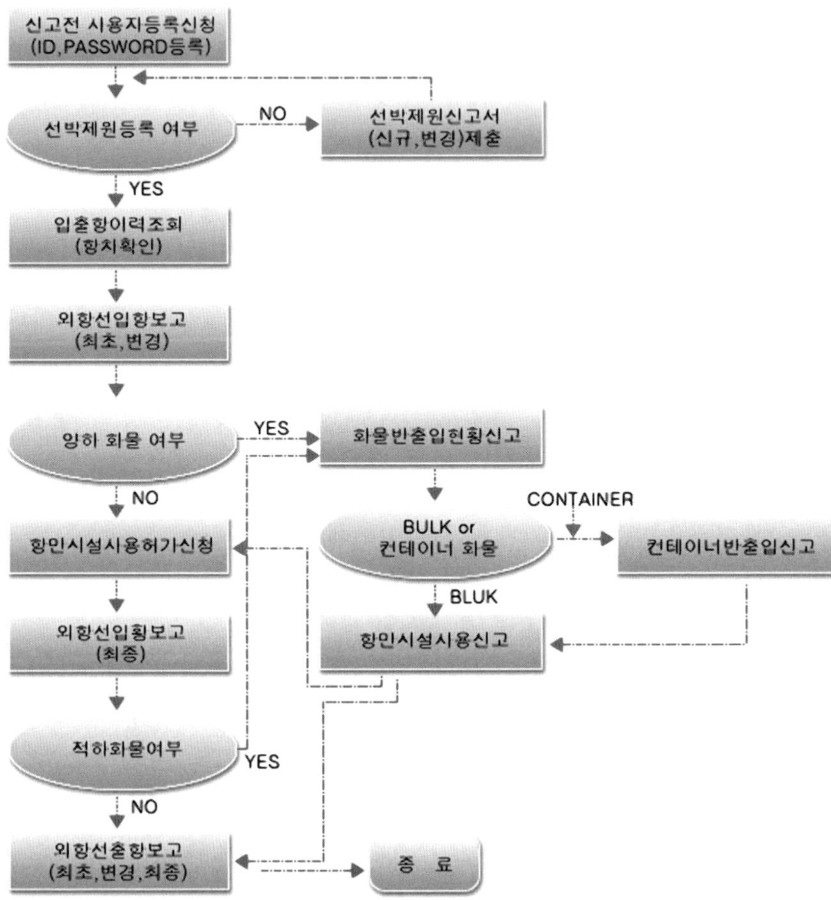

[그림 6-3] 내항선 입출항 수속

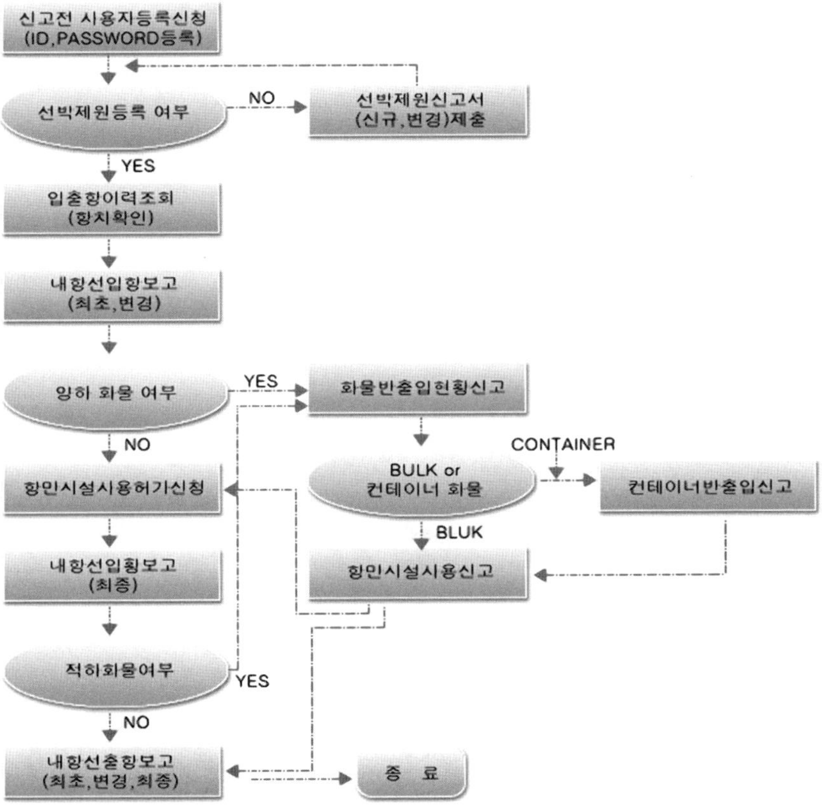

(3) 위험물반입 수속

위험물반입 수속은 외항선 입출항 수속이나 내항선 입출항 수속과 같이 신고전에 사용자등록신청을 하고 선박제원등록을 하여야 한다. 그런 다음 위험물반입신고를 하게 된다.

[그림 6-4] 위험물반입 수속

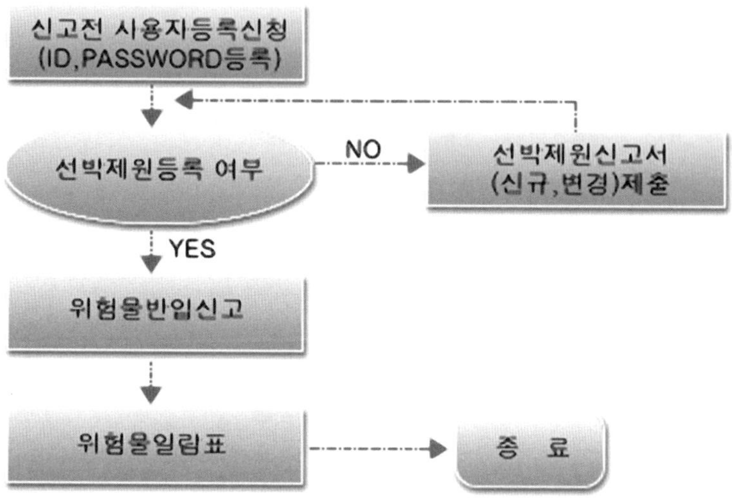

5. PORT-MIS 네트워크

Port-MIS 네트워크는 동해를 포함한 경인권역, 호남권역, 영남권역으로 나누어지고 각 권역은 초고속정보망을 통하여 상호 정보를 교환하고 원격지 Back-up시스템의 역할도 수행한다.

또한 각 권역별 Port-MIS 시스템은 해당 지역의 국립검역소, 법무부출입국관리사무소와 연계되어 항만이용자인 선사, 대리점 등에 서비스를 제공하고 있다.

[그림 6-5] PORT-MIS Network 구성

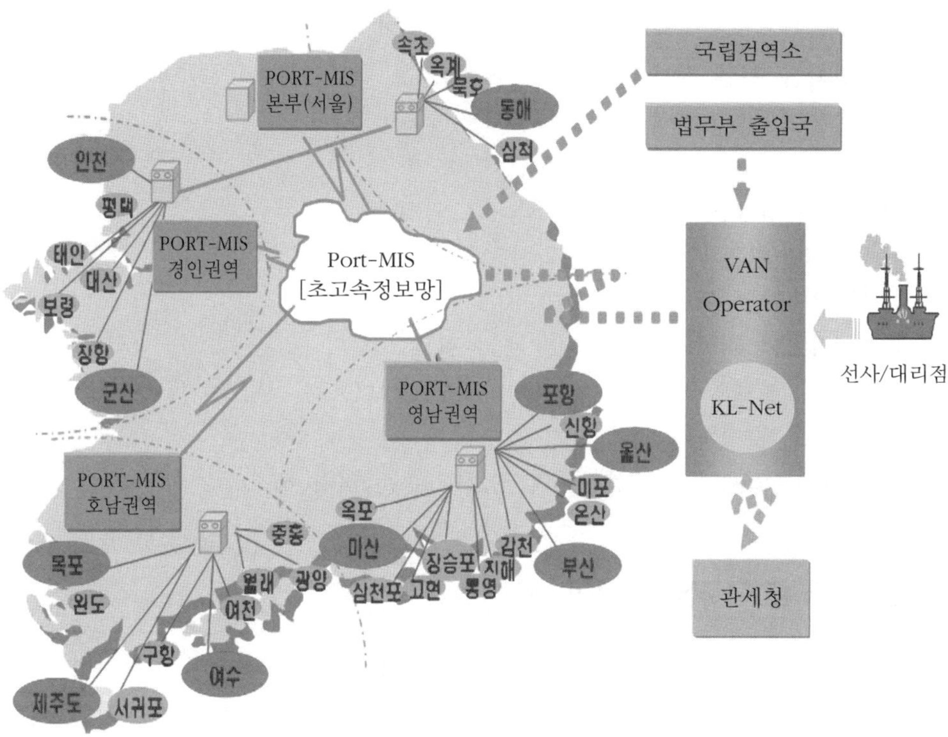

제 2 절 SP-IDC(Shipping & Port-Internet Data Center)

1. SP-IDC 개요

해운항만물류정보센터는 초고속, 개방형 네트워크를 기반으로 해양수산부, CIQ기관, 물류정보 전담사업자, 컨테이너 터미널 등 다양한 물류 주체별로 산재해 있는 물류정보를 한 곳으로 수집/가공하여 해운항만물류분야 유관기관 및 업체들에게 인터넷을 이용하여 제공토록 구축한 시스템이며, 또한 정보인프라가 취약한 물류 주체에 인터넷을 이용하여 내항 관련 항만민원신고를 XML/EDI로 신고 가능하게 함으로써 물류정보화 격차 해소를 목적으로 구축된 시스템이다.

해운항만물류정보센타의 추진 배경은 아래와 같은 요구 사항으로 물류정보화 역량 강화를 위한 정보인프라 확충과 개발형 네트워크 정착을 위한 해운항만 물류정보센타(SP-IDC) 구축이 필요하였다.

첫째, 정보화 기반확충 및 정보화 선도의 요구

- 인터넷기반의 정보시스템 확산, 최신 정보통신기술의 적용이 증가, 정보의 부가가치 제고 요구 증대

둘째, 정보의 취합 및 종합적인 관리 필요

- 다양한 정보의 처리 방식, 불연속적인 정보 흐름, 부분적인 VAN 연계

셋째, 정보화 격차 해소

- 대형물류업체와 중소형업체의 정보화 수준 격차 해소

2. SP-IDC 주요 제공 서비스

SP-IDC의 주요 제공 서비스는 선박 입출항등 운항에 관련된 전반사항 조회하는 것이다. 항만(내항)으로 반출입되는 화물, 컨테이너, 위험물에 대한 조회하는 PORT-MIS 서비스, 선박별 화물현황 및 거점별 화물처리현황 등을 제공하는 화물정보 서비스, 위험물반입신고 및 위험물검사, 제품내역 조회하는 위험물정보 서비스, 개별시스템에서 서비스중인 해운항만 관련 종합 통계 정보를 제공하는 통계 서비스, 선사, 대리점이 항만운영 기관인 해양수산부(각 지방청, 항만공사)로의 선박입출항, 항만시설 사용신청, 위험물 반입신고 등을 인터넷으로 신청하고 인가받을 수 있도록 지원하는 인터넷 민원신고 서비스로 구성되어 있다.

[표 6-2] SP-IDC 주요 서비스

서비스명	주 요 기 능
Port-MIS	• 선박 입출항등 운항에 관련된 전반사항 조회 • 항만(내항)으로 반출입되는 화물, 컨테이너, 위험물에 대한 조회 • 유관기관을 업무지원을 위한 예/도선정보 지원
인터넷 민원신고	• 선박운항(6종), 항만시설물사용(2종), 화물관리(7종)의 인터넷 민원신고 및 조회
항만물류 정보통합활용 서비스	• 해양수산부 및 CIQ기관들의 인허가 민원서식들에 대한 상태 정보, 수출입화물의 이동 상태정보 및 위험물질정보를 제공
물류주체 간 정보공동 활용	• 해양수산부 및 CIQ기관 보유 공동 활용정보에 대한 관련 유관 기관 간 공동활용 – 항만업체코드, 선박제원, 관제정보, 출항허가서 등 공동활용
통계정보	• 지방청 및 유관기관의 개별시스템에서 서비스중인 해운항만 관련 통계종합 서비스 제공 – 화물처리실적, 컨테이너처리실적, 선박입출항실적, 항만시설정보, 해양안전정보, 선원등록정보, 선박등록정보, 여객선 정보 등
화물정보	• 선박별 화물현황 및 항만거점별 화물처리현황 등을 제공 – 본선현황, 컨테이너정보, 장치현황, CFS현황, 일반화물현황, 선석스케줄, 항만시설 지정 정보 등
위험물정보	• 위험물반입신고 및 위험물검사, 제품내역 조회 – 위험물검사현황, 컨네이너수납검사현황, 제품내역 상세현황 등

3. SP-IDC 시스템 구성도

SP-IDC는 선사, 터미널, 일반부두, 검수회사, 운송사, 화주/포워더 등의 항만이용자와 해양부, 관세청, 법무부, 검역소, 기타 유관기관이 공동으로 활용 가능한 시스템으로 각종 선박 및 화물 관련 정보를 제공하고 있다.

[그림 6-6] SP-IDC 시스템 구성도

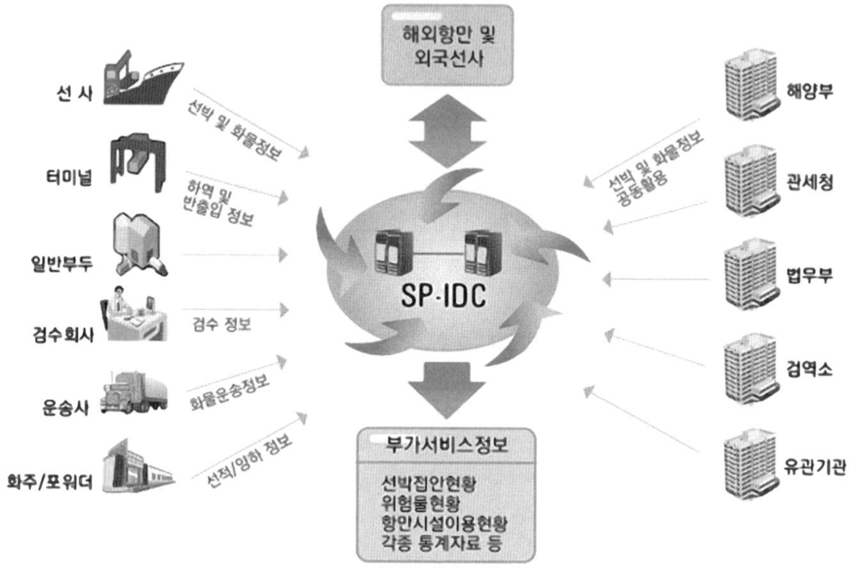

4. 시스템 운영 기대 효과

첫째, 공공부문의 기대효과는 예산절감 각 개별 시스템별 하드웨어와 프로그램을 정보센터에서 집중관리 함으로써 사업별 시스템 구축 및 유지보수비용 중복 투자 방지가 가능하며, 정보의 연계와 취합으로 업무효율 향상되고 이용자에게 부가가치서비스 제공 가능하여 업무효율향상이 기대된다.

둘째, 민간부문의 기대효과는 중소기업 및 정보화 환경이 미비한 기업의 경우 저렴한 비용으로 첨단정보환경 구축 및 이용이 가능하여 개발비용 절감이 가능하며, 신속하고 안전한 선박과 화물의 반출입 및 이동지원이 가능하여 생산성 증대(업무효율 향상)되고, 관련 주체들의 정보접근 및 처리비용이 절감되므로 이용요금절감의 효과가 기대된다.

제 3 절 물류정보 관련 VAN

1. VAN(Value Added Network)

VAN(Value Added Network)이란 부가가치통신망을 말하는 것이다. 공중전기통신사업자로부터 회선을 빌려 컴퓨터를 이용한 네트워크를 구성, 정보의 축적·처리·가공을 하는 통신서비스 또는 그 네트워크를 제공하는 사업을 말한다. 우리 주변에서 쉽게 접할 수 있는 것이 VAN이다. ISP(Internet Service Provider)업체들도 이에 속한다.

고속의 네트워크 라인을 임대하여 이를 다시 저속의 네트워크라인을 제공하여 일종의 서비스료를 받고 있다. 모든 네트워크가 그렇다. 개념적으로 여러 가지로 나누어지고 있지만 결과적으로는 ISP업체들이 모여 전 세계를 연결하는 인터넷을 구성하고 있는 것이나 다를 바 없다.

여기에 부가적으로 일반 사용자들을 위하여 천리안, 하이텔, 나우누리 등의 서비스 업체가 전화라인 등을 이용하여 서비스를 하고 있는 것이다. 사용자의 목적과 용도에 따라 통신사업자를 선택하여 일정의 가입비, 사용료 등을 내고 서비스를 이용하면 된다.

VAN 시스템은 네트워크 시스템과 호스트 컴퓨터 시스템으로 구성된다. 네트워크 시스템은 전송, 회선교환, 패킷 교환의 서브시스템으로 세분되고 호스트 컴퓨터 시스템은 H/W, O/S, AP A/W 등의 요소로 구성된다. 그리고 이러한 시스템을 유효적절히 관리 운용하는 관리시스템, 보수운용시스템, 과금시스템 등은 VAN을 구성하는 중요한 요소이다.

VAN의 일반적 네트워크 구성은 전국의 주요 지역단위에 설치된 통신센터(CC), 그 하부구조로서 각 지역에 설치된 보다 많은 Access Point(AP) 및 VAN 센터를 거점으로 그 사이에는 고속의 통신회선이 접속되어 있다. 이용자는 자기와 최소거리에 있는 거점인 AP까지 전화망 등을 이용하여 VAN 센터의 호스트 컴퓨터에 연결되게 된다.

2. KL-Net

(1) 서비스 개요

KL-Net은 종합물류 IT 전문기업으로 물류 관련 정부기관 및 단체를 비롯한 육상/해상/항공 등 물류 관련 기업 및 정보통신업체 등 40여 곳의 공동출자로 설립된 회사로 KL-Net에서 제공하는 주요 서비스는 다음과 같이 구분할 수 있다.

(2) 세부 서비스 내용

1) 전자문서교환(EDI) 서비스

① 개 요

EDI(Electronic Data Interchange)란 표준화된 상거래서식 또는 공공서식을 서로 합의된 표준에 따라 전자문서를 만들어 컴퓨터 및 통신을 매개로 상호 교환하는 것으로, 이를 통해 종이 없는 업무처리(Paperless)실현과 서류제출을 위한 방문 최소화, 오류 감소 등의 업무효율화를 실현하는 것이다.

[표 6-3] KL-Net 주요 서비스

구 분	개 요	특 징
전자문서교환(EDI) 서비스	기업 및 정부기관 간 전달되는 문서 및 인허가 사항을 전자적으로 상호 교환하는 서비스로 이를 통해 Paperless 실현과 서류제출을 위한 방문 최소화, 오류감소 등의 업무효율화를 실현	
항만운영 정보 서비스	수출입화물처리에 있어 서류 없는 행정구현과 통합항만물류 서비스 제공을 목적으로 구축된 서비스 컴퓨터 및 통신수단을 이용해 모든 항만과 선박운영정보를 One-Stop으로 상호연계함으로써, 항만의 물류비용 절감 및 서류 없이 업무처리를 가능케 하여 항만업무의 효율화를 실현	해양수산부 서비스
철도화물운송 정보서비스	화물수송, 차량열차운영, 승무원관리, 고객지원의 계획/통제/감시기능(Planning, Control, Monitoring of Operation)을 갖춘 시스템	철도공사 서비스
터미널자동화 서비스	물류거점인 컨테이너터미널의 이용업무와 관련된 각종 정보를 EDI를 통하여 사전 교환체제를 구축함으로써 선박 및 화물의 터미널 대기시간 감소를 비롯한 컨테이너 터미널의 운영 효율화를 지원하는 서비스	
물류정보제공 서비스	수출입컨테이너 정보, 수출입화물 정보, 컨테이너통합 DB 정보, 입출항 정보, 선박운임 정보 등 수출입 물류와 관련된 정보를 제공하는 서비스	

② **추진현황**

- 1996. 4. 종합물류정보망 전담사업자(EDI 부분)로 KL-Net 지정
- 1996. 4. 항만운영정보시스템(PORT-MIS) EDI 서비스 개시
- 1996. 9. 컨테이너터미널 EDI 서비스 개시
- 1996. 12. 관세청 적하목록 EDI 서비스 개시
- 1997. 4. 수출입화물 EDI서비스 개시
- 1997. 4. 철도화물운송정보시스템(KROIS) EDI 서비스 개시
- 1998. 4. 택배, 파렛트풀 등 육상화물운송업무 EDI 서비스 개시
- 1999. 1. 위험물검사업무 EDI 서비스 개시
- 2001. 3. 철도청 XML/EDI 서비스 개시

③ **서비스 구분**

• **민원처리서비스**(B to G): 항만/통관/철도 등 물류 관련 기관의 각종 민원업무를 EDI(전자문서 교환)로 처리하도록 서비스함으로써 서류 없는(Paperless) 물류행정 실현

• **물류거래서비스**(B to B): 선사/화주/운송사/터미널 등 기업 간의 물류관련업무를 EDI(전자문서 교환)로 처리하도록 지원함으로써 기업의 물류경쟁력 강화 및 물류업무 일괄처리 실현

[그림 6-7] 민원처리 서비스(B to G) 세부 내역

구 분		서비스 내용	이용 대상	문서 수	도입 효과
B to G (민원처리 서비스)	항만운영업무 EDI	입출항업무, 국고수납업무 등	선사/대리점, 하역사 등	43종	서류 간소화 및 항만업무One-Stop처리
	관세청 통관 EDI	보세화물신고업무 등	대리점, 포워더, 보세운송사 등	73종	통관업무 민원신고를 위한 방문 최소화
	법무부 출입국 EDI	출입국 선원/승객 신고업무 등	선사, 대리점 등	5종	출입국업무의 효율화
	철도청 철송 EDI	철도운송장신고, 화차배분신청	철도소운송업체, 터미널, ICD 등	8종	상/하역작업의 사전계획수립 등 철송 업무 효율화
	국방부 조달 EDI	내/외자 물품 납품신청업무 등	국방조달본부, 조달업체, 운송사	10종	조달업체 및 유관기관의 물적, 인적, 시간 절감
	위험물검사 EDI	위험물검사신청업무 등	위험물검사소, 화주, 포워더 등	7종	검사증 발급의 효율화 및 PORT-MIS와 연계
	수산물검사 EDI	수산물검사신청 및 필증 교부	수산물수입업체 관세사 등	3종	CIQ기관 연계로 신고업무 일원화

[그림 6-8] 물류거래 서비스(B to B) 세부 내역

구 분		서비스 내용	이용 대상	문서 수	도입 효과
B to B (물류거래 서비스)	컨테이너터미널EDI	게이트자동화, 컨테이너양적하업무	컨터미널, 운송사 선사/대리점 등	19종	게이트자동화실현, 인력감소 등
	수출입업무 EDI	선적예약, 수입화물도착, 컨운송업무	선사/대리점, 운송사, 포워더 등	8종	수출입업무의 효율화
	수출선적자동화	수출선적업무를 EDI로 처리S/R, B/L, 세금계산서 등	화주, 포워더, 선사	5종	화물정보 자동생성 및 서류감소로 비용절감
	택배/유통 EDI	택배화물관리, 파렛트유통업무 등	택배회사, 공장 등	26종	인력절감 및 재입력 방지로 인한 오류 최소화

[그림 6-9] 전자문서교환 서비스 구성도

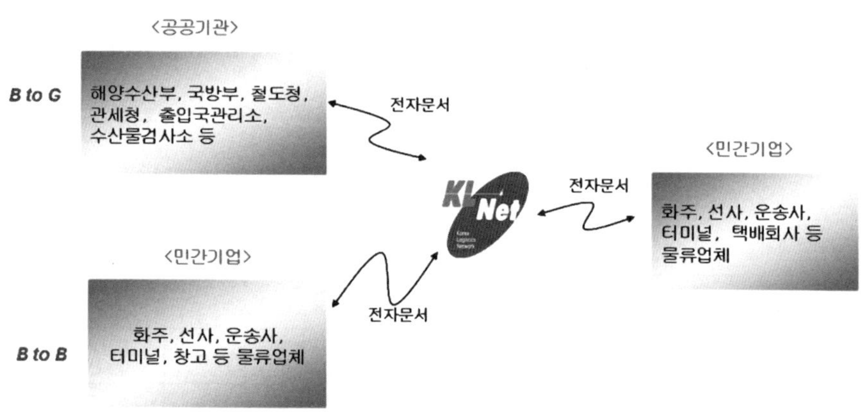

2) 터미널 자동화 서비스

① 개 요

물류거점인 컨테이너터미널과 이용업무와 관련된 각종 정보를 EDI를 통하여 사전 교환체제를 구축함으로써 선박 및 화물의 터미널 대기시간 감소를 비롯한 컨테이너 터미널의 운영 효율을 극대화

② **추진현황**

- 1995. 6.~9. 터미널자동화시스템 구축을 위한 물류업계 의견 수렴
- 1996. 4.~11. 터미널자동화시스템 구축
  - 터미널 운영정보의 단계별 EDI 적용(CLL, Bay Plan, Booking Prospect)
  - 출입차량에 대한 ID카드 발급
  - 화물 및 차량통과 자동화 GATE 설치
  - 시범업체 선정 및 시범 GATE 운영
- 1996. 12. 컨테이너 터미널 전체 GATE 확산 운영
- 1997. 9. 터미널GATE 자동화시스템 의무적용
- 1999. 터미널통합운영정보시스템 개발

선사와 운송사 등 컨테이너터미널 이용자와 터미널 간의 정보전달을 EDI로 처리하는 서비스로 반입, 반출계 사전제출로 터미널게이트 자동화 실현 및 차량 적체율을 감소시킬 수 있다.

[그림 6-10] 이용 현황

■ 이용자 현황 : 총 600여 ID
- 선사/대리점 : 34개 선사
- 운송사 : 266개 운송업체
- 터미널 : 12개 컨테이너 전용 터미널

■ EDI이용률 : 99%
- COPINO의 경우 Gate에서 수작업 입력률 1%

■ 년간처리량 : 4,891,000건
- BKPROS : 6,000건
- BAPLIE : 6,100건
- COLDLT : 38,000건
- COPINO : 4,840,000건

적용문서명	전자 문서명	비 고
선적예정물량통보 (Booking Prospect for Terminal)	BKPROS	
본선적부도 (Bay Plan)	BAPLIE	
컨테이너선적예정목록 (Container Loading List)	COLDLT	
터미널반출입대장	CODECO	
컨테이너이동정보	MOVINS	
반출입계 (Pick-up/Arrival Pre-Notification)	COPINO	

[그림 6-11] 터미널 자동화 서비스 구성도

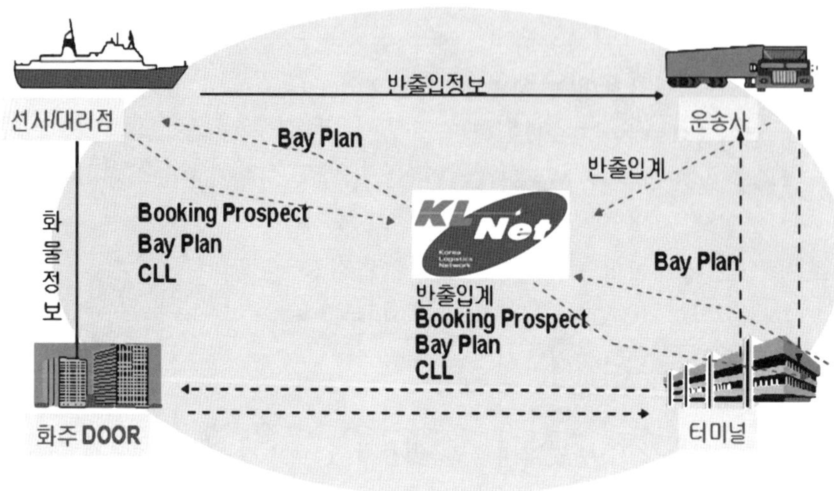

(3) 네트워크 구성도

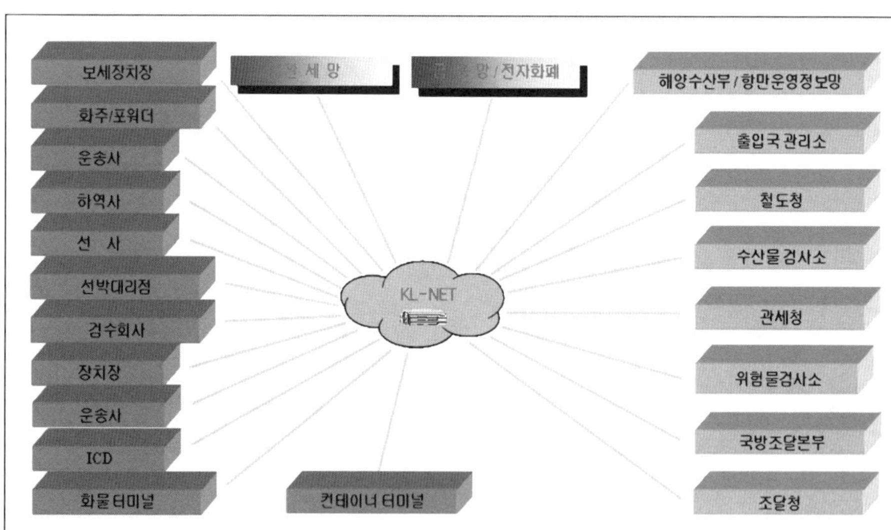

3. KTNET

(1) 서비스 개요

한국무역정보통신(KTNET)은 1991년 무역업계의 국가경쟁력을 향상시키고자 무역절차의 온라인 처리를 목적으로 한국무역협회가 전액 출자하여 설립한 회사로 현재 무역업체, 은행, 보험, 협회(조합), 관세사, 세관, 포워더, 선사, 항공사 등 모든 무역 커뮤니티를 연결하는 네트워크를 구성하여 수출입의 업무 처리절차를 EDI 및 인터넷으로 서비스하고 있으며, 한국무역정보통신에서 제공하는 주요서비스는 다음과 같이 구분할 수 있다.

(2) 세부 서비스 내용

1) EDI 서비스

① 개 요

EDI 서비스(무역, 통관, 물류 자동화 서비스)는 신용장 업무에서 수출입신고, 관세환급, 보세운송, 보세화물관리에 이르는 모든 무역업무 처리절차를 EDI 및 인터넷 서비스를 통해 One Stop 으로 일괄 처리하는 전자무역 서비스를 말한다.

② 주요 서비스 형태

EDI 중계, GXMLHUB, eXedi, BaroTrade

[표 6-4] KTNET 주요 서비스

구 분	개 요
무역자동화 (EDI) 서비스	기업 및 정부기관 간 전달되는 문서 및 인허가 사항을 전자적으로 상호 교환하는 서비스로 이를 통해 Paperless 실현과 서류제출을 위한 방문 최소화, 오류감소 등의 업무효율화를 실현
MFCS	MFCS(Manifest Consolidation System: 적하목록 취합시스템) 국내에 입출항하는 모든 화물의 관리를 위하여 선박이나 항공기에 적재된 화물의 총괄목록인 적하목록 취합하여 제출할 수 있도록 지원하는 서비스
cTradeinfo	관세청 수출입통관자동화망을 통하여 축적된 각종 통관/물류자료를 고객의 목적과 수요에 맞게 Real-Time으로 제공하며, H.S 10단위 이상의 품목통계를 제공하는 통관/물류정보 전문 서비스

[그림 6-12] 접속 방식 구성도

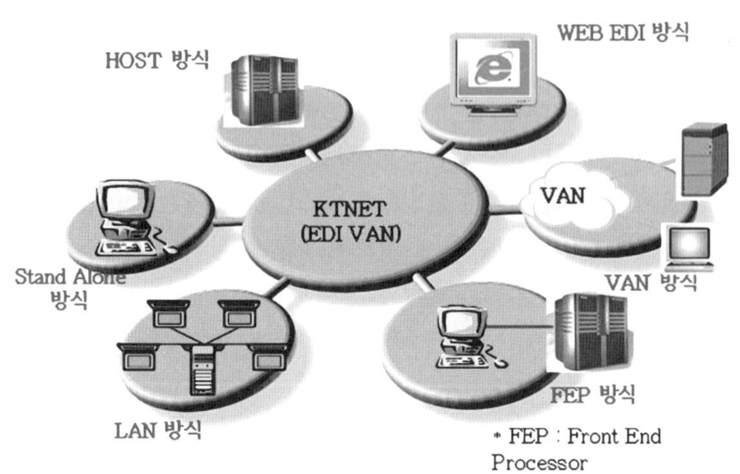

③ **사용자별 EDI 접속 방식**

EDI 서비스 사용자는 각 사용자별 환경에 적합하게 EDI 서비스를 사용할 수 있도록 다양한 형태의 접속방식을 제공한다.

④ **서비스 구성 현황**

• 무역업체가 무역업무를 수행하는 데 필요한 모든 절차를 자동화하였으며

[그림 6-13] 서비스 구성도

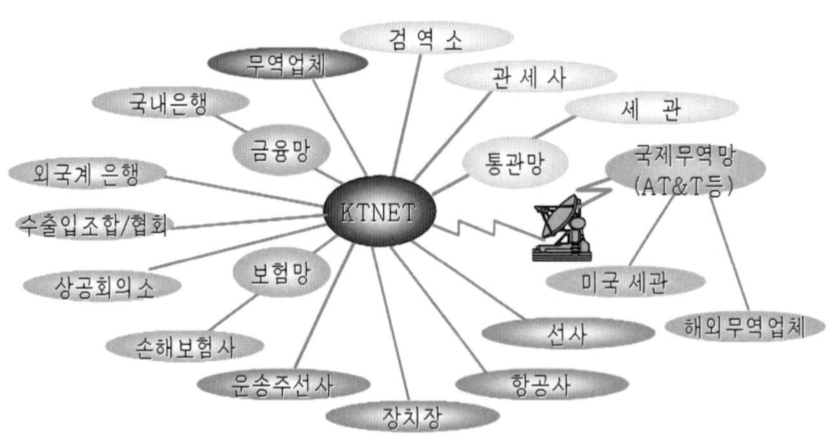

모든 유관기관을 하나의 네트워크으로 구성한다.

• 주요 서비스 기능

– L/C업무, 내국신용장, 구매승인서 등 외환업무

– 수출입승인업무, 원산지증명 및 상업송장 공증업무, VISA 발급 업무, 적하보험 발급업무

2) MFCS

① **서비스 개요**

우리나라에 입출항하는 모든 화물의 총량관리를 위하여 선사나 항공사는 선박이나 항공기에 적재된 화물의 총괄목록인 적하목록(Manifest)을 세관에 제출하여야 한다. MFCS는 이러한 선사 및 항공사의 직접적인 제출을 대신하여 용선사와 화물운송주선업자(포워더)들의 화물목록을 취합하여 제출할 수 있도록 지원하며 세관의 법적·행정적 문제와 사용자의 업무적·기술적 문제를 중간에서 여과하여 세관 및 사용자 모두를 충족시켜 주는 시스템이다.

[그림 6-14] 시스템 개념도

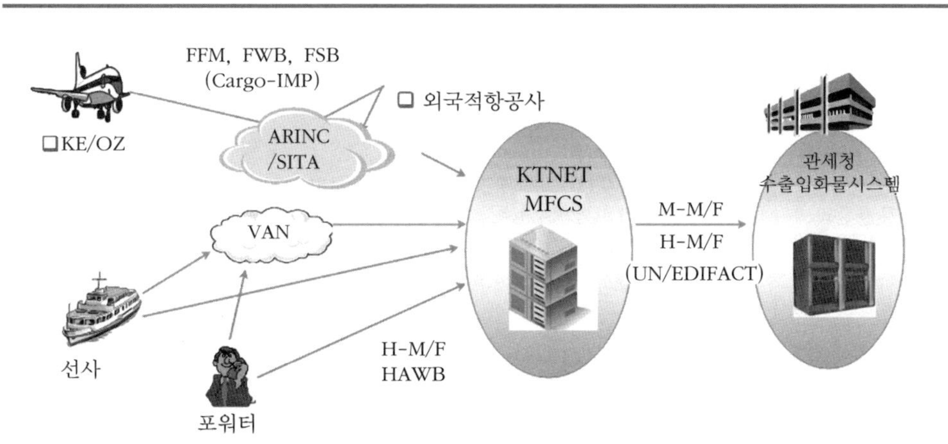

② 주요 서비스 기능

[표 6-5] MFCS 주요 서비스 기능

구 분	개 요
적하목록 취합	• 항공사/선사의 MASTER 적하목록과 포워더의 HOUSE 적하목록 취합 －운송업계 간의 개별적 전산환경 구축문제 해결 • 적하목록 자동취합 기능: 운송스케쥴 변경 등에 따른 적하목록 미취합 문제 해결 － 항공: Master AWB 번호 기준(분할선적인 경우 입출항일자, 편명 포함) － 해상: MRN ＋ Master B/L 번호 • 입력대행소 운영 － 화물정보 미 입수로 인한 HOUSE 적하목록 미제출건에 대한 입력대행 － 적하목록 미제출로 인한 화물적체 문제 해결
변환기능 및 적하목록 항목 자동생성 기능	• 항공사의 CARGO-IMP 전자문서를 EDIFACT 전자문서로 변환 － 적하목록관련 CARGO-IMP문서인 FFM,FWB,FSB,CIR 메시지 수신 → 항공사 MASTER 적하목록 생성 및 EDIFACT 문서로 변환 － 항공사의 관세청 EDI 수용을 가능하게 함 • 항공사 미 관리 적하목록 항목 자동처리 － MRN, MSN, B/L TYPE 등 세관
국제 항공망 연계	• 국제 항공망인 ARINC 및 SITA 망 연계로 외국적 항공사의 관세청 EDI 수용 • 항공업계 표준 통신 프로토콜인 BATAP 수용
항공사의 화물배정 업무자동화	• 항공사의 적하목록 서류를 기반으로 한 배정장소 분류작업을 폐지 － 항공사의 MFCS 화면배정 및 포워더 배정으로 자동화 － 화주 배정DB와의 연계를 통해 분류작업 전산화
기 타	• 항공사/선사,포워더,보세운송사,관세사,보세구역,검수회사,하역업체, 은행,무역업체간의 정보 공유

[그림 6-15] MFCS 서비스 처리시 적용되는 주요 내용

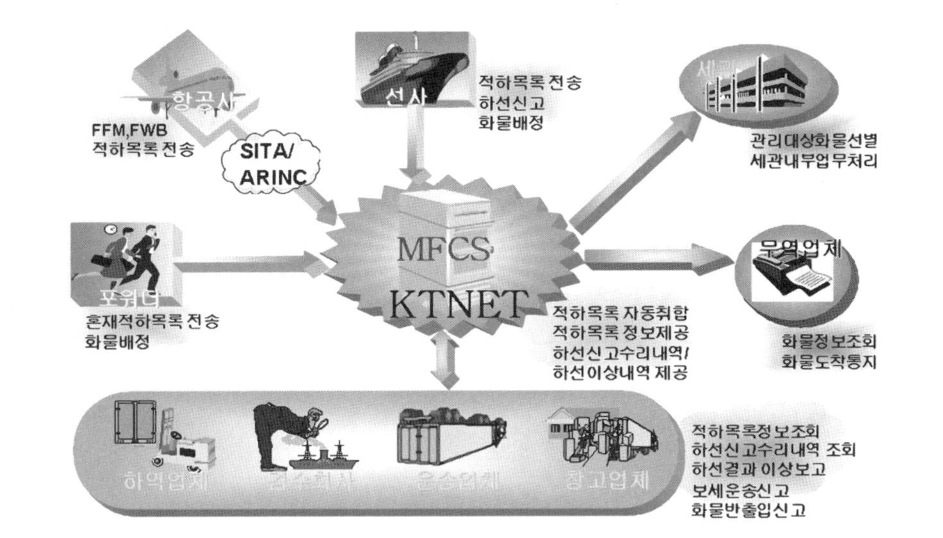

[그림 6-16] MFCS 업무 처리절차 전체 흐름도

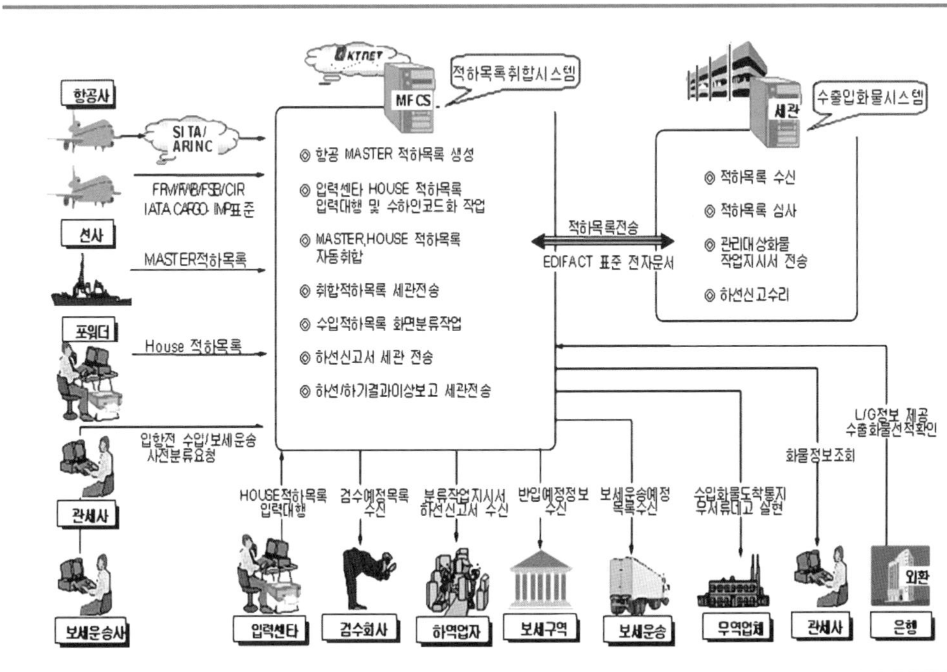

3) cTradeinfo

① **서비스 개요**

관세청 수출입통관자동화망을 통하여 축적된 각종 통관/물류자료를 고객의 목적과 수요에 맞게 Real-Time으로 제공하며, H.S 10단위 이상의 품목통계를 제공하는 통관/물류정보 전문 서비스이다.

② **주요 서비스 기능**

[표 6-6] cTradeinfo 주요 서비스 기능

구 분	세 부 업 무
통관정보	관세고지정보, 관세체납조회 환급 정보, 신고서작성 정보
화물 정보	화물진행 정보, 입항일자별 검색 수입화물도착 정보, 운송수단별업체검색 항공기입출항정보, 컨테이너 정보 화물자료 검색
업체 정보	제조/무역업체 정보, 무역 유관업체 정보 업종별 업체목록 조회
통계 정보	기간별 통계, 업체별 통계 화물 통계, 수출입종합 통계 품명/모델별 통계, 품목별 수출입 동향 용도별 수입 동향, 주문형 통계
자사 정보	연간 수출입실적, 연간 품목별 수출입실적 수출입신고서 조회 및 다운 수출실적명세, 주문형통계 다운로드 및 주문형통계 이용조회 자동환급업체 신청용 자사실적
부가 정보	상품정보, 품목분류조회 과세가격 결정사례

[그림 6-17] 서비스 구성도

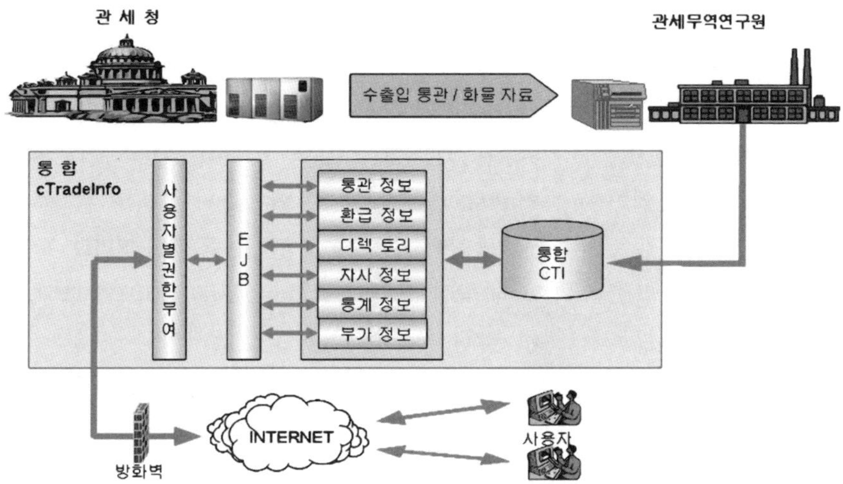

[그림 6-18] 네트워크 구성도

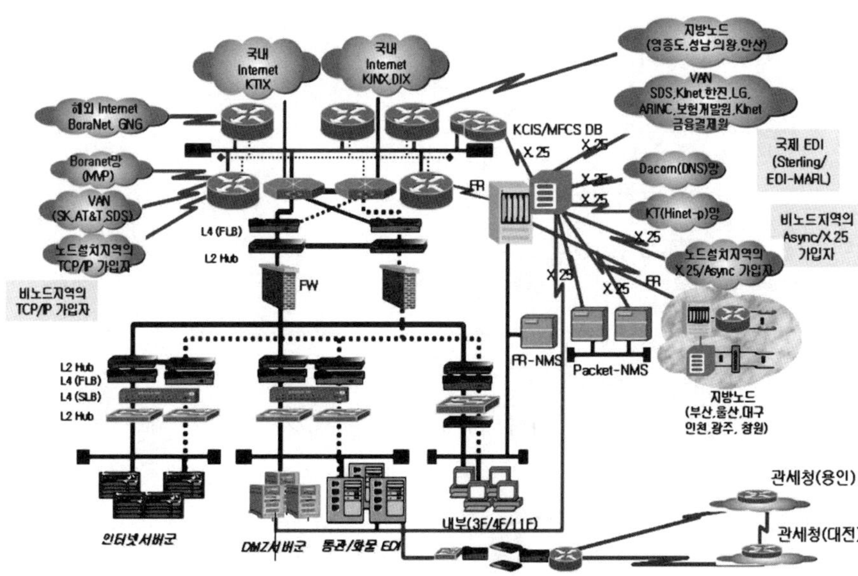

4) RFID를 이용한 항공수출입 시범사업

KT-Net에서는 범한종합물류 항공화물 운송 시범 사업을 추진하였다. 항공수출입 물류업무는 화주, 창고, 운송사, 수출입 대행업체, 정부기관 등 다양한 주체 간 업무관계가 연관되어 있다. 따라서 생산된 화물이 최종 목적지에 도착하기까지 여러 주체와 장소를 경유하기 때문에 화물의 추적이 쉽지 않다. 이 같은 국제 물류 환경에 기업이 능동적으로 대처할 수 있도록 RFID 선도기술을 전자무역 인프라에 도입한 글로벌 SCM 모델이 필요하게 된다. 동시에 RFID 표준에 따라 단일화된 화물정보전달 체계 구축과 함께 기업의 물류·재고·정보비용을 절감하기 위해서는 다음과 같은 몇 가지 프로세스 개선이 필요하다.

우선 제품의 출하부터 바이어 및 고객 도착까지 모든 거점에 대한 실시간 화물 감지 및 트래킹 정보 생성을 자동화해 기존 바코드 시스템의 한계와 사람 중심의 업무 과정을 개선해야 한다. 둘째 항공 운송구간별 화물추적 방식이 다르므로 RFID 기술을 활용해 동일한 화물추적 및 관련 정보 수집을 지원하는 시스템을 구축해야 한다. 셋째 RFID 기술을 통해 항공 수출입 화물 흐름 정보에 대한 통합 DB를 구축하고 전자무역 인프라와 연계해 축적정보에 대해 생산자, 화주, 바이어 모두가 공유할 수 있는 양방향 시스템을 구축하는 것이 필수적이다.

이러한 상황에 따라 산업자원부 한국무역협회 주관으로 전자무역 인프라 개발구축 운영을 담당하고 있는 KT넷과 종합물류기업인 범한종합물류가 컨소시엄으로 'RFID기술을 활용한 항공수출입 국가 물류 인프라지원 시범사업'을 수행하고 있다. 이 사업에는 LG전자, LG이노텍, 대한항공 등이 성과 활용기관으로 참여하고 있다. LG전자 평택 출고장, 범한의 국내외 창고 등 각 거점에 UHF 무선주파수 대역의 RFID 장비를 비롯한 EPC 네트워크를 구성하고 이를 통해 각 거점과 국가물류 인프라 망이 서로 연계된다.

평택 출고장에서 팔레트 단위로 RFID 태그를 부착하게 되고 각 거점을 통과하는 순서대로 태그 정보는 RFID 리더기를 통해 감지되며, 이미 전자무역 인프라에 전송되어 처리된 B2G 데이터와 연계되어 글로벌 정보 플랫폼에서 화물의 추적 정보가 확인되는 프로세스로 구성돼 있다. 사업의 주요 목적으로는 RFID를 이용한 제품(핸드폰, 전자부품 등)의 항공수출입 물류 확인 및 추적 조회, 기업 SCM의 실물과 물류정보의 동기화 및 물류 통계 지원 서비스, 기업 간 화물 반출입 업무의 RFID 데이터와 전자무역 인프라와의 정보 연계 등을 들 수 있다. 궁극적으로 화주와 종합물류기업의 생산성이 동시에 높아지는 것이다.

제 4 절 민간부문의 물류정보시스템

1. 대한통운의 GLOPS

GLOPS는 전문인력과 전산화된 장비를 갖추고서 수출입 화물에 대한 복합운송 주선업(수출입포워딩)과 국내외에서 개최되는 초대형 전시회 등에 대한 국제 행사물자 운송 및 전시 서비스 그리고 JR 컨테이너 업무 서비스 등을 제공하고 있다.

수출부문에서 일반 해상수출화물에 대하여 집화, 포장, 서류작성, 통관, 운송, 선적, 해상보험부보 등의 취급과 함께 대한통운 해외 네트워크에 의한 도착지 이후 최종목적지까지의 일관수송 업무를 지원하고 있다. 수입부문에서 일반 해상수입화물의 보관, 통관 및 동물/식물 검역, 식품위생 관련 서류수속 등 모든 업무의

[그림 6-19] 업무 개요도

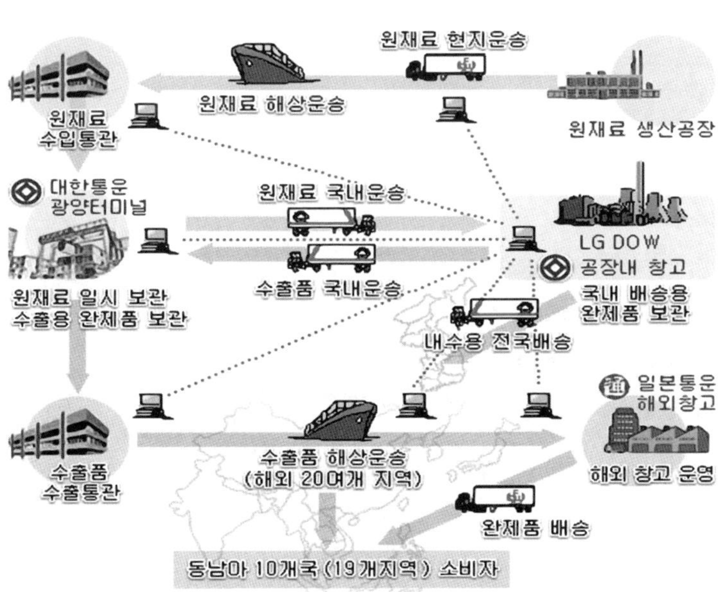

대행, 신속·확실한 배송까지 세세하게 고객의 Needs에 대응하고 있다. 또한 대한통운 해외네트워크로부터의 정보입수, 해외로부터의 DOOR TO DOOR 일관수송 업무를 수행하고 있다. 그리고 한국과 일본 간의 특화된 서비스인 한일특화 서비스는 일본지역에서의 효율적인 수송을 위한 일본통운(주)과 일본 JR 사와의 협력을 통해 항공 수송 다음으로 가장 빠른 해상복합운송을 서비스하고 있다.

2. KL-Net PLISM, GTOMS, ATOMS

PLISM(Port Logistics' Integrated System for Maritime Business)은 수출입물류과정에서 수반되는 선사, 장치장, 운송사, 검수사, 포워더, 화주 등 관련 주체들 내부업무 및 물류 주체들 간에 이루어지는 선박의 운항정보, 컨테이너선적/인도업무, 환적업무를 표준화된 시스템에서 공동활용함으로써 기존의 수작업에서 벗어나 업무효율을 극대화하는 WEB 기반의 항만물류통합서비스이다. PLISM은 최초의 물류정보를 선사, 장치장, 운송사, 검수사 등 물류주체 간의 공유를 통해 정확한 물류정보를 제공함으로써 선박의 운항업무, 컨테이너선적/인도업무, 환적업무 등 복잡한 항만물류업무의 One-Stop 처리를 하게 된다.

[그림 6-20] PLISM 업무 개요도

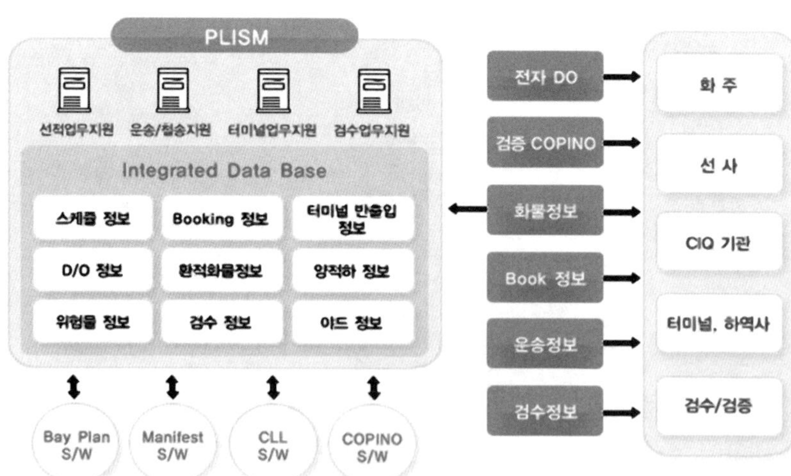

[그림 6-21] ATOMS 업무 개요도

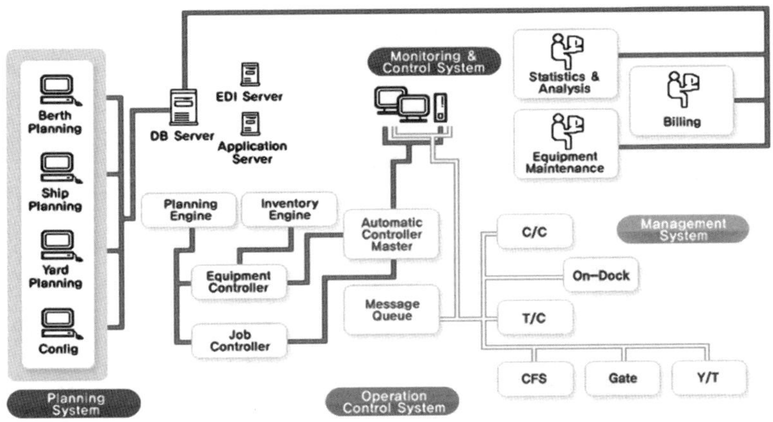

ATOMS(Advanced Terminal Operation & Management System)는 컨테이너 터미널의 생산성과 효율성을 극대화하기 위해 터미널의 모든 생산활동을 PLANNING, ALLOCATING, SCHEDULING, CONTROLLING, MONITORING하는 통합정보 시스템이다. 또한 컨테이너 터미널의 고유한 특성과 사용자 요구사항에 맞게 최소

[표 6-7] ATOMS의 주요 기능

계획시스템	BERTH PLANNING	항로별, 선박별 선석 및 자원의 효율적인 배정
	YARD EXPLORER	수출입 컨테이너에 대한 최적의 장치장 계획 수립
	SHIP EXPLORER	최적의 본선 양적하 계획 수립
	CONFIGURATION	각 계획을 수립하기 위한 기초정보 관리
운영시스템	GATE OPERATION	터미널게이트로 반출입되는 컨테이너 운영
	YARD &SHIP OPERATION	본선, 야드 계획에 의한 컨테이너 작업 운영
	MONITORING &CONTROL	컨테이너 작업현황의 실시간 제공 및 통제
	EDI &IP SERVICE	EDI 및 고객에 대한 실시간 정보 제공
	ON-DOCK OPERATION	계약된 선사를 대상으로 컨테이너 관리 서비스 제공
	CFS OPERATION	CFS의 화물관리 및 통합 재고 관리
관리시스템	STATISTICS &ANALYSIS	의사결정자를 위한 통계 정보 제공
	BILLING	본선하역작업 등 선사 및 화주의 청구에 대한 정확한 정산관리
	EQUIPMENT MAINTENANCE	컨테이너 하역작업에 필요한 장비들의 유지보수 관리

[그림 6-22] GTOMS 업무 개요도

의 비용과 시간을 투입하여 정확하게 개별화할 수도 있다.

GTOMS(General Terminal Operation &Management System)는 본선/야드/게이트에 대한 자동화시스템을 실현하여 일반부두의 운영효율성을 높이고 작업내용을 실시간으로 선사 및 하주에 제공할 수 있는 자동화 시스템이다. GTOMS는 일반재래부두에서도 사용가능하며 다양한 운영플랫폼 구비로 터미널 규모에 맞춰 선택이 가능하다. 또한 실시간 화물관리로 정확한 모니터링과 통제가 가능하고 모바일시스템을 도입하여 작업결과를 실시간으로 고객에게 제공하고 있다.

[표 6-8] GTOMS의 주요 기능

화물 관리	종합관제 관리	모바일 관리	WEB	EDI
– 컨테이너 – 벌 크	– 본 선 – 야 드 – 게이트 – 작업지시	– 컨테이너: TOUCH PC – 벌크: PDA	– 선사: ON-DOCK – 하주: 화물장치 – 운송사: 반출입정보	– 세관: 반출입신고 – 선사: 양적하정보 – 운송사: COPINO

3. 사이버로지텍 OPUS

OPUS는 크게 Port Terminal & Maritime Business 분야, Shipping Business 분야, Industry Business 분야로 나누어져 있다. 다시 Port Terminal & Maritime Business 분야는 OPUS Terminal, OPUS ODCY, OPUS Stowage로 나누어지고, Shipping Business 분야는 OPUS Vessel, OPUS Bulk, OPUS Container, OPUS 3PL, OPUS EDI로 나누어진다. Port Terminal & Maritime Business 분야에서는 RFID 기술을 이용한 터미널운영시스템을 도입, 검증하여 Ubiquitous 해운항만 물류시스템을 구축하는 등 RFID를 선도하고 있다. 또한 컨테이너 야드의 최적화된 planning과 EDI에 의한 배차관리, 주문관리, 화물의 반출입 관리를 총괄하는 터미널 운영시스템도 함께 제공한다. Shipping Business 분야는 선박 공무관리, 운항관리, 안전관리, 문서관리 모듈로 구성되어 있으며, 각 모듈은 독립적이지만 완벽하게 통합되어 긴밀하게 운영된다. 전체적인 시스템은 주로 선박의 운항과 관련된 모든 활동들을 위한 정보시스템들이며 Marketing 및 Booking 시점에서부터 최종 화주에게 화물이 인도되기까지의 영업관리, 물류관리, 재무관리 및 경영실적분석 등을 종합적으로 실현할 수 있도록 구성된 통합정보시스템인 정기선 해운 통합 정보시스템을 포함한다.

4. 토탈소프트뱅크의 CATOS

CATOS는 사용자가 CATOS 계획시스템(Planning system)으로 선석 배치, 인력 배치, 선박 운영 및 야드운영을 계획하고 CATOS 운영시스템(Operation system)으로 운영 상황을 실시간으로 통제하고 감독할 수 있다. 또한, 모든 수행된 작업은 CATOS 관리시스템(Management system)에 실시간으로 반영 빌링되며, 그 운영 결과에 대한 통계 및 분석자료는 차후 더 최적화된 계획 및 운영이 가능하도록 지원하고 있다. 이 세 가지 모듈은 한 데이터베이스를 공유함으로써 데이터 호환이 가능하도록 구성되어 있다.

[그림 6-23] CATOS 시스템 구성도

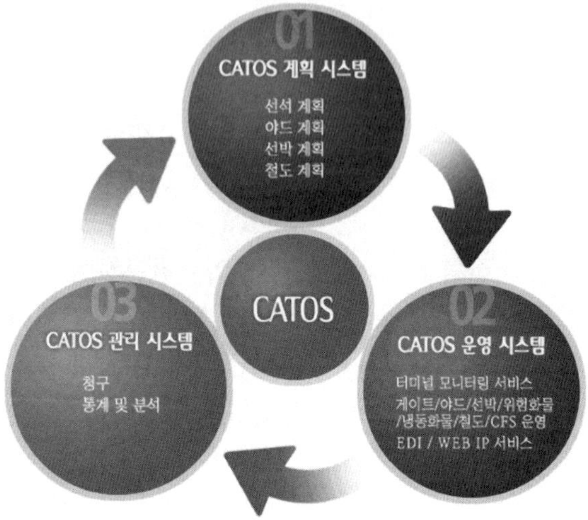

CATOS 선석 계획 시스템에서 선박 접안을 위한 사전 선석 위치 할당 및 작업조/작업장비 할당을 위한 계획을 할 수 있다. 겐트리 크레인의 가용스케줄 및 장비 유지보수 상황 등을 고려한 최적의 선석을 배치하도록 도와주며, 접안할 각 선박별로 적합한 수의 겐트리 크레인과 작업조를 할당하는 기능을 지원한다. 특히 서비스 노선이 일정한 선박들에 대해서 선사를 통해 이미 제공된 정보 및 항해 기간 등의 주어진 정보를 프로그램에 등록해 두면 이에 따른 선박 예상 접안 스케줄이 자동 생성되어 선석 계획표에 보여진다.

CATOS 야드 계획 시스템에서는 야드 점유율을 최대화하고 야드 계획시 소요되는 업무 시간을 최소화하도록 지원한다. 사용자는 수출/수입/리마샬링(Remarshalling) 컨테이너별로 각각 일반 바운더리 계획, 세부 바운더리 계획, 포지셔닝 규정 및 계획 패턴 등의 단계에 따라 야드 계획을 수립할 수 있으며, 이러한 컨셉은 야드 장치장이 넓은 터미널일수록 더욱 유용하게 사용될 수 있다. 반면, 야드 계획이 사전에 되어 있지 않은 컨테이너가 게이트 반입되더라도 실시간 계획이 가능하여 yard plan에서 pre plan을 작성하지 않고 컨테이너가 반입 되는대로 해당되는 화물의 속성 및 장비 상태를 고려한 최적화된 야드 포지셔닝을 시스템에서 선정해 주는 랜덤 그라운딩(Random Grounding) 방식을 지원한다.

[그림 6-24] AUTO SHIP PLANNING 실행화면

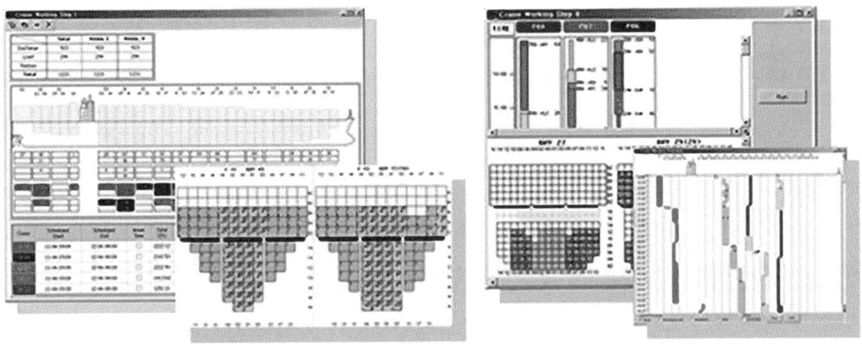

CATOS 양적하 계획 시스템은 선박 일정이나 접안계획 대한 변경에도 신속히 대응할 수 있으며, 계획 이전에 야드 장비의 최소 이동 거리 및 장비의 간섭 여부 등을 시뮬레이션 할 수 있고, 사용자가 사전에 설정한 계획 패턴 및 제약 조건에 의거하여 양적하 계획을 자동 생성해 준다. 특히 AUTO SHIP PLANNING은 계획 대상의 컨테이너에 대해 사용자 설정 후, 그 설정에 따라 컨

[그림 6-25] 선박 모니터링 화면

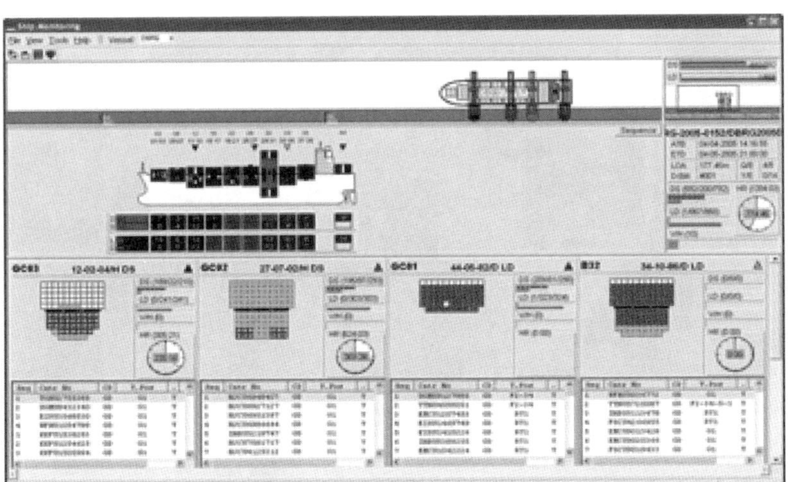

테이너 양적하 순서를 전문가형 알고리즘에 의해 시스템이 자동적으로 할당할 수 있도록 돕는다. 즉, 여러 가지 상황을 입력하면 선박의 안정성과 장비의 간섭 현상 등을 고려해 최적의 적하계획을 생성해 준다는 것이다.

CATOS는 적하계획 뿐만 아니라 실시간으로 선석에서의 작업과 터미널 모든 작업상황에 대하여 모니터링하여 실시간으로 장비현황 및 각 위치의 작업 수, 순서 및 문제상황에 대해 실시간으로 확인 및 관리하는 기능도 제공한다.

5. ORBCOMM의 GCTS

복합운송에서의 수송용기에 대한 추적 및 위치기반서비스는 국가별로 통신체계가 일치하지 않거나 수송수단별로 연계가 어려울 때 각각의 시스템을 이용함으로써 과도한 비용이 소요된다. 최근 미국이 9.11테러 이후 자국에 수입되는 컨테이너의 화물에 대한 정보와 개폐 여부에 대한 정보를 의무화하고 이에 대한 기술사양을 결정하려고 국제표준화를 추진하고 있다. 기본적인 요구사항으로 해운, 철도, 트럭 등의 복합운송에서 일치되거나 글로벌 로밍이 되는 통신시스템과 안테나, GPS 부착, 컨테이너 개폐 여부를 알릴 수 있는 시스템, 배터리, 지도와

[그림 6-26] 냉동/냉장컨테이너 위치추적서비스-ORBCOMM 사례

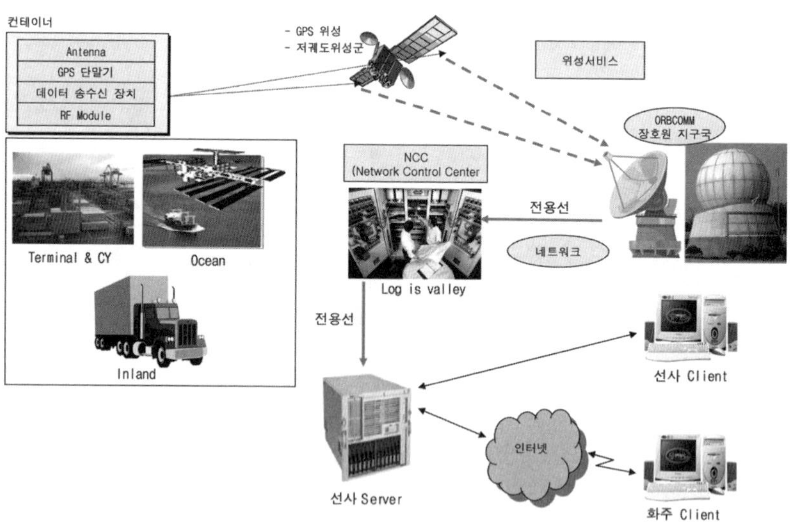

해도를 이용한 인터넷서비스가 주요 핵심사항이다. 본 연구에서 하드웨어는 안테나와 위성단말기, RFM, 데이터 단말기, 배터리, 외함으로 구성되어 있으며 웹 GIS 기반으로 인터넷서비스를 제공하도록 하였다.

6. 부산진역과 양산 ICD의 자동화게이트 시스템

AVI/AEI 기술을 이용한 항만 컨테이너 자동화사업은 90년대 중반 이후 바코드를 사용하고 있고, 컨테이너 터미널의 EDI와 게이트자동화를 연계하여 통관과 게이트 통과에 따르는 인력 감축, 소요시간 단축을 이루었다. 현재는 터미널 게이트에 바코드 인식기, RF-Tag 또는 카메라 등 자동화된 시스템을 설치하여 서비스를 제공하고 있으며 부산진역과 의왕, 양산 등 내륙컨테이너 기지에도 서비스를 확대하였다. 인천공항은 DSRC를 이용한 차량관리를 하고 있으며, 인천공항의 시스템은 고속무선패킷통신 기술인 능동형 DSRC 시스템을 기반으로 하여 화물터미널 정보 및 반출입 차량의 차량정보를 실시간으로 처리하여, 트럭 배차 및 터미널 반출입 관리를 하고 있다.

[그림 6-27] 부산진역 바코드처리 시스템

[그림 6-28] 양산 ICD 카메라방식 자동화시스템

제 5 절 종합물류정보망 사업

1. 개 요

종합물류정보망사업이란 육상, 해상, 항공 등 개별 화물정보망을 상호 연계하여 일괄처리서비스를 제공함으로써 화물의 수송·보관·하역 등 업무를 자동화하는 범국가적 기간망 사업으로, 사업 초기에는 무역망·통관망·금융망 등 다른 국가기간 전산망과 연계하여 정보의 공동이용과 국가 전체의 정보화를 촉진하는 역할(건설교통부, 국가물류기본계획, 2001)을 수행하였다. 그러나 그간 물류여건의 변화와 정보통신기술의 발달로 국가종합물류정보망사업의 목표는 조금씩 변화되어 왔으며, 국가 전체의 정보화를 촉진해야 한다는 소극적인 목표가 물류활동을 효과적으로 지원하는 것으로 변화되고 궁극적으로는 국가경쟁력을 강화하는 방향으로 확대되었다.

1996년에 건교부(현 국토해양부)에서 발표한 종합물류정보망사업은 정보통신기술을 이용하여 육상, 해상, 항공을 통한 수출입화물의 물류서비스 및 국내 화물유통과 관련된 물류활동을 효과적으로 지원하고 물류활동에 수반되는 정보흐름을 전산화, 자동화함으로써 국가경쟁력을 강화시키기 위한 국가기간전산망(Infra-VAN) 사업(건설교통부, 1996)으로 정의하고 있다.

종합물류정보망사업의 기본목표

- 항만·공항·내륙화물기지 등 물류시설의 유기적 정보연계를 통한 운영효율 극대화
- 화물운송, 보관 등 각종 물류활동에 수반되는 제반정보의 원활한 처리
- 전자상거래 시대에 대응하여 인터넷기반의 물류정보망 구축
- 국제적인 물류기관/기업들과 제휴 및 네트워크 구축을 통한 글로벌 서비스제공

↓

- 이용자 중심의 종합 물류정보 서비스로 국민편익 증진
- 물류체계의 운영 효율화를 통한 기업의 생산성 향상
- 물류비 절감을 통한 국가 경쟁력 제고

국내의 대표적인 물류 관련 국가기간전산망으로는 건설교통부(현 국토해양부)의 종합물류정보망 이외에 산업자원부(현 지식경제부)의 무역망, 관세청의 통관망, 해양수산부(현 국토해양부)의 항만운영정보망(PORT-MIS), 한국철도공사의 철도운영정보망(KROIS) 등이 있다.

2. 종합물류정보망사업의 추진실태

(1) 추진경과

종합물류정보망 구축사업은 종합물류정보망 구축, 서비스 확산 그리고 초고속화·첨단화의 3단계로 나뉘어져서 실행되고 있으며, 각 단계별 추진계획은 다음과 같다.

- 사업기간: '96~2015(20년)
- 총사업비: 4,993억원(민간투자를 원칙으로 하고, 필요시 정부지원)
- 단계별 사업내용
  - 제 1 단계('96~'97): 종합물류정보망 구축단계
    - 기본계획 수립 및 상세설계
    - 중앙전산센터 구축 및 시범서비스 실시

– 제2단계('98~2000): 서비스 확산단계
• 상용서비스 실시 및 이용활성화
– 제3단계(2001~2015): 초고속화 · 첨단화
• 전자상거래 실현 및 멀티미디어 서비스 제공

건설교통부(현 국토해양부)가 종합물류정보망 구축사업을 주관하고 전담사업자인 한국물류정보통신(주)이 직접 운영하며 정보통신부, 해양수산부, 관세청, 한국철도공사(전, 철도청)가 관련기관으로 참여하고 있다.

3단계에 걸쳐 추진되는 제 1,2단계 사업내용은 크게 세 가지로 나누어 볼 수 있다. 대정부 민원업무 및 업체 간 서류전달을 위한 전자문서교환(EDI)시스템과 물류시설정보, 업체정보 등 물류 관련 데이터베이스(DB)제공 서비스, 그리고 무선통신을 이용한 첨단화물운송(CVO)정보제공 서비스 등이다. 주요 서비스의 단계별 추진계획은 다음과 같다.

• 1단계(1996~1997년)에서는 서비스제공의 체제를 구축하고
• 2단계(1998~2000년)에서는 구축된 서비스를 확대하며

[표 6-9] 종합물류정보망사업 주요 서비스의 단계별 추진계획

구 분	1 단 계 (1996~1997년)	2 단 계 (1998~2002년)	3 단 계 (2001년 이후)
목 표	서비스제공 체제 구축	서비스 확대	초고속화 및 첨단화
전자문서 교환(EDI) 서비스	• 수출입분야 서식우선적용: 항만 · 공한중심의 입출항 · 통관 · 반출입 관련 민원서류 • 기 제공 서비스 확대 · 보완 • 공로부분 신규서비스 개발	• 민원 관련 전체서류 적용: 화물운송 관련 민원서류 포함 • 물류업무 관련 전체적용: 수출입 및 국내화물 운송 관련전 서식대상	• CALS/EC 서비스 체제 도입 및 적용 • 멀티미디어 서비스
물류정보 (DB)제공 서비스	• 공공 DB 우선 구축 • 관련망 DB연계 서비스	• 민간 DB개발 및 확대 • 해외망 DB연계 서비스 • 화물추적 DB 구축 • 정보제공자(IP)발굴확대	• 통합 DB서비스 제공: 국내 및 해외 • 멀티미디어 서비스
첨단화물 운송(CVO) 서비스	• 기본설계 및 시범서비스 • 주요 물류거점시설의 정보망구축 추진 • 화물 및 차량추적시스템을 위한 기술개발	• 주요 물류거점간 화물 추적서비스 • 차량관리 서비스	• ITS/CVO 기술을 활용한 실시간 화물 및 차량의 추적서비스 • 최적 하물운송계획 수립 지원 서비스

• 3단계(2001년 이후)에서는 서비스의 초고속화 및 첨단화를 제공한다.

(2) 주요사업 내용

앞에서 살펴본 바와 같이 종합물류정보망구축사업의 제 1, 2단계에서 추진된 사업은 크게 전자문서교환(EDI)시스템, 물류정보 DB 제공 서비스, 첨단화물운송 서비스(CVO), 기타 서비스 등 네 가지 분야로 구분할 수 있으며, 그 밖에 내륙컨테이너기지 정보서비스, 항공화물운송서비스, 철도화물운영서비스 등으로 나누어 볼 수 있다.[6)]

1) 전자문서교환(EDI: Electronic Data Interchange) 시스템

전자문서교환시스템이란 법적 효력을 갖는 전자문서를 개발하여 각종 물류 관련 보고, 신청 및 허가 등 민원업무나 물류활동에 수반되는 선적예약 운송의뢰, 도착통지 등을 전자문서 형태로 전달해 주는 정보처리시스템을 의미한다. 전자문서교환서비스는 서류 없는(paperless)업무를 목표로 정부 차원에서 관세청의 통관망, 해양수산부의 PORT-MIS와 더불어 초기에는 수출입화물을 대상으로 하였으며 기업과 소비자에게 확대하였다.

현재 200여 개의 표준 전자문서가 개발되어 5,100여 기관이 사용중이나 상대적으로 수출입화물의 관세행정 관련 서류의 전자문서화(특히 해상운송부분)는 상당부분 진전되어 있는 상황이다. 그러나 육상부분의 전자문서화는 부진한 실정이다.

2) 수출입 물류정보 통합 데이터베이스(Data base: DB) 구축

2000년 4월부터 서비스가 시작된 수출입물류정보서비스는 상대적으로 수요가 높을 수출입화물을 중심으로 수출입화물의 처리상태와 위치에 관한 정보를 수집, 가공하여 업체 정보, 운임 정보, 물류시설 정보, 화물알선 정보 해상화물 추적, 항공화물 추적, 수출입 통계 등 통합 데이터 베이스가 구축되어 있으며, 포워더, 제조업체, 운송업체 등 물류 관련 업체가 인터넷을 통하여 검색할 수 있도록 하고 있다.

종합물류정보망에서 추구하고 있는 범 국가 차원의 정보통합 및 활용 사례는 아직까지는 미흡한 실정이며, 부처별 별도의 정보시스템에 접근하는 최초의 메인화면만 통합하는 형태로 사용자 편의성을 제고하는 수준의 '싱글 윈도우 사

---

6) 7장에서 세부내용을 다루고 있음.

업'정도만의 부분적으로 추진되고 있다.

해양수산부(현 국토해양부)에서는 2005년 2월, 해운항만 물류정보센터(Shipping & Port Internet Data Center. SP-IDC)를 개설하였고, '동북아 물류중심 전략지원 DB축'을 위한 '동북아 물류중심 지원 정보시스템 구축 기본계획'을 발표함으로써 동북아물류정보센터(Korea Logistiecs Information Center, KLIC) 구축의 방향을 제시하고 있다.

3) 첨단화물운송 서비스(Commercial Vehicle Operation, CVO)

첨단 화물운송시스템은 1990년대 중반 지능형교통시스템의 5대 서브시스템의 하나로서 국가계획에 반영되었으나 이후 종합물류정보망의 주요 사업으로 추진하게 되었다. 유럽과 미국 등에서는 사업용 차량을 대상으로 하고 있으나 우리나라에서는 그 영역을 다소 조정하여 화물 및 화물차량을 대상으로 하고 수출입 화물에서의 선박, 항공기, 철도와의 연계까지도 주요 대상으로 삼고 있다.

4) 내륙컨테이너기지 정보서비스

2003년 추진된 내륙화물기지 물류 정보 공동 활용 시스템 구축은 정보화가 미흡한 내륙화물기지에 대한 정보화를 추진함으로써 수출입 물류정보의 토탈 서비스가 가능하며, 화주 및 수출입관련업체의 업무처리 및 화물위치 확인을 위한 시간 및 비용절감을 목적으로 하고 있다.

5) 항공화물운송서비스(Air Cargo Terminal Information System: ACTIS)

항공화물의 신속한 처리를 통하여 국가의 산업 경쟁력 제고 및 화물처리 절차를 개선하기 위하여 항공 화물처리에 바코드 시스템을 도입하였다. 정부기관, 항공사, 항공물류업체 간 통합물류DB(물류정보 공동활용체계)시스템과 연계하여 육상, 해상, 항공분야를 모두 포함하는 종합물류정보체계의 기반을 완성하였으며, 항공화물처리에 바코드 시스템을 도입하여 화물처리절차를 개선하였고 기능을 강화하여 KACIS를 구축하였다.

6) 철도화물운영서비스(KROIS: Korea Railroad Operation Information System)

철도공사에서는 철도운송자산을 최적화하고 수송효율을 높이며 경영정보시스템(MIS)을 지원하는 철도종합전산망 구축 계획을 수립하여 그 일환으로 철도운영정보시스템(KROIS) 개발에 착수하게 되었다. 1996년 1월부터 운영에 들어간 KROIS의 모든 시스템은 실시간 온라인에 의한 처리방식으로 차량열차운용시스템, 화물운송시스템, 고객지원시스템, 승무원 관리시스템, 차량·기계 관리시스템, 운송정보시스템 등 주요 7개의 Sub-System으로 구성되어 운영하고 있다.

7) 수송안전정보시스템

수송안전정보시스템은 환경부의 차세대 핵심환경기술개발사업 중 『유해화학물질사고 국가비상대응정보시스템(NERIS) 개발』 내에 구축되어 있는 서브시스템으로서, 이것은 최적수송경로 제공시스템과 조기경보 시스템으로 구성된다. 2004년 개발 완료하여 NERIS 상에서 구현하고 있다.

환경부는 2000년 10월 22일부터 전국 20개 도로에서 위험물 수송차량에 대한 통행을 제한하였다. 통행이 제한되는 자동차는 유류, 유독물, 지정폐기물, 농약, 방사성물질 등을 수송하는 차량이고, 농가에 농약을 배달하는 경우는 통행이 허용되게 하였다. 최적수송경로 제공시스템은 유해화학물질 수송차량에 대하여 일반적인 거리나 통행시간 기반이 아닌 위험도 기반의 최적경로를 제공함으로써 만약에 발생할 수 있는 대형 사고에 대한 피해를 최소화할 수 있도록 하고 있다.

조기경보시스템은 GPS 시스템을 이용하여 위험물 수송차량의 위치를 24시간 파악함으로써 규제완화로 삭제된 위험물의 운반경로에 대한 서면 송부기능을

[그림 6-29] NERIS 시스템 개요도

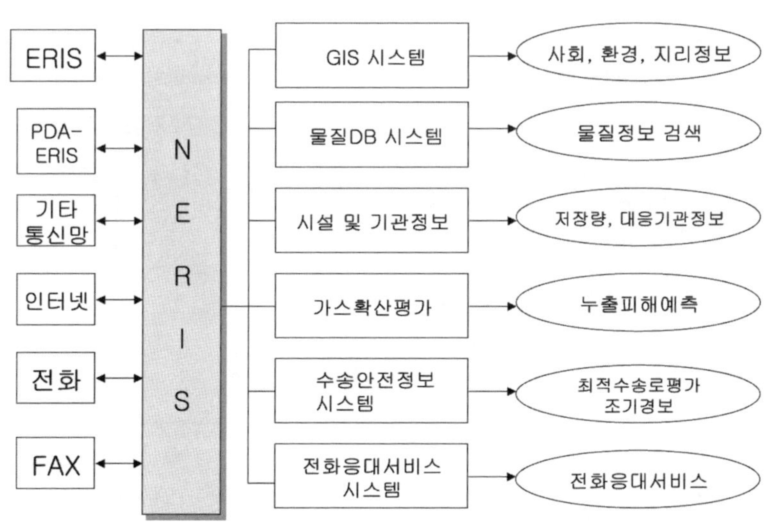

자동적으로 수행하도록 한다. 예를 들어 서울특별시나 인천광역시와 같은 위험화물 관리지침에 따른 통행제한지역이나 상수원 보호구역 등에 위험물 수송차량이 진입하였을 경우 자동으로 단속 및 통제함으로써 만약에 발생할 대형사고에 대한 방지를 가능하게 한다.

[그림 6-30] 위험도 평가 프로그램 화면

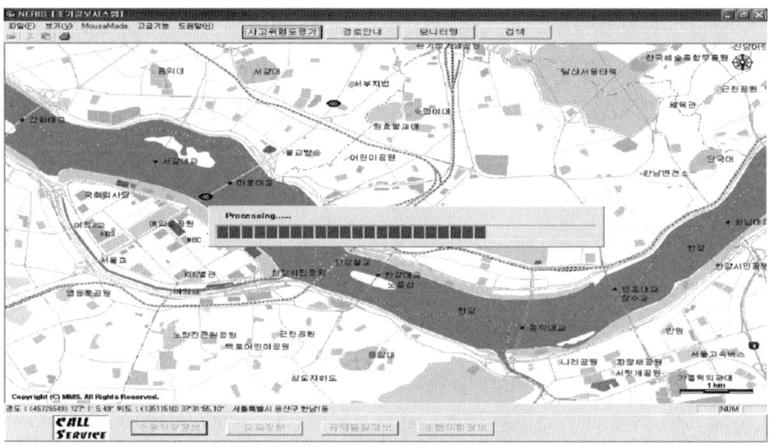

[그림 6-31] 최적경로 제공 프로그램 화면

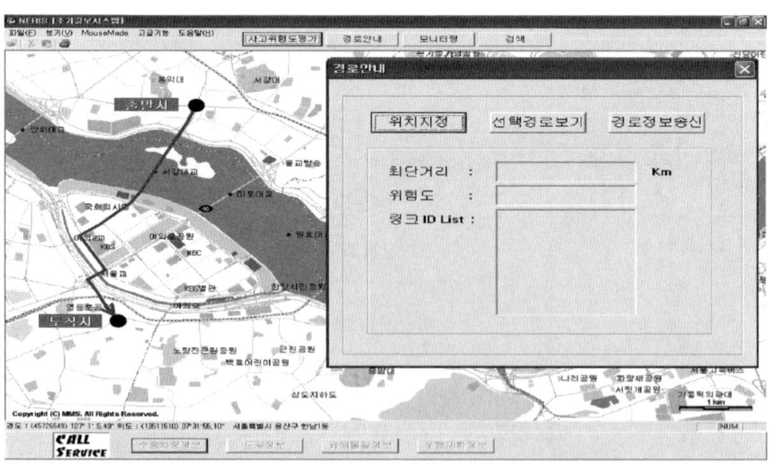

[그림 6-32] 수송차량 모니터링 프로그램 화면

8) 수출입화물과 RFID 시범사업

① 해양수산부의 RFID/USN 공공사업 시범사업

RFID/USN 해운물류 효율화사업의 구축목표는 컨테이너 자동인식에 의한 위치추적, 항만터미널 운영 효율화를 통한 항만경쟁력 강화, 항만물류 정보 기술 개선 등을 통해 우리나라를 동북아 물류 허브항(Hub-Port)으로 위상을 높이는 데 있다. 이 사업의 핵심 수행목표는 우선 물류 네트워크를 통한 가시성(Visibility) 확보로 개별 컨테이너 단위의 추적(tracking)정보를 파악하고 RFID/USN 기반의 컨테이너 및 차량 위치를 파악하는 물류정보시스템을 구축하는 것이다.

② 항공화물 운송 시범 사업

인천공항공사는 유비쿼터스 기술을 기반으로 항공화물터미널 내 ULD 화물에 대한 RFID 시범사업을 추진하여 자유무역지역, 산업단지, 인천경제자유구역, 인천항과 연계되는 정보네트워크를 구축할 예정이다 특히 항공화물공영정보시스템 구축을 통해 항공사, 포워더, 세관, 화중 등이 하나의 정보시스템으로 연계체계를 구축하도록 하고 자유무역지역 내 원활한 물류흐름체계를 위한 물류정보시스템을 계획하고 있다.

9) 추가된 종합물류정보망 단위사업

추가된 종합물류정보망 단위사업을 정리하면 다음과 같다.

- **화물운송시장정보센터 운영**('05. 1.~): 화물운송정보시스템을 구축하여 화물운송시장정보센터를 운영한다.
- **전자문서교환시스템의 첨단화**: XML/EDI 등 전자상거래 시대에 맞는 서비스를 개발·보급하고 교통정보·기상정보·사이버 택배 등 서비스 내용을 다양화하며 Online 상에서 화물위수탁증의 EDI 서비스를 실시·보급한다.
- **위험물운송관리시스템 구축**('03.~): 도로 상에 위험물운송 차량과 위험화물을 관리하고 구난체계관리 서비스를 구축한다.
- **국가물류통합정보센터구축 ISP 수립**('06. 12): 추진전략과 목표를 설정하고 국가물류통합정보센터의 구축 및 운영방안의 마련 등을 하는데, 1단계로 국가물류통합정보센터의 구축 및 운영을 2007년에서 2008년 사이에 실시하며 2단계 구축은 2009년 이후 추진한다.

정부에서 추진하고 있는 국가물류통합정보센터 구축 및 운영방안[7]은 살펴보면, 급변하는 물류여건변화를 고려하여 96년 최초 계획수립 이후 수정되지 않은 종합물류정보망사업 기본계획을 업데이트할 필요성이 제기되게 되었다. 이에 국가물류통합정보센터의 구축은 민간데이터의 유인책 및 물류데이터의 표준화 부족문제, 실시간 데이터 개별수집에 막대한 비용 및 시간 소요문제, 발행기간 간 통계치 상이문제, 기존데이터 간의 중복과 누락문제, 물류통계의 상세정보가 부족한 면들을 고려하였다.

국가물류통합정보센터 ISP구축사업의 패러다임은 크게 정보의 활용, 정보의 축적, 정보의 가시성, 정보의 실시간 비교 및 인식, 정보의 검증, 능동적 정보제공 등 6개의 Key words로 제시한다. 종합물류망 패러다임은 현재수준에서 단순연계의 단계로 볼 수 있으며, 2006년 국가물류통합정보센터 ISP 패러다임은 단순통합 단계, 본 ISP 패러다임은 능동적 연계/활용의 단계에 속할 것이다. 국가물류통합정보센터 구축의 주요 사업내용은 정보화 실태를 조사하고 분석하고, 단위물류정보화 촉진방안을 수립하고, 단위물류정보망 연계 세부계획을 마련하고, 국

7) 노홍승, 2008년도 제 3 차 3PL Forum, 2008년 7월 9일.

[표 6-10] 국가물류통합정보센터

국가물류통합정보센터(Service Map)			
국가물류포털사이트 시스템		실시간 물류정보 제공시스템	전략적 국가물류 관리시스템
화물정보 검색엔진	Logis Together 서비스	Real Time 화물추적 서비스	U-물류행정서비스
물류수단정보 검색엔진	물류제도 History 서비스	물류보안 서비스	Digital Dashboard서비스
물류산업정보 검색엔진	Legal키워드 검색 서비스	위험물운송 서비스	
물류인프라/시설 검색엔진	물류표준인증검색 서비스		
특수물류시설/장비정보 검색엔진	물류보고서 DB 제공 서비스	물류정보 분석 시스템	
Logis-Vision	물류지식 Warehouse 서비스	물류정책 목표 모니터링 서비스	
글로벌 물류동향 제공 서비스		물류 DB 다차원분석 서비스	

가물류통합정보센터 구축의 상세 ISP를 수립한다.

(3) 전담사업자 제도의 운영

종합물류정보망은 1994년 7월에 수립된 '화물유통체제개선 기본계획'에 최초로 사업계획이 반영되었으며, 1995년 5월 국가전산망조정위원회에서 국가기간전산망으로 확정되면서 본격적으로 사업이 추진되었다. 정부는 정보망 구축사업의 효율적 추진을 위해 1995년 12월 화물유통촉진법을 개정함으로써 전자문서의 효력인정, 전담사업자 지정 등에 관한 법적 근거를 마련하였으며, 1996년 4월 종합물류정보망 전담사업자로 한국통신(KT)과 한국물류정보통신(KL-Net)이 지정되었다.

교통개발연구원(현 한국교통연구원)과 한국물류정보통신(현 KL-Net)의 연구결과를 토대로 정보통신부 등 관계부처 협의를 거쳐 1996년 7월에 종합물류정보망 기본계획을 수립하였으며, 기본계획에 의거 한국물류정보통신(주)이 전자문서교환(EDI) 시스템을 구축하여 1996년 12월에 시범서비스를 실시하였고, 크게 3가지 분야의 물류정보망이 운영중에 있다.

현재 종합물류정보망 구축사업은 화물유통촉진법 제 48조의2(종합물류정보망의 구축 등)에 근거하여 건설교통부 물류혁신본부의 주관 하에 (주)케이티로지스와 (주)케이엘넷이 전담사업자로서 서비스를 제공하고 있으며, 통관업무와 공항업무의 경우 KT-NET에서 실질적인 업무를 수행하고 있다. 정부(현 국토해양부, 구 건설교통부)는 종합물류정보망의 활성화를 위한 제도의 개선, 정책수립 및 재정지원, 관련 유관망과의 연계를 위한 협조체제 구축 등을 지원하고 있으며 전담사업자는 연구개발과 시스템 구축 및 운영을 담당하고 있다.

(주)케이엘넷은 1994년 설립된 회사로서 2006년 사명을 변경하기 전까지 (주)한국물류정보통신으로 1995년 물류 EDI 사용서비스를 실시하면서 1996년 4월 7대 국가기간전산망인 종합물류정보망 전담사업자로 지정되었다. 해양수산부(현 국토해양부)의 PORT-MIS를 위탁관리하며 컨테이너 터미널의 전산업무 등 해운항만분야에서의 전자문서교환(EDI) 서비스를 바탕으로 정부기관, 유관단체, 물류업체를 대상으로 하는 전자상거래(EC/EDI) 서비스 등 인터넷 사업 및 정보화사업을 중심으로 한 시스템 컨설팅 및 S/W개발과 판매 서비스를 제공하고 있다.

2006년 8월 현재, (주)케이엘넷의 사용자 가입현황은 총 3.500여개 가입자

[표 6-11] KL-Net 제공 주요 서비스

서비스 종류	서비스 내용
B2G 사업 (정부전자인허가 서비스)	– 항만운영신고(해양수산부) – 해상입출국신고(법무부) – 철도운송관련신고(한국철도공사) – 보세화물신고(관세청) – 수산물검사신고(국립수산물품질검사원) – 위험물검사신고(한국해사위험물검사소)
B2B 사업 (기업 간 e-Logistics)	– 항만물류통합정보시스템(PLISM) – e-Port Logistics – 전자세금계산서(LogisBill) – e-Trans – e-shipping – 파렛트 관리 – e-Transportation
정보화 사업	– 물류분야 IT 컨설팅, 해외 SI용역 수행 – 정보시스템 구축(SI) – 하드웨어 장비 공급 – IT Outsourcing(System Management)
솔루션 사업	– 항만운영정보 시스템(Port-MIS) – 일반부두운영정보 시스템(GTOMS) – 컨테이너터미널운영정보 시스템(ATOMS) – XML 솔루션(ReXpis)

중 정부 및 공공기관이 6곳, 물류업체가 2,472곳, 화주 및 관세사가 113곳, 기타가 913곳으로 집계되어 있으며, 월 데이터 처리량은 6,607,272,건, 105개의 물류 관련 표준 전자문서를 다루고 있다.

(주)KT로지스는 현재 국가 종합물류정보망 전담위탁사업자로서 육상, 해상, 항공을 통한 제반 물류활동에 수반되는 정보의 흐름을 전산화·자동화하는 업무를 담당하고 있다. 2002년 11월 (주)KT에서 분사하였고 KT의 물류정보서비스 사업경험과 인프라를 활용하여 차량 및 화물위치추적서비스, 수출입물류정보서비스, 3 PL 서비스, 택배 서비스 등을 제공하고 있다. 2002년 법인 설립 후 2003년 전국 물류네트워크 서비스를 개시하게 되었고 중소기업청으로부터 운송주선업종 커뮤니티 모델을 개발하였다.

KT 로지스는 생산에서 고객까지의 공급체인 상에서 온라인, 오프라인의 종합물류서비스를 고객에게 제공하고 있다. KT 로지스의 서비스는 첨단화물운송정보서비스, 냉동/냉장업종 물류정보시스템 서비스, 택배업종 물류정보시스템 서비스, 통신물류업종 물류정보시스템 서비스로 나눌 수 있다.

[표 6-12] KT로지스 제공 주요 서비스

서비스 종류	서비스 내용
ON-LINE 서비스	– 차량관제 서비스(CVO) – 텔레메틱스 서비스 – 택배물류정보 서비스 – 주선물류정보 서비스 – 운송물류정보 서비스 – 수출입물류정보 서비스 – 물류시스템구축컨설팅 – WM/TMS 시스템
OFF-LINE 서비스	– 택배사업 – 3 PL – 물류컨설팅 – 주선사업 – 전국화물운송 안내 서비스(1588-2424) – 이사사업

제 6 절 물류 관련 기관의 정보화 현황

1. 지식경제부(구 산업자원부)

지식경제부에서 참여하고 있는 물류 관련 정보화 사업은 e-Trade Platform 사업과 한국산업단지공단 정보화, 국가물류 B2B 시범사업, RFID 시범사업 등이 진행중이며 사업별 진행 내역을 살펴보면 아래와 같다.

[표 6-13] 지식경제부 주요 사업별 내용

구 분	개 요
e-Trade Platform	– 무역프로세스에 대한 개선과 전자무역 환경으로 전환 – 전자무역촉진 3개년 계획에 따라 『e-트레이드 플랫폼』 사업이 진행중임.
한국산업단지공단 정보화 사업	– 산업단지공단의 비효율적인 물류시스템을 개선하기 위해 시행된 사업임. – 종합물류정보시스템은 2001년부터 2005년까지 4단계에 걸쳐 진행되고 있음. – 현재 2단계 시스템 구축이 완료되었으며, 수출입 물류 서비스 기능이 포함된 3단계 사업이 진행중임.
국가물류 B2B 시범사업	– 화주 및 물류서비스 제공업체를 포함하여 B2B e-MP 등에 경쟁력을 강화하고자 진행된 사업임. – 2001년 1차년도 사업을 시작으로 현재 3차년도 사업이 진행중이며, 3차년도 사업의 결과에 따라 4차 년도 사업의 여부가 결정될 예정임.
RFID 시범사업	– RFID 시장 접근에 따른 혼란을 예방하고 체계적인 산업화 전략을 제시하고자 진행된 사업임. – 현재 삼성테스코 컨소시엄과 CJGLS 컨소시엄을 통해 시범사업이 진행중임.

2. 국토해양부(구 건설교통부)

건교부의 수출입 물류와 연관된 시스템은 화물운송정보(CVO), 수출입물류정보(통합 DB), 인천공항화물터미널 물류정보 공동활용 시스템 등이며 각 시스템별 주요 기능 및 특징은 다음과 같다.

[표 6-14] 국토해양부 주요 사업별 내용

<table>
<tr><th>구 분</th><th>개 요</th><th>특 징</th></tr>
<tr><td>인천공항화물
터미널물류정보
공동활용 시스템</td><td>정보통신기술을 이용하여 항공을 통한 수출입 및 국내 화물유통과 관련된 물류 활동을 효과적으로 지원하기 위해 물류 활동에 수반되는 정보 흐름을 정보화, 자동화하는 국가 기간망 시스템임.</td><td rowspan="3">- 다양한 공항·항만·내륙화물기지 등 각종 물류거점 시설의 정보화 및 유기적 정보연계를 통한 운영 효율 극대화.
- 육상·해상·항공·철도부문을 총괄하는 종합정보망을 구축하고, 유관망과의 연계를 통한 일괄처리서비스 제공.
- 전자상거래 시대에 대응하여 인터넷기반의 물류정보망으로 개선하고 환경친화, 안전지향의 녹색 물류 구현을 위한 서비스 실시.</td></tr>
<tr><td>수출입물류정보(통합 DB) 시스템</td><td>수출입 물류관련 기관/업체가 개별적으로 보유한 각종 정보를 수집 및 가공하여 통합 DB를 구축함으로써 수출입화물의 처리상태와 위치, 구간별 화물의 이동(O/D) 및 수출입화물 통계정보 서비스를 One-Stop으로 제공.</td></tr>
<tr><td>화물운송정보 시스템 (CVO)</td><td>GPS위성 및 휴대폰을 통해서 화물 및 차량을 실시간으로 추적하여 차량의 배차 및 운행관리, 화물의 상태 관리 등 화물운송에 필요한 제반 업무를 전산화함으로써 기업의 물류비용을 절감시켜 주는 서비스.</td></tr>
</table>

3. 한국철도공사

수출입 물류업무 연계를 위한 시스템은 화물운송시스템(KROIS), 철도물류정보시스템(KNR Logistics Information System), 부산진 CY 정보시스템이 있으며, 업무시스템 각각이 고유한 특성을 갖고 있으므로 중요도를 판단하기는 어려우나, 현재는 화물운송시스템의 중요도가 상대적으로 높다. 그리고 3개의 업무 시스템들은 내부에 통계 프로세스가 내재되어 있다.

[표 6-15] 한국철도공사 주요 사업별 내용

구 분		개 요	특 징
철도전산 정보 사무소	화물운송 시스템	화문운송신청에서 인도완료까지의 화물수탁에 관련된 전 업무에 대한 전산화 자동화 제공.	– 화물 관련 계약관리의 자동화 – 화물운송장 접수 단일화 – 고객화차배분 자동화 – 화물운송통지서 발행의 정확성 및 신속성 – 화물취급제한 사항의 자동검색 – 업무처리 절차의 일관성 유지
	철도물류 정보시스템	현장에서 발생하는 기본 운용자료를 전산화하여 내부 경영정보로 활용하고, 고객에게 필요한 정보를 제공함으로써 철도의 경영혁신 및 체질개선을 도모하고자 구축됨.	– 다양한 고객 서비스 제공 – E-BIZ 기반 조성
부산진CY 정보시스템		– 게이트관리, 업무관리 등을 위하여 서버(IBM RS/6000)를 운영하며 발생되는 데이터는 철도청에 전송 – Gate 관리를 위해 입구의 Gate에 바코드 판독기 설치 운영 – 내부 네트워크는 10Mbps Ethernet으로 구성	– 운송사로부터 화물정보는 EDI를 통하여 받으며 사후정보는 FAX를 이용하여 받기도 함. – 자체적으로 EDI 비용은 부담하지 않음(철도청 본청을 통해 EDI 접속)

4. 법무부 출입국관리국

출입국관리국의 정보시스템은 출입국심사, 체류, 사증, 동향조사, 외국인사범처리, 보호, 선박심사 등을 처리하는 시스템으로 구성되어 있고, 이 중 수출입물류와 관련한 시스템은 선박심사 시스템이다.

[표 6-16] 출입국관리국 주요 사업별 내용

구 분	개 요	특 징
출입국심사 시스템	대한민국에 입국하거나 출국하는 모든 국민과 외국인에 대하여 유효한 여권과 사증소지 여부, 규제자 여부, 여행목적·체류자격·체류기간의 부합 및 위·변조 여부 등을 심사하여 입국 또는 출국 등의 허가를 하고 기록을 관리하는 시스템.	출입국심사, 출입국규제자 검색, 승무원 관리, 출입국신고서 처리, 출입국자기록관리 등을 지원.
체류관리 시스템	대한민국에 입국하여 체류하고 있는 장·단기 체류외국인과 SOFA 대상자에 대한 체류자격 부여, 체류기간 연장, 체류자격 변경, 재 입국, 근무처변경 등에 관한 허가 여부를 결정하고 장기체류 외국 인의 외국인등록업무를 수행하여 외국인으로 하여금 당해 체류 자격에 합당한 체류를 보장하고 이를 관리하는 시스템.	– 사증발급인정서 관리, 이중국적자 관리, 장·단기 체류 외국인 관리, 난민인정 여부와 난민여행증명서 발급·연장을 허가. – 출입국에 관한 사실증명, 외국인 등록 사실증명 등의 민원서류 발급 등을 지원.
동향조사, 사범심사, 외국인보호 시스템	외국인, 외국인을 고용한 자, 소속단체 등 관련자에 대해서 출입 국관리법에 따라 적법하게 활동하는지에 대한 동향조사 결과관리, 용의자에 대한 출입국사범조사 및 심사, 사건부 처리, 강제퇴거, 출국권고, 출국명령 등의 업무, 사건 이첩 및 접수관리, 보호의뢰 등 보호대상자 관리를 하는 시스템.	보호행정관리 및 보호외국인기록을 관리.
선박심사 시스템	선박심사는 선박을 이용하여 대한민국에 출입국하는 내·외국인 승객 및 동선박의 승무원에 대한 출입국심사와 불법으로 입출국 하(려)는 자를 단속 또는 배제하고자 입·출항선박 등에 대한 검색 등을 지원하는 시스템.	선박의 입출항 전에 입출항예보자료를 선사로부터 EDI 접수받아 입출항검색 준비를 하고, 선박의 입출 항검색 업무, 긴급/재난/난민임시상륙허가조치 및 사후관리, 입국(상륙)거부 대상자나 밀항자 등의 관리, 선박관리, 입출항선박 심사기록 등을 지원.

5. 국립수의과학검역원

동축산물 검역검사정보시스템은 동물 및 축산물을 수입 또는 수출하고자 하는 민원인으로부터 검역신청(신고)를 받아 합격인 경우엔 검역증(신고필증) 발급, 불합격인 경우에는 반송 및 소각 등 일련의 조치를 하는 검역 전반을 처리하며, 적하목록의 화물관리번호를 업무 간 정보 연계항목으로 사용하여 시행장과 같은 축산물보관창고의 물품 파악, 정밀검사 및 검역통계 실적으로 제공한다.

▶ 주요 특징

- 전자인증, 전자지불 기능을 포함한 인터넷을 통한 검역신청(신고) 기능 제공 및 검역증 발급을 EDI로 처리하여 민원인이 검역원을 방문해야 하는 불편 해소
- 민원인(수출입화주)에게 검역진행 사항 및 관세청 화물진행정보와 연계정보 제공으로 업무처리의 투명성과 서비스의 질 제고
- 검역시행장(수입축산물 보관창고)의 검역물의 입·출고 현황 및 재고 정보 연계로 위해 축산물 반입 시 리콜 용이
- 검역물의 연간정밀검사 계획 자동 수립 및 통계이론을 적용한 정밀검사 대상 추출로 업무의 객관성, 정확성 확보
- 적하목록을 EDI로 수신하여 선별작업을 하는 검역관의 업무부담 경감

6. 국립식물검역원

식물 검역 정보시스템은 수출입식물에 대한 일반검사, 정밀검사, 소독, 폐기 등의 검사내역을 관리하는 시스템이다.

▶ 주요 특징

- 식물검역민원정보 시스템
  - 인터넷으로 회원 가입하여 사용자 인증을 받은 후 사용할 수 있다.
  - 인터넷으로 수출입식물의 검사신청을 하고 검사진행상황 조회 및 검사결과를 조회할 수 있다.
  - 수출 수입별, 국가별, 품목별로 수출입식물 검역통계 조회 가능
  - 화물에 대한 추적정보, 통관정보 등을 실시간으로 제공하여 업무처리절차의 투명성과 서비스의 질을 높인다.
- 식물검역정보 시스템
  - 서류나 인터넷으로 수출입식물의 검사신청을 받아 검토 후 신청서 접수를 하고 검역관 배정, 일반검사, 정밀검사, 소독, 폐기, 검사결과 관세청 EDI 전송, 수출위생증 발급 등의 검역 관련 업무 처리를 할 수 있다
  - 각종 통계 관리, 검역관 코드, 품목코드, HS 코드, 업체코드, 지역코드,

국가코드, 병해충코드, 검역지 코드, 식물코드 등 각종 코드 관리
- 격리재배관리, 방제약 관리, 실험실 장비관리

7. 국립수산물 품질검사원

수산물 품질검사정보 시스템은 수출·입수산물 검사, 원산지 표시, 품질인증 관련 업무 정보화를 위해 1996년부터 단계적으로 추진되어 C/S 환경으로 오픈, 2002년 부터 WEB 기반 및 모바일 시스템을 구축하여 운영중이며, EDI 중계 시는 KL-Net에서 제공한 자체 XML 변환 엔진을 사용중이다.

▶ 주요 특징

- 2003년 간이결재 및 모바일 시스템의 수입수산물 결재서비스 체제로 개선하였고, 2004년에는 기존 시스템의 보완 및 수산물가공시설 및 가공공장의 위생관리 시스템을 구축할 예정임.
- 수입수산물 검사는 KL-Net, KTNET을 통해 전자문서(EDI)로 검사신청서를 접수하고, 검사결과를 관세청과 민원인에게 통보하며, 관능검사결과는 검사현장에서 PDA를 통해 이루어지고 있음.
- 수출수산물검사는 관세청에서 수출통관 시 요구하지 않아 전자문서(EDI)화하지 않고 있으며, 상대국이 검사증명서를 요청하는 화주 즉, 수출검사를 신청하는 화주에 대해서만 검사를 실시함.
- 이식용수산물검역은 KL-Net을 통해 전자문서(EDI)로 검역신청이 가능하고 검사결과를 관세청과 민원인에게 통보.
- 원양어획물반입허가 및 수산물양식/가공 인허가 업체 조회를 목적으로 해양수산부 원양어획물시스템과 연계하여 활용하고 있으며, 추후 원양어획물반입업무도 전자문서(EDI)로 개발하여 관련 기관과 연계 필요.

8. 한국해사위험물검사원

1997년에 정부지원 예산으로 『위험물 관리 시스템』을 개발하여 운영중이며(시스템 운영, 유지보수 전체를 외부 업체에 아웃소싱하고 있음) 검사완료 내역은 KL-

NET을 통해 해수부에 전송하고 있으며, 선사에 대한 부분은 KL-Net의 위험물취합시스템을 통해 서비스되고 있다.

EDI 전송을 위한 외부망은 KL-Net을 사용중이며, EDI 전송비용은 지불하지 않고 있다(검사 결과의 해수부 통보 비용은 해수부에서 지급하며, 선사에 통보하는 부분은 KL-Net의 위험물취합시스템에 전송하나 이에 대한 비용은 선사의 시스템 사용료를 통해 부담).

위험물 검사 신고는 직접방문과 홈페이지로 가능하며, 현재 대부분의 신고 업무는 홈페이지를 통해 신고하고 있으며 PDA 활용한 시스템을 도입하고 있다.

▶ 주요 특징

- 위험물검사 시스템은 수출하려는 품목에 위험물 관련 물질이 있을 경우 민원인들은 검사소에 전화나 Fax 등으로 신청하지 않고 웹사이트를 통해 검사업무를 신청하여 위험물 수출업무를 사무실에서 처리할 수 있다.
- 해양수산부와 연계로 위험물 접수 및 증서 발행 관련 업무에 대한 ONE-STOP 서비스 가능하다.
- 위험물 신청 접수 및 발행에 대한 정보가 실시간으로 제공하여 업무처리 절차의 투명성과 서비스의 질을 높이고 있다.

제 6 절 화물추적 정보 서비스

1. 정부부문

정부부문은 건설교통부, 해양수산부, 산업자원부, 관세청, 철도공사 등 수출입물류 정보서비스와 관련된 정부기관의 현황을 분석하면 다음의 표와 같다.

[표 6-17] 정부부문 화물 추적 정보

구 분	추진 현황	화물추적 정보	미추적 구간
건설교통부	• 종합물류정보망 기본 계획 수립. – CVO, 통합DB, 항공 화물공용정보시스템 • 거점 정보화 추진. – 경인ICD 물류 정보화 등.	화물추적 서비스는 시스템 설계에 반영되어 있으나 실제 운영이 미미함.	일반부두 및 CY 구간
해양수산부	• 컨테이너터미널 정보화 • 일반부두 정보화	터미널 및 일반부두의 반출입 정보	터미널, 일반부두, ODCY 이외의 구간
산업자원부	• 물류업종 B2B(KILC) • 국가산업단지 정보화 추진. • 산업단지 공동물류 지원 사업.	• 무역거래에 따른 국·내외 화물추적 서비스를 제공. • 해외추적을 위하여 단계적으로 해외 물류망과 연계 진행중	해외 운송 및 통관 이외의 내륙운송 구간 정보
관 세 청	• 인터넷 통관시스템 구축중 • 통관·보세화물 등의 세관 정보화 사업 추진.	수입 화물 통관 정보 서비스를 제공.	통관 전후 내륙운송 구간 정보
철도공사	철도물류종합정보시스템 (KROIS)	• 철송 화물 운송 정보 제공 • 부산진역 CY 정보화에 따른 반출입 정보	철도운송 이외의 구간

2. 민간부문

민간부문은 물류전담 사업자, 각 물류거점 그리고 일반 물류 사업자로 구분하여 현황을 분석하면 다음의 표와 같다.

[표 6-18] 민간부문 화물 추적 정보

<table>
<tr><th colspan="2">구 분</th><th>추진 현황</th><th>화물추적 정보</th><th>비 고</th></tr>
<tr><td rowspan="3">물류정보전담사업자</td><td>KL-Net</td><td>항만운영정보 서비스, 철도화물운송 정보 서비스, 터미널자동화 서비스, 물류정보제공 서비스</td><td>해상 터미널 중심의 컨테이너 화물추적 서비스를 운영</td><td>일반부두 및 터미널 정보화 지원 사업자</td></tr>
<tr><td>KT NET</td><td>• 글로벌 화물추적 서비스
• 국제화물운송최적화경로제공 서비스</td><td>통관 절차 중심의 화물추적 서비스 운영</td><td>산업자원부 주관
KILC 시범 사업자</td></tr>
<tr><td>KT 로지스</td><td>해상추적 서비스, 항공추적 서비스, O/D 서비스, 통계 서비스, CVO 서비스</td><td>택배위주의 트럭추적 서비스를 제한적으로 운영</td><td>현재 CVO 서비스에 특화되었고, 해상/항공 추적은 서비스가 완전하게 되어지지 않음.</td></tr>
<tr><td colspan="2">물류거점</td><td>각 물류거점 운영효율화, 거점별 관련 주체 간 정보교환을 위한 정보화 추진중</td><td>각 물류거점의 반출입 정보</td><td></td></tr>
<tr><td colspan="2">물류사업자</td><td>선사/대리점, 화주, 운송회사, 포워더 등에서 택배, 수출입업무 대행, 수출입 화물관리 등 업무관리 및 서비스 시스템 구축.</td><td>• 대형업체는 해외추적을 위해 단계적으로 해외거점과 시스템 연계
• 소형업체는 구축에 고비용 등의 문제로 화물추적서비스 제공이 미흡한 실정임.</td><td>단순 추적서비스는 물론 Visibility 서비스도 제공.</td></tr>
</table>

제 7 장

물류정보와 관련 동향

제 1 절 육상물류정보시스템

국내에서는 위치추적시스템 등 첨단화물운송정보(CVO) 서비스와 m-Commerce 환경 하의 서비스가 발전되고 있다. 국내 e-Logistics 서비스 제공업체로 한솔 CSN은 1994년 설립 이후 1999년부터 Logis Club을 운영하고 인터넷 환경에서 운임조회, 운송의뢰, 화물추적, 공차조회 등의 온라인 물류서비스와 국제화물에 대한 포워딩, 화주와 운송업체 간 중계, 경매 등 물류 e-Marketplace를 지향한 서비스를 제공하고 있다. 물류정보화는 물류와 관련된 일련의 업무(Process)를 정보통신기술을 이용하여 체계적으로 계획, 관리하는 것으로서 물류업무처리를 효율화해 기업의 생산성을 증대시키고 국가산업의 경쟁력을 강화하는 데 그 목적이 있다.[1)]

이로 인해 각 부문별 정보화가 개별정보망 간 연계가 이루어지지 않고 있는 항만운영정보 시스템(PORT-MIS), 철도운영정보 시스템(KROIS), 한진GLOVAN 등 육상, 해상, 항공 등 개별화물정보망과 통관망, 무역망, 금융망 등 물류 관련 유

1) 전국경제인연합회(전게서), p. 489.

관망과의 상호연계 하에 일괄처리서비스(One-Stop Service)를 제공할 수 있는 종합물류정보망 구축사업이 범정부적 차원에서 추진되어져 왔다.

1. 철도물류정보시스템[2)]

90년대 이전은 수송활동 중심의 물류정책(화물자동차운송산업정책, 철도운송정책, 해운정책)이었으며, 70년대 고속도로 건설 이전 철도가 국내화물운송을 전담하였다. 63년 철도청 외청 발족 이후 교통부는 화물자동차운수산업정책에 치중하였으며, 교통부 후신이 건교부에 철도국 신설 때까지 도로 위주의 교통/물류정책을 추진하였다. 이후 국가물류비, 효율성, 환경문제 등으로 국가경쟁력 취약이 구조화되어 왔다. 이는 대용량/저비용/고효율 특징이 강화된 철도물류수송을 부각시키게 되었다.

한국철도공사의 철도물류정보서비스, 철도물류정보화 현황 및 철도 EDI 시스템은 다음과 같다.

[표 7-1] 철도물류정보시스템

시 스 템		주 요 기 능	구축 년도
통합 관리 시스템 (IRIS)	영업정보	수송능력조정, 여행상품포탈, 상품판매관리, 마케팅, 수송계획, 예약/발매, 영업관리, 수익관리, 역무자동화	2004
	운행정보	운행관리, 열차운행계획, 차량운용계획, 승무원운용계획	2004
	경영정보	경영분야, 영업분야, 운행분야, 차량정비/시설분야	2004
	차량/시설	통합검수정보, 정비차관리, 차량기지검수정보	2004
전자조달시스템		철도공사 B2B와 연계, 조달 시스템, 전자카탈로그	-
관서운영관리 시스템		예산, 자금, 지급, 이체, 카드, 장부, 결산, 통계관리	2003
시설물관리(KRIFIS)		시설유지보수, 공사관리, 도면관리	2002
철도물류정보서비스		열차운행, 화물운송, EDI 서비스, CY 관리, 컨테이너위치정보	2001
차량기지검수정보 (TIMS)		차량기계관리, 공정관리, 제수원가관리	2000
철도운영정보시스템 (KROIS)		차량열차, 화물운송, 운송정보, 승무원, 소화물관리, 차량기계검수/정비창/차량사무소 관리 등	1996

2) 김동희(2008), "철도부문 물류정보화 추진전략," 한국철도기술연구원, pp. 149~151.

[그림 7-1] 철도물류정보화 현황

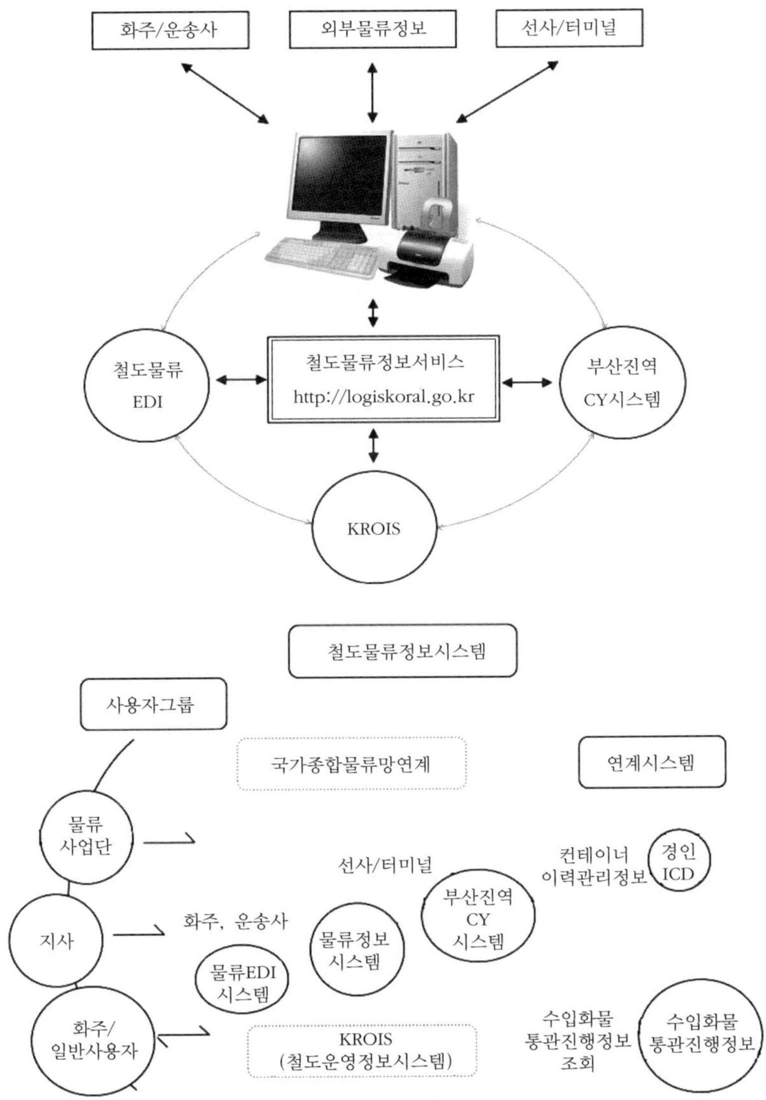

[그림 7-2] 철도 EDI 시스템

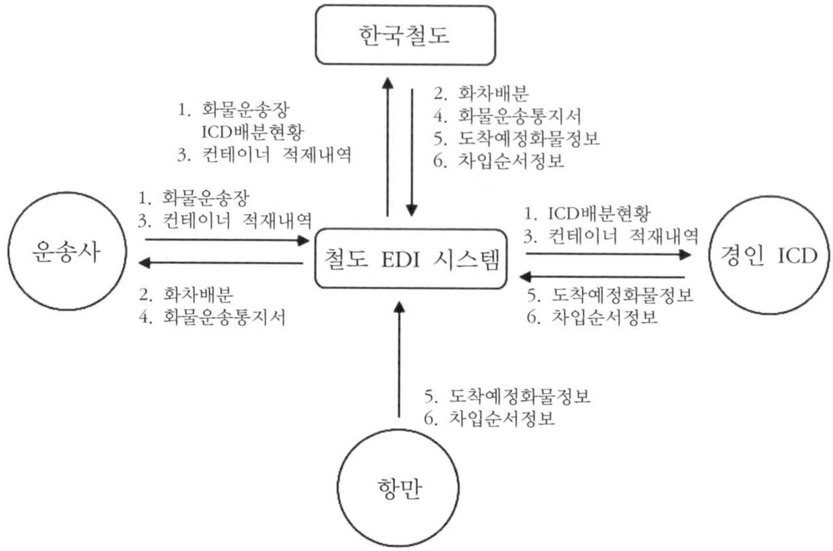

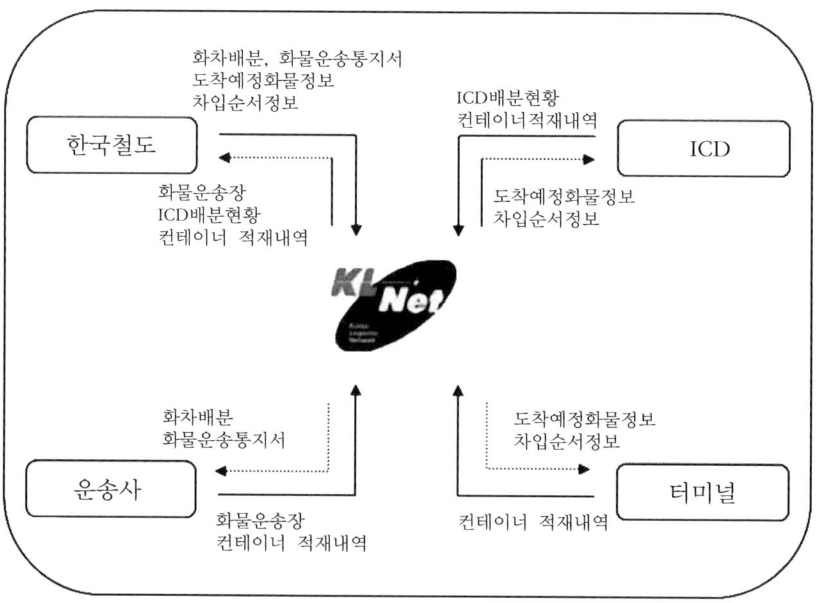

2. ITS(Intelligent Transport System)

도로교통이 안고 있는 사고와 혼잡, 환경대책 등의 여러 문제를 정보화기술과 지능화기술을 이용하여 근본적으로 해결하고자 하는 것이 ITS라고 할 수 있다. ITS의 목표는 교통체계 운영의 효율성 제고, 교통혼잡 완화, 운전자의 이동성과 편의성 및 안정성 향상, 교통시스템의 안정성 제고, 에너지 효율성 제고, 대기오염 절감을 통한 환경비용의 절감 등을 들 수 있다.3) ITS 시장은 도로 상에서의 모든 전자적 통제 및 제어와 관련된 인프라, 하드웨어, 소프트웨어, 통신 등 모든 관련된 시장을 포함한 시장이다. ITS 시장을 구성하고 있는 사업주체들과 역할은 ITS 시장 주체를 수요와 공급 측면에서 분류할 경우 수요자로는 도로교통시스템을 관리하는 지방자치단체와 같은 도로 운영자와 이를 활용하는 도로이용자, 사용자 등이 있으며, 공급자에는 SI(System Integration) 업체, 통신사업자, 컴퓨터 하드웨어 및 소프트웨어 공급업체, 요소기술 제공업체 등을 포함한다. ITS 구성요소는 다음과 같다.

정부는 공급자와 수용자 주체로서의 역할뿐만 아니라 건전한 시장형성을 위한 사업지원과 육성 그리고 효율성, 안전성, 공공성 확보를 위한 규제정책을 추

[그림 7-3] ITS 구성요소

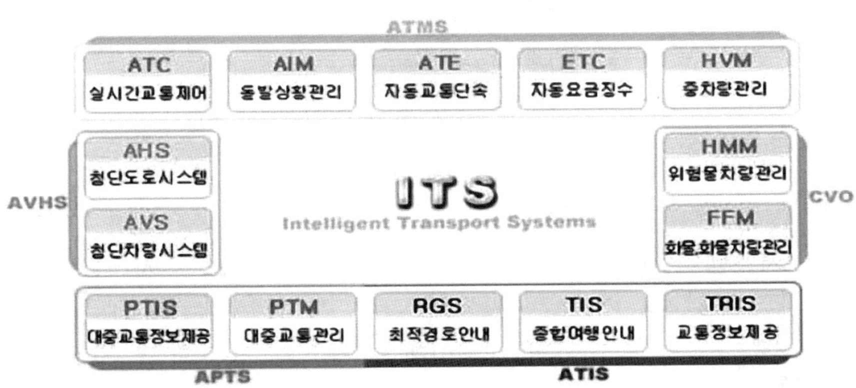

자료: 이용익·문경기·주용진(2006), "ITS용 데이터베이스 관련 기술에 대한 표준화 동향 분석 연구," The Journal of GIS Association of Korea, Vol. 14, No. 1, p. 96.

3) 김영섭(2008), "위치기반서비스와 지능형교통시스템," 월간교통 2008년 2월, p. 3.

[표 7-2] ITS 사업 주체

사업 주체	역 할
정부기관	도로망 및 기반 인프라 구축
자동차 및 ITS 관련 시스템 제조업체	인프라를 이용한 ITS 관련 시스템 제공
ITS 관련서비스 및 콘텐츠 제공업체	ITS 인프라와 시스템을 이용한 서비스 및 콘텐츠 제공
일반 소비자 및 기업	도로를 이용하면서 다양한 서비스 구매 및 이용

진하고 있는 실정이다.

ITS 시장을 구성하고 있는 공급 및 수요에 대한 가치웹(value web)을 살펴보면 ITS 인프라 구축은 각국 정부주도로 이루어지고 있으며, 주요 참여자로는 도로건설과 관련되어 지방자치단체들과 정부가 참여하고 있으며 유선 및 무선 통신망분야에서는 통신사업자 등과 같은 민간 기업이 참여하고 있을 뿐만 아니라 ITS 시스템 분야는 최근 교통관리 및 대중교통, 첨단차량 및 도로, 화물운송 시스템 분야에도 정부와 민간기업 모두 참여하고 있다.

유무선인프라를 이용한 교통관리 및 교통정보 제공 부분, 자동차 제조업체를 중시의 첨단차량 시스템 분야에서 민간 업체들의 다양한 참여로 시장이 빠르게 성장중이며 화물운송 시스템의 보급은 물류산업과 연계되어 진행되고 있으며 첨단도로 시스템 분야의 전자요금징수 시스템은 세계시장이 이미 형성되어 유럽

[그림 7-4] ITS 관련 주체

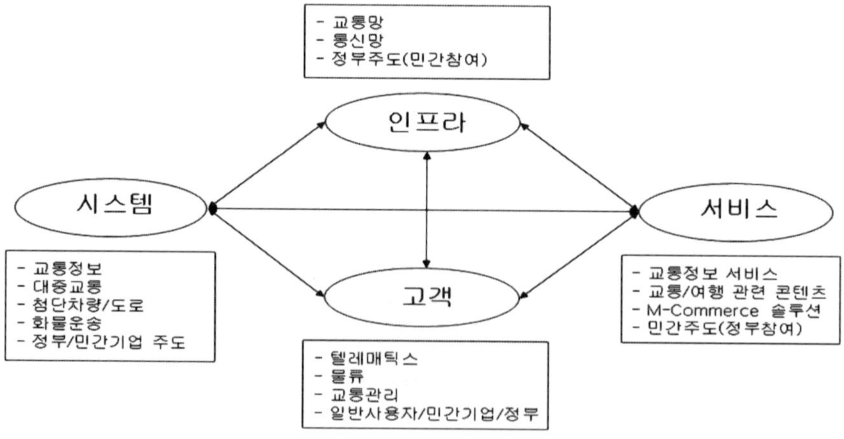

과 일본을 중심으로 도입되고 있는 실정이다.

이렇듯 민간기업들에 의한 시장형성이 가장 활발한 분야로는 ITS 서비스분야로 텔레매틱스 서비스, 지리정보 시스템(GIS), 위치기반 서비스(LBS)등이며, 서비스 제공을 위한 다양한 애플리게이션과 콘텐츠 제공업체들의 참여 또한 증가하고 있으며 최근에는 이동통신기술의 발전과 복합단말기의 발전을 통해 통합된 기능을 갖는 이동전화, PDA 스마트 단말기 등의 개인단말기뿐만 아니라 도로와 차량 내의 통신을 위한 챠량탑재형 단말기 등이 보급되고 있다.

단거리 무선통신 기술과 스마트카드 기술을 이용한 자동요금징수 시스템, 위치정보기술을 이용한 위치기반 서비스, GPS를 이용하여 실시간 교통정보 서비스가 가능한 텔레메틱스 서비스 등은 본격적으로 시장을 형성해 나가고 있다.

하지만 기존의 ITS 분야가 ETCS(Electric Toll Collection System), AVHS(Advanced Vehicle & Highway System), CVO(Commercial Vehicle Operation) 등 교통 인프라에 초점을 맞추었으나, 그동안 수익모델 부재 등으로 사용자들의 적극적인 투자가 이루어지지 않아 ITS 시장 활성화에 어려움이 있었다.[4)]

3. TMS(Transportation Management System)

운송관리시스템(TMS)은 화물 운송 때 수반되는 자료와 정보를 신속하게 수집하여 이를 효율적으로 관리하는 동시에, 수주 기능에서 입력한 정보를 기초로 비용이 가장 적은 수송 경로와 수송 수단을 제공하는 시스템이다. TMS는 공급배송 망 전반에 걸친 재고 및 운반비 절감, 대응력 개선, 공급업체와 필요 부서간의 정화한 정시 납품 보장 등을 실현하고 최적의 운송계획 및 이행 기능은 유입/유출 물류와 재고 보충 등의 운송제약 조건을 고려해 운송을 계획, 최적화하는 동시에 이행 기능을 이용해 계획을 수행한다.

TMS는 수배송 서비스를 중심으로 주문, 고객, 차량 등의 관리를 그 대상으로 한다고 볼 수 있으나, 구체적인 요구사항과 적용분야는 매우 넓다. 현재 사용중인 TMS는 다음과 같이 크게 세 가지 유형으로 할 수 있다. 첫째 유형으로는 ERP(Enterprise Resource Planning) 등과 같은 기업정보 시스템의 일부분으로 개발된 TMS가 있다. 이들은 운송관리의 세밀한 특수 기능은 고려하지 못하나, 전사

4) 한국건설교통기술평가원(2007), "건설교통기술 특허 · 논문동향조사," pp. 30～32.

적인 프로세스와의 통합은 효율적이다. 두 번째 유형은 타 시스템과 연관되지 않고 독자적으로 개발된 TMS를 들 수 있다. 이 유형의 TMS는 운송관리의 특수한 기능은 잘 반영 되어 있으나 전사적 프로세스와의 연결은 비교적 비효율적이다. 마지막으로 WMS(Warehouse Management System)의 일부분으로 개발된 TMS가 있다. 이 유형의 TMS는 물류센터 운영의 일부분인 수배송 및 차량관리를 위한 시스템이기 때문에 기본적인 관점이 개별 물류센터에 종속되어 있다는 제약이 있다.[5)]

또한 TMS는 GIS(Geographic Information System), 즉 전자지도와 밀접한 관계가 있는 시스템으로 배송처의 위치정보를 확인하거나 각종 도로 정보(차선, 회전, 구간별 평균속도 등)를 활용하여 R/P(Routing Planner)를 통해 예측 배송경로 계획을 수립한다. 구조상으로 TMS 틀에 GIS 정보가 접목이 되어 운영된다고 볼 수 있다.[6)]

운송 관리의 방향은 고객의 다양한 요구를 수용하면서, 수/배송비용을 절감하는 동시에 재고비용까지 절감함으로써 총비용을 절감하는 것이라고 볼 수 있다. 이를 위하여 크로스도킹(Cross-Docking) 등의 방법들을 사용하여 수송 시스템을 더욱 빠르게 하고 업체의 재고비용을 절감하게 된다.

TMS 주요 기능으로는 TMS는 최적 수송 수단 및 최적 수송 경로를 계획(Routing)하고 운송 계획 및 차량의 일정을 관리하며 화물 추적, 운임 계산의 자동화 등의 기능을 수행한다. 또한 운송 수단의 배차 계획 및 화물 적재 계획 수립하여 가능한 납입 날짜(Available to Promise, ATP)를 확정할 수 있다.

라우팅(Routing)은 통신, 네트워크 용어로 패킷을 발신지부터 목적지까지 어떠한 경로를 통해서 보낼 것인가를 결정하는 기본적인 경로 배정 과정이다. 즉, 운송 계획에서 라우팅은 현 수송 계획에서 각 납입선의 거리, 도로 상황에 대응한 이동시간, 납입선 도착 시간을 계산하여 차량 별 최적화된 상세 루트를 표시, 전사적으로 관리하는 것을 가리킨다.

TMS를 도입함으로써 업무효율을 대폭적으로 개선하고, 대기시간 및 실시간 정보 공유가 가능해 졌다. 또한 화물의 도착을 빠르고 정확하게 확인하고, 추적, 긴급 시 유연하게 대처할 수 있는 등 고객서비스 측면에서 많은 효과를 본다. 10~30%의 수송비 절감과 물류 비용 삭감 등 재무적인 향상도 가져온다. 적절한

---

5) 임현태, 최경일(2002), "객체지향형 우편물류 운송관리 시스템," 대한산업공학회, p. 39

6) 김남훈·안영효(2006), "제 3 자 물류기업의 배송 TMS를 통한 통합배차체계 구축방법 및 응용," 물류학회지, 제16권 제 1 호, p. 118.

유통 재고량을 유지하고 정확한 물류 계획을 수립하기 위해 수주에서 출하까지 작업의 표준화·효율화를 통한 주문의 안정화가 이루어져야 한다.

4. WMS(Warehouse Management System)

일반적으로 물류센터는 각 공장에서 완성된 제품을 집약하여 수요와 공급의 물류흐름을 관리하기 위한 기능을 갖춘 시설을 말하는 것으로 운송시간, 재고조절, 수요정보획득 등의 기능을 수행한다. WMS란 입고와 출고작업이 기존 전표에 의존하지 않고 무선 PDA를 통해서 실시간으로 처리가 됨으로써 창고 내 어느 위치에서도 입출고 및 재고관리 업무가 가능하며 출고지시 정보를 interface 함으로써, 작업자의 판단에 의해서 관리되던 입출고 업무가 시스템적으로 누구나 쉽게 업무처리가 가능하도록 하는 시스템으로 주로 작업동선이 큰 제조업 제품 창고나 물류기지에 적합한 시스템이며 ERP와 같은 상위시스템과 연계하여 구축할 수 있다.

[그림 7-5] WMS 운영

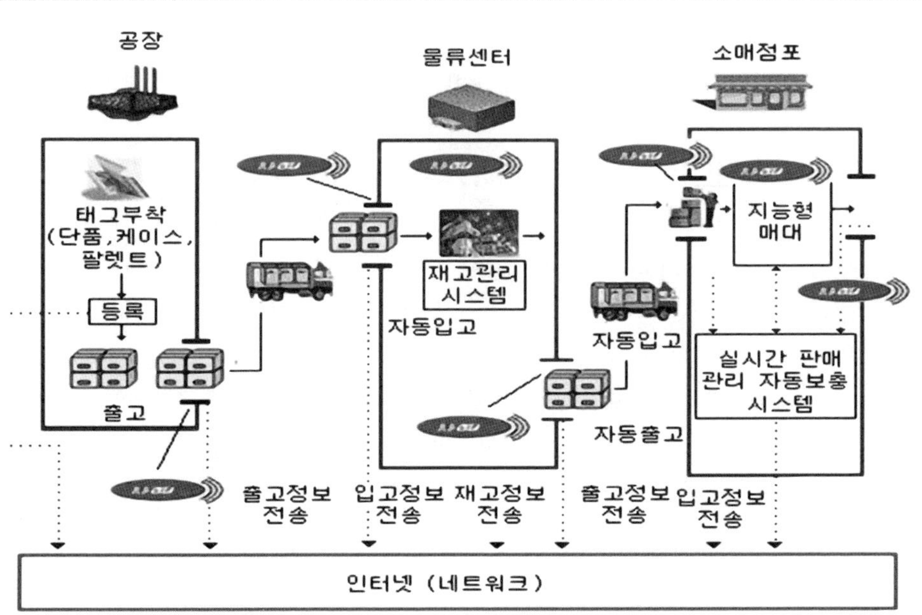

자료: 김문정(2007), "RFID를 이용한 물류정보시스템의 구축효과," 유통과학연구, 제5권 제2호, p. 84.

WMS의 목적은 창고 내에서 이루어지는 모든 활동 즉, 오더와 상품의 흐름에 대한 제어, 입고와 피킹에 대한 최적화, 창고 공간 효율성 최적화, 장비와 인적자원에 대한 최적화, 물류흐름 상의 정보에 대한 실시간 제공을 지원하는 데 있다. 창고에서 이루어지는 모든 내용을 DB화하여 필요한 모든 곳에 필요한 정보를 실시간으로 제공하며, 그 정보를 이용하여 기업은 원활한 기업 활동을 위한 신속한 의사결정을 할 수 있도록 하는 것이다.

SCM 상에서 WMS의 중요성은 더욱 부각된다. Top Class 기업들의 전략들을 살펴보면, 전사적으로 ERP를 구축한 토대 위에 SCM Planning을 구현하고 이런 것을 실제적으로 수행하는 기능적 측면으로 WMS를 도입하여 전체 재고를 컨트롤하고 있다. WMS는 전사적 수준에서 회계상의 정보흐름과 실물정보의 흐름을 일치시켜 SCM의 구현을 위한 기반을 제고하며, 특히 제 3 자 물류업체(TPL), 즉 전문물류업체의 경우 점차적으로 고객이 모든 물류를 일괄적으로 위탁하는 경우가 많아지는 만큼 전체적으로 재고관리를 컨트롤할 수 있는 WMS가 반드시 필요하다.

물류산업에 RFID 도입을 통해 얻을 수 있는 혁신적 효과는 상품의 이동 과정을 실시간으로 추적할 수 있는 추적성(Traceability)의 확보다. 오늘날의 물류산업은 교통수단의 발달로 인해 신속성은 매우 높아졌으나 추적성의 부재로 인한 화물의 잘못배송과 도난으로 많은 비용이 발생한다는 문제점을 안고 있다. 또한 상품의 환적과 인수인계 시 검품 수작업에 따라 많은 시간과 인력이 소요되는 비효율이 상존해 왔다. 이 같은 문제점들을 해결하기 위해 RFID를 적용한 운영 프로세스를 보면, 화물의 단품, 케이스, 팔레트, 컨테이너에 RFID를 부착하고, 화물이 지나는 거점마다 RFID리더를 설치하여 자동으로 위치정보가 전송되면 운송업체, 화주, 배송인 등이 네트워크에 접속하여 화물 이동정보를 실시간으로 파악할 수 있다. 따라서 화물의 이동 상황과 이력의 실시간 파악으로 보다 효율적인 배차계획이 수립 가능해지고, 포장을 풀지 않고도 화물의 내용물을 파악할 수 있으므로 입출고 및 환적시간이 단축되며, 이동중인 화물의 도난 및 손실을 예방할 수 있고, 고객이 주문한 상품의 현재위치를 인터넷을 통해 직접 확인 가능함에 따라 대고객서비스 향상을 가져오는 효과를 기대할 수 있다.[7]

---

7) 김문정(전게서), pp. 83~84.

5. RTLS & LBS[8)]

LBS(Location Based Service)란 위치기반 서비스로, RTLS나 GPS를 포함하는 개념이다. 주로 이동통신 시스템에서 사용자 혹은 사용자 단말의 위치 정보를 활용한 서비스를 나타내는 개념이며, RTLS(Real-Time Location System)란 실시간으로 사물 혹은 사람의 위치를 찾아주는 시스템 또는 서비스로, 실내 혹은 근거리 위치 측정 시스템을 말한다.

물류정보분야에서의 RTLS 활용분야를 살펴보면 첫 번째로, 물류 및 창고 관리에서 컨테이너, 팔레트, 부품, 장비 등에 RTLS를 적용할 경우 생산관리, 재고통제, 완성품 저장 및 위치검색 등의 업무 효율화를 가져올 수 있으며, 실시간 물류현황 관리, 차량 및 배송관리 실시간 통제, 자동화에 따른 인력, 시간 절감을 가져올 수 있다. 번째, 야적장 관리에 있어서, 넓은 야적장에 위치한 방대한 자재나 반제품에 대한 실시간 위치 모니터링을 통해 정확한 자재파악과 선입고 및 선출고 Process 가 가능하며, 장기방치 또는 Loss를 줄여 자재 관리 효율화를 가져올 수 있다.

[그림 7-6] RTLS 네트워크

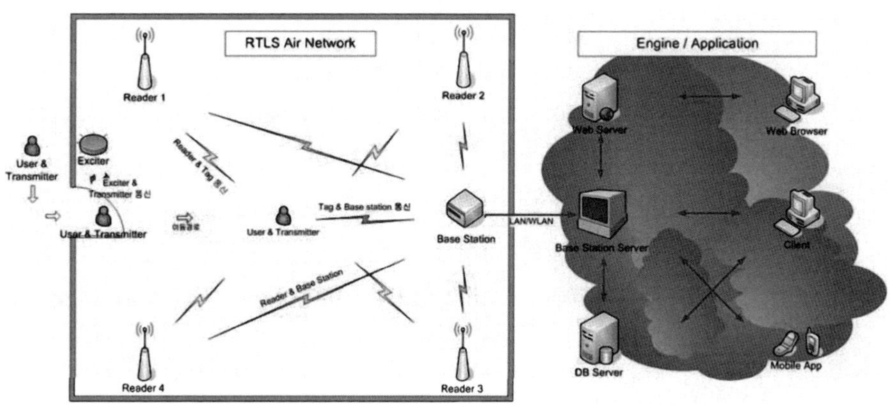

8) 한국LBS학회(2008), "ISO/TC204/WG7 활동을 위한 기술표준화 수요조사와 로드맵개발," 한국표준협회, pp. 40~43.

제 2 절 항공물류정보시스템

1. 항공화물 및 특송화물[9)]

항공화물 운송시장에서의 고객의 니즈 변화를 보면 국내 화주기업의 조직 경량화 및 비용절감에 대한 요구가 절실하고 단순 포워딩 이상의 고급물류 서비스(재고관리, 오더관리 등 종합 솔루션) 요구가 증대되고 있다. 또한, 운송과정에서 가시성(Visibility) 및 서비스 수준유지(Quality Guarantee)를 요구하고 있다. 화주의 복합물류서비스에 대한 요구는 운송분야에서는 복합운송(Intermodal Transport), 보관분야에서는 단순보관·장치에서 재고 및 수·발주 관리, 유통분야에서는 배송 및 대금결제에 이른다.

항공화물 업계는 전통적인 시장인 Courier 시장, Integrator 시장, General Cargo 시장의 의미가 퇴색되고 있다. 외국계 대형 포워더와 Integrator 사가 SCM 서비스를 표방하면서 국내시장으로 진입하고 있어 다수의 운송서비스 업체가 대형 SCM 물류업체의 협력 또는 하청업체가 될 가능성이 높다. 인터넷으로 인한 항공화물의 시장 변화는 개인 간 국제 상거래의 확대(인터넷 홈쇼핑), Courier 시장에서의 대상서비스 확대(상업서류 송달 시장은 축소되었으나 견본품 등의 서비스가 늘어남)가 두드러진다. 또한 전자상거래에서는 전통적인 대리점, 중개상 등의 입지가 약화되고 수요자와 공급자의 직거래에 대한 기회가 확대된다.

이와 같이 항공화물 시장은 중량, 종류 및 수요자에 의한 시장구분의 의미가 감소되고 있으며 전통적인 시장이 혼재하는 양상을 띠고 있다. 예를 들면, Integrator는 시장확대를 위해 일반항공화물(General Cargo)로 영역을 확대하며 Total Service Provider로서 기존의 항공사와 차별화를 시도하고 있다. 향후 항공화물 시장은 서비스 영역에 따라 Total Service Provider와 Simple Operator로 이분화를 예상하기도 한다.

화주의 항공화물에 대한 서비스 수요 변화로 운송업자, 개별계약에서 복합물류업자에 의한 일괄 계약을 선호하며 통관, 보관, 내륙 운송을 포함한 Door to Door Service를 선호하고 있다. 포워더는 글로벌화를 지향하며 신뢰도(Schedule

---

9) 전국경제인연합회(전게서), pp. 479~481.

[표 7-3] 항공화물 운송사에 따른 기능 및 핵심역량

구 분	기 능	핵심역량	Carrier
Simple Operator	Airport to Airport의 운송역할만 수행	가격	Polar
Cargo Airline	포워더와 공동으로 전통적인 방식의 항공화물영업	시장 Network	KE, CX, JL, SQ 등
Total Logistics Provider	포워더와의 계열화에 의해 Integrator와 유사한 SVC 지향	Door to Door Logistics	LH-Danzas/AEI

Guarantee, Real Time Information service)를 최우선시하고 있다. 항공사의 경우 상품 및 서비스별 가격차별화를 추구하며 항공사간 제휴(Alliance)를 통한 수평적 네트워크의 확장을 시도하며 수직적으로는 특정 포워더와의 파트너십으로 계열화도 추구하고 있다.

항공화물 업계에서는 정보시스템 구축 방향을 크게 3가지 방향으로 추진하고 있다. 첫째, 자사의 기간 시스템의 재개발을 시도하고 있다. 둘째, 자사의 웹사이트를 이용하여 예약접수, 화물의 위치 및 상태(Status)정보제공을 통한 개선을 추구하고 있다. 셋째로 Air Cargo Portal을 이용하여 유통채널을 확대하고 있다. 일반

[그림 7-7] 항공화물 분야에서의 e-Business

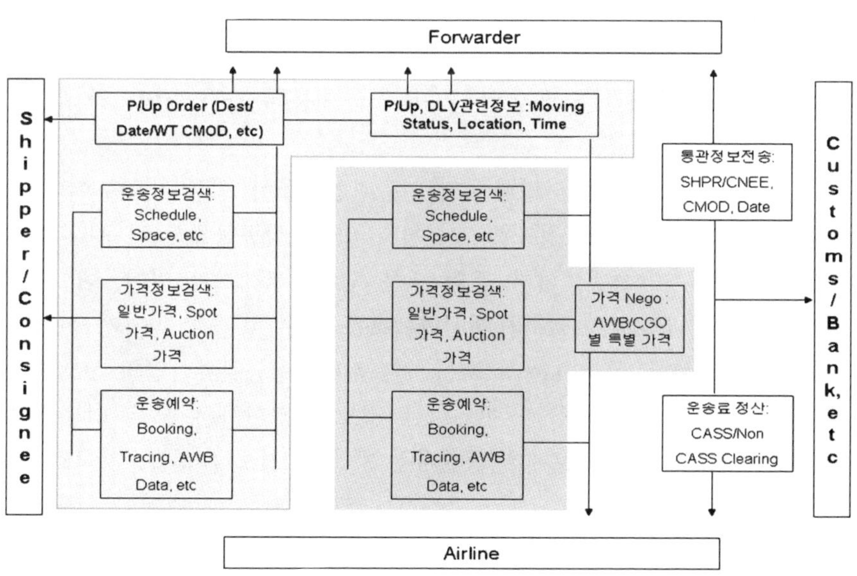

[표 7-4] 항공물류정보시스템의 SCM에서의 역할

구 분	SCM에서의 역할
화 주	• 공급사슬의 최초 정보제공자로서 신용장, 기적예약(Shipping Request), 수출승인, 수출검사, 국내 수송에 관한 업무를 처리
포워더	• 화주의 업무를 대신하여 화물의 수송/반입정보, 타소장치신고, 기적통지 등을 처리
Consolidator	• 개별 포워더들의 화물을 혼재, 수출입화물에 대한 기적예약(Booking)
항공사	• 항공스케쥴 정보, 차량운송정보, 화물정보, 반입반출정보, 기적정보, 항공기 이륙정보, 적하목록, Load Mater, Unit Load 정보 등을 처리
운송사	• 운송, 보세운송 등을 처리
화물터미널	• 반입/반출 정보 처리
관세청	• 세관에서는 주로 화물에 관련된 문서를 처리하는데 수출물품 선적, 적하목록, 기적허가, 보세운송, 관세환급, 입출항신고, 승무원 명부, 기내용품, 위험물관리, 타소장치장관리 등의 업무를 EDI로 처리
기타 공공기관	• 검역소·동식물검역 등

적으로 포워더와 항공사를 Web으로 연계하여 예약, 추적, 정산업무 등을 제공한다.

루프트한자 카고의 경우 사용자 및 물량 특성에 따라 여러 가지 채널을 이용한다. Traxon을 이용하여 사용고객에 대한 예약 및 Tracing 기능을 제공하고 Internet을 이용해 유럽 내 당일 상품 판매와 비상용고객의 예약 및 Tracing Channel 기능을 제공한다. EDI를 이용해 LH Business Partnership Program에 가입하여 Global Forwarder(11개사)와의 Host-to-Host 연계하고 있으며, 여타 포워더와의 차별화된 서비스를 제공한다. GF-X를 이용해 가격 탄력적인 수용에 대한 판매채널을 제공한다.

항공물류산업은 화주와 다양한 수출입관련업체들이 화물의 이동에 따라 관련 VAN-EDI 시스템을 통해 정보를 교환하고 있다. 항공물류산업 내부에는 수출계약, 기적예약, 운송, 보관, 하역 등의 많은 업무프로세스가 있어, 어느 개별적인 수출입관련업체나 기관 내부의 개선만으로는 높은 효율을 얻기가 어렵다. 따라서 전체적인 업무를 고려하는 SCM이 필요하다. 항공물류산업의 SCM을 통해 수출입과정에서 발생하는 화물의 이동이나 정보를 교환하는 모든 업무주체들의 활동을 공급사슬로 관리함으로써 항공물류산업 전체 정보나 화물, 자금흐름을 향상시킬 수 있다.[10)]

10) 정태원·박영태·김근섭(2005), "항공물류정보 통합데이터베이스 구축에 관한 연구," 국제상학, p. 77.

2. 통관 및 공항관리[11)]

항공부문의 서비스 이용주체는 수출입화물을 주로 취급하는 관계로 다양하다. 관세청, 법무부, 검역소, 공항공사 등의 관계기관과 항공사, 보세운송업체, 복합운송업체, 관세사 등으로 구성된 항공화물 운송 및 주선업체 및 항공화물터미널, 보세창고 등 항공화물 운송 관련 물류시설, 그리고 화주가 있다.

(1) 수출화물의 단계별 업무처리

우선, 운송의뢰, 항공편 예약, 통관 등을 살펴보면, 화주는 물류정보망을 통해 전자문서교환 방식으로 포워더에게 운송의뢰 신청을 한다. 화주로부터 운송의뢰가 접수되면 포워더는 항공편을 예약하는데, TRAXON과 같은 CCS(Cargo Community System) 또는 항공사의 홈페이지, 전화, FAX를 이용하여 스케줄 조회를 하고 화물 운송에 적합한 항공편을 선택하여 예약을 한다. 포워더 또는 관세사는 화주로부터 인계받은 수출서류를 EDI방식에 의해 세관에 송부한다. 접수된 수출서류를 근거로 세관에서는 수출신고수리내역을 EDI 방식으로 포워더 또는 관세사에게 송부함으로써 수출통관이 이루어지고, 수출신고 수리내역을 해당 은행으로 EDI 방식으로 포워더 또는 관세사에게 송부함으로써 수출통관이 이루어지고, 수출신고수리내역을 해당 은행으로 EDI 방식으로 송부한다. 해당 화물을 화주로부터 Pick-up하여 항공사로부터 사전에 받은 항공화물 운송장(Air Waybill)에 세부운송 내역을 작성하고, 예약된 항공편의 해당 화물터미널에 화물을 인계하게 된다. 서류통관이 완료된 후, 화물인계, 출항신고 및 적하목록제출 등이 이루어진다. 포워더는 해당 화물을 예약된 항공편의 해당 항공화물터미널에 수량, 중량 확인 및 보안검색을 거쳐 화물을 인계하게 된다. 포워더는 탑재항공편 출항 전에 하우스적하목록(House Manifest) 내역을 MFCS(적하목록취합시스템)에 EDI방식으로 송신한다. 항공사는 예약항공편의 작업지시서(Work Order)를 조업사에 통보하고 적재작업 완료 후 조업사가 이 결과를 터미널관리 시스템에 입력하며, 항공사는 출항신고서 및 화물에 대한 적하목록(Mainfest)을 작성하여 이를 EDI 방식에 따라 세관에 신고하여 출항신고를 한다. 출항신고를 접수한 세관은 이에 대한 신고수리를 EDI 방식에 의해 항공사에 통보하고 항공사에서는 이를 수신받아 출항을

11) 전국경제인연합회(전게서), pp. 482～484.

[그림 7-8] 항공화물 수출 통관 흐름도

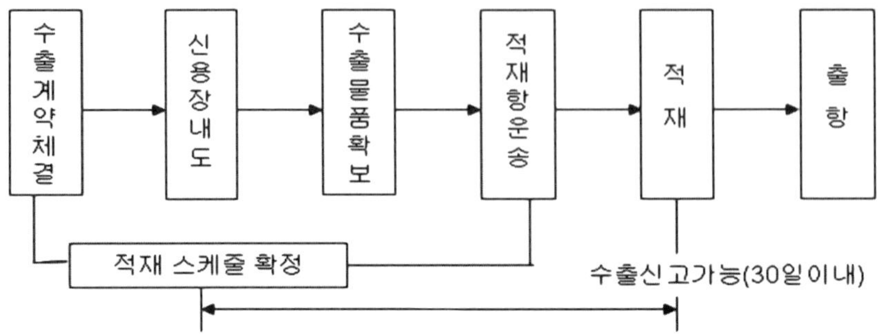

확인한다. 수출신고가 수리된 물품은 수출신고수리일로부터 30일 이내에 우리나라와 외국 간을 왕래하는 운송수단에 적재하여야 하며, 수출신고가 수리되었더라도 적재되지 않는 물품은 수출로 인정받을 수 없게 된다. 항공사로부터 제출된 적하목록을 관리하는 세관의 수출화물 EDI 시스템과 수출 통관 시스템을 연계하여 수출물품의 적재사실이 확인된 경우 수출화주에게 관세 환급을 하게 된다.

(2) 수입화물의 단계별 업무처리

우선 입항 전 적하목록 취합이 이루어지는데 포워더는 출발지의 파트너 포워더로부터 하우스적하목록(House Mainfest)을 전자메일 또는 FAX로 접수하여 MFCS(적하목록취합 시스템)에 해당 화물정보 EDI 방식으로 송신한다.

다음으로 입항보고 및 화물하기가 이루어지는데 항공기가 도착하면 항공사는 입항보고서(G/D)와 적하목록(Mainfes), 기용품 목록, 탑승자명단을 EDI 방식에 의해 세관 및 관련기관에 송부하여 입항신고를 한다. 세관에서는 수신된 정보를 바탕으로 작성된 입항내역 DB를 갱신한다. 항공사에서는 도착화물 중 특수화물에 대해 입항보고서(G/D)와 적하목록(Mainfest)을 관련 기관에 송부함으로써 특수화물에 대한 신고를 한다. 이어서 검사 대상화물 지정 및 분류를 시작하게 되는데, 세관에서는 EDI로 접수된 적하목록 정보를 근거로 하여 분류마감 작업을 수행하고 분류된 내역을 DB로 관리한다. 항공사, 조업사 및 해당 보세운송업자는 세관의 분류내역 DB를 조회하여 분류 작업 지시서를 출력하고 해당 화물의 분류작업을 수행하고 분류된 내역을 DB로 관리한다. 항공사, 조업사 및 해당 보세운송업자는 세관의 분류내역 DB를 조회하여 해당화물의 도착 여부 및 화물운임 등을 확인한다. 마지막으로 통관단계가 있는데, 화주를 대신해 관세사가 수입신고서를 작성하여 EDI 방식으로 송신한다. 접수된 수입신고서를 세관에서 심사 후 수리함으로써 통관이 완료되며 EDI 통관내역은 해당 장치장에 자동으로 송신되고 장치장에서는 출고준비를 한다. 화주는 창고보관료를 납부한 후 화물출고요청을 하게 되며 화물출고 요청을 받은 해당 장치장은 세관으로부터 EDI로 접수된 통관내역을 확인하고 확인결과 이상이 없으면 장치장은 세관에 반출신고를 EDI로 송신하고 세관으로부터 신고수리내역에 따라 화주에게 화물을 출고한다.

3. 항공물류정보시스템(AIRCIS)의 구축[12)]

(1) 추진배경

건설교통부는 항공물류 국제 경쟁력 강화를 위하여 One-Site, One-Stop 개념의 항공물류정보시스템(AIRCIS, Air Cargo Information System)의 구축을 완료하고 2007년 7월 1일부터 운영에 들어갔다.

현재, 동북아지역은 세계물동량의 34% 이상을 점유하고 있으며 물류전략의 요충지로 급부상하고, 국가 및 기업 간 치열한 물류경쟁이 심해지고 있다. 또한, 글로벌 물류 기업들이 동북아 시장을 타깃으로 진출하고, 한·중·일 각국은 동북아물류 허브를 선점하기 위해 공격적인 투자정책과 함께 물류정보화에 박차를 가하고 있다. 특히, 정보통신산업의 급성장과 함께 물동량이 증가한 항공물류 분야는 경쟁이 더욱 치열해 지고 있으며 신속하고 정확한 물류 서비스를 바라는 고객의 니즈가 더욱 확대되고 있다.

물류기업 수요조사결과, 항공물류에 대한 물류정보를 가시화하고, 항공화물 위치를 실시간 추적할 수 있으며 여러 항공사의 화물예약을 단일 창에서 진행하고, 물류업무 처리시간과 비용을 최소화할 것을 요구하고 있다. 현재, 항공물류 업무는 수작업으로 처리하는 것이 많아 시간 및 비용이 많이 소요되고(분산된 물류정보 수집 어려움, 팩스/우편 및 서류로 대부분 업무를 처리함), 물류정보과 개별 주체별로 관리하고 있어 정보수집이 번거롭다(터미널에 반입되었는지, 비행기에 정상적으로 실렸는지 등).

12) 건설교통부(2007), 항공물류정보시스템(AIRCIS)구축.

2003년 8월 정부의 전자정부 31대 추진과제로 "국가물류종합정보서비스 구축"을 선정하였고, 2005년 8월에서 2006년 6월까지 항공물류정보시스템 구축 정보화 전략계획(ISP)이 수립되었으며, 2006년 8월에서 2007년 6월에 이르기까지 항공물류정보시스템의 구축 및 시범운영되었으며, 2007년 7월에는 항공물류정보시스템이 공식적으로 오픈되었다.

(2) 항공물류정보시스템의 주요 기능

항공물류정보시스템은 주로 화물정보, 협업지원, 포탈 등 3개 시스템으로 구성되었다.

실시간 화물추적 및 물류정보 수집을 위하여 여러 기관의 시스템에 접속해야 하므로 많은 시간과 비용이 소요되고 이용에 불편함이 있어, 이러한 문제점을 해소하기 위하여 항공물류주체들이 설치하여 운영중인 정보시스템을 상호 연계하여 항공물류의 모든 것을 한눈에 볼 수 있는 단일 사이트(Single Window)를 구축하게 되어 있다.

AIRCIS가 구축, 운영됨으로써 항공물류정보 서비스 혁신을 통해 항공 물류 경쟁력을 강화하는 한편, 항공사·조업사·포워더(복합운송주선업체)·운송사 등 물

[그림 7-9] 항공물류정보시스템

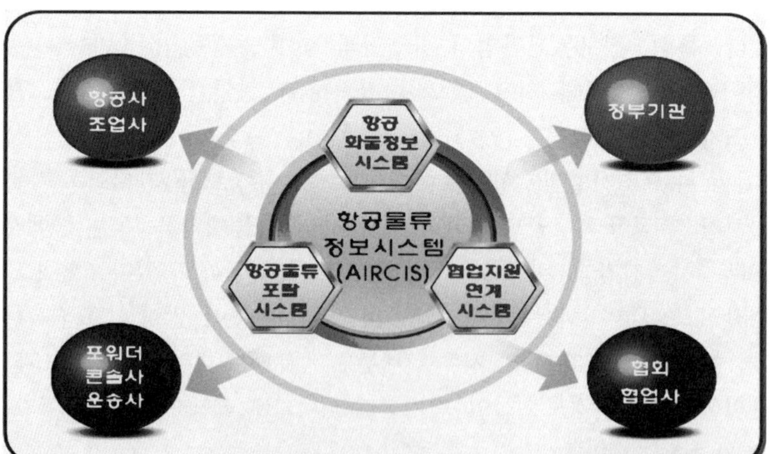

자료: 건설교통부, 항공물류정보시스템(AIRCIS)구축, 2007. 7.

[표 7-5] 항공물류정보시스템의 구성

구 분	주 요 내 용	대 상
항공화물 정보 시스템	• 화물예약 & 추적관리 • 화물분류 정보관리 • 입·출항 정보관리 • 온라인 전자결제 • 화물운송장 번호 발행 & 정보관리	대리점, 포워더, 화주
협업지원 연계 시스템	• 포워더 시스템 연계 • 적하목록 & 미국 세관신고 전송모듈 • 전자인증 & 결제연동 • 차량 위치추적 연동서비스	대리점, 포워더, 운송사
항공물류 정보포탈 시스템	• 통합정보 검색 기능 • 일반물류관련 정책, 제도, 서식, 기업, 코드, 뉴스 정보 • 항공물류 관련 정보	화주, 일반인

류주체 간 울타리를 제거하여 그동안 단절되었던 항공물류정보를 공유·교환하는 협업의 장을 제공하고, 단일 창에서 화물예약·추적, 화물창고보관료 온라인 결제, 항공운송장 관리 등을 신속·정확하게 처리함으로써 2010년 이후는 연간 100억 원 이상의 물류비가 절감될 것이다.

이번 시스템은 물류기업의 연계확대 등 서비스 영역의 다각화 및 활성화 등 고도화를 지속적으로 추진해, 2012년까지 항공화물의 전 구간 위치추적(Door-to-Door)서비스를 제공하고, 해외 CCS(Cargo Community System) 정보망과도 연계하여 명실상부한 Global 물류정보체계를 구축할 계획이다. 이 시스템은 인천국제공항공사가 맡아 운영하게 되며, AIRCIS를 브랜드화하고 세계적인 정보시스템으로 발전시켜 세계시장에 진출하는 방안도 강구중이다. 항공물류정보 시스템의 주요 서비스 내용은 다음과 같다.

- 항공기 운항 스케줄 및 출·도착 현황 서비스
- 단일창에서 여러 항공사의 화물예약 및 추적
- 화물의 창고보관료를 온라인으로 결제
- 항공대리점의 운송장(Master AWB)정보를 실시간으로 항공사에 제공
- 물류기업별로 화물예약, 추적, 통계관리 등 업무환경 제공
- 항공물류 뉴스, 시장동향, 법제도 등 정보포탈 서비스

2007년도 2월에는 국토해양부가 추진한 항공물류 정보시스템(KACIS)이 완성되었으며, 현재 개선 및 보완중이다.

4. 수출입 전자통관시스템(UNI-PASS)[13]

인터넷 정보기술이 점차 발전하고 개인별 맞춤 서비스의 요구가 날로 증대하며 보안/사용자 인증기술이 급성장하고 있다. 이에 따라, 관세행정의 경쟁력을 강화하고, 사이버 세관의 기반을 수립하며, VAN 사용에 따른 비용부담 문제나, 인터넷 사용자의 급증 문제의 대책안을 강구하여야 한다. 수출입 전자통관 시스템(UNI-PASS)의 구축은 통합된 전산 환경, 정보연계 및 공유, 사용자의 편의성 도모, 유지보수 및 운용의 용이성 등 면에서 보다 큰 역할을 하고 있다.

[그림 7-10] 수출입 전자통관시스템

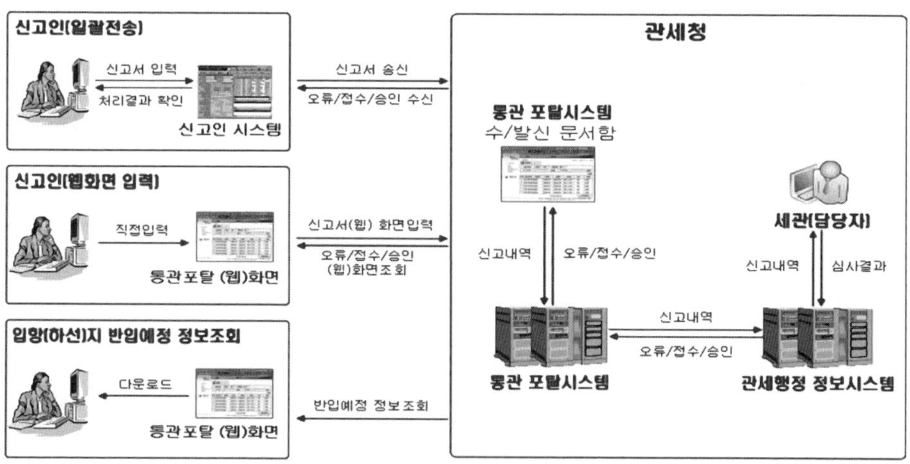

13) 관세청, 인터넷 화물관리 시스템 사용자 설명회, 2007년 11월.

제 3 절 위험물운송시스템

차량의 안전과 관련하여 위험화물운송의 중요도가 높아져가고 있다. 위험화물은 사고시 화재, 폭발, 유출 등의 관리도 중요하나 최근 테러의 대상이 되어 탈취하여 사용할 경우에 대한 대비도 필요하다. 차량의 위험도와 관련하여 운전자, 차량, 화물, 수송경로를 들 수 있다. 운전자는 신분증 확인, 운전시 경고/경보, 안전운전 수행 등이 대상이다. 차량의 경우 점검상태, 안전장치와 화물의 경우 보안/검색, 잠금장치가 대상이고 수송경로는 출발 전 도로 지정 및 운행실태 파악, 우회도로 등이 그 내용이다. 국경통과에 관련해서는 차량의 O/D, 운전자 ID, 화물적하목록, 잠금개폐 여부 등이 관리 대상이다. 세부적으로는 트랙터, 트레일러, 컨테이너에 대한 텔레메틱스 적용 여부, 인식기술, 생체인식기술 등이 ITS와 직접 관련되는 사항이다.

Battelle과 Qualcomm 사에서 위험물운송과 관련한 연구 및 기술개발을 진행 중에 있다. 기술적 요구사항은 운전자와의 통신(Driver Communications), 운전자 신분 확인(Driver Verification), 운전자 안전(Driver Security), 화물 보안/안전(Cargo Security)이다.

PSRC(Public Sector Reporting Center-공공부문 신고센터)에서는 공급경로전자문서(Electronic Supply Chain Manifest), 온라인 등록(On-line Register), 기관/개인 맞춤서비스(Customized at organization and personal levels)를 제공하고 있다.

ISO/TC204 DIS 17687에서는 해상 및 육상에서의 위험화물운송에 대한 표준을 다루고 있다. 대상서비스를 일반기능과 응급상황에서의 기능을 바탕으로 나눌 때 전자운송 및 위험물 적재차량 상태에 관한 정보수집, 위험물 적재상태에 대한 실시간 정보수집, 응급대응기관에의 조치, 내장형센서로부터 자료 수집 등 네가지 서비스로 나눈다.

시스템에 대한 전반적인 개념은 다양한 기관들과 위험물 정보 이용자들 간의 통신관계 내에서 존재하는 "데이터 사전 및 메시지 집합"에 적용된다. 내장(On-Board) 시스템은 운송수단(Transport Means)과 적재(Loads)로 나누어 운송단위를 구분한다. "운송단위(transport unit)"라는 용어는 위험화물에 대한 보관, 저장 시스템을 포함하여 모든 운송수단을 나타내고, 운송수단은 트럭, 트랙터, 트레일

[표 7-6] 위험화물 제어시 일반/응급 상황에 따른 제공 서비스의 분류

서 비 스	응급기능	일반기능	비 고
전자운송 및 위험물 적재차량 상태에 관한 정보수집	필 수	필 수	화물의 관리 및 운송 (다단계의 화물운송)
위험물적재상태에 관한 실시간 정보수집	필 수	선 택	응급상태에서는 자동 또는 사고가 발생하는 즉시 정보제공이 가능해야 함. 비응급상태에서는 선택사항임.
응급대응기관에 연락	필 수	선 택	응급상태에서는 응급대처기관에 자동으로 연락이 가능해야 함.
내장형센서로부터 자료 수집 및 처리	필 수	필 수	위험물 적재상태를 관리

러, 철도, 선박 등을 포함한다. 복합운송차량(Combination vehicles)은 트랙터, 트레일러, 컨테이너에 대한 개별통제 및 기록체계 등을 가지게 된다. 보관 및 저장 시스템은 파렛트 뿐만 아니라 다수단 컨테이너, 개별 포장까지 포함할 수 있다. [그림 7-11]은 가능한 운송단위의 범주를 보여주며, 운송단위를 운송되는 적재화물과 운송수단 자체의 2 가지로 분류한다.

내장(on-board) 운송단위 시스템 및 기능에는 다양한 옵션들이 있다. 차량은 다양한 형태의 운행기록계, 차량추적시스템, 전자 속도계(tachograph) 등을 갖추게 되며, 이러한 장치들은 차량의 위치, 사고의 정도를 포함하여 사고발생에 관하여 기록하는 데 이용되고, 기본 내장(on-board) 시스템은 단지 화물이 적재될 때 들어오는 정보를 포함하는 데이터 메모리만으로 구성된다. 그러나 장래 더 복잡한 시스템 상에서는 적재화물에 따른 온도, 압력, 부피, 무게 등을 감지하는 고성능의 화물관리시스템을 포함하게 될 것이다.

일단 노변시스템에 의해서 메시지가 수신되면, 적당한 관리/반응 센터에 전송이 된다. 비응급 상황에서, 이것은 응급상황에 대해 지방경찰서나 소방서 또는 기타 관리센터 등으로 화물운송을 배치해 주는 역할을 하며, 그러한 통신기능은 표준의 범위를 벗어난 것이나, 사용되는 데이터 사전/메시지 집합들이 이 기준에 의해 지정되어지는 것이다. 센터들 간에도 자료를 주고받을 필요가 있으며, 사고관련 데이터뿐만 아니라 상차 전 데이터도 포함되는데, 예를 들어, 운송회사는 운행 전에 정부기관에 허가를 받고 요금을 지불해야 하며, 사고가 발생한 후에는 적당한 조사기관에 해당자료를 송부해야 한다.

[그림 7-11] 가능한 형태의 여러 가지 운송단위

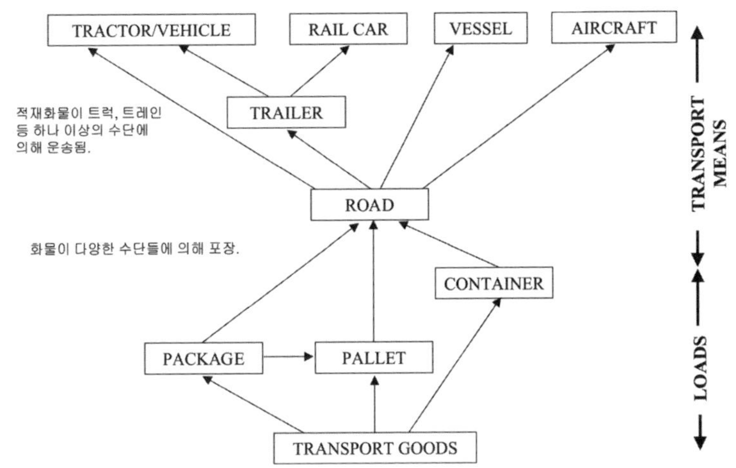

[그림 7-12] 위험화물운송 정보 흐름도

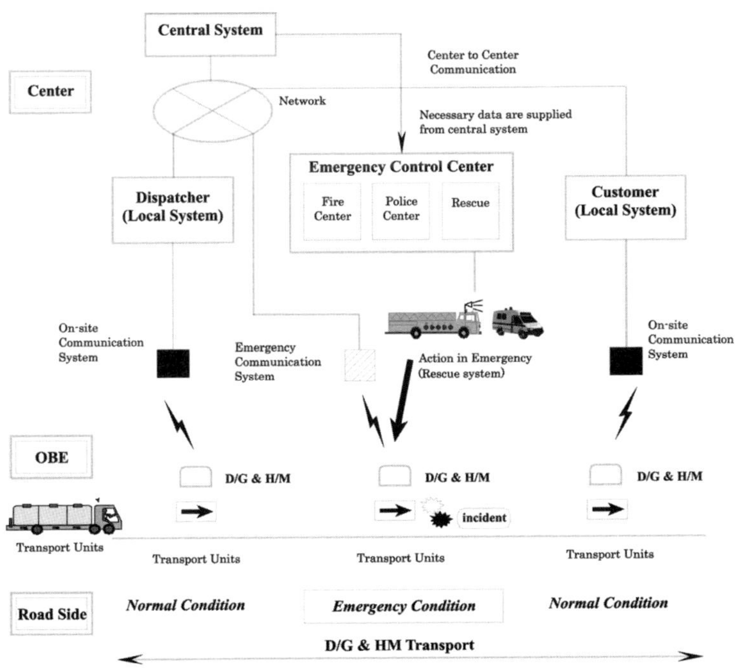

제 8 장

해운항만 물류정보시스템의 전망과 표준화

제 1 절 물류정보시스템의 동향 및 전망

1. 물류 보안

9.11 테러 이후 미국을 중심으로 국제물류 보안이 강화되고 컨테이너 화물 내용의 24시간 사전신고 룰, CSI(Container Security Initiative: 미국 세관직원이 대미 수출이 많은 주요 항에 상주하여 하이리스크 컨테이너를 특정하여 적용), C-TPAT (Customs-Trade Partnership Against Terrorism: 사업자가 보안 프로그램을 책정하고 미국 관세당국의 승인을 받으면 신속하게 통관할 수 있는 이점이 있음) 등이 실시되고 있다.

물류보안경영 시스템 인증제도로서 KSVISO28000는 공급사슬 보안경영 시스템 규격이다. 이는 공급사슬에 연계된 모든 조직 즉, 제조업자, 창고보관업자, 운송업자, 서비스업자 등에 적용되며, 소규모 업자에서 대규모 다국적 기업까지 모든 규모의 조직에 적용된다.

국제수준의 물류보안체계를 신속히 구축할 경우 우리나라의 물류거점화를 촉진할 수 있는 계기를 마련하게 되며, 물류보안 참여업체의 신뢰성 확보로 국내

항만 환적 물동량 증가에 기여할 수 있게 된다. 또한 ISO 28000 인증기업은 통관절차 간소화 및 대기시간 단축에 따른 물류비용 절감을 기대할 수 있다.

[그림 8-1] KS V ISO28000의 적용범위

자료: 고현정(2008), 『KS V ISO 28000』, 물류보안경영인증제도 공청회 자료, p. 8.

[그림 8-2] 물류보안 규격 범위

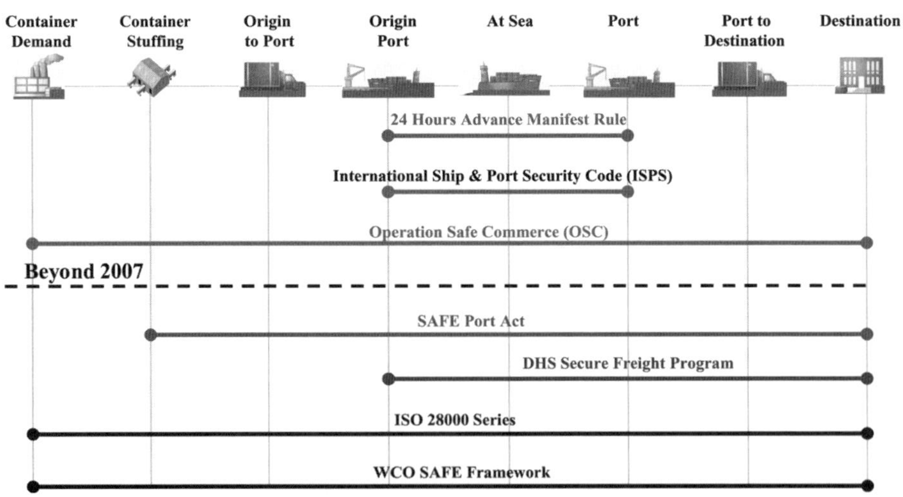

자료: 이재욱(2008), 『ISO 28000의 국제적 위상』, 물류보안경영인증제도 공청회 자료, p. 13.

항만출입 보안시스템 구축 기술은 항만보안을 위한 출입보안시스템으로서 출입상황을 실시간으로 확인 및 통제하며, 정부 보안위원회의 보안등급을 적용할 수 있는 시스템 구축기술이다. 항만보안 출입시스템은 각 지방 항만공사 및 각 지방해양수산청에서 관할 항만에 대한 출입 보안체계를 확립하며, 해양수산부 산하 항만 보안 담당기관에서는 각 지방항만에 대한 출입보안 현황에 대한 종합적인 정보를 관리 및 통제한다. 그리고 해양수산부와 국가정보원의 항만출입 보안 현황에 대한 연계체제를 확립하여 국가비상사태 시 항만출입통제 및 ISPS Code를 실시간으로 적용한다. 이 구축기술은 차량출입관리와 인원출입관리로 구분되는데, 차량출입관리 시스템은 항만시설에 출입하는 모든 차량의 출입내역 작성 기능, 인가되지 않은 차량 진입 시 경비초소 내 스피커 경보음 발생 기능, 예약차량에 대한 사전정보 예약 기능, 임시 출입차량에 대한 출입증 발급 및 경비초소 즉각 대응 기능, 원거리인식 방식으로 차량의 정보확인 시간 절감 기능 등이 있다. 인원출입관리 시스템은 중앙통제가 가능한 DB Server와 Data 연동 기능, 비인가 출입자 접근 시 경고음 발생 기능(분실카드 사용 시 포함), 경비초소에 설치된 단말기를 통해 출입자 신원 조회 기능, 방문 예약 인원의 사전정보 입력 기능(웹 또는 인트라넷 사용), 임시출입자 이용 기능 등이 있다.

동 기술의 효과로는 항만시설의 네트워크 연결을 통한 보안상황에 따른 실시간출입 확인 및 통제가 가능하며, RFID 기술을 이용한 출입정보 자동인식 및 경보장치와 차량차단기를 통한 효율적인 출입 통제가 가능하다. 또한, 항만시설 출입 인원 및 차량에 대한 실시간 모니터링이 가능하다.

각국의 항만에서는 오래전부터 보안업무를 수행하고 있으나 대부분 경비근무자의 신분증 확인절차에 의해 이루어지고 있다. 최근 일부 항만에서는 출입증을 바코드나 RFID Tag를 이용하여 발행, 출입통제에 자동화기술을 적용하고 있지만 항만 전체 보안에 대해서는 여전히 미흡한 실정이다. 다음은 일부 항만에서 적용하고 있는 출입보안시스템 현황이다.[1)]

---

1) 최상희 · 심기섭 · 김우선 · 하태영(2007), pp. 111~112.

[표 8-1] 항만출입 보안시스템 이용 현황

구	분	코 베 항	히비키항	평 택 항
차량	운전자별 등록 현황	운송회사에서만 등록	키타큐슈 항만국에 운전자/트럭 등록	지방청 서버에 운전자/트럭 등록
	운전자 카드소지 여부	휴대폰의 바코드 이용 항만 출입(개인신분 증명 서류 없음)	운전자 등록카드 발급(사진부착)/차량등록증 발급(차량등록증은 운행 차량에 부착)	운전자에게 RFID Reader기에 의해 운전자/차량 판독
	인상착의 확인 여부	게이트 운영자의 숙지에 의한 확인	차량번호판과 등록번호 불일치 시 운전자 ID 카드 확인	사전 지방청에 신고, 사진 확인이 가능한 ID카드 발급
사람	사전 등록 여부	등록절차 없음.	사전 항만국에 신고, 사진확인이 가능한 ID 카드 발급	각 항만에서 임시출입증(ID 카드) 발급
	그 외 출입 절차	경비실에서 이름/전화번호 기재	경비실에서 이름/전화번호 기재	RFID 장비 및 차량통행 차단기
장비	카메라 이용	6대 감시카메라 설치	6대 감시카메라 및 펜스에 센서 설치, 외부인 펜스 접촉 시 카메라 자동 추적 회전방식 카메라임.	

전자봉인 자동인식 확인 기술은 능동형 전자식별 RFID 장치로서 컨테이너가 비정상적인 형태로 개폐됨을 감지하거나 비정상적인 개폐의 시도를 감지하여 주변의 리더에게 알리고 그 이력을 유지하는 기술이다. 그 효과로는 전자봉인 자동인식을 이용, 조기 경보를 통한 분실 및 도난 방지와 화물보안기능 강화로 통관의 효율성을 증대시킬 수 있다. 이에 대한 적용은 미국에서 SST(Smart and Secure Tradelanes) 프로젝트에 의해 2002년 7월부터 2003년 6월까지 외국(홍콩, 로테르담, 싱가포르)에서 미국 항만(시애틀-타코마)으로 들어오는 818개의 컨테이너에 대해 시범 적용한 바 있다.

국제표준화기구(ISO)는 컨테이너 전자봉인장치(e-Seal)에 대한 국제표준으로 RFID의 주파수를 433Mhz와 2.45Ghz를 모두 지원하는 듀얼밴드로 채택했다. 현재 듀얼밴드와 관련된 전자봉인장치는 사비네트워크사와 GE사가 양분하고 있어 향후 전자봉인 자동인식 확인 기술 개발에도 이 두 회사에 로열티를 내야 하는 부담이 발생하게 되었다. 또한, 듀얼밴드가 표준이 됨에 따라 미국의 항만보안법에 규정되어 있는 컨테이너보안장치(CSD)[2]와 크게 달라 향후 사용에 따른 혼란

[표 8-2] 2015년까지의 보안 분야 시장성장률 전망

지 역	2005년도		2010년도		2015년도	
	억달러	%	억달러	%	억달러	%
중 동	46	10	98	9	152	9
유 럽	81	17	215	20	396	22
호주, 일본, 환태평양	51	11	109	10	163	9
중국, 인도	17	4	69	6	168	9
캐나다, 멕시코	7	2	18	2	33	2
미 국	239	52	497	47	748	42
기 타	22	5	62	6	124	7
총 계	464	100	1,068	100	1,783	100

자료: 최재선 · 목진용 · 황진회 · 고현정 · 김민수(2007), 『국가 물류보안체제 확립방안 연구(Ⅱ)』, 한국해양수산개발원, p. 84.

이 일어날 가능성도 있다.[3)]

전 세계적인 물류보안산업 관련 시장 규모는 2005년 기준으로 약 464억 달러정도로 추산되고 있다. 지역별로는 미국 시장이 239억 달러로 세계시장의 약 52%를 차지하고 있으며, 유럽이 81억 달러, 호주를 포함한 일본, 한국 등 환태평양 지역이 51억 달러, 중동 지역이 46억 달러, 중국과 인도가 17억 달러, 캐나다 및 멕시코 지역이 7억 달러이며, 나머지 지역이 22억 달러 정도로 추산되고 있다.[4)]

전망을 살펴보면, 2005년도에 비해 2015년 예측치에서는 미국이 상대적으로 비중이 낮아졌으며, 유럽 및 중국이 높아졌음을 알 수 있다.

한국해양수산개발원에서는 물류보안과 관련하여 기존 제도를 보완하고, 업계의 요구 사항 등을 토대로 다음과 같은 로드맵을 작성하였다.

---

2) 기본적으로 ISO의 컨테이너 전자봉인장치는 컨테이너 뒤쪽 외부에 부착하고 있는데, 미국의 CSD는 컨테이너 내부에 붙이는 것으로 되어 있다.

3) 최상희 · 심기섭 · 김우선 · 하태영(전게서), pp. 113～114.

4) 최재선 · 목진용 · 황진회 · 고현정 · 김민수(2007), 『국가 물류보안체제 확립방안 연구(Ⅱ)』, 한국해양수산개발원, pp. 83~84.

[표 8-3] 정책 제언 사항 추진 로드맵

정책 제언 사항	추진 시기			추진 방법
	2008년까지	2010년까지	2012년까지	
1. 국가물류보안계획수립 · 시행	○			관련 부처 법정계획으로 추진
2. 물류보안 관련 법률 제 · 개정		○		관련 부처의 신법제정
3. 물류보안인증제도 도입 · 시행	○			관세청 · 국토해양부 등이 기준 제정 후 사업 시행
4. 완벽한 물류보안시스템 구축		○		항만부터 시스템 구축 후 전 물류구간으로 확대
5. 물류보안산업의 육성 · 지원	○	○	○	가능한 사업부터 단계적으로 추진
6. 국가경쟁력에 물류보안 활용		○		제시한 국가 물류보안계획에 반영하여 추진
7. 물류보안연구센터 설립 · 운영	○			물류보안전문연구기관 조직으로 설립

자료: 해양수산개발원

2. 물류정보시스템 전망

2008년부터 각 각 항만의 게이트를 반출입하는 모든 차량에 RFID 태그가 부착되면서 항만을 기점으로 화물의 실시간 추적이 가능해졌다. 실시항만은 부산항의 12개 컨테이너전용터미널, 인천항 3개, 평택항 1개, 군산항 1개, 광양항 5개의 컨테이너전용터미널을 대상으로 u-Port를 구현했다. RFID 기반의 게이트 운영 시스템을 통해 게이트 통과 시간이 대당 10분에서 5분으로 단축되고 장치 및 선적 작업 확인을 통한 터미널 운영이 효율화됐다.

국토해양부는 이 시스템을 통해 프로세스 생산성 44% 향상, 항만 생산성 20% 향상, 연간 항만 매출액 840억원 증대 효과를 가져올 것으로 기대하고 있다. 차량과 컨테이너에 부착된 RFID 태그를 통해 화물의 터미널 반출입 여부와 항만 내 컨테이너의 위치를 볼 수 있게 됨과 동시에 SP-IDC, Port-MIS, Single Window, GICOMS 등의 화물 추적 유관시스템과의 연계로 GCTS 홈페이지를 통해 화물 관련 정보를 한꺼번에 볼 수 있게 됐다.

물류추적정보시스템 즉, GCTS 홈페이지(Http://www.gcts.go.kr: Global Container Traceability System)는 운영관리, 위치추적, 물류분석, 정보서비스 메뉴로 구

성돼 기본정보부터 성과 분석 정보까지 확인 가능하며 화물의 보안을 위해 자가 화물에 대하여만 정보가 제공된다. 또한 추후 차량 통계, 컨테이너 통계, 화물 통계 등의 통계리포트 작성이 가능해지고 실시간 장비 모니터링 및 선박 추적이 가능해질 예정이다.

그러나 아직은 항만이라는 물류거점의 일부에만 화물의 위치 정보 수집이 가능해 화물의 운송과정 전부를 확인할 수 없다. RFID 기반 컨테이너 추적 시스템은 1단계 부산항 시범사업, 2단계 인천/평택/군산/광양항의 확대, 3단계 내륙 물류거점으로의 확대로 이뤄졌으나 해수부 해체에 따라 3단계 추진은 불분명해진 상태이다. 전체 프로세스 내에서 화물 추적을 위해서는 항만 뿐 아니라 내륙 거점에서도 화물추적이 가능해져야 한다.

물류정보통신기술은 효율적인 물류관리를 위해서는 필수적인 것이며, 물류산업이 더욱 복잡해지고 글로벌하게 변화함에 따라 그 중요성은 더욱 증가할 것이다. 그리고 정보통신기술은 새로운 정보통신기술의 등장으로 인해 다양한 응용기술 및 시스템이 나타날 것이며, 또한 정보통신기술에 영향을 미치는 반도체기술, 나노기술, 바이오기술 등과의 융합을 통해 더욱 다양한 신기술이 연구 및 개발될 것이다. 물류정보통신기술 분야는 앞으로 다양한 응용기술이 연구 및 개발되겠지만, 물류산업의 발전방향을 미루어 보았을 때 앞으로 seamless 물류체계 구현, 신기술과의 융합 및 기술의 지능화, 협업지원기술의 고도화, 서비스의 개인화와 같이 크게 4 가지 방향으로 개발될 것이다.

단절 없는 물류체계 구현을 위해서는 물류정보의 통합, 실시간 정보교환, 물류거점 관리 등이 필요하다. 현재 이를 위한 다양한 응용 기술 및 시스템이 개발되고 있지만, 더욱 고도화된 기술이 개발될 것이다. 예를 들어, 실시간 정보수집과 교환을 위해 사용되고 있는 RFID/USN 기술은 그 적용영역이 더욱 확대될 것이며, 그 기능 또한 더욱 다양해질 것이다. Seamless 물류체계 구현을 통해서 화물 및 정보의 가시성은 더욱 높아질 것이며, 전체 물류 프로세스 차원에서의 물류관리가 더욱 효율적으로 수행될 것이다.

그리고 물류정보통신기술은 새롭게 나타나는 기술과 효율적으로 융합하여 발전할 것이며, 기존의 기술들은 더욱 지능화되어 고도화될 것이다. 현재 RFID/USN 등과 같은 유비쿼터스 컴퓨팅 기술이 이슈가 되면서 이 기술과의 융합을 통해서 더욱 다양한 기술이 연구 및 개발되고 있는데, 향후에는 새롭게 나타나는 정보통신

기술과 나노기술, 바이오기술 등과 융합되어 새롭게 창조되는 기술 또한 다양한 물류분야에서 기존 기술과 결합되어 새로운 모습으로 개발될 것이다. 또한 기존 기술의 고도화를 위해 다양한 인공지능 기법을 이용하여 지능화된 기술이 개발되고 있다. 단순히 사람의 업무활동을 자동화시킨 기술이나 시스템이 아니라, 사람을 대신하여 업무활동을 자동으로 수행하면서 의사결정, 평가, 정보교환 등을 스스로 수행할 수 있는 새로운 기술이 개발될 것이다. 일부에서는 에이전트 기술을 물류분야에 적용하기 위한 연구가 수행되고 있는데, 에이전트 기술은 사람을 대신하여 다양한 업무를 수행할 수 있는 지능화된 소프트웨어이다.

제 2 절 물류정보시스템 관련 표준화 현황

1. 바코드 분야

물류바코드 분야와 관련된 표준은 ISO/IEC JTC1/SC31(바코드 심벌-자동인식 및 데이터 수집기술)에서 제정된다. 주로 1차원 바코드 및 2차원 바코드 심벌, RF Tag 등 자동인식 및 데이터 수집을 위한 데이터 포맷, 어휘, 구조, 인코딩 및 기술에 관한 국제표준화를 진행한다. 현재까지 다양한 바코드가 개발되었지만 ISO 등 국제표준으로 채택된 규격은 일본의 QR Code 1종과 미국의 PDF 417, Data Matrix, Maxi Code 3종 등 총 4종의 규격이 제정되어 있다. 특히, 바코드 관련 업체의 국제표준 대응능력을 향상시켜 국제 표준에 적합한 바코드 기기 및 실용화 상품개발을 촉진시키기 위하여 대부분의 국제규격을 국내 KS 규격으로 제정하고 있다.

2. RFID 분야[5)]

RFID는 1970년대부터 실용화를 위한 기초기술의 연구개발이 시작되어 90년대 중반부터 각 응용 분야에 대해 국제표준화기구(ISO)에서 국제표준화 논의 및 본격적 실용화 기반 구축이 이루어지기 시작하였다. ISO/IEC JTC1/SC31 기술분

5) 박지영 · 이동욱(2007. 3), "U-기반 해운물류 체계구축을 위한 기반기술 연구 사업 사전타당성조사 보고서," KISTEP,

과에서는 RFID와 관련하여 실용 주파수별 무선 인터페이스, 데이터 포맷, 데이터 내용, 시험 방법 등에 대한 국제표준화를 추진중이다.

특허청이 1983년부터 2002년까지 20년 간의 한·미·일 RFID 관련 특허를 분석한 결과 전체 6,206건 중 일본이 3,217건(51.85), 미국 1,820건(29.3%), 한국 1,169건(18.85) 등으로 나타났다. 한국의 경우 1999년 124건에서 2000년 296건으로 출원 횟수가 급상승하는 등 RFID 분야에 많은 투자가 이루어지고 있다.

ISO 10374는 구체적으로 부호화 방식이나 RFID 태그를 판독하는 데이터 시퀀스로서 소유자 코드나 컨테이너 형식, 길이, 높이, 폭, 적재중량, 공적중량 등을 규정하고 있다. ISO 10374는 915MHz 대역과 2.45GHz 대역을 사용하는 RFID 시스템의 규격을 규정하고 있으며, 태그는 890~950MHz 대역 및 2.4-2.5GHz 대역에서 리더/라이터로부터의 신호에 응답해야 한다. 또한, 해상에서의 악천후에 견딜 수 있도록 완전방수나 내열, 내충돌, 진동구조, 전자환경 속에서도 동작하는 등의 물리적 특성도 배려한 규격이다. 통신특성으로서는 최대 13m 통신 역역 내를 태그가 130Km/h로 통과할 경우에도 올바른 판독이 가능해야 한다.

등록번호나 화물주 등이 기입된 해상 컨테이너용 RFID 태그를 해상운송용 컨테이너에 부착함으로써 항만이나 육상 수송중인 컨테이너의 위치나 적재물의 내용 등에 관한 정보를 실시간으로 취득할 수 있고, 수송효율의 향상에 도움을 줄 수 있다.

실시간 물류정보 제공 시스템 구축을 위해 해운물류 RTLS(Real Time Location System) 태그 및 리더기, 미들웨어 분야의 국제 표준화는 산업 중심의 INCITS와 국제 표준화 기구(ISO/IEC)에서 지속적으로 추진하고 있다. 국내에서는 산업자원부 기술표준원을 중심으로 국내 표준화 및 국제 표준안 제정을 전담하고 있다. 2006년 말에는 RTLS 국가표준(KS) 2종을 최초로 제정하였으며, ISO/IEC에서 제정된 국제 표준을 국내 표준으로 제정 진행중이다. RTLS 기초기술인 API, 인터페이스 프로토콜 위주의 표준화가 진행중이며, RTLS 응용 표준이 필요하다.

해운물류에 적합한 USN 기술, 센서퓨전기술, 창고입출입 관리기술, RFID 기술, ERP 기술과 관련된 표준화 현황과 관련하여서는 아래 [표 8-4]와 같다.

[표 8-4] USN 기반 창고물류 관리 시스템 관련 국제 표준화 현황

표준화 기구/조직	표준화 내용	비 고
ISO TC104/TC122 JWG(Joint Working Group)	– TC104: 화물 컨테이너 표준화 – TC122: 포장 관련 표준화 – ISO/IEC 15961: 2004, 응용 연계 데이터 프로토콜 – ISO/IEC 15962: 2004, 데이터 코딩, 메모리 동작 – ISO/IEC 15963: 2004, 무선 인식 태그의 고유 식별 – ISO 17363: 2006, 컨테이너용 공급망관리(SCM) 물류응용표준	
EPCglobal	– 물류/유통 분야에 상대적으로 유리한 860~ 960MHz 주파수 대역에 대한 태그 프로토콜을 규격화(Class 0, Class 1, Class 1 Gen2) – 태그의 저가격화를 위한 EPC 코드 체계 제안(64bits, 96bits, 256bits)	

U-기반 해운물류 안전·보안 시스템, U-기반 냉동/위험 화물 실시간 감시 기술, 컨테이너 전자 봉인 기술, 실시간 선박 위험화물 보안 감시 및 방제 기술과 관련된 표준화 현황을 살펴보면, 1999년 미국이 315MHz/433MHz/2.45GHz RF 방식의 전자 봉인 국제표준 ISO 18185를 처음으로 제안하였고, 9.11 테러 이후 미국 내 수출입 컨테이너 보안 강화를 위해서 미국 주도 하에 표준화가 진행되었으며 2007년부터 시행되었다. ISO TC104 SC4 WG2(국제표준화기구의 화물 컨테이너 기술위원회 산하 자동장치 인식 작업그룹)에서 전자 봉인 국제 표준화 작업을 진행중이다. ISO 18185 규격은 세부적으로 ISO 18185-1부터 ISO 18185-5까지 5 개의 파트로 구분되어 표준화가 진행중이다.

산업자원부(현 지식경제부) 기술표준원(ISO의 국가대표기구)은 전자 봉인 기술 위원회를 운영하고 있으며, 전자 봉인 기술의 실용화 인증체계 구축 방안을 수립 중이다. 한국전자통신연구원은 전자 봉인 표준화 활동에 참여하였으며 특히 ISO 18185-4 보안 규격에 적극 참여하였는데, ePP(eSeal Protection Protocol)라는 명칭으로 전자봉인 보안 프로토콜을 설계하고 이의 표준화를 추진하였으며, 해양 Active RFID는 1990년대 후반부터 RFID 국제 표준화 기구에서 지속적으로 추진하고 있다([부록 5] 참조).

국내에서는 산업자원부(현 지식경제부) 기술표준원(ISO의 국가대표기구), RFID 표준화 통합협의회(기술 관련 포럼/위원회) 및 정부 각처 등이 국내 표준화 및 국제 표준안 제정을 전담하고 있다. 해양수산부(현 국토해양부)는 RFID 산업화 협의회에 해운물류 RFID 관련 표준(안)을 제시하여 표준화 제정에 참여하고 있다.

[표 8-5] DSRC/CALM 관련 국제 표준화 현황

표준화 기구/조직	표준화 내용	비고
ISO TC204 WG16	– SWG16.0: CALM Architecture – SWG16.1: 무선통신방식 선정, 통신 프로토콜과 인터페이스 – SWG16.2: CALM Networking – SWG16.3: 교통정보수집, 차량의 보안 – SWG16.4: Application Manager – SWG16.5: 안전관련 사항 – SWG16.6: 차량 사고 발생 시 운전자의 상태 및 차량위치 전송	
ISO TC204 WG15	DSRC에 대한 국제 표준화 주도	
ERTICO	차량 내 단말 간의 개방형 표준 프로토콜 GTP 개발: 15개 대상의 응용수준 프로토콜 제공	유럽 연합 주체 ITS 구현 단체
OSGi-VEG	OSGi 플랫폼 R4	차량 장치 스펙
AMI-C	차량용 멀티미디어 및 인터페이스 표준 개발	자동차 업계 중심
IEEE 802.11p	CALM-M5에 대한 표준화 진행	

해양 DSRC/CLAM 관련 국제 표준화 현황은 1993년대 지능형교통체계(ITS) 분야의 기술위원회인 TC204를 설립하여 표준화 작업을 수행(ISO TC204 WG1-16의 16개 작업반 구성)하였다. WG 15 에서는 단거리 전용통신(DSRC)의 표준화 작업을 수행하고 WG 16 에서 2001년부터 여러 가지 무선통신 시스템의 조화로운 사용을 위한 중·장거리용 무선접속 규격인 CALM의 표준화 작업을 추진중이다.

해운물류 정보체계 및 표준화와 관련하여 국가 차원의 물류정보체계 구축은 있었으나, 국제적인 표준화로 이어지지 않았다. 향후, 국제적인 대규모 물류정보의 교류를 대비하여 상대국에 통합물류정보의 포맷 및 구축방식을 규정할 수 있는 표준화된 정보규약 및 프로토콜의 개발이 필요하다.

3. 생체인식 기술 분야

9.11 테러사건 이후 미국은 생체인식기술을 활용한 신분확인의 중요성을 인식과 함께 생체인식기술이 21세기 20대 유망기술로 부각되고 국가보안 및 세계 생체인식 시장선점을 위하여 표준화의 시급성이 급부상되면서 2002년 6월에 ISO/IEC JTC1 SC37 설립을 위한 투표가 진행되어 2002년 12월 미국 올랜도에서

[표 8-6] ISO/IEC JTC1 SC37(생체인식기술) 관련 WG

구 분	내 용	비 고
WG1	ISO 생체인식 관련 표준문서들에서 사용되는 용어 정의 및 표준화	용어표준
WG2	시스템 간 교환되는 생체데이터들 간의 상호작용과 인터페이스에 대한 연구 및 표준화	생체인식 인터페이스표준
WG3	생체데이터 형식의 표현, 의미, 내용에 대한 연구 및 표준화	생체정보 상호연동 표준
WG4	특정한 응용분야에서의 생체인식 기술의 적절한 사용에 대하여 연구 및 표준화	생체인식 응용기술 표준
WG5	생체인식제품 성능의 정확성과 속도에 대한 측정기준에 대한 연구 및 표준화	생체인식제품 시험기술 표준
WG6	생체정보의 사용에 대한 사회적 영향과 안전한 사용을 위한 법·제도 연구 및 표준화	법·제도 표준

제 1 회 창립총회가 개최되어 다음과 같은 생체인식기술 표준화 전담기구의 활동을 개시하게 되었다.

정보보호 관리체계 인증, 암호 및 인증기술, 평가기술 등의 표준화를 추진중

[그림 8-3] ISO SC37 생체인식기술 표준화 연구분야

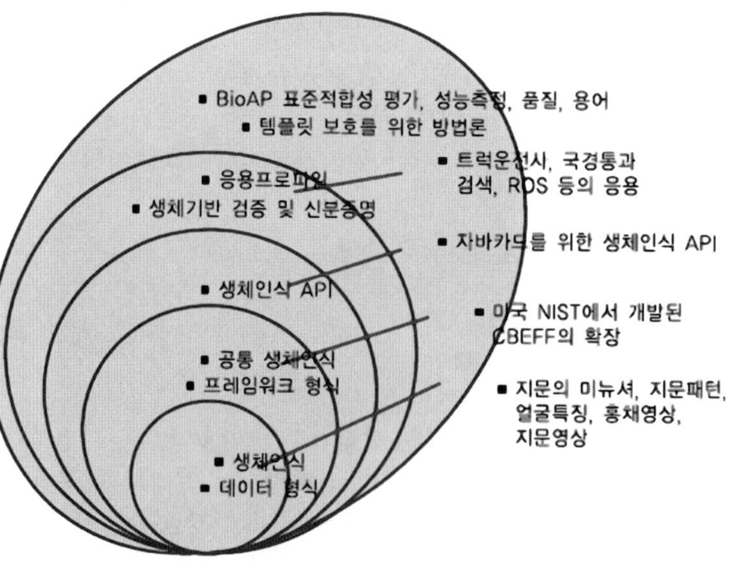

인 SC27(정보보호기술)에서는 IS 15408 "국제공통평가기준(Evaluation Criteria for IT Security, Common Criteria)," IS 18045 "국제공통평가방법론(Methodology for IT Security Evaluation, Common Evaluation Methodology)" 등 정보보호제품의 보안성 평가기술에 대한 국제표준이 완료됨에 따라 최근에는 다음과 같은 생체인식 관련 보안기술이 핫이슈로 등장하여 국제표준화가 가속화되고 있다.

- 생체인식제품 보안성 평가방법론(Biometric Evaluation Methodology)
  - IS 15408 CC에 입각한 생체인식제품의 보안성 평가방법을 2004년에 독일이 제안하여 국제표준화가 추진중이다.
- 생체정보 템플릿 보호기술(Protection Techniques for Biometric Templates)
  - 생체인식제품 내의 생체정보의 저장장소인 템플릿 보호기술에 관하여 2005년 독일이 제안하여 한국이 공동으로 표준화를 추진할 예정이다.
- SC27N19792 "생체인식기술 보안성 시험/평가 프레임워크(A Framework for Security Evaluation & Testing of Biometric Technology)"
  - 일반적인 생체인식기술의 보안성 시험 및 평가절차, 평가방법 등 프레임워크 표준을 개발중에 있으며, ISO SC37 국제표준전문가로서 미국·영국과 함께 한국에서도 SC27 국제표준화 활동중이다.

ISO/IEC JTC1 내의 SC17(스마트카드)에서는 생체여권과 관련된 국제 기술규격인"식별카드 기계판독 여행증명서(Machine Readable Traveling Document, MRTD)"을 개발하였으며, 국제민간항공기관(International Civil Aviation Organization, ICAO)에서는 MRTD에 생체정보 탑재방안에 관하여 다음과 같은 기술보고서를 2003년 5월 발행하였다.

- 데이터 보존을 위해서 ISO 표준규격인 비접촉 IC 칩을 사용할 것.
- 데이터 형식의 상호운용성 확보를 위해 논리데이터 구조를 제정할 것.
- 디지털 사진(얼굴)은 필수 부착요소로, 지문과 홍채는 옵션으로 할 것.
- 데이터의 보호와 완전성을 위해 PKI, 암호기법 등을 도입할 것.

ISO/IEC JTC1 SC17에서는 SC17N7816 "식별카드 외부단자 부착 IC카드," SC17N7816-11 "생체인식을 이용한 개인인증," SC17N18013 "식별카드 자동차운전면허증 표준문서"등을 이용한 육로·항만·공항 등 생체정보를 탑재한 MRTD

관련 국제표준화가 추진됨에 따라, 관련 기술규격을 적용하여 육로 상의 생체정보 운전면허증에 관하여 미국의 자동차관리협회(American Association of Motor Vehicle Administration, AAMVA), 미국 출입국관리심사(United States-Visitor and Immigrant Status Indicator Technology, US-VISIT) 등 2004년 7월 발표된 얼굴을 주 수단, 지문 또는 얼굴정보를 보조수단으로 하는 생체정보를 탑재한 스마트카드 형태의 생체여권과 관련된 ICAO 기술규격, 지문 등 생체정보를 탑재한 선원증명서와 밀접한 ILO 기술규격에 적용되는 등 생체여권에 대한 국제표준화가 급속하게 추진중에 있다.

다음은 생체여권과 관련하여 ISO에서 추진되는 핵심 표준화 추진현황을 보여주고 있다.

[표 8-7] ISO 생체인식 핵심기술 표준화 추진현황

표준 항목 (표준 단계)		NP	WD	CD	FCD	DIS	FDIS	IS
ISO SC37	BioAPI(생체인식제품 인터페이스 표준)						2004년	2005년
	BioAPI 표준적합성 시험방법 및 절차			2004년	2005년			
	CBEFF(공통파일 교환규격)						2004년	2005년
	지문·얼굴·홍채 등 생체정보 데이터 교환포맷						2004년	2005년
	주요 시설 보안 접근통제 프로파일				2004년	2005년		
	생체인식제품 성능시험방법				2004년	2005년		
ISO SC27	생체정보 템플릿 보호 및 인증기술	2005년	2006년					
	생체인식기술 보안성 시험·평가 프레임워크		2004년	2005년				
	생체인식제품 보안성 평가방법론(BEM)	2004년	2005년					

※ NP(New work item Proposal): 국제표준과제 제안단계
※ WD(Working Draft): 분과 표준초안
※ CD(Committee Draft): 위원회 표준초안
※ FCD(Final Committee Draft): 위원회 최종 표준초안
※ DIS(Draft International Standard): ISO 국제표준초안
※ FDIS(Final Draft of International Standard): ISO 최종 국제표준초안

부 록

[부록 1-1] 바코드 관련 국제표준 제정/개정 현황

No	규격번호	규 격 명	제정/개정일
1	ISO 22742	Packaging－Linear bar code and two-dimensional symbols for product packaging	2005/01/
2	ISO 15394	Packaging－Bar code and two－dimensional symbols for shipping, transport and receiving labels	2004/04/
3	ISO/IEC 16390	Information technology－Automatic identification and data capture techniques－Interleaved 2 of 5 bar code symbology specification	2007/06/
4	ISO/IEC 15417	Information technology－Automatic identification and data capture techniques－Code 128 bar code symbology specification	2007/05/
5	ISO/IEC 16388	Information technology－Automatic identification and data capture techniques－Code 39 bar code symbology specification	2007/05/
6	ISO/IEC 16022	Information technology－Automatic identification and data capture techniques－Data Matrix bar code symbology specification	2006/09/
7	ISO/IEC 15438	Information technology－Automatic identification and data capture techniques－PDF417 bar code symbology specification	2006/05/
8	ISO/IEC 24724	Information technology－Automatic identification and data capture techniques－Reduced Space Symbology (RSS) bar code symbology specification	2006/10
9	ISO/IEC 24778	Information technology－Automatic identification and data capture techniques－Aztec Code bar code symbology specification	2008/02/
10	ISO/IEC 16023	Information technology－International symbology specification－MaxiCode	2000/05/
11	ISO/IEC 18004	Information technology－Automatic identification and data capture techniques－QR Code 2005 bar code symbology specification	2006/08/

[부록 1-2] 바코드 관련 국내표준 제정/개정 현황

No	규격번호	규 격 명	제정/개정일
1	KSXISO/IEC16022	정보기술-자동 식별 및 데이터 획득기술-바코드 기호 사양-데이터 매트릭스	2004/12/
2	KSXISO/IEC16023	정보기술-자동 식별 및 데이터 획득 기술－바코드 기호 사양－맥시코드	2004/12/
3	KSXISO/IEC18004	정보기술－자동인식 및 데이터 획득 기술－바코드 기호 사양－QR 코드	2007/10/
4	KSXISO/IEC15438	정보기술－자동인식 및 데이터 획득 기술 －바코드 기호 사양－PDF 417	2007/10/
5	KSX6704	유통 상품 코드용 바코드 심벌	2002/03
6	KSAISO15394	적재, 수송, 수취 라벨용 바코드와 2차원 기호	2003/08
7	KSX6705	물류 정보 시스템용 EAN/UCC 응용 식별자와 UCC/EAN-128 바코드 심벌	2002/03

[부록 1-3] 해운물류 RTLS 분야의 국내 표준화 현황

표준화 규격	표준화 내용	비 고
KS X ISO/IEC 24730-1	응용 프로그램 인터페이스(API)	ISO/IEC 24730-1
KS X ISO/IEC 24730-2	2.4GHz 에어 인터페이스 프로토콜	ISO/IEC 24730-2

[부록 1-4] ISO 18185 규격 현황

표준화 규격	제 목	상 태
ISO 18185-1	Electronic seals-Part 1: Communication protocol	제 정
ISO 18185-2	Electronic seals-Part 2: Application requirements	제 정
ISO 18185-3	Electronic seals-Part 3: Envrionmental characteristics	제 정
ISO 18185-4	Electronic seals-Part 4: Data protection	제 정
ISO 18185-5	Electronic seals-Part 5: Sensor interface	제 정

[부록 1-5] Active RFID 관련 국제 표준화 현황

표준화 기구/조직	표준화 내용	비 고
ISO/IEC JTC1/ SC31/WG4	– RFID 기술자체 표준화 – AIDC 기술 표준화 – ISO/IEC 18000-7:2004년 433MHz 무선접속 프로토콜 표준, 개정추진 예정 – ISO/IEC 15961:2004, 리더와 호스트 간의 주고받는 명령어 표준 – ISO/IEC 15962:2004, 리더와 호스트 간 명령처리용 프로토콜 표준 – ISO/IEC 15963:2004, 칩/태그 제조시 부여되는 고유 식별자 표준 – ISO/IEC 15459-1~15459-4: 자동인식 기술에서의 사물 식별자 체계, 개정진행 – ISO/IEC TR 18001:2004, 응용 요구사항 – ISO/IEC 18047-7:2006 433MHz 시스템 적합성 평가표준, TR 단계 – ISO/IEC 18046-3:2006: 433MHz 대역 RFID 성능시험 표준, CD 단계	2001년 산자부 기술표준원 중심 참여 용어정의 표준: JTC1/SC31/Voc., 2건 제정, 2건 진행, 250여개 용어 정의 기술기반 표준: JTC1/SC31/WG4, 11건 제정, 14건 진행 데이터 표준: JTC1/SC31/WG2, 4건 제정, 2건 진행 시험표준: JTC1/SC31/WG3, 6건 제정, 5건 진행
ISO TC104/TC122	– ISO 17363: 화물용 컨테이너에 이용되는 태그 정의 – ISO 17365: 운송단위의 포장에 사용 되는 태그에 대한 기술, 운용방법 정의	컨테이너 RFID 기술 국제표준화 분과 표준화 진행중
EPCglobal TDS	EPC 식별자 체계 표준	개정 진행중
EPCglobal ONS	EPC 디렉토리 표준	표준화 진행중
EPCglobal Auto-ID Labs	기반핵심기술 및 기초기술 분야	

[부록 1-6] Active RFID 관련 국내 표준화 현황

표준화 규격	표준화 내용	비 고
KS X ISO/IEC 18000-7	433MHz 능동형 Air Interface 통신용 파라미터 표준, 2005년	ISO/IEC 18000-7
KS X ISO/IEC 15961	리더와 호스트간의 주고 받는 명령어 표준	ISO/IEC 15961
KS X ISO/IEC 15962	리더와 호스트간의 명령어 처리위한 프로토콜 표준	ISO/IEC 15962
KS X ISO/IEC 15963	칩 또는 태그 제조시 부여되는 고유 식별자 표준	ISO/IEC 15963
KS X ISO/IEC 154590-1/154590-2	자동인식 기술에서의 사물 식별자 체계	ISO/IEC 15459-1/2/3/4

[부록 1-7] DSRC/CALM 관련 국내 표준화 현황

표준화 규격	표준화 내용	비 고
TTAS.KO-06.0083	단말 소프트웨어 플랫폼(Stage 1: 아키텍처)	TTA 전파방송 기술위원(TC3)
TTAS.KO-06.0025	5.8GHz 대역 노변기지국과 차량단말기 간 근거리전용 무선통신 표준	통신 및 프로토콜
TTAS.KO-06.0035	DSRC를 이용한 자동요금징수 시스템의 응용 인터페이스 표준	통신 및 프로토콜
TTAS.IS-DIS15662	CALM 프로토콜 관리정보 표준안	통신 및 프로토콜
TTAS.KO-06.0050	첨단화물 운송체계를 위한 메시지 집합표준	컨텐츠 기술 표준
TTAS.KO-06.0051	ITS 정보통신 프로토콜파일 프레임워크 표준	
TTAS.KO-06.0052	5.8GHz DSRC L2 시험 규격	테스트 및 검증
TTAS.KO-06.0053	5.8GHz DSRC L7 시험 규격	테스트 및 검증

[부록 1-8] Freight Container/Electronic Seals 관련 국제 표준화 현황

표준화 규격	표준화 내용	비 고
ISO 6346	Freight containers – Coding, identification and marking	1995/11
ISO 9711	Freight containers – Information related to containers on board vessels – Part 1: Bay plan system	1990/10
ISO 9897	Freight containers – Container equipment data exchange(CEDEX) – General communication codes	2001/06
ISO 10374	Freight containers – Automatic identification	1995/12
ISO 1161	Series 1 freight containers – Corner fittings – Specification	

[부록 1-9] EDI 관련 국제표준 제정/개정 현황

No	규격번호	규 격 명	제정/개정일
1	ISO 17933	GEDI－ Generic Electronic Document Interchange	2000/05
2	ISO 9735-1	Electronic data interchange for administration, commerce and transport(EDIFACT)－Application level syntax rules (Syntax version number: 4, Syntax release number: 1)	2002/07
3	ISO 9735-2	Electronic data interchange for administration, commerce and transport(EDIFACT)－Application level syntax rules (Syntax version number: 4, Syntax release number: 1)	2002/07
4	ISO 9735-3	Electronic data interchange for administration, commerce and transport(EDIFACT)－Application level syntax rules (Syntax version number: 4, Syntax release number: 1)	2002/07
5	ISO 9735-4	Electronic data interchange for administration, commerce and transport(EDIFACT)－Application level syntax rules (Syntax version number: 4, Syntax release number: 1)	2002/07
6	ISO 9735-6	Electronic data interchange for administration, commerce and transport(EDIFACT)－Application level syntax rules (Syntax version number: 4, Syntax release number: 1)	2002/07
7	ISO 9735-6	Electronic data interchange for administration, commerce and transport(EDIFACT)－Application level syntax rules (Syntax version number: 4, Syntax release number: 1)	2002/07
8	ISO 9735-7	Electronic data interchange for administration, commerce and transport(EDIFACT)－Application level syntax rules (Syntax version number: 4, Syntax release number: 1)	2002/07
9	ISO 9735-8	Electronic data interchange for administration, commerce and transport(EDIFACT)－Application level syntax rules (Syntax version number: 4, Syntax release number: 1)	2002/07
10	ISO 9735-9	Electronic data interchange for administration, commerce and transport(EDIFACT)－Application level syntax rules (Syntax version number: 4, Syntax release number: 1)	2002/07
11	ISO 9735-10	Electronic data interchange for administration, commerce and transport(EDIFACT)－Application level syntax rules (Syntax version number: 4, Syntax release number: 1)	2002/08

[부록 1-10] EDI 관련 국내표준 제정/개정 현황

No	규격번호	규 격 명	제정/개정일
1	KSXISO17933	GEDI-일반 전자문서 교환	2007/11
2	KSXISO9735-1	행정, 상업 및 운송을 위한 전자 자료 교환(EDIFACT)-전자문서 구문 규칙(구문 개정 번호:4, 구문 배포 번호:1)-제1부:모든 부분의 공통구문 규칙)	2004/07
3	KSXISO9735-2	행정, 상업 및 운송을 위한 전자 자료 교환(EDIFACT)-전자문서 구문 규칙(구문 개정 번호:4, 구문 배포 번호:1)-제2부:배치 EDI 구문규칙	2003/12
4	KSXISO9735-3	행정, 상업 및 운송을 위한 전자자료 교환(EDIFACT)-전자문서 구문 규칙(구문 개정 번호:4, 구문 배포 번호:1)-제3부:대화형 EDI 구문규칙	2003/12
5	KSXISO9735-4	행정, 상업 및 운송을 위한 전자자료 교환(EDIFACT)-전자문서 구문 규칙(구문 개정 번호:4, 구문 배포 번호:1)-제4부:배치 EDI를 위한 구문 및 보조보고 전자문서(전자문서 유형-CONTRL)	2003/12
6	KSXISO9735-5	행정, 상업 및 운송을 위한 전자자료 교환(EDIFACT)-전자문서 구문 규칙(구문 개정 번호:4, 구문 배포 번호:1)-제5부:배치 EDI 보안규칙(인증, 무결성, 부인방지)	2004/07
7	KSXISO9735-6	행정, 상업 및 운송을 위한 전자자료 교환(EDIFACT)-전자문서 구문 규칙(구문 개정 번호: 4, 구문 배포 번호:1)-제6부: 보안 인증 및 접수 확인 전자문서(전자문서 유형-CONTROL)	2003/12
8	KSXISO9735-7	행정, 상업 및 운송을 위한 전자 데이터 교환(EDIFACT)-전자문서 구문 규칙(구문 개정 번호:4, 문배포번호:1)-제7부: 배치EDI의 보안규칙(기밀성)	2007/09
9	KSXISO9735-8	행정, 상업 및 운송을 위한 전자 자료 교환(EDIFACT)-전자문서 구문 규칙(구문 개정 번호:4, 구문 배포 번호:1)-제8부:EDI 연관자료	2003/12
10	KSXISO9735-9	보안키 및 인증관리 전자문서	2001/09
11	KSXISO9735-10	행정, 상업 및 운송을 위한 전자 자료 교환(EDIFACT)-전자문서 구문 규칙(구문 개정 번호:4, 구문 배포 번호:1)-제10부:구문서비스 항목집	2007/09

[부록 1-11] 웹 서비스 관련 국제표준 제정/개정 현황

No	규격번호	규 격 명	제정/개정일
1	ISO/IEC29363	Information technology – Web Services Interoperability – WS-I Simple SOAP Binding Profile Version 1.0	2008/06
2	ISO/IEC 29362	Information technology – Web Services Interoperability – WS-I Attachments Profile Version 1.0	2008/06
3	ISO/IEC 24824-2	Information technology – Generic applications of ASN.1:Fast Web Services	2006/07
4	ISO/IEC25437	Information technology – Telecommunication and information exchange between systems – WS-Session – Web Services for Application Session Services	2006/05
5	ISO/IEC29361	Information technology – Web Services Interoperability – WS-I Basic Profile Version 1.1	

참고문헌

〈국내 문헌〉

1. 건설교통부, 항공물류정보시스템(AIRCIS)구축, 2007. 7.
2. 고현정, "KS V ISO 28000," 물류보안경영인증제도 공청회 자료, 2008.
3. 관세청, 인터넷 화물관리시스템 사용자 설명회, 2007. 11.
4. 김남훈 · 안영효, "제 3 자 물류기업의 배송 TMS를 통한 통합배차체계 구축방법 및 응용," 물류학회지, 2006, 제16권 제 1 호.
5. 김동희, "철도부문 물류정보화 추진전략," 한국철도기술연구원, 2008.
6. 김문정, "RFID를 이용한 물류정보시스템의 구축효과," 유통과학연구, 2007, 제 5 권 제 2 호.
7. 김병일, "글로벌물류관리," 학현사, 2004.
8. 김성근 · 김은정, "고객접점센터 도입의 효과에 관한 연구," 한국정보통신연구진흥원, 2002. 10.
9. 김수엽, "우리나라 물류정보화 현황과 향후 정책방향," 한국해양수산개발원, 2007.
10. 김연형 외, 고객관계관리와 데이터마이닝, 교우사, 2007.
11. 노홍승, 2008년도 제 3 차 3PL Forum, 2008. 7. 9.
12. 노홍승 · 장소영 · 강상곤, "국가물류정보화 정책평가 및 추진전략 수립에 관한 연구," 한국교통연구원, 2007.
13. 대한상공회의소, 글로벌 경쟁력과 SCM 전략, 대한상공회의소, 2001.
14. 박종의 · 심은섭, B2B 생존과 파워, 명진출판, 2000.
15. 박지영?이동욱, "U-기반 해운물류 체계구축을 위한 기반기술 연구 사업 사전타당성조사 보고서," KISTEP, 2007. 3.
16. 방희석, 정재원, 김승철, "우리나라의 효율적인 수출입물류 서비스 구축방안에 관한 연구," 물류학회지, 2002.
17. 산업자원부, 한국전자상거래협회, 2001 전자상거래백서, 2001.
18. 유성진, 인공지능 도구와 질적 추론의 통합을 이용한 기업 간 전자상거래의 차세대 비즈니스.

19. 이용익 · 문경기, 주용진, "ITS용 데이터베이스 관련기술에 대한 표준화 동향 분석 연구," The Journal of GIS Association of Korea, 2006, Vol. 14, No. 1.
20. 이재규 외, 전자상거래 원론(제 3 판), 법영사, 2002.
21. 이재욱, "ISO 28000의 국제적 위상," 물류보안경영인증제도 공청회 자료, 2008.
22. 임현태, 최경일, "객체지향형 우편물류 운송관리 시스템," 대한산업공학회, 2002.
23. 전경련 산업조자실 편, 사례로 배우는 e비즈니스 II, 산업자원부 · 전국경제인연합회, 2004.
24. 전국경제인연합회, "동북아물류중심지 건설과 국내 물류체계 효율화 과제," 2004.
25. 전순환, "국제운송물류론," 한국무역연구원, 2004.
26. 전자통신연구원, "전자통신동향분석," 2006.
27. 정태원 · 박영태 · 김근섭, "항공물류정보 통합데이터베이스 구축에 관한 연구," 국제상학, 2005.
28. 조기조 외 공역, Efraim Turban, David King 저, Turban의 전자상거래, 사이텍미디어, 2006.
29. 최동수, 정보화사회의 이해[제 3 판], 법문사, 2002.
30. 최상희 · 심기섭 · 김우선, 하태영, "국내 컨테이너 항만기술개발로드맵 수립 연구," 한국해양수산개발원, 2007.
31. 최재선 · 목진용 · 황진회 · 고현정 · 김민수(2007), "국가 물류보안체제 확립방안 연구(Ⅱ)," 한국해양수산개발원.
32. 최형림 · 박남규 · 이현철 · 서영준 · 신중조, "항공물류 SCM을 위한 웹기반 포워더 정보시스템 개발," 한국경영정보학회, 2006.
33. 한국건설교통기술평가원, "건설교통기술 특허 · 논문동향조사," 2007.
34. 한국농림수산정보센터, "농축산물 RFID 표준 코드 시스템," 2008.
35. 한국유통정보센터, SCM개요, 2000.
36. 한국전자거래진흥원, "2007e비즈니스백서," 2008.
37. 한국전자통신연구원, "생체인식 시장 분석," 2006.
38. 한국LBS학회, "ISO/TC204/WG7 활동을 위한 기술표준화 수요조사와 로드맵개발," 한국표준협회, 2008.
39. 한동철, 공급망관리, 시그마인사이트컴, 2002.

〈국외 문헌〉

1. ISL, Development Tendencies of German North Sea Ports until 2015, Bremen, 2001.
2. Bakos, Y., "The Emerging Role of Electronic Marketplaces on the Internet." Communications of the ACM, August, p. 35-42, 1998.
3. Blankenhorn, D., "New Industry.net Owners to Return to Information Roots," NetMarketing, www.netb2b.com, Dec. 1997.
4. Cunningham, M. J., B2B: How to Build a Profitable E-Commerce Strategy, Perseus Publishing, 2000.
5. Feldman, S., "Electronic Marketplaces,"IEEE Internet Computing, July-August, pp. 93-95, 2000.
6. Fensel, D., et al., "Production Data Integration in B2B E-Commerce," IEEE Intelligent Systems, July/August, pp. 54-59, 2001.
7. Kalakota, R., Andrew B. Whinston, Electronic Commerce, Addison Wesley, 1997.
8. Ramsdell., Glen, "The Real Business of B2B," The McKinsey Quarterly, 2000, Vol. 3, pp. 174-184, 2000.
9. Richard Wise and David Morrison, "Beyond the Exchange: The Future of B2B," Harvard Business Review, November-December, pp. 86-96, 2000.
10. Sculley, A. B. and W. W. Woods, B2B Exchanges, ISI Publications, 1999.
11. Shim, S. Y., Pendyala, S., et al., "Business-to-Business E-Commerce Frameworks," IEEE Computer, October, pp. 40-47, 2000.
12. Stephen A. Oppong, David C. Yen, Jeffrey W. Merhout, "A new strategy for harnessing knowledge management in e-commerce," Technology in Society, Vol. 27, pp. 413-435, 2005.
13. Timmers, p. "Business Models for Electronic Markets," Electronic Markets, Vol. 8, No. 2, pp. 3-8, 1998.
14. Chapman T., Dempsey J., Ramsdell G. and Reopel M., "Purchasing: no time for long rangers," Mckinsey Quartely, No. 2, pp. 31-40, 1997.
15. Chopra, S. and p. Meindl, Supply Chain Management: Strategy, Planning, and Operation, Prentice Hall, 2001.
16. Christopher, Martin, Logistics and Supply Chain Management: Creating value-added networks, Prentice Hall, 2005.

17. Dale Neef, e-Procurement From Strategy to Implementation, Prentice Hall, 2001.
18. David F. Ross, Distribution: Planning and Control. New York: Chapman & Hall, 1996.
19. David Frederrick Ross, Competing Through Supply Chain Management: Creating Market-Winning Strategies Through Supply Chain Parterships, International Thomson Publishing, 1998.
20. Donamd J. Bowersox and M. Bixby Cooper, Strategic Marketing Channel Management, New York: McGraw-Hill, 1992.
21. Gattorna J. L. and Walters D. W., Managing The Supply Chain: A Strategic Perspective, Macmillan Press, 1996.
22. James F. Moore, The Death of Competition. New York: HarperBusiness, 1996.
23. Lias M. Ellram, "Suply Chain Management: The Industrial Organization Perspective," International Journal of Physical Distribution and Logistics Management, Vol. 21, No. 1, pp. 13-22, 1991.
24. Margaret A. Emmelhainz, Electronic Data Interchange: A Total Management Guide. New York: Van Nostrand Reinhold, 1990.
25. Martin Christopher, Logistics and Supply Chain Management, Burr Ridge, 1994.
26. Thomas G. Gunn, In the Age of the Real-Time Enterprise. Essex Junction, VT: omneo, 1994.
27. Wang, Willam Y. C., Heng, Michael S. H., Chau, Patrick Y. K., Supply Chain Management: issues in the new era of collaboration and competition, Hershey, PA: Idea Gruop, Pub., 2007.
28. Adrian p. , "Customer Relationship Management," www.crm-forum.com, 2000.
29. Berry, M. and G. Linoff, Mastering Data Mining: The Art and Science of Customer Relationship Management, Wiley, 2000.
30. Bradley T. Gale, Managing Customer Value, The Free Press, 1994.
31. CRMGuru.com, "The Customer Relation Management Primer," www.crmguru.com, January, 2001.
32. Jill Dyche, The CRM Handbook, Addison-Wesley, 2002.
33. Kohonen, T., "The Self-Organizing Map," Proceedings of the IEEE, Vol. 78, pp. 1464-1480.
34. Michael J. A. Berry and Gordon Linoff, Data Mining Techniques For

Marketing, Sales, and Customer Support, John Wiley & Sons, Inc., 1997.
35. Peppers, D. and M. Rogers, Enterprise One to One: Tools for Competing in the Interactive Age, Doubleday, 1997.
36. Ralph Kimball and Richard Merz, The Data Webhouse Toolkit, John Wiley & Sons, Inc., 2000.
37. Ronald S. Swift, Accelerating Customer Relationships, Prentice Hall, 2001.
38. Ruby L. Kennedy, et. al., Solving Data Mining Problems through Pattern Recognition, Prentice Hall, 1997.
39. Tom M. Mitchell, Machine Learning, The McGraw-Hill Companies, Inc., 1997.
40. W. H. Inmon and R. D. Hackathorn, Using the Data Warehouse, John Wiley & Sons, Inc., 1994.
41. W. H. Inmon, Building the Data Warehouse, John Wiley & Sons, Inc., 1993.
42. William S. Hopkins and Britton Manasco, "MarketView CRM Redefined: Beyond the Front Office and Out to the Customer," The Knowledge Capital Group, Inc., www.knowledgecap. com, 2000.

〈신문, 잡지, 웹사이트〉

1. 관세청, http://www.customs.go.kr/, 2008. 9. 1.
2. 김영섭, "위치기반서비스와 지능형교통시스템," 월간교통, 2008년 2월.
3. 뉴시스, "컨테이너터미널, RFID · GPS 통해 유비쿼터스 항만으로," 2008년 6월 9일자 신문.
4. 전자신문, "유비쿼터스 혁명은 계속된다" 2차원 바코드, 2004. 3. 15.
5. 정보화추진위원회, http://www.ipc.go.kr, 2007. 9. 4.
6. 한국유통물류진흥원, http://scm.eankorea.or.kr
7. 한국전자통신연구원 홈페이지(www.etri.re.kr)
8. Adams Communication.(http://www.adams1.com/pub/russadam/stack.html, 2006. 1. 21)
9. ECR Korea.(http://scm.eankorea.or.kr)
10. SCOR.(http://www.supply-chain.org/cs/root/home)
11. Supply Chain Council, http://www.supply-chain.org
12. VICS, http://www.vics.org

우리말 색인

외국어 색인

공저자 약력

• 안승범

연세대학교 건축공학과 학사
미국 버지니아주립공대 도시계획학 석사
미국 버지니아주립공대 교통시스템공학 박사
한국교통연구원 물류연구팀장
現 인천대학교 동북아물류대학원 부교수
기획재정부 공기업 경영평가위원

• 유성진

한국과학기술원(KAIST) 공학사
한국과학기술원(KAIST) 산업경영 공학석사
한국과학기술원(KAIST) 산업공학 공학박사
現 한국해양대학교 해운경영학부 조교수

• 문지영

한국해양대학교 물류시스템공학과 학사
한국해양대학교 대학원 항만물류학과 재학중
現 (주) 케이엘넷 부산지사 차장

해운항만 물류정보시스템

2009년 2월 23일 初版印刷
2009년 2월 28일 初版發行

共著者 안승범 · 유성진 · 문지영
發行人 安 鍾 萬
發行處 (株) 博 英 社
서울特別市 鍾路區 平洞 13－31番地
電話 (733) 6771 FAX (736) 4818
登錄 1959. 3. 11. 제300-1959-1호(倫)

www.pakyoungsa.co.kr e-mail: pys@pakyoungsa.co.kr

定 價 25,000원 ISBN 978-89-7189-906-9